LEO
STRAUSS

Copyright © 1961, 1991, 2000 by The State of Leo Strauss. Todos os direitos reservados.
Copyright da edição brasileira © 2016 É Realizações
Título original: *On Tyranny – Including the Strauss-Kojève Correspondence*

Editor
Edson Manoel de Oliveira Filho

Produção editorial, capa e projeto gráfico
É Realizações Editora

Preparação de texto
Renata Truyts

Revisão
Luciana Gomide

Capa e diagramação
Mauricio Nisi Gonçalves

Reservados todos os direitos desta obra. Proibida toda e qualquer reprodução desta edição por qualquer meio ou forma, seja ela eletrônica ou mecânica, fotocópia, gravação ou qualquer outro meio de reprodução, sem permissão expressa do editor.

CIP-Brasil. Catalogação na Publicação
Sindicato Nacional dos Editores de Livros, RJ

S893d

Strauss, Leo, 1899-1973
Da tirania : incluindo a correspondência de Strauss-Kojève / Leo Strauss ; organização Victor Gourevitch , Michael S. Roth ; tradução André Abranches. - 1. ed. - São Paulo : É Realizações, 2016.
376 p. ; 23 cm.

Tradução de: On tyranny: including the strauss-kojève correspondence
Inclui índice
ISBN 978-85-8033-242-1

1. Filosofia. I. Gourevitch, Victor . II. Roth, Michael S. II. Título.

16-36156
CDD: 100
CDU: 1

12/09/2016 14/09/2016

É Realizações Editora, Livraria e Distribuidora Ltda.
Rua França Pinto, 498 · São Paulo SP · 04016-002
Caixa Postal: 45321 · 04010-970 · Telefax: (5511) 5572 5363
atendimento@erealizacoes.com.br · www.erealizacoes.com.br

Este livro foi impresso pela Paym Gráfica e Editora, em outubro de 2015. Os tipos são da família Sabon LT Std e Trajan-Normal Regular. O papel do miolo é Lux Cream 70 g, e o da capa, cartão Ningbo Gloss 300 g.

DA TIRANIA
LEO STRAUSS

INCLUINDO A CORRESPONDÊNCIA STRAUSS-KOJÈVE

Organização e introdução
Victor Gourevitch e Michael S. Roth

Tradução
André Abranches

Revisão técnica e apresentação à edição brasileira
Élcio Verçosa Filho

É Realizações
Editora

Sumário

Apresentação à edição brasileira
Filosofia e Tirania
   Élcio Verçosa Filho 7

Prefácio e agradecimentos
   Victor Gourevitch e Michael S. Roth 17

Prefácio da edição da Universidade de Chicago
   Victor Gourevitch e Michael S. Roth 19

Introdução
   Victor Gourevitch e Michael S. Roth 21

I. Da Tirania

   Hiero ou *Tyrannicus*
   Xenofonte 39

   Da Tirania
   Leo Strauss 59

II. O Debate entre Kojève e Strauss

   Tirania e Sabedoria
   Alexandre Kojève 179

   Nova Afirmação sobre o *Hiero* de Xenofonte
   Leo Strauss 223

III. A Correspondência Strauss-Kojève

   Cartas 265

Índice de nomes 363

Índice de assuntos 369

APRESENTAÇÃO À EDIÇÃO BRASILEIRA

Filosofia e Tirania

Élcio Verçosa Filho[1]

Morte ao tirano! É o que dizem os cidadãos para quem a cidade, e o bem da cidade, é o maior bem. Santificados serão os tiranicidas, não importa a trampa que usarem para eliminar o opressor. Para eles se erguerão estátuas, se entoarão hinos, se os elevarão a semideuses e pais fundadores da nação.

O patriotismo remete ao enlevo, à indignação com a opressão e a injustiça, à virtude que é admirada pelos contemporâneos, imitada pelos descendentes, cantada pelos poetas – à glória. Como a tragédia, a cidadania, doutrina da exaltação do homem, do mundo que tem o homem como centro, é da ordem do patético e do comovente.

Mas a filosofia é outra coisa. É da ordem da comédia, da *atopia* (Sócrates é, segundo Cálicles, átopos: ridículo, fora de lugar). É feia. Inútil. A um só tempo laboriosa e ociosa. Risível. Grotesca até. Hoje muitas vezes confundidos, o filósofo ocupa um lugar diferente do cidadão. Uma cidade que se preze não erguerá estátuas para ele. Não o cantará a não ser para ridicularizá-lo, como Aristófanes fez com Sócrates. Não dirá que teve um deus entre os seus. Na cidade, e entre aqueles que amam a cidade, ao filósofo caberá, talvez, um sentimento de vaga inadequação, um incômodo e, no mais das vezes, o desprezo.

---

[1] Pós-doutorando em História da Filosofia pela Universidade de São Paulo (USP).

Não raro ele poderá passar até como inimigo. Um inimigo sem importância, claro. Mas ainda assim um inimigo. Aos olhos dos tiranicidas – atuais ou potenciais – o filósofo passará inclusive como obsequente ao tirano. Talvez o mais obsequente, porque não raro é o que está mais perto dele.

A proximidade se deve ao fato de que o filósofo exerce uma atração peculiar sobre o tirano. Os dois possuem "poder mental", mas a natureza e a destinação desse poder não poderiam ser mais diferentes. A diferença é, com efeito, radical. A mais radical. Bem mais radical, na verdade, do que a diferença entre o tirano e os que o odeiam, entre o tirano e o tiranicida (atual ou potencial): entre o tirano, que oprime a cidade, e os amantes da liberdade que dariam a vida para tirar a vida dele e livrar a cidade do suplício de lhe estar submetida.

O tirano percebe e não percebe essa diferença. E assim se sente atraído pela filosofia por duas razões: às vezes, quando não é muito inteligente, porque pensa que a filosofia lhe pode ser útil – quando a filosofia é a coisa mais inútil que há. Às vezes, o que é o caso mais comum, e, apesar das aparências, o mais inteligente, porque pensa que a filosofia pode lhe servir de adorno, pode aumentar a impressão do poder que ele já tem mediante a citação de umas quantas palavras com aparência de sabedoria (afinal a sabedoria é sempre reconhecida como uma virtude, mesmo nos ambientes mais degradados e menos sábios); e também mediante a obsequência aparente do filósofo que aceita colocar-se ao lado dele ou, como ele pensa, "embaixo".

No entanto, o tirano também sente repulsa pelo filósofo. E ainda mais do que a cidade que ele oprime e do que os cidadãos que ele possui como escravos. O tirano sente repulsa e desconfia do filósofo porque percebe – o que é plenamente perceptível! – que o traço característico do amante da sabedoria é a irreverência. Diferente do que creem os tiranicidas, que na sua patética e irrefletida seriedade gostariam de aniquilar filósofo e tirano de uma só tacada, o tirano desconfia que a obsequência do filósofo é apenas aparente (sim, não é raro que o tirano seja mais sábio ou menos estulto que o tiranicida).

O tirano desconfia que o "poder mental" do filósofo é o absoluto contrário da sua própria concepção – a concepção do tirano – de poder. No entanto, poder é sempre poder: e para o tirano todo poder que não seja o seu poder – ainda que seja, como o da filosofia, o antipoder! – não pode ser admitido. E por isso o tirano representa o filósofo, mesmo na sua maior obsequência, como uma ameaça à tirania. Em uma palavra, o filósofo – pobre dele! – representa uma ameaça para o tirano justamente porque o tirano desconfia de que o poder do filósofo, e a maneira desapoderada com que o filósofo vive e exerce o seu poder, na obsequência mesma que lhe dedica, pode colocar em cheque, e irremediavelmente, o seu próprio poder. Pois, e se for verdade que a vida privada do filósofo, dedicada à reflexão sobre as coisas eternas e celestes, é mais completa e rica e feliz do que a vida pública de honras, prazeres e riquezas que o tirano escolheu?

Eis o raciocínio: "O que aconteceria", pensa o tirano, "se a vida que escolhi para mim mesmo, a vida do poder e do desfrute absoluto do poder sobre todos os homens e sobre todas as coisas, não for a melhor vida – a vida que vale a pena ser vivida?".

"Teria sido", continua o tirano ainda com inteligência, "tudo em vão? Todos os sacrifícios? Todos os excessos? Todas as fraudes? Todas as traições? Todos os homicídios? Todos os descartes de gente amada e outras nem tanto? Toda a violação do sagrado e do moralmente santo? Tudo isso", pergunta o tirano, "não terá sido em vão se a minha não é a melhor das vidas e eu, o tirano, não sou o ser humano mais feliz?"

É o filósofo e somente o filósofo, em todo o espectro dos tipos humanos que compõe a cidade, que coloca diante do tirano uma alternativa a si próprio, à sua própria vida, e isso mesmo que ele o negue, como acontece com Simonides no *Hiero* (embora Simonides não seja exatamente um filósofo, mas um "sábio" no sentido original). Assim, se refletirmos sobre o ritmo íntimo da alma do tirano, não começará a se tornar razoável a possibilidade de que o tirano tenha razão em desconfiar do filósofo e, em último caso, odiá-lo secretamente? Mesmo que a marca aparente do filósofo seja, como de costume, a desposessão e, com ela, a abjeção que atrai o desprezo (especialmente das belas criaturas)?

E é mais.

Há ainda outra desconfiança do tirano em relação ao filósofo que não é mais importante que a primeira – Sócrates ensinou-nos para sempre que a escolha da vida que deve ser vivida é sempre a questão mais importante, a primeira e mais fundamental! –, mas que conta muitíssimo do ponto de vista subjetivo e pessoal. É que o tirano desconfia que o, digamos, interesse especial que o filósofo dedica a ele tem menos a ver com a sua concepção do que é belo, com a concepção tirânica do belo, do que com a concepção que o filósofo tem do que é belo – a concepção filosófica do belo. De modo que, falando ainda da desconfiança do tirano, os papéis podem perigosamente se inverter:

e se é o tirano quem é objeto do filósofo e não o contrário, como todos, a começar do tirano, pensam que é? Como o tirano poderia admiti-lo?! (Aí reside todo o segredo da troca de papéis entre Hiero e Simonides que veremos ser uma marca característica do diálogo de Xenofonte.)

Com efeito, o fato de o tirano pressentir que, apesar de estar plenamente consciente das diferenças radicais entre filosofia e tirania – e ninguém está mais consciente disso que o filósofo! –, e inclusive e principalmente da desconfiança e do ódio que o tirano lhe dedica, o fato de o tirano pressentir que apesar disso o filósofo não o odeia, que o filósofo até mesmo o ama desapaixonadamente de determinada maneira, parece ser o que leva o tirano a querer a cabeça do filósofo num prato (um desejo que, note-se, está sempre encoberto por uma superfície de desprezo), ou a querer que a pessoa do filósofo seja coberta de opróbio e humilhação.

Pois, em definitivo, o tirano desconfia – e há que insistir que essa desconfiança é, na complexa relação entre tirania e filosofia, a desconfiança fatal! – que o que nele, tirano, fascina e atrai o filósofo é justamente o oposto do que ele gostaria que fosse: não a sua condição de "ser de exceção" – o que, sob certo aspecto, gênio do *kairós,* ele indiscutivelmente é –, mas, ao contrário, o fato de ele ser a encarnação concentrada, entranhada, resumida, magnificada, do ser humano comum, do ser humano não filosófico, vale dizer.

O filósofo, que é, por definição, o amante das coisas divinas, celestes e eternas, ama o tirano como o protótipo do ser humano acorrentado, pedestre, preso ao pó. O filósofo sabe que ninguém, como o tirano, é tão transparente nas suas paixões! Ninguém, como o tirano, é tão representativo dos desejos, do medo e da esperança, que movem o homem comum! Ninguém, como o tirano, é tão comovente na sua insistência de que a vida a ser vivida é e tem de ser esta – um acúmulo incessante de poder em vista de um desfrute contínuo de todas as sensações!

Por isso, o filósofo estuda o tirano como exemplo rematado da humanidade como ela é em oposição à humanidade como ela deveria ser – desta última é o próprio filósofo o exemplo, na vida semidivina do *eros* pelo verdadeiro, pelo belo e pelo bom. Em uma palavra: o filósofo sabe que ninguém, como o tirano, se encontra tão distante da vida celeste que, ao arrepio da cidade e à margem dela, é a vida que o filósofo escolheu.

Filosofia e tirania são, portanto, as "senhas", as palavras, as atividades, as ocupações – as *pragmata* – que indicam duas modalidades típicas da vida humana radicalmente diferentes e radicalmente irredutíveis uma à outra. São, numa palavra, as duas alternativas que se apresentam ao homem "natural", à sua *biós airesis*.

A filosofia é uma ameaça à cidade e aos que amam apaixonadamente a cidade. Ela é uma ameaça tanto ao tirano quanto aos tiranicidas. Ela é a prova viva de que, para os homens, a cidade não é forçosamente o "fim", a meta preferencial da existência, o ideal. E por isso a cidade – que sempre quer governar sozinha e ter a alma dos homens todinha para si! – é uma ameaça para a filosofia. Não para a filosofia verdadeiramente, porque a cidade não a entende. Não tem a mínima ideia do que ela é. Mas para o amante da filosofia, sem o qual a filosofia, como vida concreta, como vida vivida, não pode existir. Até que se prove o contrário, somente homens vivos e minimamente íntegros física e animicamente são capazes de filosofar.

É por isso, e somente por isso, que o filósofo precisa conhecer o tirano, que ele precisa estar próximo do tirano: ele precisa conhecê-lo, assim como precisa conhecer todos os homens e em primeiro lugar a si mesmo, se quiser ter a esperança de viver para exercer a filosofia que é a sua única e verdadeira paixão. (Aqui, vale recordar Aristóteles: a filosofia começa aos cinquenta. Logo, se o filósofo quiser viver a sua filosofia ele precisa adquirir num grau considerável a arte da sobrevivência.) Se o filósofo não dependesse em alguma medida da cidade, ainda que apenas para sobreviver (ou seja, se a cidade não pudesse acabar com ele e com sua esperança de filosofia), ele não teria absolutamente nada o que fazer com ela e mesmo a filosofia política, a filosofia da cidade, não teria por que ser concebida. Porque, se a filosofia está muito além da sobrevivência, certamente depende dela para ser exercida. De novo, apenas seres humanos vivos filosofam: há dúvidas de que mentes desencarnadas – mesmo as "grandes mentes" ou mesmo as "maiores mentes" – possam fazê-lo.

Todo o segredo da relação entre filósofo e tirano reside aí.

Mas também pode ser que a necessidade de sobrevivência se insinue pelas brechas da humanidade do filósofo e se torne mais importante que a própria filosofia, que é bem mais alta que ela e que a tem como condição apenas necessária, não suficiente. É possível que a sobrevivência, e o primado da sobrevivência entendido prática ou teoricamente, faça da filosofia, rainha por vocação, sua serva. É algo que acontece com os homens e, aparentemente, também com as filosofias e as civilizações. Todo o sentido do debate entre

Strauss e Kojève que este livro reproduz e explicita está aí: quando a filosofia deixa a sua divina autarquia e se enamora da cidade. Quando a filosofia enamorada se define pela sua relação com a cidade e pelo compromisso que assume com a sua transformação.

É a diferença entre o filósofo e o "intelectual" que Strauss, em outro texto, diz ser definidora de todo o debate entre Platão e os sofistas. Segundo uma interpretação muito peculiarmente filosófica (mas também evangélica) do *páthos* ("cada qual é escravo daquele que o vence"), enamorar-se da cidade significa estar subordinado à cidade, significa ter o bem da cidade, ou os bens da cidade, e não o bem da filosofia, como os bens últimos ou maiores ou sumos ou soberanos bens. A filosofia, que originalmente se entendia como a atividade privada de busca da verdade e apenas da verdade, se torna, assim, serva da política (da *polis*), da mesma forma que o filósofo se transforma, em relação à cidade, em mais um seu servidor, a exemplo dos cardadores e sapateiros submetidos a exame nos diálogos socráticos. (Da mesma forma, a "felicidade" solitária, porém precisa, da "contemplação", se transforma na felicidade coletiva e ambígua do "amor à pátria" ou "amor ao povo" ou, ainda, à humanidade.)

O filósofo passa, assim, a trabalhar pela "causa humana" em vez de pela ciência como fim: *scientia propter potentia* é o nome da sua nova atividade, da nova filosofia "prática" que se apresenta como serva da cidade e meio para a consecução do bem ou dos bens da cidade. Ora, não é necessário ser filósofo para saber que o bem primário da cidade não é a verdade, mas a sobrevivência da cidade, o crescimento da cidade, a glória da cidade, numa palavra, o poder da cidade e a segurança e o bem-estar dos seus cidadãos. De modo que o poder se apresenta, assim, como o fim último da filosofia e do filósofo, e a busca da verdade se confunde agora quase que inteiramente com a busca do poder. Esse ponto passa facilmente despercebido para a maioria porque a maioria não parece dar-se conta de que "verdade" e "poder" podem ser objetivos diferentes e, em última análise, contrastantes. E essa inconsciência não é um acaso: o *charm of competence* que acompanha necessariamente uma ciência prática ou tecnológica da vida tem um efeito de deslumbre no espectador, que dificilmente estará disposto a ir além do brilho da sua eficácia e de uma utilidade que, para todos os efeitos práticos, é evidente e bem real.

Mas não é só isso: uma filosofia voltada para finalidades práticas, ainda que de grande nobreza, como o alívio da condição humana, da dor, do sofrimento, a boa organização da vida coletiva, a sobrevivência da espécie ou o que mais se possa conceber de alto e valoroso, tem a sua condição de filosofia garantida eminentemente por um equívoco: com todos os benefícios que se mostra capaz de produzir ela só mantém o seu status de filosofia enquanto a busca do poder continuar a ser entendida, pela maioria, como a busca da verdade que definia o seu sentido original, enquanto a contradição entre poder e verdade não se manifestar claramente às consciências. Quando esse entendimento e essa identidade se desfazem ou se enfraquecem, quando a contradição potencial é percebida ou trazida à luz pelas circunstâncias, a visão de mundo que ela sustenta, ou na qual ela se sustenta, está fadada a entrar em crise. E, nesse momento, tanto a filosofia concebida do novo modo quanto a cidade que ela se transformou para servir se tornam objeto de descrédito mais ou menos geral.

Retornemos sobre o discurso para ligar os pontos: a escolha da cidade pela filosofia, que equivale à escolha, pelo filósofo, da vida pública em detrimento da vida privada que é a sua originalmente, equivale à adesão da filosofia à tirania ou à doutrina da sobrevivência ou dos prazeres ou do poder. Assim, à diferença da noção clássica de filosofia, a noção moderna de filosofia é essencialmente tirânica; poder-se-ia dizer que ela é tirânica de raiz.

Mas ainda não é isso o mais importante. O que é decisivo é que, com a conversão da filosofia em tirania e do filósofo num projeto de tirano (ou no formulador por excelência da tirania na sua versão moderna), se elimina prática e teoricamente toda alternativa à vida da cidade (ou à vida na cidade). A vida filosófica é por assim dizer engolida pela vida tirânica, e fica reduzida a ela. De modo que onde antes duas vidas se apresentavam aos anseios de realização dos seres humanos – a vida filosófica e a vida da cidade – agora apenas uma se faz ver, e mesmo assim impura, corrompida na sua raiz. A filosofia se perde no momento mesmo em que busca assegurar a sua cidadania, e o horizonte da vida humana é, com isso, reduzido radical, violenta, peremptoriamente, em detrimento do próprio homem e das possibilidades que ele traz em si.

Alexandre Kojève, com quem Strauss discute as relações entre filosofia e tirania, admite sem reservas a vinculação essencial entre filosofia e tirania. Kojève toma o lado dos modernos, da filosofia prática ou operativa, contra os antigos e sua filosofia meramente privada e contemplativa. Mas, ao fazê-lo, ele evita a armadilha dos que Hegel chamava sarcasticamente de "boas almas": a adesão aos modernos não o leva a dourar a pílula nem o impede de ver que filosofia e tirania estão plenamente confundidas no modo moderno de filosofar. O caso é que, para ele, qualquer outro modo de perceber essa relação é ilusório, na medida em que o desejo do bem mais alto buscado pelo filósofo é essencialmente o mesmo que o mais alto desejo de poder, de modo que a vida do filósofo e do tirano não é, como pensavam os clássicos, oposta, mas tende (hegelianamente), com a explicitação da natureza e da Razão na história, a se confundir. Filósofo e tirano são, nessa perspectiva, duas versões em nada contrastantes, em nada contraditórias, de uma mesma humanidade maior.[2] A sua identidade essencial, não percebida pelos clássicos, foi inquestionavelmente revelada pela história entendida do modo apropriado.

Isso significa dizer que, para Kojève, a história revelou que, entre o sábio Simonides e o tirano Hiero, é, ao fim e ao cabo, o tirano o mais sincero, é o tirano (ou a vida do tirano) quem tem razão: o caráter contemplativo da filosofia clássica e a vida do filósofo como uma vida privada de gozos inefáveis nada mais eram que disfarces ou manifestações exteriores da busca do poder (ou, na linguagem hegeliana, da busca por "reconhecimento"), que é a mesma em todos os homens. A despeito das diferenças de retórica, filósofo e tirano sempre cobiçaram, de modos diversos, as mesmas coisas que todos os homens por natureza cobiçam, o que faz com que o tirano tenha estado, desde sempre, com a razão: a sua vida é indubitavelmente a vida mais alta, aquela que, com razão, todos os homens desejam e perseguem em busca da felicidade. (Se tudo é poder ou diferentes modulações de poder, o "mais alto" é com toda evidência aquele que tem mais poder). Da mesma forma, a desconfiança do tirano em relação ao filósofo revela-se a um só tempo fundada e infundada: sim, o filósofo deseja o poder, como o tirano sempre desconfiou, mas não um poder diferente do seu, que coloque em risco a sua escolha, a vida que o tirano escolheu. Porquanto há apenas uma escolha – ou seja, não há, realmente, escolha – e, assim, a filosofia não é uma alternativa autêntica à vida tirânica como um dia se pensou.

O tirano tem razão contra o filósofo e a vida do tirano é a vida mais desejável, a "vida que vale a pena ser vivida", a "vida feliz": para nós essa visão, que chocaria sobremaneira os clássicos, nada mais tem de escandalosa. Ela é análoga à recuperação da figura de Lúcifer na qual reconhecemos um sabor

---

[2] Nessa visão, o oposto de filósofo e tirano é, em princípio, a "gente comum", ela mesma destinada a conjugar o filósofo e o tirano dentro de si no fim da história, numa espécie de super-homem hegeliano.

tão característico, tão peculiarmente nosso, uma recuperação que foi aventada primeiro no Renascimento e, no Renascimento, na obra de Nicolau Maquiavel, o verdadeiro pai do pensamento moderno, aquele que primeiro formulou com toda a intensidade a aliança necessária entre filosofia e poder. Fará bem, portanto, quem aliar à leitura dos textos que se seguem o exame de *Reflexões sobre Maquiavel* recentemente traduzido e publicado pela É Realizações. Pois se é verdade que a visão de Lúcifer redivivo e glorificado não mais nos choca é justamente porque somos todos nalguma medida, e de forma mais ou menos consciente, discípulos desse pai dos "espíritos positivos" que foi o grande secretário florentino.

Pois bem, embora a questão toda seja infinitamente mais sutil e infinitamente mais complexa do que é possível desenvolver numa apresentação, podemos dizer de forma preliminar que a discussão sobre filosofia e tirania remete à discussão sobre o significado da filosofia no seu impasse especificamente moderno de crise da civilização entendida como crise da razão. Na obra de Strauss, ela está ligada à sugestão de uma saída para esse impasse na direção de um "retorno" à concepção original da atividade filosófica, a filosófica clássica, e às "dificuldades naturais do filosofar". Strauss e Xenofonte de um lado, Kojève, Maquiavel, Hegel e os modernos do outro estão, assim, em campos opostos de uma questão considerada por ambos os lados da mais alta importância – a eterna questão socrática do "como se deve viver". Por isso, este livro, às vezes árido e exigente, pretende de algum modo ter uma relevância duradoura e interessa a absolutamente todos nós.

Maceió, 14 de março de 2016

PREFÁCIO E AGRADECIMENTOS

Victor Gourevitch e Michael S. Roth

D*a Tirania*, o estudo crítico de Leo Strauss sobre o *Hiero* de Xenofonte, foi publicado pela primeira vez em 1948. Apareceu uma edição francesa em 1954, a qual, além do estudo original de Strauss, inclui uma versão francesa do *Hiero*, uma versão ligeiramente editada da importante resenha de Alexandre Kojève sobre o estudo de Strauss, e uma "Reafirmação" de Strauss que responde com brevidade a uma resenha do professor Eric Voegelin e que procura desafiar ponto a ponto a resenha de Kojève. Surgiu em inglês, em 1963, um volume essencialmente com os mesmos textos. Estamos contentes de conseguir apresentar uma nova edição deste volume agora clássico, ampliado com toda a correspondência sobrevivente entre Strauss e Kojève.

Aproveitamos a oportunidade que nos foi dada por esta nova publicação para corrigir vários erros da primeira edição e para rever as traduções. Estamos particularmente agradecidos a Seth Benardete por sua revisão cuidadosa da tradução do *Hiero*. A primeira versão de "Tirania e Sabedoria" de Kojève requereu revisões tão extensas que tornamos a traduzi-la.

Restauramos o importante parágrafo conclusivo da "Reafirmação" de Strauss que apareceu na edição francesa original, mas foi omitido das edições americanas subsequentes. Infelizmente, não encontramos uma cópia do original de Strauss em língua inglesa e, por conseguinte, tivemos de traduzir esse parágrafo da edição francesa publicada.

Na nossa introdução, escolhemos concentrar-nos na questão levantada nos textos que são incluídos no presente volume e, em particular, no debate entre Strauss e Kojève. Os leitores que tenham interesse no contexto mais amplo desse debate poderão encontrá-lo em Victor Gourevitch, "Philosophy and Politics", I-II, *The Review of Metaphysics*, n. 32, 1968, p. 58-84, 281-328; e em "Problem of Natural Right and the Fundamental Alternatives in *Natural Right and History*". In: K. Deutsch e W. Soffer (org.), *The Crisis of Liberal Democracy*. Suny Press, 1987, p. 30-47; assim como em Michael Roth, *Knowing and History: Appropriations of Hegel in Twentieth Century France*. Cornell, 1988; e em "The Problem of Recognition: Alexandre Kojève and the End of History". *History and Theory*, n. 24, 1985, p. 293-306.

Relutamos em interferir entre o leitor e os textos e, por isso, fizemos o mínimo possível de intrusões editoriais. A não ser que sejam indicadas de outra forma, elas serão colocadas entre os parentêsis angulares: < >.

Michael Roth encontrou as cartas de Strauss nos documentos de Kojève durante a pesquisa para o seu *Knowing and History*. As cartas sobreviventes de Kojève para Strauss são mantidas no Arquivo de Strauss da Biblioteca da Universidade de Chicago. Desejamos agradecer a Nina Ivanoff, a legatária de Kojève, pela permissão que nos foi dada para publicar as cartas de Strauss, e ao professor Cropsey, o executor do legado literário de Leo Strauss, assim como aos arquivos da Universidade de Chicago, pela permissão que nos foi dada para publicar as cartas de Kojève. Também estamos agradecidos ao senhor Laurence Berns por deixar a fotografia de Strauss ao nosso dispor e a Nina Ivanoff por colocar a fotografia de Kojève à nossa disposição.

Victor Gourevich transcreveu, traduziu e anotou a correspondência e escreveu uma nota preambular. Colaboramos na introdução.

Junho de 1990

PREFÁCIO DA EDIÇÃO DA UNIVERSIDADE DE CHICAGO

Victor Gourevitch e Michael S. Roth

Saudamos esta oportunidade de restaurar os agradecimentos (infelizmente omitidos na primeira impressão) pelos esforços de Jenny Strauss Clay, George Elliot Tucker, Suzanne Klein e Heinrich Meier nos estágios iniciais da transcrição das cartas de Strauss e pela ajuda que Herbert A. Arnold e Krishna R. Winston nos deram ao rever porções da tradução da correspondência.

Estamos contentes por haver restaurado o parágrafo conclusivo da "Reafirmação" de Strauss da forma como ele o havia escrito. Laurence Berns pôs muito amavelmente à nossa disposição a sua cópia do original em inglês.

Corrigimos os erros tipográficos que os leitores vigilantes tiveram a bondade de nos indicar e atualizamos algumas das notas editoriais.

INTRODUÇÃO

Victor Gourevitch e Michael S. Roth

Durante a última década, deu-se um debate animado acerca da natureza da modernidade. Será que passamos da época moderna para uma época pós-moderna? E, se operamos essa transição, como conseguimos avaliar a história que nos trouxe até ela? Ou dá-se o caso de a transição ter sido marcada pela nossa incapacidade de fazer tais avaliações? Esta nova edição de *Da Tirania* relembra duas posições iniciais sobre a modernidade: a de Leo Strauss e a de Alexandre Kojève. Em seu debate sobre a tirania e em sua correspondência, vemos articuladas as alternativas fundamentais no que diz respeito à possibilidade e às presentes responsabilidades da filosofia.

O debate entre ambos é deveras invulgar. Oscila entre diferenças políticas relativamente superficiais e desacordos básicos quanto aos primeiros princípios. Via de regra, quando o desacordo é assim tão profundo e apaixonado, há pouca margem para uma discussão séria. Aqui, o desejo dos partidos de compreender a questão é maior que o apego que dedicam às suas respectivas posições. Essa é uma das razões por que enunciam suas posições de forma tão radical. Eles sabem perfeitamente bem que, na maior parte dos casos, não é indicado reduzir as alternativas filosóficas ou políticas a apenas duas. Mas esse exercício ajuda de fato a trazer às questões um foco mais preciso.

As vantagens de apresentar estes diversos textos em conjunto são óbvias. A maior desvantagem é talvez menos imediatamente visível: ao torná-la parte de um todo maior, fica difícil apreender em seus próprios termos o *Da Tirania* original de Strauss. No entanto, vale a pena fazer o esforço. *Da Tirania* é uma leitura cerrada do pequeno diálogo entre Hiero, o tirano de Siracusa, e Simônides, o poeta sábio, sobre os fardos da tirania e sobre como esses fardos poderão ser suavizados. Strauss foi um leitor exemplar. Ele lê com respeito e com mente aberta. Dado que lê para aprender, lê de forma crítica. Mas para ele nada era mais estranho do que o uso dos textos como um pretexto para exibir o próprio engenho. *Da Tirania* foi sua primeira análise de uma obra clássica publicada em livro e permanece a mais acessível das suas leituras cerradas (*close readings*). Parece adequado que tenha sido dedicada a um diálogo. Ele supõe de maneira deveras razoável que escritores cautos escolhem a forma pela qual apresentam o seu pensamento, e que a diferença entre um diálogo e um tratado tem, por conseguinte, uma importância filosófica. Nesse sentido, num diálogo deve ocupar-se tanto da ambientação, dos personagens e das ações quanto dos discursos. *Da Tirania* ilustra o quanto a compreensão que se tem do argumento de um diálogo pode ser enriquecida pela atenção dedicada às suas características dramáticas. A forma de ler de Strauss contraria diretamente a visão de Hegel, segundo a qual as características dramáticas do diálogo são mero embelezamento. A diferença entre as duas abordagens é vivamente ilustrada pelo contraste entre a leitura hegeliana de Platão feita por Kojève e a leitura de Strauss dos mesmos diálogos. Ao discutir essas diferenças, Strauss afirma sucintamente seus princípios de interpretação e comenta, também sucintamente, porém de forma interessante, um conjunto de diálogos que ele jamais discutiu em versões impressas. Esta série de cartas sobre Platão – começando com a carta de Kojève de 11 de abril de 1957 até a carta de Strauss de 11 de setembro de 1957 – pode ser lida de forma útil em conjunção com a interpretação straussiana do *Hiero*. Elas são um dos pontos altos da sua correspondência.

Strauss abre o *Da Tirania* de forma desafiadora: a ciência política moderna tem tão pouca compreensão da maioria dos fenômenos políticos de peso, que não consegue sequer reconhecer as piores tiranias por aquilo que elas são.

> [...] quando fomos confrontados com a tirania – com um tipo de tirania que supera a imaginação mais ousada dos pensadores mais poderosos do passado – a nossa ciência política não conseguiu reconhecê-la. (23; 177)

Tendo em vista o fracasso da "nossa ciência política", Strauss convida-nos a reconsiderar a forma como a filosofia ou a ciência política clássica entendeu a tirania. O convite levanta imediatamente a questão de saber como o pensamento clássico poderá fazer justiça a fenómenos políticos tão radicalmente diferentes daqueles que conhecia por uma experiência direta. A questão pressupõe a verdade da afirmação de Hegel de que a "filosofia é o seu próprio tempo apreendido no pensamento". Um dos objetivos de *Da Tirania* é desafiar essa afirmação. A premissa-base da filosofia política clássica que Strauss nos convida a reconsiderar é a de que os problemas fundamentais – e em particular os problemas fundamentais da vida política – são, pelo menos em princípio, acessíveis sempre e em todo lugar. Ora, a "tirania é um perigo coetâneo à vida política" (22), e as reflexões sobre a vida política sugerem que "a sociedade tentará sempre tiranizar o pensamento" (27). As reflexões sobre a tirania conduzem, assim, a reflexões sobre a relação entre o pensamento ou a filosofia e a sociedade. Por conseguinte, Strauss desloca gradualmente o enfoque da sua investigação da tirania propriamente dita para a relação entre a filosofia e a cidade. No seu entender, o *Hiero* representa a compreensão clássica, socrática, dessa relação: Simónides representa a vida filosófica, e Hiero, a vida política. Ora, a relação da filosofia e da cidade é tão central à compreensão da tirania moderna como à compreensão da tirania antiga. Pois, embora a tirania moderna deva o seu caráter particular à ideologia e à tecnologia, a ideologia e a tecnologia são produtos ou subprodutos da compreensão especificamente moderna da relação entre a filosofia e a sociedade (23). Strauss autoproclama-se porta-voz da compreensão clássica dessa relação e Kojève autoproclama-se porta-voz da sua compreensão moderna.

Os dois concordam plenamente que há uma tensão, e seguramente um conflito, entre filosofia e sociedade (195, 205, cp. 27); e concordam também que a filosofia ou a sabedoria são as coisas mais elevadas na ordem dos fins, sendo ela o fim ou o princípio arquitetônico.[1] Eles discordam quanto ao fato de o conflito entre a filosofia e a sociedade poder ser – e dever ser – resolvido. Em outras palavras, discordam quanto à possibilidade de uma sociedade perfeitamente racional. A escolha é clara: tentar evitar o mais possível o conflito entre filosofia e sociedade ao manter a maior distância possível entre as duas;

---

[1] *Introduction à la Lecture de Hegel*. Paris, Gallimard, 1947, p. 303, 95, 273-75, 397 ss; 15 de setembro de 1950.

ou tentar o máximo possível resolver o conflito entre filosofia e cidade ao trabalhar numa reconciliação entre ambas. Strauss opta pela primeira alternativa; Kojève, pela segunda.

Para Strauss, o conflito entre a filosofia e a sociedade é inevitável porque a sociedade se assenta sobre uma confiança partilhada em crenças partilhadas e a filosofia questiona toda confiança e toda autoridade. Ele se alia a Platão contra o Hegel de Kojève, sustentando que a filosofia não pode deixar de ser uma procura e tornar-se simplesmente sabedoria.

> Enquanto tal, a filosofia não é nada mais senão a consciência genuína dos problemas, i.e., dos problemas fundamentais e abrangentes. É impossível pensar acerca desses problemas sem se inclinar para uma solução, para uma ou para outra das poucas soluções típicas. Porém, enquanto não houver sabedoria, mas apenas a busca da sabedoria, a evidência de todas as soluções é necessariamente menor que a evidência dos problemas. (196; 16 de janeiro de 1934, 28 de maio de 1957)

A filosofia é intrinsecamente cética ou "zetética" (196). Por conseguinte, ameaça comprometer a autoconfiança da sociedade e enfraquecer a sua vontade. Ela deve, nesse sentido, ter em consideração os requisitos da sociedade. Mas, no momento em que lhes cede, deixa de ser filosofia e torna-se dogmatismo. Por isso deve seguir o seu próprio caminho. O problema humano não admite uma solução política (182).

Kojève rejeita essa conclusão. No seu entender, o filósofo que se depara com inconsistências – "contradições" – nas práticas e crenças da sua sociedade ou da sua época não pode ficar por resolvê-las "meramente" através do pensamento. Ele também deve resolvê-las através de atos. A única forma eficiente de resolver "contradições" – a única forma efetiva de resolver diferenças entre os homens ou entre os homens e a natureza – é trabalhando e lutando para mudar a realidade que as revelou em primeiro lugar: mudar as atitudes do homem, crenças, modos de vida, através do esclarecimento ou da ideologia; e mudar as suas condições materiais de existência através do domínio e do controle da natureza ou da tecnologia (178). Todas as discordâncias teóricas significativas são ao mesmo tempo práticas. Segue-se que elas também não podem ser resolvidas por si só, mas apenas junto com outros, pelo esforço combinado de cada um e de todos. A filosofia é necessariamente política, e a política, filosófica. Ou, como diz Kojève, alguém que tencione seriamente conhecer, no sentido forte do termo, será levado a "verificar" as suas "certezas" meramente "subjetivas" (152, 163s, 166).

> Ora, enquanto o homem estiver sozinho na compreensão de alguma coisa, nunca conseguirá estar certo de que a conhece verdadeiramente. Se, enquanto ateus consistentes, substituirmos Deus (entendido como uma consciência e vontade que superam a consciência e vontade humanas) pela sociedade (o Estado) e a História, devemos dizer que tudo o que, de fato, estiver fora do alcance da verificação histórica e social é para sempre relegada ao domínio da opinião (doxa). (161)

A única forma de "verificar" as nossas opiniões é tornando-as "reconhecidas". O reconhecimento "verifica" a nossa "certeza subjetiva" de que aquilo que é "para nós" é também "para outros". Assim, ela estabelece um "consenso intersubjetivo". O reconhecimento é necessariamente mútuo. Há sempre por isso também uma dimensão moral do reconhecimento. No mínimo, o reconhecimento é sempre também reconhecimento dos outros como livres e iguais. Segue-se que o progresso filosófico é possível desde que ande de mãos dadas com o progresso político e moral (174s). A "História", no sentido mais forte que Kojève confere ao termo, é, então, a história das sucessivas "verificações reconhecidas". O "reconhecimento" contribui para a "satisfação". Kojève prefere antes falar de "satisfação" a falar de "felicidade" porque, mais uma vez, a "satisfação" é um critério mais "público" e, por conseguinte, mais "objetivo" do que a "felicidade", a qual tende a ser privada ou "subjetiva". O reconhecimento contribui para a satisfação; se também contribui para a felicidade é uma questão inteiramente diferente (22 de junho de 1946, 8 de junho de 1956; Hegel, e.g. *Vernunft in der Geschichte*. Meiner, Lasson, 1930, p. 70, 78). A História no sentido forte do termo – o trabalho e a luta milenares do homem para alcançar satisfação através do reconhecimento – é, então, a sucessiva atualização e "verificação" da harmonia entre os homens e a conformidade entre eles e o seu mundo. Em suma, a história é o reconhecimento progressivo da proposição de que todos os homens são livres e iguais.

Kojève argumenta que, em última análise, a busca pelo reconhecimento mútuo poderá apenas ser satisfeita naquilo a que chama de "Estado universal e homogêneo". Qualquer coisa a que falte "homogeneidade", ou seja, igualdade, deixaria em aberto a possibilidade de distinções arbitrárias de classe, estatuto e gênero. Qualquer coisa a que falte "universalidade" deixaria em aberto a possibilidade de rivalidades sectárias, religiosas e nacionais, e de sucessivas guerras civis e externas. No Estado universal e homogêneo, todos "sabem" e vivem no "conhecimento" de que todos gozam de igual dignidade, e esse conhecimento está imbuído nas práticas e instituições do Estado (e.g., *Introduction*, 184 ss). Uma vez que todos reconhecem que todos são livres, deixa de haver uma insatisfação coletiva e, por conseguinte, passa a não haver mais procura ou esforço coletivo e, em particular, trabalho e luta coletivos que visem a novos modos e ordens ou a uma nova compreensão. Um vez que os homens são livres e universalmente reconhecidos de que o são, a história, no sentido forte do termo, está no seu fim. E na medida em que o progresso político e filosófico andam de mãos dadas, também anda a sua realização. O fim da história também marca, por conseguinte, o fim da filosofia ou da busca da sabedoria e o começo do reino da sabedoria propriamente dita (e.g., *Introduction*, 435n).

Para o Hegel de Kojève, a história foi a revelação da verdade, e essa verdade foi revelada primariamente por meio das várias viragens operadas pela dialética do senhor-escravo. A dialética do senhor-escravo foi o motor da história, e o desejo de reconhecimento o seu combustível. Por que o papel central que Kojève atribui à dialética do senhor-escravo provou ser tão poderoso? O Hegel de Kojève foi certamente um pragmático dramático. A verdade e a ação bem-sucedida foram atadas uma à outra, e o progresso foi alcançado através do trabalho e de batalhas sangrentas em vista de reconhecimento. Kojève afirma ser capaz de dar sentido à totalidade da história e à estrutura do desejo humano ao observá-las através das lentes que se fundam contra os textos de Marx e de Heidegger. A história e o desejo tornam-se compreensíveis quando os seus fins, os seus objetivos, se tornam claros. Kojève afirma ter demonstrado essa clareza, ocultando a sua interpretação sob a forma de propaganda política que promoveria a revolução que confirmaria a própria interpretação. Por volta de 1930, Kojève pensava que a filosofia de Hegel promovia a autoconsciência que é própria do estágio final da história, um estágio caracterizado pela satisfação do desejo humano fundamental de reconhecimento mútuo e igual. Kojève – e todos os outros – também conseguia ver quem eram os inimigos da igualdade e, dessa forma, as linhas de combate para a luta final pelo reconhecimento tornaram-se claras. A filosofia e a revolução estavam ligadas naquilo que seria a culminação da história mundial.

Depois da guerra, talvez em resposta à perspicaz crítica que Strauss fez das suas visões, especialmente na carta de 22 de agosto de 1948, e talvez também em resposta àquilo que pode ter percebido como um clima político cada vez mais congelado, Kojève abandona o seu "hegelianismo heroico", a sua confiança no significado e direção da história. A sua obra posterior já não toma a forma de uma propaganda que vise à autoconsciência revolucionária. Ao contrário, assumiu a forma de um comentário da história que já seguiu o seu curso. A mudança que ocorreu no lugar da revolução acarretou uma mudança na forma da sua filosofia: ele deixa de ser um pragmático dramático e passa a ser um crítico irônico da cultura. Continuou a acreditar que a culminação da história mundial define a verdade de todos os eventos precedentes, e continuou a escrever sobre filosofia hegeliana como se ela provesse essa verdade. Em vez de situar essa filosofia no começo da culminação, porém, na sua obra posterior Kojève afirma que o fim da história já ocorreu. Assim que se tornou claro que a revolução não estava prestes a acontecer, a única retórica possível para o hegelianismo de Kojève era a ironia. O tom irônico de muito da sua obra posterior resulta da sua valorização da autoconsciência mesmo quando o progresso não é mais possível.

As expressões "o fim da história" e "o fim da filosofia" tornaram-se moda e, por isso, *slogans* virtualmente vazios. No nosso tempo, Kojève foi o primeiro a pensar seriamente no significado de tais expressões.

Com certo floreado retórico, ele sustentou que a história "findou" em 1806 com a vitória de Napoleão sobre a Prússia na batalha de Jena, uma vitória que abriu o resto da Europa e, a longo prazo, o resto do mundo, aos princípios da Revolução Francesa.

> O que aconteceu desde então não foi senão uma extensão no espaço da força universal revolucionária atualizada na França por Robespierre-Napoleão. A partir da perspectiva genuinamente histórica, as duas Guerras Mundiais, com o seu treino de pequenas e grandes revoluções, tiveram apenas o efeito de alinhar as civilizações retrógradas das províncias remotas com os estágios históricos europeus (real ou virtualmente) mais avançados. Se a sovietização da Rússia e a comunização da China são algo mais ou diferente do que a democratização da Alemanha Imperial (através do hitlerianismo) ou a adesão do Togo à independência, ou ainda a autodeterminação dos papuanos, isso só acontece porque a atualização sino-soviética do bonapartismo

robespierriano forçou a Europa pós-napoleônica a acelerar a eliminação dos mais ou menos numerosos remanescentes anacrônicos do seu passado pré-revolucionário. Esse processo de eliminação está já mais avançado nas extensões Norte-Americanas da Europa do que na própria Europa. Pode-se inclusive dizer que, de certo ponto de vista, os Estados Unidos já alcançaram o estágio final do "comunismo" marxista, dado que todos os membros de uma "sociedade sem classes" podem, para todos os efeitos práticos, adquirir o que quiserem, quando quiserem, sem ter de trabalhar mais do que aquilo que já estão inclinados a fazer.[2]

É claro que, se as revoluções russa e chinesa, as duas guerras mundiais, o stalinismo e o hitlerismo meramente o confirmam – ou "verificam" –, então, "o fim da história" não pode significar que mais nada acontecerá. Quererá apenas dizer que nada *radicalmente* novo poderá ser alcançado, nada comparado em grandeza ao reconhecimento, em todos os níveis da vida e sobre toda a face da terra, de que, na frase de Hegel, todos os homens são livres; ou, como sugere a frase "Estado universal e homogêneo", que todos são livres e iguais. Mas isso de modo algum implica o fim da política. Como observa Strauss, Kojève não alimenta nenhuma prospectiva de que o Estado algum dia venha a desaparecer (210).

Kojève argumenta que, se a história é a história milenar que visa alcançar a liberdade e a igualdade, então, o fim da história também assinala o fim do "homem histórico", do homem que luta e se esforça, em suma, do homem que até agora conhecemos (19 de setembro de 1950, *Introduction*, 387 n. 1, 434, 64). Ele não compartilha a visão de Marx de um fim da história que se abre para "o reino da verdadeira liberdade", no qual o homem poderá caçar de manhã, pescar à tarde, cultivar ao final do dia e envolver-se em crítica de arte depois do jantar, sem, por isso, necessitar tornarem-se caçadores, pescadores, agricultores ou críticos (*Kapital*, III, 48, iii; *A Ideologia Alemã*, I A). Nem espera que, depois de os homens alcançarem a liberdade e a igualdade, procurem alcançar o nobre e o justo. Prevê, pelo contrário, que a maioria dos homens – satisfeitos com seu reconhecimento mútuo, fazendo seja o que for sem propósito ou constrangimentos, e livres para adquirir e consumir segundo o contentamento do seu coração –, fará o que é correto e evitará o que está

---

[2] *Introduction*. 2.ed., p. 436n; tradução de J. H. Nichols Jr., p. 160F, alterada.

errado porque nada os impedirá de fazer o contrário. Eles não serão heróis; mas, parece pensar, também não serão vilões. Eles serão meros "autômatos" que poderão exprimir um resto de humanidade através de rituais extremamente formais de puro esnobismo tais como as cerimônias do chá, arranjos de flores ou de peças de teatro Nô. Quanto àqueles que, no Estado universal e homogêneo, continuam insatisfeitos com as suas existências sem rumo, estes procurarão sabedoria. Dado que vivem numa ordem essencialmente racional, já não precisarão mudá-la para compreendê-la. Eles agora poderão "meramente" contemplá-la (19 de setembro, 1950; *Introduction*, 440n; 2. ed., 436n). "A coruja de Minerva levanta voo ao fim do dia."

É uma constante no pensamento de Kojève de que o fim, assim entendido, é bom e desejável. Os filósofos kojevianos farão, por conseguinte, o que puderem para imbuir a liberdade e a igualdade nas práticas e instituições, ou "pelo menos *aceitar* e 'justificar' tais ações se alguém algures as praticar" (*Introduction* 291, 29 de outubro de 1953 i.f.). Não conseguimos evitar querer saber como Kojève reconcilia argumentar a favor do reconhecimento universal e "aceitar" e "justificar" as piores tiranias do nosso tempo. É verdade que em "Tirania e Sabedoria" o conselho que ele dá aos tiranos é o de que trabalhem para o reconhecimento mútuo no Estado universal e homogêneo, por outras palavras, para a "liberalização" e, pelo menos a longo prazo, para alguma forma de democracia. Ele sabia, é claro, que, mesmo que os seus conselhos alcançassem o tirano, este, no melhor dos casos, faria ouvidos moucos. Mas Kojève também sabe que feitos têm mais peso que discursos e, independentemente daquilo que possa ter dito, as suas ações foram destinadas a fazer o máximo de pressão possível sobre o tirano. Muito acertadamente ele pensou que a Comunidade Econômica Europeia, que ajudava a estabelecer, poderia tornar-se um poder econômico capaz de fazer frente à União Soviética e, por conseguinte, forçá-la a liberalizar-se (19 de setembro de 1950). Kojève também acabou eventualmente por pensar na Comunidade Econômica Europeia e na União Soviética como os modelos alternativos mais plausíveis para o "Estado universal e homogêneo", e gastou os últimos 25 anos da sua vida tentando fazer a balança pender a favor do modelo europeu. Não virou as costas aos horrores da época e, "como um homem na tempestade, procurou um abrigo atrás do muro".

O fim da história, como Kojève o entende, também assinala "o fim da filosofia". De fato, ele considera o Estado universal e homogêneo o objetivo e a realização da história apenas porque o considera a condição necessária para efetuar uma explicação abrangente, coerente, por conseguinte definitiva e, consequentemente, verdadeira; em suma, para a sabedoria (19 de setembro de 1950; *Introduction*, 288f, 291). A sabedoria é o princípio arquitetônico. A explicação abrangente e coerente é "circular": ela explica e resolve os conflitos entre "todas" as alternativas, explicações provisórias – iniciais –, ao mesmo tempo que se explica a si mesma. As explicações provisórias, ou seja, a filosofia ou as filosofias no sentido estrito do termo, são inevitavelmente sombreadas pelo ceticismo. A explicação abrangente e coerente superaria esse ceticismo.

Ceticismo é uma coisa; relativismo é outra inteiramente diferente. O ceticismo deixa em aberto a possibilidade de uma explicação definitiva. O relativismo nega categoricamente essa possibilidade. As versões mais típicas e influentes do relativismo aceitam o argumento de Hegel de que, até "agora", o ser, a vida e o pensamento foram inteiramente históricos, mas rejeita a sua conclusão de que "agora" a história acabou. Eles sustentam que a história não pode "acabar" e, por consequência, que "nunca" poderá haver uma explicação definitiva. Kojève e Strauss convergem na rejeição categórica desse hegelianismo mutilado (e.g., 19 de setembro de 1950, 1º de agosto de 1957 i.f.). Kojève rejeita-o em nome da explicação abrangente e coerente e Strauss em nome do ceticismo ou, como ele prefere chamar, zeteticismo.

Kojève não pensa que o "fim da filosofia" não deixa nada mais para pensar ou que os homens deixem de pensar. Ao contrário, tanto quanto podemos apurar, ou, como o próprio diz, tanto quanto pôde apurar, doravante não haverá ocasião para pensamentos que, na linguagem da longa nota citada mais atrás, façam diferença "da perspectiva genuinamente histórica". Daqui em diante, os homens pensarão "meramente" para compreender. Doravante, pensar é repensar ou recordar (*erinnern*) e reconstruir a história, e, em particular, a história da filosofia, e reconfirmar o seu fim. É dentro desse espírito que Kojève encarou os seus estudos posteriores sobre a filosofia antiga, sobre os quais fala de forma aprofundada na sua correspondência com Strauss.

Strauss rejeita da raiz aos galhos a reconciliação entre filosofia e sociedade proposta por Kojève. Para ele, ela não é necessária, não é desejável e nem sequer possível. Um objetivo – porventura o objetivo principal – do seu estudo do *Hiero* é apresentar a alternativa aos argumentos que sustentam essa reconciliação, aproveitando a oportunidade para reafirmar essa alternativa na sua resposta à análise de Kojève. No seu entender, essa análise apenas confirma que o esforço para reconciliar filosofia e sociedade está destinado a destruir as duas. Ela confirma, assim, mais uma vez, a necessidade de separar – de "des-construir" – o enredamento das duas coisas e restaurar a sua separação clássica.

Strauss admite, com efeito sublinha, que a vida filosófica, na forma como a entende, é essencialmente uma vida à parte. É tão autossuficiente quanto humanamente possível. A "autoadmiração ou autossatisfação" dos filósofos "não tem de ser confirmada por outros para ser razoável" (204). Ele não protesta quando Kojève chama a sua explicação da vida filosófica de "epicurista". Nem é dissuadido pelo argumento "verificacionista" de Kojève. A certeza subjetiva é lamentável; mas ela pode ser inescapável. Os filósofos tenderão sempre a agrupar-se em seitas rivais. Porém, Strauss acrescenta, ao aludir à longa e amigável vida de desacordos entre si e Kojève, o "reconhecimento" entre filósofos também pode transcender a lealdade para com a seita. *Amicus Plato*. No entanto, embora o "reconhecimento" não precise restringir-se aos membros da mesma seita, ele não pode ser universal. O reconhecimento universal despreza ou ignora totalmente a diferença entre o competente e o incompetente ou entre a opinião e o conhecimento. Na verdade, o desejo de reconhecimento não é de forma alguma um desejo de conhecimento. O desejo de reconhecimento não é mais do que vaidade, embora com outro nome: *Recognitio recognitionum* (209). Kojève procurou afastar essa crítica ao falar de "reconhecimento merecido" (156). Mas o reconhecimento merecido, o reconhecimento que recebemos daqueles que receberam o nosso, não pode ser simplesmente reconciliado com o reconhecimento igual e universal a que Kojève apela. O "reconhecimento" não pode então resolver o problema do isolamento filosófico. O argumento de Kojève da verificação através do reconhecimento – que os filósofos devem mudar o mundo assim como eles mesmos para harmonizar as suas certezas que de outro modo são subjetivas – perde, portanto, a sua força. Da mesma forma a sua conclusão de que a filosofia é necessariamente política (207s., 195s, 202s).

Mais precisamente, Strauss admite plenamente, na verdade sublinha, que a filosofia é inevitavelmente política, se não por outra razão pelo menos porque os filósofos vivem em comunidades políticas. Mas ele nega que a filosofia precise contribuir para o aperfeiçoamento de qualquer ordem política. Ela não precisa fazê-lo para seu próprio bem e não está obrigada a fazê-lo para o bem comum. Pois as contradições presentes nas crenças e práticas dos homens não podem ser resolvidas em atos. Além disso, a filosofia não requer uma ordem política justa ou até coerente. A filosofia e a educação filosófica florescem nos mais diversos regimes e entram necessariamente em conflito com todos os regimes. Por isso, a filosofia sempre e em toda parte terá de se proteger contra a suspeita ou mesmo a acusação direta de corromper a juventude e propagar o ceticismo e o ateísmo. Para evitar esse incoveniente, ela se lança naquilo que Strauss chama de "política filosófica", o esforço que é feito pelos filósofos, sempre e em toda parte, para conquistar a tolerância da sociedade e até a aprovação, ao persuadi-la de que os filósofos estimam aquilo que ela estima e abominam o que ela abomina (205s). Enquanto Kojève atribui aos intelectuais, que tentam trazer a filosofia para a comunidade e esclarecê-la, a tarefa de fazer a mediação entre a filosofia e a comunidade política (173), Strauss atribui a tarefa dessa mediação aos retóricos que, como a arte de Próspero, tentam proteger a filosofia e a comunidade uma da outra (205s):

> Não acredito na possibilidade de uma conversa entre Sócrates e o povo (não é claro para mim o que pensará acerca disso); a relação do filósofo com o povo é mediada por certo tipo de retóricos que despertam o medo do castigo depois da morte; o filósofo pode guiar esses retóricos, mas não pode fazer o seu trabalho (este é o significado do Górgias). (22 de abril de 1957)

Para Strauss, é primariamente o modo de filosofar que é político. Para Kojève a matéria o é tanto quanto a forma.

O argumento de Kojève depende da sua afirmação de que a reconciliação da filosofia e da sociedade torna possível que se ponha um fim à busca da filosofia, e fornece as condições da sabedoria enquanto explicação definitiva, abrangente e coerente. Na fórmula lapidar de Kojève, tal explicação deduzirá tudo aquilo que (podemos) dizer do mero fato de que podemos falar (29 de outubro de 1953). Ele não pensa evidentemente que seja necessário – ou possível – deduzir também "o fato de que falamos". Contudo, a sabedoria, tal como ele a concebe, a explicação abrangente e coerente, i.e., a explicação "circular", requereria que ele também fizesse essa dedução: o homem não é causa de si. A explicação abrangente e coerente requererá, por conseguinte, uma explicação dedutiva do homem e, por isso, dos seres vivos e, por isso, da natureza. Hegel tenta fazer tal dedução. Kojève nega de forma consistente que tal dedução ou, até, qualquer explicação discursiva da natureza seja possível

(*Introduction*, p. 166-168, 378). Surge, então, a questão de saber se essa explicação pode, ainda que apenas em princípio, ser abrangente e coerente. A mesma questão emerge, ainda que de forma ligeiramente diferente, quando se reflete sobre a afirmação de Kojève de que a reconciliação entre a filosofia e a sociedade, requerida pela sua explicação abrangente e coerente, pressupõe o domínio e controle da natureza; e, dessa forma, pressupõe que a natureza ceda à razão e à vontade do homem (*Introduction*, p. 301). Em outras palavras, como indica Strauss, ela pressupõe uma teleologia ou providência antropocêntrica. Rejeitando-se esse pressuposto, como faz Kojève explicitamente e Strauss tacitamente, então a filosofia não é capaz de superar o ceticismo. A "natureza" cria limites à nossa capacidade de dar uma explicação abrangente. Por essa razão, Strauss questiona a afirmação de que a filosofia e a sociedade possam ser plenamente reconciliadas. O problema da natureza não pode nem deve ser deixado de lado nem muito menos eliminado pelo "reconhecimento" (28 de maio de 1957, 279; cp. 22 de agosto de 1948, 237; veja-se também *Natural Right and History*, p. 173, n.9).

Quanto à dimensão moral do "reconhecimento", Strauss rejeita de antemão a proposição de que o povo pode ou deve ficar satisfeito com o reconhecimento de todos da igual liberdade de oportunidades e dignidade de cada um (207s, 209). Muitas vezes ele deixa o leitor com a nítida impressão de que, na sua visão, a liberdade e a igualdade não são tanto fins quanto concessões à fraqueza e à paixão. Ele desafia Kojève a demonstrar em que os cidadãos do seu Estado-final universal e homogêneo diferem do "último homem" de Nietzsche (208; 22 de agosto de 1948, 239; 11 de setembro de 1957, 291; veja-se *Assim falou Zaratustra*, I, 3-5). Os últimos homens estão autoabsorvidos e autossatisfeitos. Eles não conhecem nem o espanto nem o assombro, nem o medo nem a vergonha. As suas almas estão atrofiadas. São extremamente repugnantes. O mero fato de não conseguirmos impedir nossa aversão diante deles mostra claramente que aspiramos a mais do que a satisfação de sermos reconhecidos livres e iguais. Em particular, a sociedade política que não der espaço adequado à aspiração de grandeza da alma poderá ser temporariamente bem sucedida em destruir ou subjugar a humanidade do homem, mas é mais provável que a longo prazo conduza à sua própria destruição. Se não puderem ser heróis, tornar-se-ão vilões. Com essas poucas e lapidares referências à alma, Strauss regressa ao problema da natureza e, mais especificamente, ao problema da natureza humana: qualquer ética e política adequada tem de levar em consideração a natureza da alma. Kojève admite que, se houver uma natureza humana, Strauss está certo. Mas ele rejeita a natureza humana como um parâmetro e, em particular, como um parâmetro para a moral ou a política:

> [...] Surge a questão de saber se não há uma contradição entre falar de "éticas" e de "dever", por um lado, e em nos conformarmos com uma natureza humana "dada" ou "inata", por outro lado. Pois os animais, que inquestionavelmente possuem tal natureza, não são moralmente "bons" ou "maus", mas, no máximo, doentes ou saudáveis, selvagens ou treinados. Podemos assim concluir que é precisamente a antropologia antiga que levará ao treino em massa e à eugenia. (29 de outubro de 1953)

Por um momento a linguagem de Kojève adquire um tom deveras picante: Massen*dressur* ou *treino* em massa e Volks*hygiene* ou *eugenia* trazem à mente inevitavelmente a linguagem e a prática nazistas. Contudo, independentemente daquilo que se possa pensar a respeito dessas acusações de "biologismo", o problema não é resolvido pela ignorância da natureza, ou pela invocação do *Geist* ou *esprit*. Para Kojève, as lutas e as batalhas sangrentas através das quais o *Geist* conquista a natureza não são apenas figuras de linguagem. Antes na mesma carta, ele defendera as coletivizações de Mao e de Stálin. O termo que escolhe, *Kollektivierungsaktion*, reconhece claramente a implacável brutalidade dessas coletivizações. Kojève parece compartilhar o juízo assustador de Hegel de que "as feridas do espírito saram sem deixar cicatrizes". (No final de 1999, relatos não confirmados afirmaram que Kojève esteve envolvido de alguma forma não especificada com os serviços secretos soviéticos.)

Da Tirania é dedicado ao esforço de restaurar a filosofia política clássica. Por isso, o leitor poderá ficar algo surpreendido ao ver Strauss afirmar que

> não seria difícil mostrar que [...] a democracia liberal ou constitucional aproxima-se mais daquilo que os clássicos exigiam que qualquer outra alternativa viável no nosso tempo. (194)

Ele não diz quais as alternativas à democracia liberal ou constitucional que considera viáveis em nossa época. Nem mostra as afinidades entre as ordens políticas que os clássicos favoreciam – ou até aquelas que eles entendiam ser meramente aceitáveis – e a democracia liberal moderna. O regime misto de Aristóteles é algumas vezes apontado como o que mais se aproxima da nossa democracia liberal. Mas nunca ninguém derivou a democracia liberal moderna dos princípios de Aristóteles (cp. e.g. *Política*, III, ix, 8). Poderá, é claro, parecer que, parafraseando uma observação de Strauss sobre a relação entre o direito natural e a revelação divina, tão logo a ideia de democracia liberal emergiu e se tornou numa coisa natural, ela pôde facilmente ser acomodada à filosofia política clássica. Mas, a julgar pelos esforços de académicos sérios e patriotas que tentaram reconciliar a filosofia política clássica com a democracia liberal moderna, todas essas tentativas terminam em admissões de fracasso ou em concessões aos modernos – no que diz respeito, por exemplo, aos direitos naturais, ao republicanismo comercial ou à tecnologia –, o que Strauss se recusa consistentemente a fazer (205; 223, 190, 22, 207). A sua sugestão de que a democracia liberal pode ser justificada nos termos dos clássicos é, por isso, porventura mais bem compreendida como uma sugestão para uma revisão radical do nosso conceito de democracia liberal.

A correspondência confirma aquilo que os leitores atentos já terão há muito notado, a saber, que, embora Heidegger nunca seja mencionado no debate publicado, ele se encontra presente do princípio ao fim. Isso não é surpreendente. Tanto Strauss quanto Kojève foram profundamente marcados por ele em seus anos de formação. E, além disso, da mesma forma que eles, como poderá alguém refletir sobre as relações entre tirania e filosofia, depois que todo o horror do nazismo foi posto a descoberto, sem estar constantemente atento ao único pensador de peso que se juntou aos nazistas e, mais ainda, que o fez em nome do seu ensinamento? Talvez nenhum grande pensador na história da filosofia tenha comprometido tanto quanto Heidegger o bom nome da filosofia ou desafiado tão radicalmente com as suas ações o dito socrático de que o conhecimento é virtude, e o seu correlato de que a alma se conforma de maneira insensível ao objeto que apreende. Ele parece ser o alvo das linhas conclusivas na "Reafirmação" original de Strauss: *et humiliter serviebant et superbe dominabantur* – "*servilmente humildes e arrogantes no domínio*" – uma ligeira paráfrase daquilo que Lívio diz sobre a natureza da gentalha ao lembrar como ela se comportou durante (e imediatamente após) a tirania de outro e mais tardio Hiero de Siracusa (XXIV, xxv, 8). Podemos apenas especular acerca das razões de Strauss para omitir essa passagem das versões inglesas do texto subsequentemente publicadas. Parece plausível que, na altura em que o fez, havia decidido falar explicitamente e de forma aprofundada sobre Heidegger, querendo que os seus comentários públicos fossem adequadamente modulados. Mas não há qualquer razão para duvidar de que essa reflexão sobre a carreira política de Heidegger lhe tenha apenas confirmado – assim como a Kojève – a convicção de que o pensamento sobre o que é primeiro em si mesmo ou sobre o Ser tem de ter alguma coerência com o pensamento do que é primeiro para nós – a vida política.

O diálogo entre Strauss e Kojève não termina com uma reconciliação. Ambos estão dispostos a aceitar todas as consequências das suas respectivas posições. Ao mesmo tempo, precisamente porque não termina com uma reconciliação, seus diálogos ajudam-nos a ter mais claramente diante nós as tentações e os riscos das alternativas mais básicas.

DA TIRANIA

1

XENOFONTE

Hiero ou *Tyrannicus*

I

(1) Um dia, Simónides, o poeta, veio até Hiero, o tirano. Num momento de ócio, Simónides disse:

"Estarias disposto, Hiero, a explicar coisas que, provavelmente, sabes melhor do que eu?"

"E de que tipo são", disse Hiero, "essas coisas que eu saberia melhor que um homem sábio como tu?"

(2) "Da minha parte sei", disse, "que tens sido um homem privado e agora és um tirano. É provável, então, dado que já experimentaste ambas, que saibas melhor do que eu em que diferem a vida tirânica e a privada em prazeres e dores."

(3) "Então por que não me recordas como são as coisas na vida privada", disse Hiero, "dado que pelo menos, de momento, és ainda um homem privado? Pois dessa forma creio conseguir mostrar-te melhor a diferença entre cada uma."

(4) Simónides falou então da seguinte forma: "Muito bem, Hiero, observei que o homem privado sente prazer e aflição na visão, com os olhos; na audição, com os ouvidos; nos cheiros, com o olfato; na comida e na bebida, com o paladar; e no sexo por meio, é claro, daquilo que todos sabemos. (5) Quanto ao que é frio e quente, duro e macio, leve e pesado, quando distinguidos, o nosso corpo inteiro parece ficar satisfeito ou magoado. E parece-me que

às vezes apreciamos e sofremos aquilo que é bom e mau apenas através da alma e outras vezes através da alma e do corpo. (6) Estou ciente de que nos satisfazemos com o sono, mas como, mas do que e quando – acerca disso julgo ser mais ignorante", disse ele. "E porventura não é de admirar que ao despertar percebamos as coisas de um modo mais claro que ao dormir."

(7) Ora, a isso responde Hiero: "Então, Simônides, pelo menos eu", disse, "seria certamente incapaz de dizer como é que o tirano consegue perceber qualquer outra coisa senão estas que tu próprio mencionaste. De forma a que, pelo menos até aqui, não sei se a vida tirânica difere nalgum aspecto da vida privada".

(8) Simônides afirmou: "Mas nesse aspecto difere", disse, "o prazer [dos tiranos] é multiplicado muitas vezes através de cada um desses meios e eles sofrem muito menos penas".

"Isso não é assim, Simônides", disse Hiero. "Fica sabendo que os tiranos têm muito menos prazeres do que o homem privado que vive com posses modestas e que ele tem muitos mais e maiores sofrimentos."

(9) "O que dizes é incrível", disse Simônides. "Pois, se esse fosse o caso, por que é que muitos desejam ser tiranos e, o que é mais, muitos que têm a reputação de ser homens deveras capazes? E por que é que todos têm inveja dos tiranos?"

(10) "Por Zeus", disse Hiero, "porque especulam acerca disso embora sejam inexperientes em atos no que diz respeito a ambas as vidas. Tentarei mostrar-te que falo a verdade, começando com a vista; pois se bem me lembro, foi por aí que começaste a falar.

(11) "Em primeiro lugar, quando penso no assunto, descubro que os tiranos estão em desvantagem em relação aos espetáculos que nos impressionam através da vista. Pois, por um lado, existem coisas diferentes em diferentes países que merecem ser vistas. Por causa dos espetáculos, os homens privados vão a cada um desses sítios e a qualquer cidade que tenham vontade. E vão aos festivais comuns, onde se concentram as coisas que os seres humanos consideram as que mais merecem ser vistas. (12) Mas os tiranos pouco veem, pois não é seguro irem aonde não são mais fortes do que aqueles que aí estão presentes. Nem aquilo que possuem em casa está suficientemente em segurança para que o possam confiar a outros e ir para o estrangeiro. Pois há o medo de que ao mesmo tempo possam ficar privados de governar e se tornem impotentes para se vingarem daqueles que cometeram a injustiça.

(13) "Talvez pudesses então dizer, 'mas, afinal, todas [as imagens] desse tipo vêm até si, até quando permanecem em casa'. Por Zeus, sim, Simônides,

mas somente poucas; e estas, sendo de um certo tipo, são vendidas ao tirano a tal preço que aqueles que exibem alguma coisa esperam partir, recebendo do tirano de uma só assentada um montante muitas vezes superior àquele que recebem de todos os seres humanos ao longo da sua vida."

(14) E Simônides disse: "Mas se te encontras pior no que diz respeito aos espetáculos, pelo menos tens a vantagem através da audição; posto que nunca careces de louvores, o mais doce dos sons. Todos os que se encontram na tua presença louvam tudo o que dizes e tudo o que fazes. Por seu turno, estás fora do alcance de abusos, a coisa mais dura de ser ouvida; pois ninguém tem vontade de acusar um tirano na sua cara".

(15) Falou Hiero. "Que prazer", disse ele, "pensas que um tirano retira daqueles que não dizem nada de mal, quando sabe claramente que cada pensamento que esses homens guardam em silêncio é mau para si? Ou que prazer pensas que retira daqueles que o louvam, quando suspeita que lhe concedem louvores por causa da lisonja?"

(16) E Simônides disse: "Por Zeus, certamente te concedo isso Hiero: o mais doce dos louvores provém daqueles que são livres no mais elevado grau. Mas, repara, ainda não persuadirias nenhum ser humano de que não retiras muito mais prazer daquilo que nos nutre a nós humanos".

(17) "Pelo menos sei, Simônides, que a maioria julga que bebemos e comemos com mais prazer do que o homem privado, acreditando que eles próprios jantariam de forma mais aprazível com um prato que nos é servido do que com um que lhes é servido a eles; pois aquilo que supera o vulgar causa esses prazeres. (18) Por essa razão, todos os seres humanos imaginam que os tiranos antecipam as festas com deleite. Pois as mesas [dos tiranos] seriam sempre preparadas com tal abundância que os próprios não admitiriam qualquer possibilidade de melhorar as suas festas. Então, em primeiro lugar, nesse prazer esperançoso [os tiranos] estão pior do que os homens privados." (19) "Depois", disse, "bem sei que tens experiência disso, quanto mais servido se é com uma quantidade acima da necessária, mais rapidamente se é atingido pela saturação de comer. Logo, na duração do prazer também aquele que é servido com muitos pratos come pior do que aquele que vive de forma moderada."

(20) "Mas, por Zeus", diz Simônides, "enquanto a alma for atraída, acontece que aqueles que são nutridos por pratos mais ricos tenham muito mais prazer do que aqueles a quem é servida comida mais barata."

(21) "Pensas então, Simônides", disse Hiero, "que o homem que retira mais prazer de cada ato também lhe tenha o maior amor?"

"Certamente", disse.

"Bem, então, vês os tiranos dirigirem-se à sua comida com mais prazer do que os homens privados à sua?"

"Não, por Zeus", disse, "certamente que não, mas, como parecerá a muitos, até mais amargamente."

(22) "Pois por que outro motivo", disse Hiero, "vês muitos a tramar os pratos servidos aos tiranos: fortes, amargos, azedos e afins?"

"Certamente", disse Simônides, "e parecem-me muito antinaturais para os seres humanos."

(23) "Pensas que estas comidas", disse Hiero, "são outra coisa senão os objetos de desejo de uma alma emaciada e doente? Eu próprio bem sei, e tu presumivelmente também, que aqueles que comem com prazer não precisam de nenhum desses sofismas."

(24) "Bem, e para mais", disse Simônides, "quanto a esses perfumes dispendiosos com que te unges, suponho que aqueles que se encontram perto de ti os apreciem mais do que tu; tal como um homem que comeu não se apercebe tanto dos odores não graciosos quanto aqueles que se encontram perto dele."

(25) "Para mais", disse Hiero, "no que diz respeito à comida, aquele que tem sempre de todos os tipos não toma nenhum deles com ansiedade. Mas aquele a quem falta alguma coisa deleita-se sempre que ela surge perante si."

(26) "É provável que o prazer do sexo", disse Simônides, "se aproxime perigosamente de produzir desejos de tirania. Pois é possível para ti ter relações sexuais com os mais belos que vês."

(27) "Mas agora", disse Hiero, "mencionaste exatamente aquilo – sabes bem – no qual, se tanto, temos uma maior desvantagem do que o homem privado. Pois, em relação ao casamento, primeiro há o casamento com aqueles que são superiores em riqueza e poder, o qual presumo que seja mais nobre e confira certa distinção agradável ao noivo. Em segundo lugar, há o casamento com iguais. Mas o casamento com aqueles que são inferiores é considerado muito desonroso e inútil. (28) Bem, então, a não ser que o tirano se case com uma mulher estrangeira, a necessidade compele-o a casar-se com uma inferior, de forma que aquilo que o pode contentar não está prontamente disponível. Para mais, são as atenções das mulheres mais orgulhosas que dão mais prazer,

ao passo que a atenção das escravas, mesmo quando disponíveis, não contentam de modo algum, e tal ocasião comporta uma fúria e um sofrimento terríveis se algo for negligenciado.

(29) "Mas nos prazeres do sexo com rapazes o tirano está ainda muito pior do que com as mulheres, a fim de gerar descendentes. Pois presumo que todos saibamos que esses prazeres do sexo dão muito mais satisfação quando acompanhados de amor. (30) Mas o amor, por sua vez, tem ainda menos vontade de surgir no tirano, pois o amor dá prazer com a ânsia, não por aquilo que está à mão, mas por aquilo que se espera. Então, tal como um homem sem a experiência de ter sede não apreciará beber, também um homem sem a experiência do amor carece da experiência dos mais doces prazeres do sexo." Assim falou Hiero.

(31) Simônides riu-se disso e disse, "O que queres dizer Hiero? Então negas que o amor aos rapazes surja naturalmente num tirano? Nesse caso, como é que poderias amar Deiloco, aquele a quem chamam o mais belo?".

(32) "Por Zeus, Simônides", disse ele, "não é que deseje particularmente obter aquilo que nele parece estar disponível, mas conquistar aquilo que é muito pouco adequado para um tirano. (33) Porque amo Deiloco exatamente pelo que a natureza porventura compele um ser humano a querer o belo, e é isso que gosto de conquistar; mas desejo ardentemente conquistá-lo com amor e como alguém com vontade; e penso desejar menos obtê-lo através da força do que de me prejudicar a mim próprio. (34) Eu próprio acredito que tirar de um inimigo contrariado é de todas as coisas a mais aprazível, mas penso que os favores de rapazes dados com vontade são muito aprazíveis. (35) Por exemplo, são aprazíveis os olhares de quem ama de volta; as questões são aprazíveis e aprazíveis são as respostas; mas as lutas e as querelas são a maior provocação sexual. (36) Parece-me certamente", disse ele, "que o prazer retirado de rapazes contrariados é mais um ato de roubo que de sexo. Embora o proveito e a vexação do seu inimigo privado deem certos prazeres ao ladrão, porém, retirar prazer do sofrimento de quem quer que seja que amemos, beijar e ser detestado, tocar e ser desprezado – não será isso por agora uma aflição angustiante e deplorável? (37) Para o homem privado é desde logo um sinal de que o amado concede favores de amor ao prestar algum serviço, porque o homem privado sabe que o seu amado não serve sob qualquer compulsão. Mas nunca é possível ao tirano confiar que é amado. (38) Pois por rotina sabemos que aqueles que servem através do

medo tentam por todos os meios ao seu dispor parecer ser amigos ao serviço de amigos. E, para mais, as conspirações contra os tiranos não nascem de mais ninguém senão daqueles que fingem amá-los mais."

2

(1) A isso Simônides disse, "bem, essas desvantagens que mencionaste parecem-me ser pelo menos muito triviais. Pois vejo muitas coisas", disse, "entre aqueles que têm a reputação de ser verdadeiros homens, dispostos a sofrer desvantagens na comida, bebida e carícias e até a refrearem-se do sexo. (2) Mas vós, os tiranos superam os homens privados seguramente no seguinte. Planejam grandes empreendimentos; executam-nos rapidamente; têm a maior quantidade de coisas supérfluas; possuem cavalos de incomparável virtude, armas de incomparável beleza, adornos superiores para as vossas mulheres, casas mais magníficas e decoradas com aquilo que tem mais valor; além disso, os servos que possuem são os melhores em número e conhecimento; e vós sois os mais capazes de prejudicar os vossos inimigos privados e beneficiar os vossos amigos".

(3) A isso Hiero disse: "Não me espanta nada que a multidão dos seres humanos seja extremamente enganada pela tirania, Simônides. Pois parece-me que a multidão forma a opinião de que alguns homens são felizes e desgraçados ao simplesmente vê-los. (4) Ora, a tirania exibe abertamente, com evidência para que todos vejam, as posses que se consideram ter muito valor. Mas mantém aquilo que é desagradável bem escondido na alma dos tiranos, onde a felicidade e infelicidade humanas estão guardadas. (5) Que tal não seja notado pela multidão não é, como disse, nenhuma surpresa para mim. Mas que também tu o ignores, tu que tens a reputação de ter uma visão mais delicada sobre a maioria dos assuntos através da tua compreensão do que através dos teus olhos, considero-o uma surpresa. (6) Mas eu próprio sei claramente por experiência, Simônides, e digo-te que o tirano tem a menor parte dos maiores bens, e possui a maior parte dos maiores males. (7) Considera o seguinte exemplo: se a paz for considerada um grande bem para os seres humanos, os tiranos são os que menos a possuem; e se a guerra for o maior mal, os tiranos são os que mais a possuem. (8) Pois, para começar, é possível aos homens privados, a não ser que a sua cidade passe a lutar uma guerra comum,

viajar por onde quer que desejem, sem ter medo de que alguém os mate. Mas os tiranos, todos eles, procedem em qualquer lugar como se estivessem em território hostil. Pelo menos eles próprios pensam que é necessário ir armados e estar sempre rodeados de guarda-costas. (9) Para mais, se os homens privados forem numa expedição algures dentro dum país inimigo, pensam estar em segurança pelo menos depois de regressarem à casa. Mas os tiranos sabem que quando chegam à sua casa estão no meio de um número ainda maior de inimigos. (10) Mais uma vez, se os outros que são mais fortes atacarem a cidade, e aqueles que estão do lado de fora da muralha, sendo mais fracos, pensarem estar em perigo, todos acreditam ter ficado em segurança, pelo menos depois de entrarem na fortificação. O tirano, porém, nem sequer quando se encontra em sua casa está livre de perigo; pensa que é lá que deve estar particularmente em guarda. (11) Além disso, para os homens privados, o serenar da guerra é originado por tratados e pela paz. Ao passo que para os tiranos nunca há paz com aqueles que estão submetidos à sua tirania; nem pode o tirano por um momento confiar num tratado.

(12) "Há guerras travadas pelas cidades e guerras travadas pelos tiranos contra aqueles que subjugaram através da força. Ora, nessas guerras, o tirano também se sujeita a todo o mal ao qual se sujeita o homem nas cidades. (13) Pois ambos devem estar armados, em guarda e correr riscos; e se, tendo sido espancados, sofrerem algum mal, cada um deles padece dos sofrimentos dessas guerras. (14) Até este ponto, então, as guerras de ambos são iguais. Mas no que toca aos prazeres que os homens obtêm nas cidades por lutarem contra as cidades, estes os tiranos deixam de os ter. (15) Pois, certamente, quando as cidades derrotam os seus oponentes em batalha, não é fácil exprimir quanto prazer [os homens] retiram ao fazer o inimigo debandar; da perseguição; de matar os seus inimigos; como é que exultam em atos; como recebem uma brilhante reputação; e quanto é que se deleitam em acreditar que expandiram a sua cidade. (16) Cada um finge ter participado no ato de planejar e ter matado mais; e é difícil descobrir onde não fizeram alguns falsos aumentos, afirmando ter matado mais do que aqueles que realmente morreram. Uma grande vitória parece-lhes uma coisa muito nobre.

(17) "Mas quando o tirano suspeita de que certos homens conspiram contra ele, e, percebendo que de fato o fazem, ordena a sua morte, sabe que não aumenta a cidade no seu todo; sem dúvida sabe que governará menos homens e não poderá ficar satisfeito com isso; não se orgulha de seu ato, ao

contrário minimiza tanto quanto pode aquilo que aconteceu e, enquanto o faz, faz a apologia de que o fez sem cometer uma injustiça. Dessa forma, aquilo que fez não lhe parece nobre nem mesmo para si próprio. (18) E quando aqueles que temia estiverem mortos não se torna mais corajoso, mas fica ainda mais em guarda do que antes. O tirano gasta, então, a sua vida a lutar o tipo de guerra que eu mesmo te estou a mostrar."

3

(1) "Agora considera por sua vez a amizade e como o tirano participa nela. Primeiro, reflitamos se a amizade é um grande bem para os seres humanos. (2) Pois acontecerá certamente que o homem que é amado por alguém seja alegremente tido como agraciado por aquele que o ama; alegremente beneficiado; ansiado se estiver ausente; convidado a regressar; extrair prazer com ele nos bens que são seus; e auxiliado caso se veja em apuros.

(3) "Para mais, nem as cidades deixam de reconhecer que a amizade é um bem muito grande e muito aprazível para os seres humanos. Seja como for, muitas cidades estabeleceram a lei de que apenas os adúlteros podem ser mortos com impunidade, evidentemente por essa razão, porque acreditam que os adúlteros destroem a amizade das mulheres pelos seus maridos. (4) Dado que sempre que uma mulher se submete a relações sexuais devido a algum infortúnio, o seu marido não a honra menos, se possível, desde que seja da opinião de que a sua amizade continua imaculada."

(5) "Eu próprio julgo que ser amado é um bem tão grande que os benefícios, tanto dos deuses como dos homens, chegam por si só àquele que é amado. (6) No entanto, nesse tipo de posse os tiranos também têm uma desvantagem que excede todas as outras.

"Mas se desejares saber, Simônides, se falo a verdade, pensa no seguinte. (7) Pois seguramente que se consideram mais firmes as amizades dos pais pelos filhos, e dos filhos pelos seus pais, dos irmãos pelos seus irmãos, das mulheres pelos seus maridos e dos camaradas pelos seus camaradas. (8) Se, então, estiveres disposto a refletir de forma ponderada, descobrirás que os homens privados são amados principalmente por estes, ao passo que muitos tiranos mataram os seus próprios filhos, e muitos deles pereceram às mãos dos seus filhos; que muitos irmãos em tirania se tornaram reciprocamente assassinos;

e que muitos tiranos foram arruinados tanto pelas suas mulheres como pelos camaradas que julgavam ser muito seus amigos. (9) Como podem acreditar que são amados por mais alguém, visto que são tão odiados por aqueles que estão mais inclinados por natureza e compelidos pela lei a amá-los?"

4

"Para repetir, acredita, quem é que pode ter a menor parte nisto e não sofrer desvantagem num bem maior? Pois qual é o gênero de camaradagem que é doce sem confiança mútua? Qual o gênero de intimidade que é agradável para o homem e a mulher sem confiança? Ou qual gênero de servo causa prazer se não for de confiança? (2) Ora, quanto a confiar em alguém, é o tirano quem tem a menor parcela; visto que não só gasta a sua vida sem confiar na sua comida e bebida, como é até uma prática dos tiranos, antes de começarem os sacrifícios aos deuses, primeiro oferecerem-nos aos criados para que os experimentem, por causa da sua desconfiança de que mesmo então comam ou bebam algo mau.

(3) "As pátrias, por sua vez, valem muito para outros seres humanos. Pois os cidadãos agem como guarda-costas uns dos outros contra os escravos, e contra os malfeitores, sem qualquer pagamento, para que nenhum cidadão tenha uma morte violenta. (4) E aprofundaram tanto essa vigilância que muitos fizeram uma lei de modo a que até o cúmplice de um escravo não esteja livre de máculas. Assim, por causa da pátria, cada um dos cidadãos vive a sua vida em segurança. (5) Mas até nisso acontece o inverso com os tiranos. Pois, em vez de os vingar, as cidades honram magnificamente o tiranicídio; e, em vez de excluir o assassino dos rituais sagrados, como fazem com os assassinos de homens privados, as cidades erguem estátuas nos seus templos àqueles que cometeram tal feito.

(6) "E se pensas que porque um tirano tem mais posses que os homens privados retira mais prazer delas, também não é o caso, Simônides. Mas, tal como os atletas não apreciam demonstrar ser mais fortes do que os homens privados e ficam irritados quando estes demonstram ser mais fracos que os seus oponentes, também o tirano não tem prazer quando evidentemente tem mais do que os homens privados e sofre quando tem menos que os outros tiranos. Pois considera-os rivais da sua própria riqueza.

(7) "Nem alguma coisa daquilo que se deseja chega mais depressa ao tirano do que ao homem privado. Pois o homem privado deseja uma casa, ou um campo, ou um escravo doméstico; mas o tirano deseja cidades, territórios extensos, portos ou cidadelas grandiosas, que são coisas mais difíceis e mais perigosas de conquistar do que os objetos desejados pelos homens privados."

(8) "E, além disso, não verás senão poucos homens privados tão pobres como muitos tiranos. Pois não se considera grande e suficiente uma quantidade através de uma enumeração, mas em vista do seu uso. Nesse sentido, uma quantidade que excede aquilo que é suficiente é grande, mas aquela que não é suficiente é pequena. (9) Ora, para o tirano uma multiplicidade de posses é menos adequada para as despesas necessárias do que para o homem privado. Pois os homens privados podem reduzir as suas despesas diárias da forma que desejarem, mas os tiranos não, porque as maiores e mais necessárias despesas são para guardar a prórpia vida. E julga-se que diminuí-las é desastroso.

(10) "Em seguida, por que alguém lamentaria como pobres todos aqueles que conseguem obter o que precisam por meios justos? E quem não chamaria justamente de miseráveis e pobres todos os que são forçados pelas suas necessidades a viver a tramar alguma coisa má e vil? (11) Ora, a maioria das vezes os tiranos são forçados a pilhar injustamente tanto templos como seres humanos porque sempre precisam de dinheiro adicional para as suas despesas necessárias. Pois, como se houvesse uma guerra perpétua, [os tiranos] são compelidos a sustentar um exército ou perecer."

5

(1) "Contar-te-ei outra desagradável aflição, Simônides, própria dos tiranos. Pois embora estejam familiarizados com os decentes, sábios e justos, não menos do que os homens privados, [os tiranos] temem-nos ao invés de os admirarem. Temem os corajosos porque poderão ousar fazer alguma coisa em nome da liberdade; os sábios, porque poderão tramar alguma coisa; e os justos, porque a multidão poderá desejar ser governada por eles. (2) Quando, por causa do seu medo, eliminam secretamente tais homens, quem é que lhes resta para usar, tirando o injusto, o incontinente e o servo? Confia-se nos injustos porque estes têm medo, tal como têm-no os tiranos de que algum dia as cidades, tornando-se livres, se tornem suas senhoras. Confia-se nos incontinentes

porque estes têm liberdade no presente e nos servos porque nem imaginam merecer ser livres. Essa aflição parece-me então desagradável: saber que alguns são homens bons e, no entanto, ser forçado a fazer uso dos outros.

(3) "Para mais, o tirano também é forçado a ser um amante da cidade; pois sem a cidade não é capaz de preservar-se ou de ser feliz. No entanto, a tirania força-o a colocar até a sua própria pátria em apuros. Pois não se regozijam ao tornar os cidadãos corajosos ou bem armados. Ao contrário, retiram prazer de tornar os estrangeiros mais formidáveis do que os cidadãos, e usam esses estrangeiros como guarda-costas. Pois [os tiranos] pensam que, quanto mais dependentes forem os homens, mais submissos se tornam ao serem usados."

6

(1) "Eu desejo, Simônides", disse ele, "esclarecer que prazeres que apreciei quando era um homem privado, agora, dado que me tornei um tirano, percebo que deles me privei. (2) Estava junto de companheiros da minha idade, extraindo prazer deles e eles de mim; era o meu próprio companheiro quando desejava paz e tranquilidade; vivi no meio de banquetes, muitas vezes até me esquecer de tudo o que é desagradável na vida humana, e muitas vezes até a minha alma ser completamente absorvida nos cânticos, festejo e dança, e muitas vezes até que houvesse um desejo de relações sexuais entre mim e aqueles que estavam presentes. (3) Agora estou privado daqueles que extraem prazer de mim, em razão de ter escravos ao invés de amigos. Eu próprio estou privado de ter uma agradável intimidade com eles, porque neles não vejo boa vontade em relação a mim. E protejo-me contra a bebida forte e contra o sono como se estivesse numa emboscada. (4) Temer a multidão, e no entanto temer a solidão; temer ficar sem proteção, e temer os próprios homens que estão a guardar; não ter vontade de ter homens desarmados perto de mim, e no entanto sem que os veja alegremente armados – como é que isso não poderia ser uma condição penosa? (5) Para mais, confiar mais nos estrangeiros do que nos cidadãos, mais nos bárbaros do que nos gregos; desejar manter os livres como escravos, e ser forçado a fazer dos escravos homens livres – será que todas essas coisas não te parecem sinais de uma alma abalada por medos?

(6) "O medo, como sabes, quando está na alma é não só doloroso em si, como também se torna aquilo que estraga todos os prazeres que possa vir

a acompanhar. (7) Se tu também tiveres experiência da guerra, Simônides, e se já tiveres sido colocado perto da linha inimiga, lembra-te que gênero de comida é que então tomavas e que gênero de sono tiveste. (8) O gênero de dor de que então padeceste é o gênero que os tiranos têm, que é ainda mais terrível. Pois os tiranos acreditam ver inimigos não só defronte de si, mas por todos os lados."

(9) Depois de ouvi-lo, Simônides interrompeu e disse: "Acho que disseste algumas coisas extremamente bem. Pois a guerra é uma coisa assustadora. Mas ainda assim, Hiero, em certa medida colocamos guardas quando estamos numa campanha militar, e tomamos com confiança o nosso quinhão de comida e de sono."

(10) E Hiero disse: "Sim, por Zeus, Simônides, pois as leis vigiam os guardas, de modo a que eles temam por eles e por ti. Mas os tiranos contratam a dinheiro guardas como ceifeiros. (11) E seguramente que os guardas, se forem capazes de fazer alguma coisa, devem ser fiéis. No entanto, um homem fiel é muito mais difícil de encontrar que um grande número de trabalhadores para qualquer gênero de tarefa que desejes, especialmente quando os que guardam o fazem apenas por causa de dinheiro, e quando em certo momento recebem mais para matar o tirano do que o que dele recebem por serem seus guardas durante muito tempo.

(12) "Quanto à razão de nos invejares, porque nós somos mais capazes de beneficiar os nossos amigos, e porque nós, sobre todos os homens, subjugamos os nossos inimigos privados, não se dá, na verdade, nenhum dos casos. (13) Pois, quanto aos amigos, como é que podes acreditar que alguma vez conferirás um benefício, quando bem sabes que aquele que mais recebe de ti de muito bom grado desapareceria da tua vista o mais rapidamente possível? Pois, seja o que for que recebe de um tirano, não acredita que isso é dele até que se sobreponha ao poder de governar do tirano. (14) Quanto aos inimigos privados, por sua vez, como é que poderás dizer que os tiranos têm mais habilidade para subjugá-los, quando bem sabes que todos os seus súditos são seus inimigos, e quando não é possível matá-los a todos sem reservas ou acorrentá-los? Pois quem é que restaria que [o tirano] governasse? Mas sabendo que são seus inimigos, ao mesmo tempo deve proteger-se e ser forçado a fazer uso desses mesmos homens.

(15) "Sabes bem, Simônides, que lhes custa ver vivos aqueles que temem dentre os cidadãos, e no entanto custa-lhes matar. É como se houvesse

um bom cavalo que no entanto suscita o medo de que possa causar um dano irreparável; seria difícil para um homem matá-lo por causa da sua virtude e, no entanto, difícil de controlá-lo, estando constantemente alerta para o fato de poder causar um dano irreparável no meio do perigo. (16) Também no que diz respeito a muitas outras posses que são difíceis de controlar, porém, úteis, todas elas trazem dor para aqueles que as possuem, e para aqueles que se livram delas."

7

(1) Quando ouviu essas coisas de [Hiero], Simônides afirmou. "A honra", disse ele, "parece ser uma coisa grandiosa, e os seres humanos sujeitam-se a toda a labuta e resistem a todo o perigo ao lutar por ela. (2) Tu também, aparentemente, embora a tirania tenha muitas dificuldades como dizes, ainda assim lançaste-te precipitadamente para ela para que possas ser honrado, e para que todos – todos os que estão presentes – te possam servir sem desculpas em todas as tuas ordens, admirar-te, ceder-te os seus assentos, dar-te passagem nas ruas, e honrar-te sempre tanto em discurso como em atos. Pois estes são, é claro, os gêneros de coisas que os súditos fazem pelos tiranos e por qualquer outra pessoa que no momento aconteçam honrar.

(3) "Eu próprio penso, Hiero, que um verdadeiro homem difere dos outros animais ao esforçar-se em obter honra. Dado que afinal todos os animais semelhantes parecem retirar prazer da comida, da bebida, do sono e do sexo. Mas a ambição não surge naturalmente nem nos animais irracionais nem em todos os seres humanos. Muito diferem do gado aqueles em quem o amor da honra e do louvor surge por natureza e também se acredita não serem mais meramente seres humanos, mas verdadeiros homens. (4) Nesse sentido, parece-me que provavelmente suportas todos esses fardos da tirania porque és honrado acima de todos os seres humanos. Pois nenhum prazer humano parece aproximar-se tanto daquilo que é divino como a alegria que está ligada às honras."

(5) Ao que Hiero responde: "Mas, Simônides, até as honras do tirano me parecem ser de um tipo similar àquele que demonstrei ser o caso dos prazeres sexuais. (6) Pois não pensamos mais que os serviços prestados por aqueles que não retribuem o amor são favores do que o sexo forçado seja agradável.

Do mesmo modo, os serviços daqueles que têm medo não são honras. (7) Pois devemos dizer daqueles que são forçados a levantar-se das suas cadeiras que se levantam para honrar aqueles que os tratam de forma injusta, ou daqueles que dão passagem nas ruas aos mais fortes que cedem para honrar os que os tratam injustamente?

(8) "E isso é ainda mais verdadeiro a respeito das muitas oferendas feitas àqueles que odeiam, e, para mais, particularmente quando temem que deles sofram algum prejuízo. Mas estes, penso eu, seriam provavelmente considerados atos de escravatura. Embora acredite que as honras derivem de atos opostos. (9) Pois quando os seres humanos, ao considerarem um verdadeiro homem capaz de ser o seu benfeitor, e ao acreditarem que apreciam os seus bens, por esta razão levam-no nos seus lábios para o louvar; quando cada um o vê como o seu bem privado; quando voluntariamente lhe dão passagem nas ruas e se levantam das suas cadeiras por gosto e não por medo; quando o coroam pela sua virtude pública e beneficência, e voluntariamente lhe concedem presentes; esses homens que o servem dessa forma, acredito eu, honram-no verdadeiramente; e aquele que se imagina merecedor destas coisas acredito que seja realmente honrado. Eu próprio considero abençoado quem assim for honrado. (10) Pois depreendo que não conspiram contra ele – mas antes ficam com receio de que ele seja prejudicado –, e que vive a sua vida – feliz, sem medo, sem inveja e sem perigo. Mas o tirano, Simônides, bem o sabes, vive dia e noite como se fosse condenado por todos os seres humanos a morrer pela sua injustiça."

(11) Depois que Simônides ouviu tudo isso até o fim, disse: "Mas, Hiero, se ser um tirano é tão desgraçado, e tu apercebes-te disso, por que é que não te livras de tão grande mal e por que é que mais ninguém abandonou voluntariamente a tirania, assim que a adquiriu?".

(12) "Porque", disse ele, "também nisso a tirania é muito miserável, Simônides: também não é possível livrarmo-nos dela. Pois como é que algum tirano poderá alguma vez repor plenamente o dinheiro àqueles que expropriou, ou sofrer por seu turno com as correntes que lhes colocou, ou retribuir com suficientes vidas para morrer por aqueles que sentenciou à morte? (13) Se, ao invés, enforcar-se a si próprio, Simônides, beneficiar algum homem, fica a saber", disse, "que eu próprio acho que isso muito beneficiaria o tirano. Só ele, quer mantenha os seus problemas, quer os ponha de lado, não obtém qualquer vantagem."

8

(1) Simónides encarou-o e disse: "Bem, Hiero, não me admiro que de momento estejas desalentado com a tirania; visto que, desejando ser amado pelos seres humanos, acreditas que a tirania é um obstáculo no seu caminho. Porém penso que sou capaz de te ensinar que governar não te impede de ser amado, e que isso até tem a esse respeito a vantagem da vida privada. (2) Enquanto se examina se será esse o caso, ainda não vamos investigar se devido ao seu grande poder o governante também será capaz de fazer mais favores; mas, ao contrário, se o homem privado e o tirano fazem coisas similares, considerar qual dos dois recebe mais gratidão por meio de favores iguais. Começarei com os exemplos menores. (3) Primeiro, supõe que, quando avistam alguém, o governante e o homem privado saúdam-no de uma forma amigável. Nesse caso, de qual homem é que achas que a saudação dá mais prazer ao ouvinte? Mais uma vez, supõe que ambos louvam o mesmo homem; de qual deles é que pensas que a honra obteria mais gratidão? (4) Supõe que os dois auxiliam de forma semelhante uma pessoa doente; não é óbvio que as atenções daquele que é mais poderoso produzem a maior satisfação? Supõe, então, que eles oferecem presentes iguais; não será claro, também nesse caso, que os favores com metade do valor do mais poderoso valem mais do que o todo de um presente do homem privado? (5) De fato, acredito que até dos deuses certa honra e graça assistem a um homem que governa. Pois não só o governo torna um verdadeiro homem mais nobre, mas vemos com um maior prazer o mesmo homem quando está a governar do que quando vive de forma privada; e deleitamo-nos mais ao discursar com aqueles que são preeminentes em honra do que com aqueles que são iguais a nós.

(6) "Quanto aos rapazes, em relação aos quais consideraste a tirania menos vantajosa, eles são menos ofendidos pela velhice daquele que governa e prestam menos atenção à fealdade do amado. Pois o ser muito honrado já muito ajuda a dignificar o que governa, de modo que o seu caráter ofensivo desapareça e o que é nobre na sua condição surja como algo mais resplandecente.

(7) "Dado que, então, obténs mais agradecimentos por meio de serviços iguais, não será apropriado – quando és capaz de conceder benefícios realizando coisas muitas vezes mais e capaz de oferecer muitas vezes mais presentes –, que também sejas muito mais amado do que os homens privados?"

(8) Hiero respondeu imediatamente: "Não, por Zeus, Simônides", disse, "porque somos compelidos, mais do que os homens privados, a fazer coisas que fazem os homens incorrer em inimizade. (9) Devemos exigir dinheiro para termos como gastar em nossas necessidades; temos de compelir [os homens] a guardar as coisas que merecem ser guardadas; temos de punir os injustos; temos de refrear aqueles que desejam ser insolentes; e, quando chega o momento, de estabelecer rapidamente uma expedição por terra ou mar – não devendo confiar o assunto a preguiçosos. (10) Para mais, o homem que é tirano precisa de mercenários. E nenhum fardo pesa tanto sobre os cidadãos como este. Pois os cidadãos acreditam que os tiranos mantêm esses mercenários, não para compartilhar honras iguais, mas para obter vantagem ao sustentá-los".

9

(1) Ao que Simônides, por sua vez, replicou: "Bem, não nego que todas essas questões mereçam atenção, Hiero. Alguns cuidados parecem-me, porém, levar a muito ódio, ao passo que outros parecem ser mutuamente muito recompensadores. (2) Pois ensinar aquilo que é melhor, e louvar e honrar o homem que o alcança da forma mais nobre, é uma preocupação que por si só dá origem à mútua consideração; ao passo que censurar aquele que é negligente a fazer alguma coisa, coagir, punir, corrigir – essas coisas originam mais necessariamente a inimizade mútua. (3) Nesse sentido, digo que o homem que governa tem de ordenar outros a punir aquele que requer coerção, mas ele próprio deve entregar as recompensas. O que acontece no momento confirma que isso é uma boa medida. (4) Pois, quando desejamos que os nossos coros compitam, o *Arconte* dá os prêmios, mas ordena os gestores de cada coro a reuni-los, e outros a instruí-los e a empregar coerção sobre aqueles que são preguiçosos para atuar. Nesse sentido, o que origina a gratidão nesses concursos surge desde logo através do *Arconte*, e aquilo que é repulsivo surge através de outros. Ora, o que evita que todas as outras coisas políticas também sejam geridas dessa forma? Pois todas as cidades são repartidas, algumas em tribos, outras em divisões, outras em companhias, e os governantes chefiam cada seção. (6) Se alguém vier a recompensar essas seções, como nos coros, por boas armas, boa disciplina, equitação, valentia na guerra e justiça nas relações contratuais, é provável que todas essas coisas, através de emulação, sejam praticadas com atenção. (7) Sim e, por Zeus, estabeleceriam uma

expedição mais rapidamente onde fosse preciso, buscando a honra; contribuem com dinheiro mais prontamente quando se apresenta o momento de fazê-lo; e a própria arte da lavoura, a coisa certamente mais útil de todas, mas a menos acostumada a ser gerida por emulação, seria ela própria melhorada se alguém oferecesse prêmios por campos ou vilas àqueles que melhor cultivam a terra; e muitas coisas boas seriam alcançadas por aqueles que a ela se dedicam vigorosamente. (8) Pois as receitas aumentariam, e a moderação seguir-se-ia muito mais prontamente na ausência de ócio. Quanto aos malfeitos, eles surgem menos naturalmente naqueles que estão ocupados.

(9) "Se as importações trouxerem algum benefício à cidade, aquele que é mais honrado por fazê-lo também reuniria mais importadores. E se se tornar visível que o homem que inventa para a cidade algum ganho indolor é honrado, nem este tipo de reflexão deixaria de ser cultivado. (10) Para resumir, se se tornar mais claro que, no que diz respeito a todos os assuntos, o homem que introduz alguma coisa benéfica não deixaria de ser honrado, muitos seriam estimulados a pensar em alguma coisa boa. E, sempre que muitos estão preocupados com aquilo que é útil, isso é necessariamente descoberto e aperfeiçoado ainda mais.

(11) "Mas se tiveres medo, Hiero, de que quando os prêmios forem oferecidos a muitos apareçam, de modo correspondente, muitas despesas, tenha em mente que nenhum artigo de comércio é mais barato que aquilo que os seres humanos compram por meio de prêmios. Não vês que em concursos de equitação, ginástica e coros, pequenos prêmios geram grandes despesas, muita labuta e muita atenção dos seres humanos?"

10

(1) E Hiero disse: "Bem, Simônides, parece-me que falas bem, dada a extensão desses assuntos, mas tens algumas coisas a dizer no que diz respeito aos mercenários, de forma a que não tenha de incorrer em ódios por causa deles? Ou queres dizer que assim que um governante conquista a amizade deixa de todo de precisar de guarda-costas?".

(2) "Por Zeus, certamente que precisará deles", disse Simônides. "Pois eu sei que é inato a alguns seres humanos, tal como aos cavalos, ser insolentes na proporção da plena satisfação das suas necessidades. (3) O medo inspirado pelos guarda-costas tornaria tais homens mais moderados. E quanto aos nobres,

não há nada, ao que parece, através do qual lhes prestes serviços tão grandes como através dos mercenários. (4) Pois certamente que os sustentas como guardas para ti próprio; mas no passado muitos senhores morreram violentamente nas mãos dos seus escravos. Se, portanto, uma – e assim a primeira – das ordens dos mercenários for a de que, como se fossem os guarda-costas de todos os cidadãos, sempre que se apercebam de uma coisa desse tipo, saiam em auxílio de todos – e se lhes for dada a ordem de protegê-los contra os malfeitores que todos sabemos aparecerem nas cidades – os cidadãos saberiam que iriam ser ajudados por eles. (5) Adicionalmente, estes [mercenários] seriam provavelmente capazes de dar confiança e segurança aos chefes de família e aos proprietários de rebanhos e manadas no país, assim como a ti, de forma privada, e a todos por todo lugar. Eles são capazes, além disso, de providenciar aos cidadãos o ócio para que se preocupem com a sua propriedade privada, salvaguardando as posições mais delicadas do território. (6) Para mais, no que diz respeito aos ataques surpresa e ao segredo dos inimigos, quem estaria mais pronto para desmascará-los antecipadamente ou para avisá-los que aqueles que estão sempre armados e são disciplinados? Seguramente, numa campanha militar o que é mais útil aos cidadãos que os mercenários? Pois é mais provável [que os mercenários] estejam mais prontos para os trabalhos pesados, para correr riscos e ficar de guarda sobre os cidadãos. (7) Quanto às cidades vizinhas, não haverá uma necessidade, originada por aqueles que estão constantemente armados, de elas desejarem especialmente a paz? Pois, sendo disciplinados, os mercenários seriam mais capazes de preservar o que pertence aos seus amigos e de destruir o que pertence aos seus inimigos. (8) Certamente quando os cidadãos se aperceberem de que esses mercenários não prejudicam de todo alguém que não cometeu uma injustiça; que impedem aqueles que desejam fazer mal; que vêm em auxílio dos que são injustamente lesados; e que são dirigidos pelos cidadãos e que incorrem em perigo no seu interesse – não deverão [os cidadãos] necessariamente gastar muito alegremente as suas economias para conservá-los? Afinal de contas, os homens costumam sustentar guardas privados por objetos inferiores as estes."

II

(1) "Não deves, Hiero, deixar de gastar as tuas posses privadas para o bem comum. Pois parece-me que aquilo que um homem enquanto tirano

estabelece para a cidade é gasto mais naquilo que é necessário do que naquilo que estabelece para o seu [patrimônio] privado. Examinemos então cada detalhe, ponto a ponto. (2) Primeiro, o que pensas que te dignificaria mais, uma casa embelezada a um custo tremendo, ou toda a cidade decorada com muralhas, templos, colunatas, mercados e portos? (3) Quanto às armas, das duas qual é que pareceria mais formidável aos teus inimigos, tu mesmo equipado com as armas mais esplendidas, ou a tua cidade inteira bem armada? (4) Considera as receitas; de que forma é que pensas que serão maiores, se mantiveres a tua propriedade privada produtiva, ou se conjecturares tornar a propriedade de todos os cidadãos produtiva? (5) E no que diz respeito à atividade que se acredita ser a mais nobre e a mais magnífica de todas, a criação de cavalos de corrida, de que forma pensas que haveria uma maior dignidade, se tu mesmo fizeres a criação da maioria das equipes entre os gregos e as enviasses para os jogos, ou se a maioria dos criadores, e a maioria em competição, vier da tua cidade? E quanto a conquistar vitórias [nos jogos], qual consideras o caminho mais nobre, obtê-las por virtude dos teus cavalos ou pela felicidade da cidade que governas? (6) Eu mesmo digo que não é apropriado a um homem que é um tirano sequer competir contra os homens privados. Pois se ganhares, não serás admirado, mas invejado, por suportares o custo através de muitos bens, e, se perderes, serás sobretudo ridicularizado.

(7) "Mas digo-te, Hiero, a tua competição é contra os outros que governam cidades; se fizeres a cidade que governas a mais feliz de todas, sabes bem que serás anunciado o vencedor no concurso mais nobre e magnífico entre os seres humanos. (8) Primeiro, assegurarias desde logo o amor dos teus súditos, o qual é precisamente a coisa que mais acontece desejares. Além disso, o anúncio da tua vitória não seria singular, mas todos os seres humanos cantariam a tua virtude. (9) Sendo um objeto de atenção, serias estimado não só pelos homens privados, mas também em público entre todos; (10) seria possível para ti, na medida em que a segurança está em causa, viajar aonde desejasses, para que pudesses ver as vistas; e seria possível para ti fazê-lo permanecendo aqui. Pois haveria um festival contínuo em tua homenagem da parte daqueles que desejam mostrar-te as diversas coisas sábias que possuem, belas ou boas, assim como daqueles que te desejam servir. (11) Cada homem presente seria teu aliado, e cada homem ausente desejaria ver-te. Por conseguinte, não só gostariam de ti, serias amado pelos seres humanos; quanto aos belos, não terias de seduzi-los, mas prestares-te a ser seduzido por eles; quanto ao medo, não

seria o teu próprio, mas os outros é que temeriam que pudesses sofrer algum mal; (12) terias homens a obedecer-te voluntariamente, e vê-los-ias voluntariamente a pensar em ti; se houvesse algum perigo, verias não só aliados, bem como campeões, e muito dispostos a defender-te; sendo considerado digno de muitos presentes, não os perderia se os partilhasses com alguém com boas inclinações, tendo todos os homens a regozijarem-se com as tuas coisas boas e todos lutando por elas como se fossem suas. (13) Por tesouro, ademais, terias toda a riqueza dos teus amigos.

"Mas enriquece os teus amigos com confiança, Hiero; pois estarás a enriquecer-te a ti mesmo. Aumenta a cidade, pois estarás a concentrar poder em ti. Adquire aliados para fazê-lo. (14) Considera a pátria o teu patrimônio, os cidadãos teus camaradas, e amigos os teus próprios filhos, os teus filhos o mesmo que a tua vida, e tenta superá-los a todos eles em benefícios. (15) Pois se te provares superior aos teus amigos em beneficência, os teus inimigos serão sumamente incapazes de te resistir. E se fizeres todas essas coisas, fica sabendo, adquirirás de todas as coisas a mais nobre e mais abençoada entre os seres humanos, pois, embora feliz, não serás invejado por seres felizes".

LEO STRAUSS

Da Tirania

> O hábito de escrever contra o governo teve, por si só, um efeito desfavorável sobre o caráter. Pois quem quer que tivesse o hábito de escrever contra o governo tinha o hábito de violar a lei, e o hábito de violar até uma lei insensata tende a tornar os homens inteiramente sem lei...
>
> A partir do dia em que a emancipação da nossa literatura foi alcançada, a purificação da nossa literatura começou... Durante cento e sessenta anos a liberdade da nossa imprensa tem-se tornado mais e mais inteira; e durante esses cento e sessenta anos a restrição imposta aos escritores pelo sentimento geral dos leitores tem-se tornado constantemente mais e mais severa... Nos dias atuais, os estrangeiros, os quais não se atrevem a imprimir uma palavra de reflexão sobre o governo sob o qual vivem, não logram compreender como aconteceu de a imprensa mais livre da Europa ser a mais cheia de pudor.
>
> *Macaulay*

Introdução

É apropriado indicar as minhas razões para submeter à consideração dos cientistas políticos esta análise detalhada de um diálogo esquecido sobre a tirania.

A tirania é um perigo coetâneo à vida política. A análise da tirania é, por conseguinte, tão antiga quanto a própria ciência política. A análise da tirania feita pelos primeiros cientistas políticos foi tão clara, tão abrangente, tendo sido expressa de modo tão inesquecível, que foi recordada e compreendida por gerações que não tiveram nenhuma experiência direta da tirania. Por outro lado, quando confrontados com a tirania – com um tipo de tirania que supera a imaginação mais ousada dos maiores pensadores do passado – a nossa ciência política não foi capaz de reconhecê-la. Não é nenhuma surpresa que muitos dos nossos contemporâneos, desiludidos ou repelidos pelas análises contemporâneas das tiranias contemporâneas, tenham ficado aliviados quando redescobriram as páginas nas quais

Platão e outros pensadores clássicos parecem ter interpretado por nós os horrores do século XX. O que é surpreendente é que o interesse geral renovado na interpretação autêntica do fenômeno da tirania não tenha levado a um interesse renovado, geral ou acadêmico, no único escrito do período clássico explícita e exclusivamente dedicado à discussão da tirania e às suas implicações, um escrito que jamais foi submetido a uma análise em profundidade: o *Hiero*, de Xenofonte.

Não é preciso muita observação e reflexão para perceber que existe uma diferença essencial entre a tirania analisada pelos clássicos e a dos nossos tempos. Em contraste com a tirania clássica, a tirania atual tem ao seu dispor tanto a "tecnologia" como a "ideologia"; dito de forma mais geral, ela pressupõe a existência da "ciência", isto é, de uma interpretação particular, de um tipo de ciência. Da mesma forma, a tirania clássica, ao contrário da tirania moderna, foi confrontada, atual ou potencialmente, por uma ciência que não pretendia ser aplicada à "conquista da natureza" ou ser popularizada e difundida. Mas, ao observarmos esse fato, estamos admitindo implicitamente que é possível compreender a forma elementar e, em certa medida, o sentido natural de tirania que foi a tirania pré-moderna. Esse estrato básico da tirania moderna permanece, para todos os efeitos práticos, obscuro para nós se não recorrermos à ciência política dos clássicos.

Não é acidental que a ciência política atual tenha fracassado em apreender a tirania tal como ela realmente é. A nossa ciência política é assombrada pela crença de que os "juízos de valor" são inadmissíveis nas considerações científicas, e chamar um regime de tirânico equivale a pronunciar um "juízo de valor". O cientista político que aceita essa visão de ciência falará do Estado de massas, de ditadura, de totalitarismo, de autoritarismo e daí por diante, ao mesmo tempo que o cidadão que vive nele poderá sinceramente condenar essas coisas; mas, enquanto cientista político, ele é forçado a rejeitar a noção de tirania como "mítica". Não é possível superar essa limitação sem refletir sobre a base, ou origem, da ciência política atual. A ciência política atual não raro identifica a sua origem em Maquiavel. Há verdade nessa identificação. Para não falar em considerações mais amplas, *O Príncipe*, de Maquiavel (em contraste com os *Discursos sobre Tito Lívio*), é caracterizado por uma indiferença deliberada em relação à distinção entre rei e tirano; *O Príncipe* pressupõe a rejeição tácita dessa distinção tradicional.[1] Maquiavel estava plenamente ciente de que, ao conceber a visão exposta em *O Príncipe*, estava rompendo com toda a tradição da ciência política anterior; ou, para aplicar a *O Príncipe* uma expressão que Maquiavel usa no *Discursos*, que ele estava trilhando uma estrada que ainda não havia sido percorrida por ninguém.[2] Para compreender a premissa base da ciência política atual, ter-se-ia de compreender o significado da mudança epocal operada por Maquiavel; pois essa mudança consistiu na descoberta do continente no qual todo o pensamento político especificamente moderno e, por conseguinte, especialmente a ciência política atual, se sente em casa.

É precisamente quando se tenta trazer a lume as raízes mais profundas do pensamento político moderno que se descobre ser muito útil, para não dizer indispensável, dedicar alguma atenção ao *Hiero*. Não é possível compreender a dimensão da descoberta feita por Maquiavel se não se confronta o seu ensinamento com o ensinamento tradicional que ele rejeita. No que diz respeito a *O Príncipe* em particular, merecidamente a sua obra mais famosa, cumpre confrontar o seu ensinamento com aquele presente no gênero tradicional que ele emula, os "espelhos dos príncipes". Porém, ao fazer isso deve-se ter cuidado em evitar a tentação de tentar ser mais sábio, ou melhor, mais erudito, do que Maquiavel quer que os seus leitores sejam, atribuindo uma importância indevida aos espelhos dos príncipes compostos na Idade Média e nos primeiros tempos da modernidade, obras que Maquiavel nunca menciona pelo nome. Ao contrário, devemos concentrar-nos no único espelho dos príncipes ao qual ele se refere enfaticamente e que é, como seria de esperar, o clássico e a fonte de todo esse gênero: *A Educação de Ciro*,[3] de Xenofonte. Essa obra nunca foi

---

[1] Compare-se com *Social Research*, vol. 13, 1946, p. 123-124. – Hobbes, *Leviathan*, "A Review and Conclusion" (ed. A. R. Waller, p. 523): "[...] o nome tirania não significa nada mais, nada menos, do que o nome soberania, consista ela num só homem ou em muitos, salvo quando os que utilizam a palavra estejam furiosos com aqueles que denominam tiranos [...]". – Montesquieu, *De l'Esprit des Lois*, XI 9: "L'embarras d'Aristote paraît visiblement quand il traite de la monarchie. Il en établit cinq espèces: il ne les distingue pas par la forme de la constitution, mais par des choses d'accident, comme les vertus ou les vices des princes [...]".

[2] *O Príncipe*, cap. 15 início; *Discorsi* I início.

[3] A referência mais importante à *Cyropaedia* figura em *O Príncipe*. Ocorre ela algumas linhas antes da passagem em que Maquiavel expressa a intenção de romper com toda a tradição (cap. 14, mais próximo ao fim). À *Cyropaedia* se alude claramente, no *Discorsi*, ao menos quatro vezes. Se não me engano, em *O Príncipe* e no *Discorsi* Maquiavel menciona Xenofonte com mais frequência do que menciona Platão, Aristóteles e Cícero juntos.

estudada pelos historiadores modernos com sequer uma pequena fração do cuidado e concentração que ela merece e com que se precisa estudá-la para chegar à revelação do seu significado. Pode-se dizer que *A Educação de Ciro* é dedicada ao rei perfeito em contraposição ao tirano, ao passo que *O Príncipe* é caracterizado pela desconsideração deliberada da diferença entre rei e tirano. Há apenas uma obra antiga sobre a tirania à qual Maquiavel se refere de forma enfática: o *Hiero*,[4] de Xenofonte. A análise do *Hiero* leva à conclusão de que o ensinamento desse diálogo aproxima-se do ensinamento de *O Príncipe* tanto quanto o ensinamento de um discípulo de Sócrates pode aproximar-se dele. Ao confrontar o ensinamento de *O Príncipe* com aquele que é transmitido através do *Hiero*, é possível compreender mais claramente a diferença mais sutil e, na verdade, decisiva entre a ciência política socrática e a ciência política de Maquiavel. Se for verdade que a ciência política pré-moderna se assenta sobre os fundamentos lançados por Sócrates, ao passo que toda a ciência política especificamente moderna se assenta sobre as fundações lançadas por Maquiavel, também se poderá dizer que o *Hiero* se constitui no ponto de maior contato entre a ciência política pré-moderna e a moderna.[5]

Quanto à forma pela qual tratarei do meu tema, tive em atenção que há dois modos opostos de estudar o pensamento do passado. Muitos acadêmicos atuais começam com a assunção historicista de que todo o pensamento humano é "histórico" ou de que as fundações do pensamento humano são alicerçadas por experiências específicas que não são, por uma questão de princípio, coevas do pensamento humano quanto tal. No entanto, há uma desproporção fatal entre o historicismo e a verdadeira compreensão histórica. O objetivo do historiador do pensamento é compreender o pensamento do passado "como ele realmente foi", i.e., compreendê-lo tão exatamente quanto

---

[4] *Discorsi* II 2.

[5] A ciência política clássica se orientava pela perfeição do homem, ou por como caberia aos homens viver, e culminava na descrição da melhor ordem política. Essa ordem deveria ser tal cuja realização se fizesse possível sem uma transformação miraculosa ou não miraculosa da natureza humana, mas sua realização não era considerável provável porque, cria-se, dependia do acaso. Maquiavel ataca essa visão ao exigir que nos orientássemos não por como caberia aos homens viver, e sim por como eles de fato vivem, e ao sugerir que o acaso poderia ou deveria ser controlado. Foi esse ataque o que preparou o terreno para todo pensamento político especificamente moderno. A preocupação com uma garantia da realização do "ideal" conduziu tanto à redução dos padrões da vida política quanto ao surgimento da "filosofia da história": nem mesmo os adversários modernos de Maquiavel foram capazes de recuperar a sóbria visão dos clássicos acerca da relação entre "ideal" e "realidade".

possível como ele foi efetivamente compreendido pelos seus autores. Mas o historicista aproxima-se do pensamento do passado tendo por base a assunção historicista que é completamente estranha ao pensamento do passado. Por conseguinte, ele é compelido a tentar compreender o pensamento do passado melhor do que ele se compreendeu a si mesmo, antes de tê-lo compreendido exatamente como ele se compreendeu. De uma forma ou de outra, a sua apresentação será uma mistura questionável de interpretação e crítica. Constitui-se o início da compreensão histórica, a sua condição necessária e, somos tentados a acrescentar, suficiente, que nos apercebamos do caráter problemático do historicismo. Pois não podemos nos aperceber dele sem ficarmos seriamente interessados numa confrontação imparcial da abordagem historicista que hoje prevalece com a abordagem não historicista do passado. E tal confrontação, por seu turno, requer que o pensamento não historicista do passado seja compreendido nos seus próprios termos, e não da forma que ele se apresenta dentro do horizonte do historicismo.

De acordo com esse princípio, tentei compreender o pensamento de Xenofonte tão exatamente quanto pude. Não tentei relacionar o seu pensamento com a sua "situação histórica" porque essa não é a forma natural de ler a obra de um sábio; e, ademais, Xenofonte em nenhum lugar indica querer ser compreendido dessa forma. Suponho que Xenofonte, sendo um escritor capaz, nos tenha dado o melhor que conseguiu, a informação necessária à compreensão da sua obra. Por isso, tomei como base tanto quanto possível aquilo que ele próprio diz, direta ou indiretamente, e o mínimo possível a informação vinda de outras fontes, para mencionar apenas as hipóteses modernas. Desconfiado de todas as convenções, ainda que triviais, que provavelmente atrapalham o entendimento das questões importantes, cheguei ao ponto de omitir os colchetes com os quais os acadêmicos modernos estão habituados a adornar as suas citações de certos escritos antigos. Desnecessário dizer que jamais acreditei que minha mente estivesse se movendo num "círculo de ideias" maior do que a mente de Xenofonte.

A desconsideração moderna do *Hiero* (assim como de *A Educação de Ciro*) sem dúvida se deve parcialmente à subvalorização muito em voga – que vai até ao desdém – dos dotes intelectuais de Xenofonte. Até o final do século XVIII, Xenofonte era geralmente considerado um sábio e um clássico no sentido preciso do termo. Nos séculos XIX e XX, ele foi, como filósofo, comparado a Platão – inadequadamente. Como historiador foi comparado a Tucídides – também inadequadamente. Não é preciso, mas seria possível contestar as visões respectivamente de filosofia e de história que estão pressupostas nessas comparações. Tudo que temos de fazer é levantar a questão para saber se Xenofonte queria ser compreendido primariamente como filósofo ou como historiador. Nos manuscritos das suas obras, ele é frequentemente designado como "o orador Xenofonte". É razoável supor que o eclipse temporário de Xenofonte – assim como o eclipse temporário de Tito Lívio e de Cícero – deve-se a um declínio na compreensão do significado da retórica: tanto o "idealismo" como o "realismo" peculiares do século XIX foram guiados pela concepção moderna de "Arte" e, por essa razão, se fizeram incapazes de compreender o significado crucial da humilde arte da retórica. Embora tenham conseguido encontrar um lugar para Platão e Tucídides, fracassaram completamente na tarefa de apreciar Xenofonte como devido.

A retórica de Xenofonte não é uma retórica vulgar; é uma retórica socrática. O caráter da retórica socrática não se torna suficientemente claro a partir das observações sobre o assunto judiciosamente dispersas nos escritos de Platão e Xenofonte, mas apenas a partir de uma análise detalhada dos seus produtos. O produto mais perfeito da retórica socrática é o diálogo. A forma dos diálogos de Platão tem sido frequentemente discutida, mas ninguém ousaria afirmar que o problema dos diálogos platônicos foi resolvido. As análises modernas são, via de regra, contaminadas pelo preconceito esteticista dos intérpretes. Porém, a expulsão dos poetas da cidade perfeita de Platão deveria ser suficiente para desencorajar qualquer abordagem esteticista dos seus escritos. Parece que a tentativa de esclarecer o significado do diálogo deve começar por uma análise do diálogo de Xenofonte. Xenofonte é muito mais econômico que Platão mesmo nas obras mais simples deste último. Quando compreendemos a arte de Xenofonte nos damos conta de que devemos preencher certos requisitos mínimos para interpretar qualquer diálogo platônico, requisitos estes que, por serem hoje tão raramente preenchidos, são mal conhecidos.

O diálogo que é digno desse nome comunica o pensamento do autor de forma indireta ou oblíqua. Isso faz o risco da interpretação arbitrária parecer irresistível. O risco pode ser vencido apenas se o intérprete prestar a maior atenção possível a cada detalhe, e especialmente aos detalhes não temáticos, e se a função da retórica socrática nunca for perdida de vista.

A retórica socrática pretende ser um instrumento indispensável da filosofia. O seu propósito é levar os filósofos potenciais à filosofia tanto treinando-os e libertando-os dos sortilégios que obstruem o esforço filosófico quanto impedindo o acesso à filosofia àqueles que não são aptos para ela. A retórica socrática é enfaticamente justa. Ela é animada pelo espírito de responsabilidade social. Baseia-se na premissa de que existe uma desproporção entre a busca intransigente da verdade e os requisitos da sociedade, ou de que nem todas as verdades são inofensivas. A sociedade sempre tentará tiranizar o pensamento. A retórica socrática é o meio clássico de frustrar essas tentativas. Esse tipo elevado de retórica não morreu com os pupilos imediatos de Sócrates. Muitas monografias dão testemunho do fato de que os grandes pensadores dos tempos antigos usaram certa cautela ou parcimônia na comunicação do seu pensamento à posteridade que hoje já não é mais apreciada: ela deixou de ser apreciada quase ao mesmo tempo que o historicismo apareceu, aproximadamente no final do século XVIII.

A experiência da presente geração ensinou-nos a ler a grande literatura política do passado com olhos e expectativas diferentes. A lição pode não ser desprovida de valor para a nossa orientação política. Somos agora confrontados com uma tirania que ameaça se tornar, graças à "conquista da natureza" e, em particular, da natureza humana, aquilo que nenhuma tirania já foi alguma vez: perpétua e universal. Confrontados com a apavorante alternativa de que o homem, ou o pensamento humano, tem de ser coletivizado seja de um só golpe e sem misericórdia, seja por um processo lento e suave, somos forçados a perguntar como podemos escapar desse dilema. Por isso reconsideramos as condições elementares e inconspícuas da liberdade humana.

A forma histórica como essa reflexão é aqui apresentada talvez não seja inapropriada. A coletivização ou coordenação manifesta e deliberada do pensamento está sendo preparada de modo dissimulado e frequentemente inconsciente pela disseminação da doutrina de que todo o pensamento humano é coletivo independentemente do esforço humano dirigido a esse fim, porque todo o pensamento é histórico. Parece não haver uma maneira mais apropriada de combater essa doutrina que o estudo da história.

Como já foi indicado, devemos ter alguma paciência se quisermos elucidar o significado do *Hiero*. A paciência do intérprete não torna supérflua a paciência do leitor da interpretação. Ao explicar escritos como o *Hiero*, temos de nos lançar em considerações de grande fôlego e por vezes repetitivas, que logram prender a nossa atenção apenas se detectarmos o seu propósito, e é necessário que esse propósito se desvende a si mesmo no devido lugar, que não pode ser no início. Se quisermos estabelecer o significado preciso de uma insinuação sutil, devemos proceder de um modo que se aproxima perigosamente da detestável tarefa de explicar uma piada. O encanto produzido pela discreta arte de Xenofonte é destruído, pelo menos por um momento, se essa arte for tornada indiscreta pela interpretação. Ainda assim, acredito que não pus todos os pingos nos is. Podemos apenas esperar que chegue outra vez o tempo em que a arte de Xenofonte seja compreendida por uma geração que, devidamente treinada na juventude, já não precise mais de introduções embaraçosas como o presente estudo.

I. O Problema

A intenção do *Hiero* não é em nenhum lugar afirmada pelo autor. Sendo uma descrição de uma conversa entre o poeta Simônides e o tirano Hiero, a obra consiste quase exclusivamente nas elocuções, registradas no discurso direto, entre esses dois interlocutores. O autor limita-se a descrever no início em dezesseis palavras as circunstâncias em que a conversa teve lugar, e a ligar umas as outras, ou separar umas das outras, as afirmações dos dois interlocutores através de certas expressões como "Simônides disse" e "Hiero respondeu".

A intenção da obra não se torna desde logo manifesta a partir do conteúdo. A obra consiste em duas partes principais de extensão desigual, sendo que a primeira parte corresponde a cerca de cinco sétimos do todo. Na primeira parte (capítulos 1-7), Hiero prova a Simônides que a vida do tirano, quando comparada à vida do homem privado, é tão infeliz que o tirano dificilmente poderá fazer melhor do que enforcar-se. Na segunda parte (capítulos 8-11), Simônides prova a Hiero que o tirano pode ser o mais feliz dos homens. A primeira parte parece ser dirigida contra o preconceito popular de que a vida do tirano é mais aprazível do que a vida privada.[1] A segunda parte, porém, parece estabelecer a visão de que a vida de um tirano beneficente é superior,

---

[1] *Hiero* 1.8-10; 2.3-6; 3.3-6; 8.1-7; 11.7-15.

no aspecto mais importante, à vida privada. À primeira vista, a obra como um todo transmite claramente a mensagem de que a vida de um tirano beneficente é extremamente desejável. Mas não é claro o que significa essa mensagem, dado que não sabemos a que tipo de homens se dirige. Se assumirmos que a obra é dirigida aos tiranos, a sua intenção é exortá-los a exercer o seu governo num espírito de uma benevolência sagaz. No entanto, apenas se poderá supor que uma parte muito pequena dos seus leitores são atualmente tiranos. A obra pode por isso ser considerada uma recomendação dirigida a jovens devidamente equipados que estejam a ponderar que modo de vida deverão escolher – uma recomendação a buscar o poder tirânico, não, com efeito, para gratificar os seus desejos, mas para conquistar o amor e a admiração de todos os homens por meio de atos de benevolência na maior escala possível.[2] Suspeitava-se de que Sócrates, o professor de Xenofonte, ensinava aos seus companheiros a ser "tirânicos":[3] o próprio Xenofonte expõe-se à mesma suspeita.

Contudo, não é Xenofonte, mas Simônides quem prova que um tirano beneficente atinge o cume da felicidade, e não poderemos identificar, sem considerações adicionais, as visões do autor com as de uma das suas personagens. O fato de Simônides ser apelidado de "sábio" por Hiero[4] não prova nada, dado que não sabemos aquilo que Xenofonte pensava da competência de Hiero. Mas, mesmo que assumamos que Simônides é simplesmente o porta-voz de Xenofonte, permanece uma grande dificuldade, pois a tese de Simônides é ambígua. Ela é dirigida a um tirano que está desalentado com a tirania, que acabou de declarar que um tirano dificilmente fará melhor do que enforcar-se. O diálogo não serve ao propósito de reconfortar um tirano triste, e a intenção de reconfortar não se desvia da sinceridade de um discurso?[5] Será que algum discurso feito a um tirano por um homem que se encontre sob o poder do tirano poderá ser um discurso sincero?[6]

---

[2] *Memorabilia* II 1.21; *Cyropaedia* VIII 2.12. Compare-se Aristóteles, *Política* 1325a 34ss e Eurípides, *Phoenissae* 524-5.
[3] *Memorabilia* I 2.56.
[4] *Hiero* 1.1; 2.5;
[5] *Hiero* 8.1. Compare-se *Memorabilia* IV 2.23-4 com ibid., 16-17.
[6] *Hiero* 1.14-15; 7.2. Compare-se com Platão, *Carta VII* 332d6-7, e Isócrates, *Para Nícocles*, 3-4.

II. O Título e a Forma

Embora praticamente tudo o que é dito no *Hiero* seja dito pelas personagens de Xenofonte, o próprio Xenofonte mantém a inteira responsabilidade pelo título da obra.¹ O título é Ἱέρων ἢ Τυραννικός. Nenhuma outra obra contida no *Corpus Xenophonteum* tem um título que consiste tanto num nome próprio como num adjetivo que se refere ao sujeito. A primeira parte do título é reminiscente do título do *Agesilaus*. O *Agesilaus* lida com um rei grego extraordinário, tal como o *Hiero* lida com um tirano grego extraordinário. Os nomes próprios de indivíduos também ocorrem nos títulos da *Cyri Institutio*, da *Cyri Expeditio* e da *Apologia Socratis*. Agesilau, os dois Ciros e Sócrates parecem ser os homens que Xenofonte mais admira. Mas os dois Ciros não eram gregos e Sócrates não era um governante: o *Agesilaus* e o *Hiero*, os únicos escritos de Xenofonte cujos títulos contêm nomes próprios de indivíduos no nominativo, são os únicos escritos de Xenofonte em que se pode dizer que são dedicados a governantes gregos.

A segunda parte do título lembra um dos títulos de *Hipparchicus*, o *Oeconomicus* e o *Cynegeticus*. Esses três escritos servem ao propósito de ensinar perícias condizentes com os nobres ou cavalheiros: a perícia de um

---

¹ O quão necessário é examinar cautelosamente os títulos que levam os escritos de Xenofonte revela-nos muito claramente as dificuldades apresentadas pelos títulos da *Anabasis*, da *Cyropaedia* e, de modo menos manifesto, dos *Memorabilia*. Quanto ao título do *Hiero*, ver também IV, nota 50, a seguir.

comandante de cavalaria, a perícia de gerir o próprio patrimônio e a perícia de caçar.² Nesse sentido, poderíamos esperar que o propósito do *Tyrannicus* fosse ensinar a perícia do tirano, a σοφια (ou τέχνη) Τυραννική;³ e, de fato, Simônides ensina, com ele, Hiero a exercer melhor o governo tirânico.

Há apenas uma obra de Xenofonte, à parte o *Hiero*, que tem um título alternativo: Πόροι ἤ περὶ προσόδων (*Modos e Meios*). O propósito dessa obra é mostrar como os governantes (democráticos) de Atenas podem se tornar mais justos ao mostrar-lhes como eles poderiam superar a necessidade, sob a qual se encontram, de agir de forma injusta.⁴ Ou seja, o seu propósito é mostrar como a ordem democrática de Atenas pode ser melhorada sem ser fundamentalmente alterada. De modo similar, Simônides mostra ao governante tirânico de Siracusa como ele pode superar a necessidade, sob a qual se encontra, de agir de forma injusta, sem abandonar o governo tirânico enquanto tal.⁵ Xenofonte, o pupilo de Sócrates, parece ter considerado tanto a democracia como a tirania regimes defeituosos.⁶ *Modos e Meios* e o *Hiero* são as únicas obras de Xenofonte dedicadas à questão de saber como certa ordem política (πολιτεία) com um caráter defeituoso pode ser corrigida sem ser transformada numa ordem política boa.

Xenofonte podia ter facilmente explanado em termos diretos o caráter condicional da política recomendada no *Hiero*. Se o tivesse feito, porém, ele poderia transmitir a impressão de que não se opunha absolutamente à tirania. Mas "as cidades", e especialmente Atenas, eram absolutamente opostas à tirania.⁷ Além disso, uma das alegações feitas contra Sócrates foi a de que ele teria ensinado seus pupilos a serem "tirânicos". Razões como essas explicam por que Xenofonte apresentou suas reflexões sobre o aperfeiçoamento do governo

---

² Há apenas outro escrito de Xenofonte que parece servir ao propósito de ensinar uma perícia, o π. ἱππικῆς; não podemos examinar aqui a questão de por que o tratado não se intitula Ἱππικός. O objetivo da *Cyropaedia* é antes teórico do que prático, como demonstra o capítulo primeiro da obra.

³ Compare-se *Cyropaedia* I 3.18 com Platão, *Teages* 124e11-125e7, e *Amatores* 138b-15ss.

⁴ *De Vectigalibus* 1.1. Compare-se *Memorabilia* IV 4.11-12 e *Symposium* 4. 1-2.

⁵ *Hiero* 4. 9-11; 7.10, 12; 8.10; 10.8; 11.1.

⁶ *Memorabilia* I 2.9-11; III 9.10; IV 6.12 (compare-se com IV 4). *Oeconomicus* 21.12. *Resp. Lac.* 10.7; 15.7-8. *Agesilaus* 7.2. *Hellenica* VI 4.33-35; VII 1.46 (compare-se com V 4.1; VII 3.7-8). A frase que dá início à *Cyropaedia* dá a entender que a tirania é o regime menos estável. (Ver Aristóteles, *Política* 1315b10ss.)

⁷ *Hiero* 4.5. *Hellenica* V 4.9, 13; VI 4.32. Compare-se *Hiero* 7.10 com *Hellenica* VII 3.7. Ver também Isócrates, *Nícocles* 24.

tirânico (e, com isso, sobre a estabilização de tal governo), em contraste com as suas reflexões sobre o aperfeiçoamento do regime ateniense, sob a forma de um diálogo do qual ele próprio não participa de modo algum: o *Hiero* é a única obra de Xenofonte na qual o autor quando fala em seu próprio nome nunca usa a primeira pessoa, ao passo que os *Modos e Meios* são a única obra de Xenofonte cuja palavra de abertura é precisamente um enfático "eu". Além disso, as razões indicadas explicam por que as razoavelmente breves sugestões de aperfeiçoamento do governo tirânico são prefaciadas por um discurso consideravelmente mais extenso que expõe o caráter indesejável da tirania nos termos mais fortes possíveis.

O *Hiero* consiste quase exclusivamente nas elocuções de homens que não são o autor. Há apenas outra obra de Xenofonte que tem esse caráter: o *Oeconomicus*. Também no *Oeconomicus* o autor "se esconde" quase completamente.[8] O *Oeconomicus* é um diálogo entre Sócrates e outro ateniense sobre a gestão da casa. Segundo Sócrates, parece não haver uma diferença essencial entre a arte de gerir a casa e a de gerir os assuntos da cidade: ambas são apelidadas por ele de "arte real".[9] Por conseguinte, poderá apenas ser por causa de considerações secundárias que o diálogo que é destinado a ensinar essa arte seja chamado *Oeconomicus* e não *Politicus* ou *Basilicus*. Há uma ampla evidência para mostrar que o *Oeconomicus*, embora aparentemente dedicado apenas à arte econômica, na verdade lida com a arte real enquanto tal.[10] É então permissível descrever a relação dos dois diálogos de Xenofonte como aquela entre o *Basilicus* e o *Turannicus*: os dois diálogos lidam com *os* dois tipos de governo monárquico.[11] Dado que o econônomo é um governante, o *Oeconomicus* é, assim como o *Hiero*, um diálogo entre um sábio (Sócrates)[12] e um governante (o econônomo potencial Critóbulo e o econônomo atual Iscômaco). Mas, ao passo que o sábio e os governantes do *Oeconomicus* eram amigos de Xenofonte, e o próprio Xenofonte estava presente na conversa,

---

[8] Platão, *República* 393C11.
[9] *Memorabilia* III 4.7-12; 6.14; IV 2.11.
[10] *Oeconomicus* 1.23; 4.2-19; 5.13-16; 6.5-10; 8.4-8; 9.13-15; 13.4-5; 14.3-10; 20.6-9; 21.2-12. O comentário depreciativo sobre os tiranos ao final da obra é conclusão adequada a um escrito que se dedica à arte real como tal. Uma vez que Platão partilha da visão "socrática" que diz que a arte política não é essencialmente diferente da arte econômica, também é possível dizer que apenas em virtude de considerações secundárias é que seu *Politicus* não tem como título *Oeconomicus*.
[11] *Memorabilia* IV 6.12.
[12] *Apologia Socratis* 34.

o sábio e o governante do *Hiero* morreram muito antes do tempo de Xenofonte. Era evidentemente impossível atribuir o ensinamento "tirânico" a Sócrates. Todavia, a razão não era haver alguma escassez de tiranos atuais ou potenciais no meio de Sócrates. Pelo contrário. Nada teria sido mais fácil para Xenofonte que apresentar uma conversa sobre como governar bem como um tirano entre Sócrates e Cármides, Crítias[13] ou Alcibíades. Se o fizesse, no entanto – dar a Sócrates tal papel em tal contexto –, teria destruído a base da sua própria defesa de Sócrates. É por essa razão que o lugar ocupado por Sócrates no *Oeconomicus* é ocupado no *Hiero* por outro sábio. Depois de escolher Simônides, Xenofonte estava livre para apresentá-lo numa conversa com o tirano ateniense Hiparco;[14] mas ele aparentemente desejou evitar qualquer ligação entre os tópicos "tirania" e "Atenas".

Não conseguimos evitar questionar por que Xenofonte escolheu Simônides como o personagem principal em detrimento de outros sábios conhecidos por terem conversado com tiranos.[15] Uma pista é fornecida pelo paralelismo entre o *Hiero* e o *Oeconomicus*. A arte real é moralmente superior à arte tirânica. Sócrates, que ensina a arte real ou econômica, tem um perfeito autocontrole no que diz respeito aos prazeres que derivam da riqueza.[16] Simônides, que ensina a arte tirânica, era famoso pela sua ganância.[17] Sócrates, que ensina a arte econômica ou real, não era um econônomo porque não estava interessado em aumentar as suas propriedades; neste sentido, o seu ensinamento consiste largamente em dar a um ecônomo potencial uma explicação de uma conversa que uma vez teve com um ecônomo atual.[18] Simônides, que ensina a arte tirânica e também, com isso, pelo menos alguns rudimentos da arte econômica,[19] sem qualquer assistência, era um "ecônomo".

À luz do paralelismo entre o *Oeconomicus* e o *Hiero*, a nossa explicação prévia do fato de que Xenofonte apresenta o ensinamento "tirânico" sob a forma de um diálogo prova ser insuficiente. Tendo em vista esse paralelismo,

---

[13] *Memorabilia* I 2.31ss; III 7.5-6.
[14] Platão, *Hiparco* 228b-c (cf. 229b). Aristóteles, *Resp. Athen.* 18.1.
[15] Platão, *Carta II* 310e5ss.
[16] *Memorabilia* I 5.6.
[17] Aristófanes, *Pax* 698-9. Aristóteles, *Retórica* 1391a8-11; 1405b24-28. Ver também Platão, *Hiparco* 228c. Lessing chamou Simônides de Voltaire grego.
[18] *Oeconomicus* 6.4; 2.2, 12ss. Compare-se *Memorabilia* IV 7.1 com ibid. III 1.1ss. Compare-se *Anabsis* VI 1.23 com ibid. I 10.12.
[19] *Hiero* 9.7-11; 11.4, 13-14. Compare-se com *Oeconomicus* 1.15.

temos de levantar a questão mais abrangente de saber por que o *Oeconomicus* e o *Hiero*, em contraste com os outros dois escritos técnicos de Xenofonte, o *Hipparchius* e o *Cynegticus*, foram escritos sob a forma, não de tratados, nem sequer de histórias, mas de diálogos. O assunto das duas obras anteriores, podemos arriscar-nos a dizer, são de ordem mais elevada ou mais filosófica que as duas últimas. Nesse sentido, o seu tratamento também deve ser mais filosófico. Do ponto de vista de Xenofonte, um tratamento filosófico é um tratamento dialógico. O ensinamento dialógico sobre a perícia de governar tem essas duas vantagens particulares. Primeiro, ele precisa da confrontação do sábio (o professor) com um governante (o pupilo). Além disso, ele compele o leitor a questionar se as lições dadas pelo sábio ao governante deram frutos, porque ele compele o autor a deixar por responder essa questão, a qual não é mais que uma forma especial da questão fundamental da relação entre teoria e prática, ou entre conhecimento e virtude.

A segunda vantagem do ensinamento dialógico é particularmente marcante no *Hiero*. Ao passo que a prova da infelicidade do tirano injusto é enfaticamente baseada na experiência,[20] a prova da felicidade do tirano beneficente não o é: a felicidade é meramente prometida – por um poeta. O leitor questiona-se se a experiência dá um único exemplo de um tirano que tenha sido feliz porque foi virtuoso.[21] A questão correspondente que é forçada ao leitor do *Oeconomicus* é respondida, se não pelo próprio *Oeconomicus*, pela *Cyropaedia* e pelo *Agesilaus*. Mas a questão da felicidade atual do tirano virtuoso é deixada em aberto pelo *Corpus Xenophonteum* como um todo, ao passo que a *Cyropaedia* e o *Agesilaus* estabelecem sem qualquer dúvida imaginável a felicidade dos reis virtuosos Ciro e Agesilau ao mostrar ou ao menos declarar como

---

[20] *Hiero* 1.2, 10; 2.6.

[21] Note-se a ausência quase completa de nomes próprios no *Hiero*. O único que ali figura (à parte, é claro, os nomes de Hiero, de Simônides, de Zeus e dos gregos) é o de Daíloco, por Hiero benquisto. George Grote, em *Plato and the Other Companions of Socrates* (Londres, 1888, vol. I, p. 222), tece a seguinte, e justa, observação: "Quando lemos as recomendações de que trata Simônides, que ensina a Hiero como poderia fazer-se popular, percebemos de imediato que são, de uma só vez, bem-intencionadas e ineficazes. Xenofonte era incapaz de encontrar qualquer déspota grego real que correspondesse a esse quinhão [...], tampouco podia inventar um com algum grau de plausibilidade". Grote, porém, continua da seguinte forma: "Foi ele forçado a recorrer a outros países e a hábitos distintos daqueles da Grécia. É essa necessidade que talvez devamos a *Cyropaedia*". Por ora, basta assinalar que, segundo Xenofonte, Ciro não é tirano, mas rei. O erro de Grote advém da equiparação de "tirano" e "déspota".

eles morreram. O *Hiero*, por causa da sua forma, não pode lançar qualquer luz sobre o fim do tirano Hiero.[22]

Esperamos ter explicado por que Xenofonte apresentou o ensinamento "tirânico" sob a forma de uma conversa entre Simônides e um tirano não ateniense. Uma compreensão adequada desse ensinamento requer mais do que uma compreensão do seu conteúdo. Também temos de considerar a forma na qual ele é apresentado, pois do contrário não podemos nos aperceber do lugar que ocupa, segundo o autor, dentro da sabedoria como um todo. A forma como ele é apresentado o caracteriza como um ensinamento filosófico do tipo que um homem verdadeiramente sábio não se lançaria a apresentar em seu próprio nome. Para mais, ao lançar alguma luz no procedimento do sábio que se digna a apresentar o ensinamento "tirânico" em seu próprio nome, i.e., Simônides, o autor mostra-nos como é que esse ensinamento deve ser apresentado ao seu destinatário último, o tirano.

---

[22] Simônides alude pouquíssimo à mortalidade de Hiero ou dos tiranos em geral (*Hiero* 10.4): por ser tirano, Hiero supostamente viverá sob medo perpétuo de assassinato. Compare-se, de modo especial, *Hiero* 11.7 fim com *Agesilaus* 9.7 fim. Compare-se também *Hiero* 7.2, 7.7ss e 8.3ss (as formas de honrar o povo) com *Hellenica* VI 1.6 (honrar a solenidade do enterro). Cf. *Hierro* 11.7, 15 com Platão, *República* 465d2-e2.

III. A Cena

A. Os Personagens e as suas Intenções

"Um dia, Simônides, o poeta, veio até Hiero, o tirano. Num momento de ócio, Simônides disse": isso é tudo o que Xenofonte diz temática e explicitamente sobre a situação em que a conversa ocorre. "Simônides veio até Hiero": Hiero não foi a Simônides. Os tiranos não viajam para terras estrangeiras,[1] e, como Simônides parece ter dito à mulher de Hiero, os sábios gastam o seu tempo às portas dos ricos e não *vice-versa*.[2] Simônides veio "uma dia" até Hiero: ele estava meramente visitando Hiero; aqueles que vêm até o tirano para exibir alguma coisa sábia ou bela ou boa preferem ir-se embora assim que recebem a sua recompensa.[3] A conversa abre "num momento de ócio" e, podemos adicionar, quando eles se encontravam a sós: não começa logo após a chegada de Simônides. Parece, pelo decorrer da conversa que, antes da conversa, Hiero obteve uma opinião definida sobre as qualidades de Simônides, e que Simônides fez algumas observações acerca de Hiero. Não é impossível que o negócio em que ambos estiveram envolvidos antes de terem encontrado tempo livre fosse um negócio de interesse comum. Seja como for, eles não eram completamente estranhos um ao outro no momento em que a conversa começa. O seu conhecimento

---

[1] *Hiero* 1.12; 2.8. Compare-se com Platão, *República* 579b3-c3.
[2] Aristóteles, *Retórica* 1391a8-11.
[3] *Hiero* 1.13; 6.13; 11.10.

de, ou as suas opiniões sobre, um em relação ao outro poderia inclusive explicar por que eles travam uma conversa inteiramente descontraída, bem como a forma como se comportam desde o início da sua conversa.

É Simônides quem dá início à conversa. Qual o seu propósito? Ele começa com a questão de saber se Hiero terá vontade de lhe explicar uma coisa que ele provavelmente saberá melhor do que o poeta. A questão polida que dirige a um tirano que não é o seu governante está num meio caminho apropriado entre o pedido informal, em particular muito frequentemente usado por Sócrates, "Diz-me", ou o pedido educado, "Gostaria muito de aprender", e a questão deferente que Sócrates dirige aos tiranos que eram os seus governantes (os "legisladores" Crítias e Cáricles), "Será permitido inquirir...?".[4] A partir dessa questão, Simônides apresenta-se como um homem sábio que, estando sempre desejoso de aprender, deseja aproveitar-se da oportunidade de aprender alguma coisa de Hiero. Dessa forma, ele atribui a Hiero a posição de um homem que é, em certo aspecto, mais sábio, uma maior autoridade do que ele. Hiero, perfeitamente ciente da sabedoria de Simônides, não tem a menor noção de que tipo de coisa poderia saber melhor que um homem com a sabedoria de Simônides. Simônides explica-lhe que devido a ele, Hiero, ter nascido um homem privado e agora ser um tirano, é provável que, com base na sua experiência de ambas as condições, saiba melhor do que Simônides de que forma a vida de um tirano e a dos homens privados difere no que diz respeito aos prazeres e dores humanos.[5] A escolha do tópico é perfeita. Uma comparação entre a vida de um tirano e a vida privada é o único tópico abrangente, ou "sábio", na discussão que um sábio pode com alguma plausibilidade apresentar-se como inferior a um tirano que já foi um homem privado e que não é sábio. Além disso, o ponto de vista que, como sugere Simônides, deve guiar a comparação – prazer/dor por distinção a virtude/vício – parece ser próprio dos tiranos em contraposição aos reis.[6] Simônides parece então começar a conversa com a intenção de aprender alguma coisa de Hiero, ou de obter alguma informação em primeira mão de uma autoridade no assunto que propõe.

No entanto, a razão com a qual ele justifica a sua questão aos olhos de Hiero é apenas provável. Ela deixa fora de consideração a contribuição decisiva

---

[4] *Memorabilia* I 2.33. *Oeconomicus* 7.2. *Cyropaedia* I 4.13; III 1.14; VIII 4.9.
[5] *Hiero* 1.1-2.
[6] Aristóteles, *Política* 1311a4-5. Compare-se com a tese de Cálicles no *Górgias* de Platão.

do juízo, ou sabedoria, para corrigir a avaliação das experiências.⁷ Além disso, a própria questão não tem uma natureza tal que as experiências peculiares que o sábio pode ou não pode ter (tais como aquelas que apenas um tirano atual pode ter) possam contribuir de forma significativa para a sua resposta completa. Em vez disso, ela pertence ao tipo de questões para as quais o sábio enquanto tal (e apenas o sábio enquanto tal) necessariamente possui a resposta completa. A questão de Simônides no que diz respeito à diferença entre a vida do tirano e a vida privada no que concerne aos prazeres e sofrimentos é idêntica, no contexto, à questão de saber qual dos dois modos de vida é mais desejável; pois "prazer/dor" é o critério último de preferência considerado de forma temática. A questão inicial é tornada mais específica com a asserção de Simônides de que a vida do tirano tem muitos mais prazeres de todos os tipos e muito menos sofrimentos de todos os tipos do que a vida privada, por outras palavras, de que a vida tirânica é mais desejável do que a vida privada.⁸ Até Hiero afirma que a asserção de Simônides é surpreendente na boca de um homem com a reputação de sábio: um sábio deveria ser capaz de ajuizar a felicidade ou miséria da vida do tirano sem nunca ter tido a experiência atual

---

⁷ Note-se a repetição de εἰκός em *Hiero* 1.1-2. O significado dessa indicação revela-nos aquilo que acontece durante o colóquio. Para conhecer, mais do que Simônides, de que forma os dois modos de vida diferem entre si quanto aos prazeres e as dores, Hiero teria de possuir conhecimento real de ambos os modos de vida – ou seja, ele não deve ter olvidado nem os prazeres nem as dores que caracterizam a vida privada; não obstante, Hiero sugere não recordar-se o suficiente deles (1.3). Além disso, o conhecimento da diferença em questão é adquirido mediante cálculo ou raciocínio (1.11, 3), e o cálculo exigido pressupõe o conhecimento do diferente valor – ou do diferente grau de importância – dos vários tipos de prazer e dos vários tipos de dor; ainda assim, Hiero deve aprender com Simônides que certos tipos de prazer têm menor importância se comparados a outros (2.1; 7.3-4). Ademais, para conhecer mais do que Simônides a diferença em questão, Hiero teria de possuir ao menos a mesma capacidade que Simônides tem de calcular ou raciocinar; Simônides, contudo, revela que o pretenso conhecimento da diferença por Hiero (um conhecimento que ele só obtivera com seu auxílio) se fundamenta na fatal negligência de um fator relevantíssimo (8.1-7). A tese de que aquele que experimentou ambos os modos de vida conhece mais a natureza de sua diferença do que aquele que só experimentou um deles, portanto, só é verdadeira se acrescidas qualificações complementares; por si só, trata-se do resultado de um entimema e é apenas plausível.

⁸ *Hiero* 1.8, 14, 16. Simônides afirma que os tiranos são admirados ou invejados por todos (1.9) e dá a entender que o mesmo não se aplica, é claro, aos homens privados. Suas declarações mais reservadas, em 2.1-2 e 7.1-4, sobre os tipos específicos de prazer devem ser compreendidas, em primeiro lugar, à luz da afirmação genérica sobre todos os tipos de prazer encontrada em 1.8. A declaração que faz Simônides em 2.1-2 é compreendia por Hiero à luz de sua declaração genérica, tal qual vemos em 2.3-5, 4.6 e 6.12. (Compare-se também 8.7 com 3.3.) Para a interpretação da questão inicial de Simônides, ver Isócrates, *Para Nícocles* 4-5.

da vida do tirano.⁹ A questão de saber se, ou o quanto, a vida tirânica é mais desejável que a vida privada e, em particular, se, ou o quanto, ela é mais desejável do ponto de vista do prazer, já não é uma questão para o homem que adquiriu sabedoria.¹⁰ Se Simônides foi um sábio, ele teria de ter outro motivo que não a ânsia de aprender para inquirir Hiero sobre esse assunto.

Hiero expressa a visão de que Simônides é um sábio, um homem muito mais sábio do que ele próprio. Essa asserção nasce em certa medida da ação do diálogo, através da qual Simônides mostra ser capaz de ensinar a Hiero a arte de governar como um tirano. Embora Simônides mostre assim ser mais sábio do que Hiero, não é de modo algum certo que Xenofonte o considerasse simplesmente sábio. Aquilo que Xenofonte pensou da sabedoria de Simônides pode ser definitivamente estabelecido apenas por meio de uma comparação entre Simônides e Sócrates, o qual Xenofonte certamente considerava sábio. É possível, no entanto, alcançar uma conclusão provisória tendo por base o paralelismo entre o *Hiero* e o *Oeconomicus*, assim como a seguinte consideração: se Simônides era sábio, ele detinha a perícia de conversar; i.e., ele podia fazer o que quisesse com qualquer interlocutor,¹¹ ou ele conseguia conduzir qualquer conversa ao fim que desejava. A sua conversa com Hiero conduz à sugestão sobre o aperfeiçoamento do governo tirânico, como seria esperado que um sábio fizesse a um tirano para o qual se inclina favoravelmente. Devemos então assumir que o sábio Simônides começa a conversa com a intenção de trazer algum benefício a Hiero, porventura para ser por seu turno beneficiado ou para beneficiar os súditos do tirano. Durante a sua estada com Hiero, Simônides observou muitas coisas sobre o governante – algumas acerca do seu apetite, outras acerca dos seus amores;¹² e Simônides sabia que Hiero estava cometendo erros graves, tais como participar nos jogos Olímpicos e Píticos.¹³ Para expressar esse ponto de uma forma mais geral, Simônides sabia que Hiero não era um governante perfeito. Ele decide ensinar-lhe como governar bem como um tirano. Mais especificamente, ele considera aconselhável alertá-lo sobre certos erros graves. Mas, para não dizer nada da polidez comum, ninguém

---

⁹ *Hiero* 2.3-5. Não se deve esquecer o fato de o autor do *Hiero* jamais ter sido um tirano. Compare-se com Platão, *República* 577a-b e *Górgias* 470d5-e11.
¹⁰ *Memorabilia* I 3.2; IV 8.6; 5.9-10. Compare-se com *Anabasis* IV 1.17-21.
¹¹ *Memorabilia* IV 6.1, 7; III. 3.11; I 2.14.
¹² *Hiero* 1.21, 31.
¹³ Compare-se *Hiero* 11.5-6 e *Agesilau* 9.6-7 com Píndaro, *Ol.* I e *Pyth.* I-III.

deseja repreender ou falar contra um tirano na sua presença.[14] Simônides tem, então, do modo menos ofensivo, de reduzir o tirano a um humor no qual possa ser agradado por ouvir atentamente o, e até pedir pelo, conselho do poeta. Ele teve, ao mesmo tempo ou através da mesma ação, de convencer Hiero da sua competência para dar um conselho sensato a um tirano.

Antes de Simônides poder ensinar Hiero a governar como um tirano, ele tem de fazê-lo aperceber, ou lembrá-lo, das dificuldades que o rodeiam e que ele não pode superar, das deficiências do seu governo, e na verdade de toda a sua vida. Ser despertado por outra pessoa quanto aos nossos defeitos significa, para a maioria das pessoas, receber uma lição de humildade da parte do censor. Simônides tem de dar um lição de humildade ao tirano, tem de reduzi-lo a uma condição de inferioridade; ou, para descrever a intenção de Simônides à luz do objetivo aparentemente alcançado por ele, ele tem desalentar o tirano. Para mais, se ele tencionar usar o reconhecimento de Hiero dos seus defeitos como o ponto de partida do seu ensinamento, ele tem de induzir Hiero a admitir expressamente todos os fatos desagradáveis relevantes acerca da sua vida. O mínimo que ele pode fazer, a fim de evitar uma ofensa desnecessária, é falar, não sobre a vida de Hiero, mas sobre um assunto mais geral, menos ofensivo. Para começar, devemos supor que, ao começar uma conversa com Hiero sobre a desejabilidade relativa da vida do tirano e da vida privada, Simônides é guiado pela intenção de desalentar o tirano através de uma comparação da vida do tirano, e com isso da própria vida de Hiero, com a vida privada.

Para alcançar esse objetivo imediato da forma menos ofensiva, Simônides tem de criar uma situação na qual, não ele, mas o próprio tirano, explique as deficiências da sua vida, ou da vida tirânica no geral, e uma situação na qual, para mais, o tirano faça esse trabalho normalmente desagradável não só espontaneamente, mas até com agrado. O artifício através do qual Simônides alcança esse resultado consiste em dar a Hiero uma oportunidade de justificar a sua superioridade apesar de estar demonstrando a própria inferioridade. Ele inicia a conversa apresentando-se explicitamente como um homem que

---

[14] *Hiero* 1.14. A mesma regra de conduta foi observada por Sócrates. Compare-se com a forma como se comportou ao dirigir-se aos "legisladores" Crítias e Cáricles, com a crítica aberta dos Trinta que fora pronunciada "alhures", isto é, em local sem a presença dos tiranos, e que teve de ser "comunicada" a Crítias e Cáricles (*Memorabilia* I 2.32-38; observe-se a repetição de ἀπαγγελθέντος). No *Protágoras* de Platão (345e-346b8), Sócrates desculpa Simônides por ter elogiado tiranos por compulsão.

tem o que aprender de Hiero, ou que é, em certo respeito, menos sábio do que Hiero, ou, em outras palavras, assumindo o papel de pupilo. Depois disso, ele torna-se porta-voz da opinião de que a vida tirânica é mais desejável do que a vida privada, i.e., da crua opinião sobre a tirania que é própria dos não sábios, da multidão, ou da gente vulgar.[15] Ele apresenta-se assim tacitamente, e por isso ainda mais eficazmente, como um homem que é absolutamente menos sábio do que Hiero. Ele tenta assim Hiero a assumir o papel de professor.[16] Simônides é bem-sucedido em seduzi-lo a refutar a opinião vulgar e, assim, a provar que a vida tirânica e, por conseguinte, a sua própria vida é extremamente infeliz. Hiero reivindica a sua superioridade ao ganhar a discussão, a qual, no que diz respeito ao seu conteúdo, seria meramente deprimente para ele mesmo: ao provar que é extremamente infeliz, ele prova que é mais sábio que o sábio Simônides. No entanto, essa vitória é uma derrota. Ao apelar para o interesse do tirano na própria superioridade, ao seu desejo de vitória, Simônides o conduz ao reconhecimento espontâneo e quase agradável de todos os defeitos da sua vida e com isso da situação na qual a oferta de um conselho é o ato, não de um estranho mestre-escola, mas de um poeta humano. E, além disso, no momento em que Hiero se apercebe de ter caído numa armadilha que Simônides tão engenhosa e encantadoramente preparou para si, mais do que nunca ele será convencido da sabedoria de Simônides.

Antes de Simônides começar a ensinar Hiero, em outras palavras, na maior parte do *Hiero* (capítulos 1-7), ele apresenta-se a Hiero como alguém que é menos sábio do que realmente é. Na primeira parte do *Hiero*, Simônides esconde a sua sabedoria. Ele não relata meramente a opinião vulgar acerca da tirania, ele não a entrega meramente a Hiero para ser refutada ao perguntar-lhe o que é que ele pensa sobre ela; na verdade ele a adota. Hiero tem justificadamente a impressão de que Simônides ignora a, ou que é enganado pela, natureza da vida tirânica.[17] Dessa forma, surge a questão de saber por que é que o artifício de Simônides não derrota o seu propósito: por que Hiero ainda pode levá-lo a sério? Por que é que ele não o considera um idiota, um seguidor idiota das opiniões do vulgo? A situação na qual a conversa ocorre permanece inteiramente obscura enquanto essa dificuldade não for explicada satisfatoriamente.

---

[15] *Hiero* 1.9-10, 16-17; 2.3-5.
[16] *Hiero* 1.10; 8.1.
[17] *Hiero* 2.3-5.

A dificuldade seria insolúvel se ser vulgar quisesse dizer simplesmente idiota ou não sábio. A opinião vulgar acerca da tirania pode ser resumida da seguinte forma: a Tirania é má para a cidade, mas boa para o tirano, pois a vida tirânica é um modo de vida muito agradável e desejável.[18] Essa opinião é fundamentada na premissa básica da mente vulgar de que os prazeres corporais e a riqueza ou o poder são mais importantes do que a virtude. A opinião vulgar é contestada, não só pelos sábios, mas acima de tudo pelos nobres. Segundo a opinião do cavalheiro perfeito, a tirania é má, não só para a cidade, mas acima de tudo para o próprio tirano.[19] Ao adotar a visão vulgar, Simônides rejeita tacitamente a visão do cavalheiro. Poderá ele não ser um cavalheiro? Poderá ele carecer da moderação, do autocontrole do cavalheiro? Poderá ele ser perigoso? Essa suspeita surgir de forma evidente depende da opinião que Hiero tem acerca da relação entre "sábios" e "cavalheiros". Mas, se ela surgir, a discussão teórica e algo brincalhona irá transformar-se num conflito.

O elemento irônico do procedimento de Simônides ameaçaria a realização do seu propósito sério se não suscitasse uma emoção mais profunda na alma do tirano do que um desejo algo caprichoso de conquistar uma vitória dialética. A forma como ele entende, e reage, à questão e asserção de Simônides está destinada a ser determinada pela sua visão das qualidades de Simônides e das suas intenções. Ele considera Simônides um sábio. A sua atitude para com Simônides será então um caso especial da sua atitude para com os sábios em geral. Ele diz que os tiranos temem os sábios. A sua atitude para com Simônides deve ser entendida nesse sentido: "ao invés de admirá-lo", Hiero o teme.[20] Considerando o fato de que Simônides é um estrangeiro na cidade de Hiero e, por conseguinte, de que ele provavelmente não é perigoso para o governo de Hiero,[21] preferimos dizer que a sua admiração por Simônides é mitigada por algum medo, por algum medo *in statu nascendi*, i.e., pela desconfiança. De qualquer forma, Hiero não confia nas pessoas; ele se mostrará particularmente desconfiado nos seus afazeres com homens de grandes habilidades pouco usuais. Consequentemente, ele provavelmente não será perfeitamente

---

[18] Embora todos os homens considerem invejáveis os tiranos, embora a massa seja enganada pelo esplendor externo dos tiranos, essa mesma massa não deseja ser governada por tiranos, mas pelo justo. Compare-se *Hiero* 2.3-5 com ibid. 5.1. e 4.5. Compare-se com Platão, *República* 344b5-c1.
[19] Compare-se o final do *Oeconomicus* com ibid. 6.12ss. Ver também *Memorabilia* II 6.22ss.
[20] *Hiero* 5.1; 1.1.
[21] *Hiero* 6.5. Aristóteles, *Política* 1314a10-13.

franco. Ele provavelmente será tão reservado quanto Simônides, ainda que por razões algo diferentes.[22] A sua conversa provavelmente ocorre numa atmosfera de franqueza limitada.

O medo que o tirano tem dos sábios é específico. Esse fato crucial é explicado por Hiero naquela que é literalmente a passagem central do *Hiero*.[23] O tirano teme os corajosos porque eles poderão correr riscos por causa da liberdade. O tirano teme os justos porque a multidão poderá desejar ser governada por eles. Quanto aos sábios, ele teme que eles possam "tramar alguma coisa". Ele teme, então, os corajosos e os justos porque as suas virtudes ou ações virtuosas podem trazer a restauração da liberdade ou pelo menos de um governo não tirânico. Tudo isso, e não mais, é explicado por Hiero em termos unívocos. Ele não diz explicitamente que tipo de perigo apreende da parte dos sábios: será que ele teme que eles tramem alguma coisa por causa da liberdade ou do governo justo, ou será que ele teme que tramem alguma coisa com outros propósitos?[24] A afirmação explícita de Hiero deixa a questão crucial por responder: por que o tirano teme os sábios?

A explicação mais cautelosa para o silêncio de Hiero seria a sugestão de que ele não saberia o que os sábios pretendem. Tendo sido uma vez um homem privado, um cidadão privado, um súdito de um tirano, ele compreende os objetivos dos corajosos e dos justos tão bem como eles os compreendem. Mas ele nunca foi um sábio: ele não conhece a sabedoria a partir da sua própria experiência. Ele apercebe-se de que a sabedoria é uma virtude, um poder e consequentemente um perigo para o governo tirânico. Ele apercebe-se, além disso, de que a sabedoria é uma coisa diferente da coragem e da justiça. Mas ele não dilucida claramente o caráter específico e positivo da sabedoria: a sabedoria é mais esquiva do que a coragem e a justiça. Talvez não fosse demais dizer que, para o tirano, a sabedoria, em contraposição à coragem e à justiça, é algo incompreensível (*uncanny*). Seja como for, o seu medo dos sábios é um medo indeterminado, em alguns casos (como no caso do medo de Hiero por Simônides) dificilmente é mais que uma inquietação vaga, porém forte.

Essa atitude para com os sábios é característica não apenas dos tiranos. Deve-se sempre presumir que o destino de Sócrates estava presente na mente

---

[22] *Hiero* 4.2. Ver nota 14, p. 79.
[23] *Hiero* 5.1-2.
[24] Hiero menciona a "maquinação de algo mau e vil" em 4.10, isto é, quase imediatamente antes da passagem crucial. Compare-se também com 1.22-23.

de Xenofonte. Ele confirma a visão de que os sábios são normalmente invejados por homens que são menos sábios ou inteiramente não sábios, e de que eles estão expostos a todo tipo de suspeitas vagas da parte dos "muitos". O próprio Xenofonte sugeriu que Sócrates teria numa monarquia a mesma experiência que teve na democracia: os sábios são invejados, alvos de suspeita, por monarcas da mesma forma que por cidadãos vulgares.[25] A desconfiança em relação aos sábios, que decorre de uma falta de compreensão da sabedoria, é própria do vulgo, tanto tiranos como não tiranos. A atitude de Hiero para com os sábios tem pelo menos alguma semelhança com a atitude vulgar.

O destino de Sócrates mostrou que aqueles que não compreendem a natureza da sabedoria tendem a tomar o sábio pelo sofista. Tanto o sábio como o sofista possuem de certa forma sabedoria. Mas ao passo que o sofista prostitui a sabedoria por propósitos vis e, especialmente, por dinheiro, o sábio faz um uso mais moral e nobre da sabedoria.[26] O sábio é um cavalheiro, ao passo que o sofista é servil. O erro de tomar o sábio pelo sofista é possível pela ambiguidade da "qualidade de ser um cavalheiro". Na terminologia comum, "cavalheiro" designa um homem justo e corajoso, um cidadão bom, que enquanto tal não é necessariamente um sábio. Iscômaco, aquele homem perfeitamente respeitável que Xenofonte confronta com Sócrates, é chamado por todos de cavalheiro, por homens e mulheres, por estrangeiros e cidadãos. No significado socrático do termo, o cavalheiro é idêntico ao sábio.[27] A essência da sabedoria, ou aquilo que distingue a sabedoria da qualidade ordinária de ser um cavalheiro, escapa aos vulgares, os quais podem assim ser levados a acreditar numa oposição entre a sabedoria e a única qualidade de ser cavalheiro que conhecem: eles podem duvidar da qualidade de cavalheiro dos sábios. Eles verão pelo menos isto, que a sabedoria é a habilidade de maquinar a aquisição daquela posse que é muito valiosa e por isso muito difícil de obter. Mas ao acreditar que a vida tirânica é a mais agradável e, por conseguinte, a posse mais desejável, eles estarão inclinados a identificar a sabedoria com a habilidade de se tornar um tirano ou de se manter como tirano. Aqueles que foram

---

[25] *Memorabilia* I 2.31; IV 2.33; *Symposium* 6.6. *Apologia Socratis* 20-21. *Cyropaedia* III 1.39. Compare-se com Platão, *Apol. Socr.* 23d4-7 e 28a6-b1; do mesmo modo, com a *Carta VII*, 344c1-3.
[26] *Memorabilia* I 6.12-13.
[27] Compare-se *Oeconomicus* 6.12ss e 11.1ss com *Memorabilia* I 1.16 e IV 6.7. Compare-se com Platão, *República* 489e3-490a3. A distinção entre os dois significados de "cavalheiro" corresponde à distinção platônica entre a virtude comum ou política e a virtude genuína.

bem sucedidos em adquirir o poder tirânico e em conservá-lo não por pouco tempo são admirados como sábios e bem-afortunados: a habilidade específica que permite ao homem tornar-se, e permanecer, um tirano é popularmente identificada com a sabedoria. Por outro lado, se um sábio manifestamente se abstiver de lutar pelo poder tirânico, ele poderá ainda ser alvo da suspeita de ensinar os seus amigos a ser "tirânicos".[28] Tendo por base a noção vulgar de sabedoria, é plausível a conclusão de que o sábio venha a aspirar à tirania ou, se ele já for um tirano, que ele venha a tentar preservar a sua posição.

Voltemos agora à afirmação de Hiero acerca dos vários tipos de excelência humana. Os corajosos correriam riscos por causa da liberdade; os justos seriam desejados como governantes pela multidão. Os corajosos enquanto corajosos não seriam desejados como governantes, e os justos enquanto justos não se revoltariam. Tão claramente como os corajosos enquanto corajosos são distinguidos dos justos enquanto justos, os sábios enquanto sábios são distinguidos tanto dos corajosos como dos justos. Será que os sábios correriam riscos por causa da liberdade? Será que Sócrates, em oposição a Trasíbulo, correria tais riscos? Embora culpe "algures" as práticas de Crítias e dos seus companheiros, e apesar de recusar obedecer às suas ordens injustas, ele não trabalhou para derrubá-los.[29] Será que a multidão desejaria ter os sábios como governantes? Será que a multidão desejava ter Sócrates como seu governante? Não temos direito de supor que a visão de Hiero sobre a sabedoria e a justiça é idêntica à de Xenofonte. O contexto sugere que, para Hiero, os sábios enquanto sábios têm um propósito diferente dos corajosos e dos justos, ou, caso a essência da qualidade de ser cavalheiro seja a combinação da coragem com a justiça, que o sábio não é necessariamente um cavalheiro. O contexto sugere que os sábios têm um objetivo diferente do objetivo dos inimigos típicos da tirania, os quais estão preocupados em restaurar a liberdade e com a "posse de boas leis".[30] Essa sugestão está longe de ser contradita por Simônides, que evita no seu ensinamento os próprios termos "liberdade" e "lei". Só há uma alternativa razoável: o tirano teme o sábio porque este pode tentar derrubar o tirano, não

---

[28] *Cyropaedia* I 1.1. *Memorabilia* I 2.56; 6.11-12. Compare-se *Memorabilia* IV 2.33 com *Symposium* 3.4. Ver Platão, *Carta VII* 333b3ss e 334a1-3, bem como *Górgias* 468e6-9 e 469c3 (cf. 492d2-3); do mesmo modo, *República* 493a6ss.
[29] *Memorabilia* I 2.31ss; IV 4.3. *Symposium* 4.13. Compare-se com Platão, *Apol. Socr.* 20e8-21a3 e 32c4-d9, e com *Górgias* 480e6ss; do mesmo modo, *Protágoras* 329e2-330a2. Cf. nota 14.
[30] *Hellenica* IV 4.6. Compare-se com *Symposium* 3.4.

para restaurar o governo não tirânico, mas para ele mesmo se tornar um tirano ou porque ele poderá aconselhar um pupilo ou amigo sobre como se tornar um tirano ao derrubar o tirano atual. A afirmação central de Hiero não exclui, mas sugere, a visão vulgar da sabedoria;[31] ela não exclui, mas sugere, a visão de que o sábio é um tirano potencial.[32]

Hiero está algo ciente do fato de que os sábios não julgam a felicidade ou a miséria tendo por base a aparência exterior, porque sabem que a sede da felicidade e da miséria encontra-se nas almas dos homens. Parece, por isso, surpreendente que para ele Simônides identifique, para todos os efeitos práticos, a felicidade com a riqueza e o poder e, em última análise, com a vida tirânica. Ele não diz, porém, que Simônides, sendo um sábio, não quer de modo algum dizer aquilo que diz, ou que ele tem de estar brincando. Pelo contrário, ele leva muito a sério a asserção de Simônides. Ela não considera ser incrível ou impossível que um sábio tenha a visão que é adotada por Simônides.[33] Ele não a considera impossível porque acredita que apenas a experiência de um tirano pode estabelecer com uma certeza final se a vida tirânica é, ou não é, mais desejável que a vida privada.[34] Ele não conhece verdadeiramente o

---

[31] Embora afirme que o tirano é injusto, Hiero não diz que o tirano é tolo. Embora afirme que o séquito do tirano é composto de injustos, intemperados e servis, não diz que os tolos o compõem. Considere-se a ausência de correspondência entre as virtudes mencionadas em *Hiero* 5.1 e os vícios mencionados em 5.2. Além disso, ao demonstrar que é mais sábio do que o sábio Simônides, Hiero demonstra também que o tirano pode ser sábio de fato.

[32] Segundo o Sócrates de Xenofonte, aquele que possui o conhecimento específico que o exercício do bom governo exige é *eo ipso* um governante (*Memorabilia* III 9.10; I.4). Desse modo, aquele que possui a arte tirânica é *eo ipso* um tirano. Do ponto de vista de Xenofonte, a desconfiança que Hiero demonstra com relação a Simônides é um reflexo irônico da verdade socrática. Trata-se de ironia pela seguinte razão: do ponto de vista de Xenofonte, o professor sábio da arte real ou tirânica não é um governante em potencial no sentido comum do termo, visto que aquele que sabe governar não necessariamente deseja fazê-lo. Até mesmo Hiero reconhece, por implicação, que o justo não deseja governar, ou então que deseja apenas cuidar da própria vida (cf. *Hiero* 5.1 com *Memorabilia* I 2.48 e II. 9.1). Se o sábio é necessariamente justo, o professor sábio da arte tirânica não desejará ser tirano. Todavia, é precisamente o vínculo necessário entre sabedoria e justiça o que é questionado pela distinção que faz Hiero entre o sábio e o justo.

[33] *Hiero* 2.3-5 (compare-se a expressão com aquela usada ibid. 1.9 e na *Cyropaedia* IV 2.28). Cumpre enfatizar que, nessa importante passagem, Hiero não fala explicitamente em sabedoria. (Sua única observação explícita sobre ela ocorre na passagem central, em 5.1.) Além disso, Hiero silenciosamente qualifica o que diz em 2.3-5 sobre a felicidade numa passagem posterior (7.9-10), em que admite que a alegria exige sinais externos ou visíveis.

[34] *Hiero* 2.6; 1.10.

propósito dos sábios. Ele não está, então, convencido de que o sábio seja um tirano potencial. Nem está convencido do contrário. Ele oscila entre duas visões diametralmente opostas, entre a visão vulgar e a visão sábia da sabedoria. Qual das duas visões ele assumirá depende do comportamento do indivíduo sábio com quem conversa. Quanto a Simônides, a questão é decidida pelo fato de ele adotar a opinião vulgar segundo a qual a vida tirânica é mais desejável do que a vida privada. Pelo menos na sua conversa com Simônides, Hiero será perturbado pela suspeita de que o sábio possa ser um tirano potencial, ou um potencial conselheiro dos possíveis rivais de Hiero.[35]

O medo ou a desconfiança de Hiero em relação a Simônides origina-se da sua atitude para com os sábios e existiria independentemente do tópico de conversa. Mas, se há algum tópico que pudesse agravar a suspeita de Hiero em relação a Simônides, é o tópico que o sábio de fato propôs – um tópico relacionado com o objeto em função do qual os tiranos temem os sábios. Além disso, Simônides diz explicitamente que todos os homens encaram os tiranos com uma mistura de admiração e inveja, ou que eles são invejosos dos tiranos, e Hiero compreende suficientemente as implicações dessa afirmação para aplicá-la a Simônides ao dizer que o próprio Simônides inveja os tiranos.[36]

---

[35] Hiero declara, no início, que Simônides é um *homem* (ἀνὴρ) sábio; porém, como Simônides explica em 7.3-4, os homens (ἄνδρες) [reais], em oposição aos seres humanos (ἄνθρωποι) comuns, deixam-se levar pela ambição, e assim estão aptos a aspirar ao poder tirânico. (O ἀνδὸς ao final de 1.1 corresponde ao ἀνθρώποις ao final de 1.2. Cf. também 7.9 início.) Logo após o início, Hiero observa que Simônides "ainda é, por ora, homem privado" (1.3), dando a entender, portanto, que poderia muito bem tornar-se um tirano. Por conseguinte, Hiero só se refere uma vez a "vós [homens privados]", ao passo que Simônides fala com muita frequência em "vós [tiranos]": Hiero hesita em considerar Simônides um mero homem privado (6.10. O "vós" em 2.5 se refere aos homens reputadamente sábios, em oposição à massa. Simônides fala em "vós tiranos" nas seguintes passagens: 1.14, 16, 24, 26; 2.2; 7.2, 4; 8.7). Para a distinção entre "verdadeiros homens" e "seres humanos comuns", compare-se também com *Anabasis* I 7.4; *Cyropaedia* IV 2.25; V 5.33; Platão, *República* 550a1; *Protágoras* 316c5-317b5.

[36] *Hiero* 1.9; 6.12. ζηλόω, termo utilizado por Simônides e, depois, por Hiero, designa emulação, a nobre contraparte da inveja em vez de a inveja propriamente dia (cf. Aristóteles, *Retórica* II 11). Que o tirano está exposto à inveja no sentido estrito do termo fica claro a partir da observação de Hiero em 7.10 e da enfática promessa de Simônides ao final do diálogo: o tirano que se tornou benfeitor de seus súditos será feliz sem ser invejado. Cf. também 11.6, em que fica implícito que um tirano como Hiero é invejado (cf. nota 13). Em *Hiero* 1.9, Simônides evita falar em "inveja" porque o termo poderia sugerir que todos os homens sentem hostilidade pelo tirano, e essa implicação estragaria por completo o efeito de sua declaração. A declaração de Hiero em 6.12, referente não apenas a 1.9, mas também a 2.2, resume-se a uma correção daquilo que Simônides afirmara

Hiero não possui a verdadeira compreensão da natureza da sabedoria que é a única coisa que poderia protegê-lo da suspeita a respeito da questão de Simônides sobre a relativa desejabilidade das vidas tirânica e privada. Na ausência dessa compreensão, Hiero não pode ter certeza de que a questão não poderá servir ao propósito mui prático de extrair alguma informação de primeira mão do tirano sobre uma condição que o poeta inveja ou à qual aspira para si ou para alguém. O seu medo ou desconfiança em relação a Simônides será um medo ou desconfiança fortalecida ou tornada definitiva por Simônides aparentemente acreditar que a vida tirânica é mais desejável que a vida privada. A confissão aparentemente franca de Simônides a respeito da sua preferência parece fornecer a Hiero a oportunidade de livrar-se da inquietação. Toda a sua resposta servirá ao propósito mui prático de dissuadir Simônides de olhar para os tiranos com uma mistura de admiração e inveja.

Ao jogar com essa intenção de Hiero,[37] Simônides compele-o a usar a linguagem mais forte possível contra a tirania, declarando finalmente a própria falência e, com isso, entregando a liderança na conversa a Simônides. A intenção de Simônides de desalentar Hiero, e a intenção de Hiero de dissuadir Simônides de admirar ou invejar os tiranos, resultam, através da sua cooperação, primariamente no pretendido por Simônides, a saber, numa situação em que Hiero não tem outra escolha senão escutar o conselho de Simônides.

Para provocar a reação apaixonada de Hiero, Simônides tem de exagerar o caso a favor da tirania. Ao ler todas as suas afirmações em si mesmas temos nossa atenção chamada para o fato de que existem realmente algumas passagens nas quais, mais ou menos compelido pelos argumentos de Hiero, ele admite que a tirania tem as suas desvantagens, ao passo que encontramos mais passagens nas quais ele afirma espontânea e vivamente as suas vantagens. As afirmações de Simônides sobre a tirania justificam que Hiero pense que ele inveja os tiranos. Porém, o caráter irônico do louvor de Simônides à tirania

---

na passagem anterior; Hiero sugere que nem todos os homens, mas apenas aqueles como Simônides, querem emular a riqueza e o poder do tirano. Quanto à distinção que faz Simônides (em 1.9) entre "todos os homens" que querem emular os tiranos e os "muitos" que desejam ser tiranos, é preciso compreendê-la da seguinte forma: muitos dos que consideram algo um bem invejável não o desejam a sério, uma vez que estão certos da própria incapacidade de obtê-lo. Compare-se com Aristóteles, *Política* 1311a29-31 e 1313a17-23.

[37] Ao usar o medo do tirano como meio de aprimoramento, Simônides está agindo de acordo com um princípio pedagógico de Xenofonte; ver *Hipparchicus* 1.8; *Memorabilia* III 5.5-6; *Cyropaedia* III 1.23-24.

(em contraposição ao seu louvor da tirania beneficente na segunda parte do diálogo) dificilmente poderia escapar à atenção de qualquer leitor. Por exemplo, quando afirma que os tiranos derivam maior prazer da audição do que os homens privados porque ouvem constantemente os tipos de sons mais agradáveis – isto é, o louvor –, ele não ignora o fato de que os louvores dirigidos aos tiranos por sua comitiva não são genuínos.[38] Por outro lado, Hiero está interessado em exagerar o caso contra a tirania. Esse aspecto requer alguma discussão dado que a condenação explícita da tirania no *Hiero* é entregue exclusivamente a Hiero e, por isso, a compreensão da tendência do diálogo como um todo depende de forma decisiva da apreciação correta das elocuções de Hiero sobre o assunto.

É certamente inadmissível dar por garantido que Hiero reproduza simplesmente o juízo ponderado de Xenofonte sobre a tirania: Hiero não é Xenofonte. Além disso, há alguns indícios específicos que mostram que a condenação da tirania feita por Hiero é, segundo a visão de Xenofonte, exagerada. Hiero afirma que "*as* cidades honram magnificamente o tiranicida"; Xenofonte, porém, diz-nos que os assassinos de Jasão que sobreviveram foram honrados "na *maioria* das cidades gregas" em que estiveram.[39] Hiero assevera que os tiranos "sabem bem que *todos* os seus súditos são seus inimigos"; Xenofonte, porém, diz-nos que os súditos do tirano Êufron consideravam-no seu benfeitor e reverenciavam-no invulgarmente.[40] Hiero descreve o tirano como se ele estivesse privado de todos os prazeres da companhia homossexual; Xenofonte, no entanto, descreve o tirano Astíages como alguém que apreciava plenamente esses prazeres em segurança.[41] Porém, Hiero pode ter dito mais sobre a tirania do que o que Xenofonte admitiria; ainda assim ele pode ter dito exatamente aquilo que pensava acerca do assunto tendo por base as suas amargas experiências. Ora, nenhum leitor, por mais atento que esteja aos discursos de Hiero, poderá saber alguma coisa sobre a expressão do rosto de Hiero, seus gestos e inflexões da sua voz. Ele não está então na melhor posição para detectar quais palavras de Hiero soaram verdadeiras e quais soaram falsas. Uma das muitas vantagens do diálogo no qual um dos personagens é um sábio é que ele

---

[38] Compare-se *Hiero* 1.14 com 1.16. Note-se o caráter enfático do assentimento que Simônides dá à resposta de Hiero. (1.16 início). Compare-se também 2.2 com 11.2-5.
[39] Compare-se *Hiero* 4.5 com *Hellenica* VI 4.32 e VII 3.4-6.
[40] Compare-se *Hiero* 6.14 com *Hellenica* VII 3.12.
[41] Compare-se *Hiero* 6.1-3 com *Cyropaedia* I 3.10, 18.

coloca à disposição do leitor as observações discriminatórias do sábio no que concerne aos diferentes graus de confiança atribuíveis às várias elocuções que fluem com igual facilidade, mas não necessariamente com igual grau de convicção, da boca do seu companheiro. Quando se lê o *Hiero* de forma curiosa, somos levados a sentir que Hiero está particularmente preocupado com a falta de amizade, de confiança, de patriotismo e verdadeira honra do tirano, assim como pelo constante perigo de assassinato. Contudo, o Simônides de Xenofonte, que é a nossa única autoridade para uma interpretação adequada dos discursos do Hiero de Xenofonte, não estava definitivamente sob a impressão de que as maiores mágoas de Hiero fossem causadas pela falta das coisas nobres mencionadas ou por aquelas agonias derivadas do medo perpétuo e ilimitado que o tirano descreve de maneira tão edificante. Ele não tem a menor dúvida de que Hiero culpa a tirania tendo em vista sobretudo o fato de que o tirano é privado dos prazeres mais doces do amor sexual, i.e., dos prazeres que o próprio Simônides declara serem de menor importância.[42] Simônides não está, por isso, muito impressionado com a condenação da tirania por Hiero. Essa condenação, embora comovente ou eloquente, tem, por conseguinte, de ser lida com uma grande dose de desconfiança razoável.

Ao provar que os homens privados extraem mais prazer da vitória que os tiranos, Hiero compara a vitória dos cidadãos sobre os inimigos estrangeiros com a vitória do tirano sobre os seus súditos: os cidadãos consideram a sua vitória uma coisa nobre e orgulham-se e vangloriam-se dela, ao passo que o tirano não poderá estar orgulhoso da sua vitória ou vangloriar-se dela, ou considerá-la nobre.[43] Hiero esquece-se de mencionar não só a vitória de um partido numa guerra civil, mas acima de tudo a vitória dos cidadãos governados ou liderados pelo seu governante tirânico sobre os inimigos estrangeiros: ele esquece-se da sua própria vitória na batalha de Cumas. Ele esquece-se de considerar a óbvia possibilidade de que um tirano, que tem a principal responsabilidade pelo resultado de uma guerra, possa ser mais gratificado pela vitória do que o cidadão comum; pois foi o conselho prudente e a liderança eficiente do tirano que trouxeram um final feliz à questão, ao passo que os cidadãos comuns nunca podem ter mais do que uma pequena quota nas deliberações no

---

[42] Compare-se *Hiero* 8.6 com ibid. 2.1. A declaração não é contradita por Hiero; ela é preparada, e portanto confirmada em certa medida por aquilo que ele afirma em 1.27 (Νυνδή) e 1.29. Em 7.5, Hiero indica que ele e Simônides haviam logrado acordo no que dizia respeito ao tema do sexo.
[43] *Hiero* 2.12-18.

que concerne à guerra. Hiero esquece-se de considerar que esse grande prazer pode compensar plenamente o tirano pela falta de muitos prazeres menores.

Podemos falar de um duplo significado da condenação da tirania, a qual forma a primeira e de longe a maior parte do *Hiero*. Segundo o seu significado óbvio, ele equivale à maior condenação possível da tirania: a maior autoridade possível sobre o assunto, um tirano que, enquanto tal, fala por experiência própria, mostra que a tirania é má até do ponto de vista dos tiranos, até do ponto de vista dos prazeres dos tiranos.[44] Esse significado é óbvio; temos meramente de ler a primeira parte do *Hiero*, que consiste principalmente em discursos de Hiero a esse respeito, para compreendê-lo. Um significado menos óbvio da primeira parte do *Hiero* surge à vista assim que consideramos o cenário relativo à conversação – o fato de um tirano desconfiado falar *pro domo* – e, indo um passo mais longe na mesma direção, quando consideramos os fatos relatados na obra histórica de Xenofonte (a *Hellenica*). Essas considerações levam-nos a uma condenação mais qualificada da tirania, ou a uma explicação mais verdadeira da tirania, ou à visão sábia da tirania. Isso significa que para compreender a visão da tirania de Xenofonte, em contraste com as elocuções de Hiero sobre a tirania, temos de considerar os "discursos" de Hiero à luz de "atos" ou "ações" ou "fatos" mais fidedignos,[45] e em particular dos "fatos" mais importantes, o cenário que é relativo à conversação. Aos dois tipos de significado correspondem então dois tipos de leitura e, em última instância, a dois tipos de homens. Era em vista dessa diferença entre os tipos de homens e a diferença correspondente entre os tipos de discurso que Sócrates gostava de citar os versos da *Ilíada* nos quais Odisseu é descrito empregando uma linguagem diferente ao falar respectivamente com homens excepcionais e com as pessoas comuns;[46] e que ele distinguia a compreensão superficial de Homero

---

[44] Ao demonstrar isso, Hiero elabora o que podemos chamar de imagem cavalheiresca do tirano. Xenofonte muito enaltece a educação de Hiero ao confiar a ele sua única exposição elaborada da visão cavalheiresca da tirania. Em referência à relação entre o *Hiero* e o *Agesilaus*, compare-se com a p. 69 acima. A relação da censura de Hiero à tirania com sua verdadeira exposição pode ser comparada à relação da história ateniense sobre a família de Pisístrato com o relato "exato" de Tucídides. Também é possível compará-la com a relação entre *Agesilaus* e as seções correspondentes de *Hellenica*.

[45] *Memorabilia* IV 4.10. *Agesilau* 1.6. Quanto ao objetivo de *Hellenica*, compare-se IV 8.1 e V 1.4 com II 3.56; compare-se, do mesmo modo, com *Symposium* 1.1 e *Cyropaedia* VIII 7.24.

[46] *Memorabilia* I 2.58-61. Embora Xenofonte negue a acusação de que Sócrates interpretara os versos em questão de modo particularmente nefasto, ele não nega o fato de Sócrates citar tais versos com frequência. O porquê de Sócrates apreciá-los ou o modo como os interpretava são indicados

da parte dos rapsodos daquela compreensão que apreende as "insinuações" dos poetas.⁴⁷ A compreensão superficial não está simplesmente errada, visto que descobre o significado óbvio que é tão pretendido pelo autor quanto o significado mais profundo. Para descrever numa frase a arte empregada por Xenofonte na primeira parte do *Hiero*, podemos dizer que, ao escolher o cenário da conversa em que a maior condenação possível da tirania se torna necessária, ele comunica a validade limitada dessa condenação.⁴⁸

B. A Ação do Diálogo

Nenhuma comunicação genuína se poderia desenvolver se Hiero fosse animado exclusivamente por uma desconfiança em relação a Simônides, ou se Simônides não fosse bem sucedido em ganhar em certa medida a confiança do tirano. No início da conversa ele conforta Hiero ao declarar a sua vontade de aprender com ele, i.e., de confiar nele naquilo que ele irá dizer sobre a relativa

---

ibid. IV 6.13-15: Sócrates usou dois tipos de dialética – uma que lida com a verdade e outra que, jamais deixando a esfera das opiniões aceitas por todos, conduz à concórdia (política). Para a interpretação da passagem, compare-se *Symposium* 4.59-60 com ibid. 4.56-58.

⁴⁷ *Symposium* 3.6 Compare-se com Platão, *República* 378d6-8 e a1-6.

⁴⁸ Resumindo nosso raciocínio, diremos que, se cabe a Hiero declarar a verdade, ou mesmo ser apenas completamente franco, todo o Hiero se torna ininteligível. Aquele que aceita qualquer um desses pressupostos será forçado a concordar com a seguinte crítica tecida por Ernst Richter ("Xenophon-Studien", *Fleckeisen's Jahrbücher für Classiche Philologie*, 19. Supplementband, 1893, p. 149): "Einem solchen Manne, der sich so freimüthig über sich selbst äussert, und diese lobenswerten Gesinnungen hegt, möchte man kaum die Schreckensthaten zutrauen, die er als von der Tyrannenherrschaft unzertrennlich hinstellt. Ha ter aber wirklich soviel Menschen getötet und übt er täglich noch soviel Übelthaten aus, ist für ihn wirklich das Beste der Strick – und er musste es ja wissen –, so kommen die Ermahnungen des Simonides in zweiten Teil ganz gewiss zu spät. [...] Simonides gibt Ratschläge, wie sie nur bei einem Tyrannen, wie ihn Hieron beschreibt, der schon gar nicht mehr Weiss, wie er sich vor seinen Todfeinden schützen kann". Sem que desejemos repetir o que já disse o texto, a rápida transição da crítica de Hiero contra a injustiça tirânica (7.7-13) à sua observação de que os tiranos punem o injusto (8.9) é ininteligível sem que reconheçamos o exagero de seu relato. Caso partamos do pressuposto de que Hiero exagera, precisamos, porém, questionar o porquê do exagero. Ora, o próprio Hiero afirma que os tiranos não confiam em ninguém, que eles temem o sábio, que Simônides é um homem real e que admira, ou tem ciúmes, do poder do tirano. Essas declarações nos fornecem a única pista autêntica para o enigma do diálogo. Algumas das declarações a que se aludiu são tão suspeitas de exagero quanto quase todas as outras de Hiero. Todavia, esse fato mesmo dá a entender que elas contêm certo elemento de veracidade, ou então que são verdadeiras se tomadas *cum grano salis*.

desejabilidade das vidas tirânica e privada. A primeira seção do diálogo (capítulo 1) é caracterizada pela interação entre a intenção de confortar Hiero em relação à sua intenção e a intenção de desalentá-lo. Essa interação cessa assim que Hiero está completamente comprometido com a continuação da conversa. A partir desse momento Simônides se limita a provocar Hiero a expressar a sua condenação irrestrita da tirania.

Hiero, porventura ofendido pela referência inevitável de Simônides ao seu passado pré-tirânico e, ao mesmo tempo, desejoso de saber mais acerca das intenções de Simônides e das suas preferências, enfatiza quão remoto ele considera ser esse passado ao pedir a Simônides que o lembre dos prazeres e sofrimentos dos homens privados: ele finge ter-se esquecido deles.[49] Nesse contexto, ele menciona o fato de Simônides "ainda" ser "no presente... um homem privado". Por um momento Simônides parece aceitar o desafio. Em todo caso, ele faz desde logo uma distinção entre si e os homens privados ("parece que observei que o homem privado aprecia...").[50] Ao cumprir o pedido de Hiero, Simônides enumera vários grupos de coisas agradáveis e penosas. A enumeração é em certo sentido completa: ela cobre os prazeres e sofrimentos do corpo, os da alma e os que são comuns ao corpo e à alma. Por outro lado, ela é deveras surpreendente. Enquanto é desnecessariamente detalhada no que diz respeito aos prazeres e sofrimentos do corpo, ela não dá quaisquer detalhes no que diz respeito aos outros tipos de prazer e sofrimentos mencionados. É razoável supor que a seleção de prazeres e dores é feita, ao menos parcialmente, *ad hominem*, ou que ela é destinada a preparar uma discussão que sirva a um propósito prático específico. Simônides enumera sete grupos de coisas que algumas vezes são agradáveis e outras vezes penosas para os homens privados, e uma coisa que é sempre agradável para eles: o que é sempre agradável para todos é o sono – que o tirano, assombrado por todos os tipos de medos, tem de lutar para evitar.[51] Esse exemplo parece mostrar que o pro-

---

[49] *Hiero* 1.3. Quanto à duração do reinado de Hiero, ver Aristóteles, *Política* 1315b35ss e Diodoro Sículo XI 38. Hiero revela adiante (*Hiero* 6.1-2) que recorda muito bem certos prazeres dos homens privados de que Simônides não o fizera recordar-se.

[50] *Hiero* 1.4-5. Em 1.4, o "nós" de "nós todos sabemos" se refere, é claro, tanto aos homens privados quanto aos tiranos. Compare-se com 1.29 e 10.4.

[51] *Hiero* 1.4-6. No início, isto é, antes de Simônides instigar sua oposição, Hiero não vê nenhuma diferença entre os tiranos e os homens privados no que diz respeito ao sono (1.7). Mais adiante, em circunstância conversacional completamente distinta, ele se volta para "os prazeres dos homens privados que são negados aos tiranos"; enquanto elabora, nesse contexto, a imagem cavalheiresca do

pósito da enumeração de Simônides é lembrar ao tirano dos prazeres dos quais ele supostamente se vê privado e, assim, induzi-lo a tornar claro para si mesmo a miséria da vida tirânica. É por essa razão, podemos desde logo conjecturar, que a enumeração põe a ênfase nos prazeres do corpo,[52] i.e., naqueles prazeres cuja fruição não é característica dos tiranos potenciais ou atuais. Porém, se a principal intenção de Simônides fosse lembrar Hiero dos prazeres dos quais ele suposta ou atualmente se vê privado, ele não teria abandonado o tópico do "sono" na discussão imediatamente seguinte (capítulo 1). Ademais, a enumeração inicial de Simônides não tem nenhum efeito depressivo sobre Hiero. Parece, por isso, preferível dizer que seu ato de enfatizar os prazeres do corpo na enumeração inicial se deve principalmente à sua intenção de tranquilizar Hiero. Ao enfatizar esses prazeres, ele cria a impressão de que ele próprio está interessado neles. Mas não é provável que os homens principalmente interessados nos prazeres corporais aspirem a qualquer posição de governo.[53]

Hiero está satisfeito com a enumeração de Simônides. Ele dá a entender a Simônides que ela esgota os tipos de prazeres e sofrimentos experimentados pelos tiranos assim como pelos homens privados. Simônides atinge a primeira óbvia nota de dissonância ao asseverar que a vida do tirano contém muito mais prazeres de todos os tipos e muito menos sofrimentos de todos os tipos do que a vida privada. A resposta imediata de Hiero ainda é contida. Ele não afirma que a vida tirânica é inferior à vida privada enquanto tal; ele diz meramente que a vida tirânica é inferior à vida de homens privados de meios moderados.[54] Como implicação, ele admite que a condição dos tiranos é preferível à dos homens pobres. Porém a pobreza e a riqueza devem ser medidas, não pelo número, mas em vista do uso ou da necessidade.[55] Pelo menos desse ponto de vista, Simônides poderá ser pobre e, por consequência, estar justifi-

---

tirano (com a qual, deve-se presumir, Simônides já estivera familiarizado desde o princípio), Hiero vale-se de termos fortíssimos para dissertar sobre a diferença entre tiranos e homens privados no que tange ao prazer do sono (6.3, 7-10).

[52] Doze das quinze classes de coisas agradáveis ou penosas possuem inequívoca natureza corporal. As três classes remanescentes são (1) as coisas boas, (2) as coisas más e (3) o sono. Quanto às coisas boas e más, Simônides afirma que às vezes nos agradam ou afligem apenas por meio da alma e, às vezes, por meio da alma e do corpo. No que toca o sono, ele deixa em aberto a questão do órgão ou da faculdade por meio de que o desfrutamos.

[53] Compare-se *Hiero* 2.1 e 7.3 com *Memorabilia* II 1.

[54] *Hiero* 1.19. Compare-se com Isócrates, *Para Nícocles* 4.

[55] Compare-se *Hiero* 4.8-9 com *Memorabilia* IV 2.37-38.

cado a invejar os tiranos. Seja de que modo for, ele agora revela que olha para os tiranos com uma mistura de admiração e inveja e que poderá pertencer aos "muitos que têm a reputação de ser homens muito capazes" que desejam ser tiranos. A tensão aumenta. Hiero reforça a sua resposta, mais enfática do que qualquer elocução prévia sua, com um juramento, e expressa a sua intenção de ensinar Simônides a verdade acerca da relativa desejabilidade das vidas tirânica e privada.[56] Falando como um professor, ele embarca numa discussão sobre todos os tipos de prazeres corporais que, em essência, mantém a ordem da enumeração inicial feita por Simônides.[57] Hiero agora tenta provar a tese de que a vida tirânica é inferior não só a uma vida privada específica, mas à vida privada enquanto tal.[58]

A discussão dos prazeres corporais (1.10-38) revela as preferências dos dois interlocutores de forma indireta.[59] Segundo Hiero, observa-se a inferioridade da tirania mais claramente no que diz respeito aos prazeres do sexo e, especialmente, da homossexualidade.[60] O único nome próprio que ocorre no *Hiero* (para além de Simônides, Hiero, Zeus e "os gregos"), i.e., a única referência concreta à vida de Hiero, assim como o segundo juramento enfático de Hiero (que é o seu último juramento enfático), ocorre na passagem que lida com o amor homossexual.[61] Simônides é particularmente franco no que concerne aos prazeres da audição, i.e., os prazeres de ouvir louvores e, acima de tudo, no que concerne aos prazeres da comida.[62] A sua asserção mais enfática, que ocorre na discussão dos prazeres corporais, diz respeito à comida.[63]

---

[56] *Hiero* 1.7-10. O juramento de Hiero em 1.10 é o primeiro que figura no diálogo. Hiero usa a forma enfática μὰ τὸν Δία.

[57] Veja-se, em *Hiero* 1.10, a referência explícita à ordem da enumeração de Simônides.

[58] A prova baseia-se em λογισμός, isto é, na comparação de dados fornecidos pela experiência ou pela observação. Compare-se *Hiero* 1.11 (λογιζόμενος ἑυρίσκω) com a referência a ἐμπειρία em 1.10. Compare-se com *Memorabilia* IV 3.11 e *Hellenica* VII 4.2.

[59] A passagem consiste em cinco partes: (1) "visões" (Hiero contribui com 163 palavras; Simônides nada diz); (2) "sons" (Hiero, 36 palavras; Simônides, 68); (3) "comida" (Hiero, 230 palavras; Simônides, 76); "odores" (Hiero nada diz; Simônides, 32 palavras); "sexo" (Hiero, 411 palavras; Simônides, 42). Hiero é mais loquaz a respeito do "sexo"; Simônides, da "comida".

[60] Compare-se com III A, nota 42, e III B, notas 11 e 19. Quanto à relação entre o amor sexual e a tirania, cf. Platão, *República* 573e6-7, 574e2 e 575a1-2.

[61] *Hiero* 1.31-33.

[62] Compare-se *Hiero* 1.16 com os paralelos em 1.14, 24, 26.

[63] O primeiro juramento de Simônides (μὰ τὸν Δία) ocorre na passagem que lida com os sons, isto é, com o louvor (1.16).

Dois dos seus cinco "por Zeus" ocorrem na passagem que lida com a comida. Essa passagem é a única parte do *Hiero* em que a conversa assume o caráter de uma viva discussão e, de fato, de um *elenchus* socrático (com Hiero no papel de Sócrates): Hiero é compelido a refutar, ponto por ponto, as asserções de Simônides de que os tiranos extraem mais prazer da comida do que os homens privados.[64] Apenas ao ler a discussão a respeito da comida temos a impressão de que Hiero tem de superar uma resistência séria da parte de Simônides: por quatro vezes ele apela para a experiência, a observação ou para o conhecimento de Simônides. Quão ciente está Hiero desse estado de coisas mostra-o o fato de que, após Simônides abandonar o assunto, Hiero regressa mais uma vez a ele para não deixar qualquer dúvida na mente de Simônides quanto à inferioridade da vida tirânica a respeito dos prazeres da mesa: ele não descansa até que Simônides admita que, no que diz respeito a esses prazeres, os tiranos estão pior do que os homens privados.[65] A título de explicação sugerimos que Simônides deseja tranquilizar Hiero apresentando-se como um homem interessado principalmente em comida, ou na "boa vida" em geral, ou exagerando ironicamente o seu gosto pela "boa vida".[66]

---

[64] Rudolf Hirzel, *Der Dialog*, I. Leipzig, 1895, p. 171, notas "die geringe Lebendigkeit des Gesprächs, die vorherrschende Neigung zu längeren Vorträgen": ainda mais impressionante é o caráter do exame da "comida".

[65] Simônides o reconhece por implicação em *Hiero* 1.26.

[66] Diz o Sr. Marchant (Xenofonte, *Scripta Minora*, Loeb's Classical Library, p. XV-XVI): "Não há tentativa de caracterizar os integrantes do diálogo. [...] A observação do poeta em 1.22 é particularmente inadequada a um homem dado ao bom viver". Na passagem a que se aludiu, Simônides declara que as "coisas ácidas, pungentes, adstringentes e afins" são "assaz antinaturais aos seres humanos": ele nada diz contra as "coisas doces e afins". Da visão de que as coisas amargas, ácidas etc. são "contra a natureza" partilharam Platão (*Timeu* 65c-66c), Aristóteles (*Eth. Nic.* 1153a5-6; cf. *De Anima* 422b 10-14) e, ao que parece, também Alcmeão (cf. Aristóteles, *Metafísica* 986a22-34). Além disso, Simônides afirma que as coisas ácidas, pungentes etc. são antinaturais aos "seres humanos", mas "seres humanos" talvez seja expressão a ser compreendida em oposição a "verdadeiros homens" (cf. III A, nota 35). De todo modo, a alimentação que Simônides censura é por Ciro recomendada aos soldados em discurso dirigido aos "verdadeiros homens" (*Cyropaedia* VI 2.31). (Compare-se também com *Symposium* 4.9.) Antes de mais nada, Marchant, que descreve o *Hiero* como "obra pequena e ingênua, repleta de atrativos", negligencia muito ingenuamente o fato de as declarações de Simônides não servirem, em primeiro lugar, para caracterizar Simônides, e sim para influenciar Hiero; elas caracterizam o poeta de modo mais sutil do que a única declaração que Marchant leva em consideração: o fato de Simônides indicar ou deixar de indicar seus gostos e antipatias segundo as exigências de suas intenções pedagógicas o caracteriza como sábio.

No final da discussão dos prazeres corporais, parece que chegamos ao final de toda a conversa. Simônides enumerou originalmente oito grupos de coisas agradáveis ou penosas: (1) as visões, (2) os sons, (3) os odores, (4) a comida e a bebida, (5) o sexo, (6) os objetos apreendidos por todo o corpo, (7) as coisas boas e más e (8) o sono. Depois de quatro delas terem sido discutidas (as visões, os sons, a comida e a bebida, os odores), ele diz que os prazeres do sexo parecem ser o único motivo que provoca nos tiranos o desejo de um governo tirânico.[67] Em consequência, descarta, assim, como irrelevantes, três de quatro grupos de coisas agradáveis ou penosas que não foram discutidas (os objetos apreendidos por todo o corpo, as coisas boas e más, o sono). Consequentemente, Simônides reduz toda a questão da relativa desejabilidade da vida privada e tirânica à questão: são os tiranos ou os homens privados que apreciam no grau mais elevado os prazeres do sexo? Ao fazê-lo, Simônides tranquiliza completamente Hiero: ele praticamente capitula. Pois Hiero não está convencido de nada mais do que disso: de que precisamente no que diz respeito aos prazeres do sexo os tiranos estão muito evidentemente piores que os homens privados. Ele está tão convencido da verdade dessa tese e do caráter decisivo do argumento por meio do qual a sustenta que mais adiante pode falar em ter "demonstrado" a Simônides o verdadeiro caráter dos prazeres relativos ao amor no tirano.[68] No final da discussão do sexo, i.e., no final da discussão dos prazeres corporais, Hiero provou a Simônides aquilo que este admitiu ser o único aspecto que ainda precisava de provas se a tese geral de Hiero tivesse de ser estabelecida com segurança. No nível do argumento de superfície, a discussão chegou ao seu final. A discussão também teria chegado ao seu final se Simônides não tivesse nenhuma outra intenção que não a de descobrir quais são as grandes preocupações de Hiero, ou de lembrá-lo dos prazeres por cuja falta ele sofre mais, ou de lhe dar a oportunidade de falar livremente daquilo que mais o perturba. Todos esses objetivos foram atingidos no final da discussão do sexo: Hiero está acima de tudo preocupado com a carência de que o tirano se ressente dos prazeres mais doces do amor homossexual,[69] e a discussão posterior é consagrada a assuntos inteiramente diversos. Por outro lado, a

---

[67] *Hiero* 1.26. "Sexo" é a única razão que Simônides reconhece explicitamente como possível motivo para desejar o poder tirânico. Compare-se com a nota 12.
[68] *Hiero* 7.5-6.
[69] *Hiero* 8.6.

continuação da conversa é evidentemente necessária se a intenção de Simónides for derrotar Hiero ao jogar com o medo que os tiranos têm dos sábios.

O primeiro assalto da luta termina, ao que parece, com uma vitória completa de Hiero. Ele provou a sua tese sem dizer demasiado contra a tirania e, dessa forma, contra si próprio. Agora a luta começa a sério. Na parte precedente da conversa, as expressões de inveja de Simónides em relação aos tiranos foram mitigadas, se não totalmente recolhidas, pela sua ênfase nos prazeres do corpo. Agora ele declara em flagrante contraste com tudo o que aconteceu antes e, em particular, com aquilo que disse acerca do significado único dos prazeres do sexo, que toda a discussão precedente é irrelevante, porque lidou apenas com aquilo que ele acredita serem matérias menores: muitos daqueles que têm a reputação de ser (verdadeiros) homens (ἄνδρες)[70] desprezam os prazeres corporais; aspiram a coisas maiores, nomeadamente, ao poder e à riqueza. É nessa relação com a riqueza e o poder que a vida tirânica é manifestamente superior à vida privada. Na parte precedente da conversa, Simónides identificou-se tacitamente com os homens vulgares, agora ele faz tacitamente a distinção entre si mesmo e esses homens. Mas o tipo não vulgar ao qual afirma tacitamente pertencer não é o tipo dos "cavalheiros", mas dos "verdadeiros homens".[71] Apesar de elaborar a tese de que a vida tirânica traz mais riqueza e poder do que a vida privada, Simónides suplementa a sua enumeração inicial das coisas agradáveis e penosas (em que as coisas "boas e más" quase desaparecem entre a multidão de objetos de prazer corporal) com uma enumeração dos elementos de poder e riqueza. Ao fazer isso, ele parece insinuar que o poder e a riqueza são "bons" de forma não ambígua e, de fato, a única coisa que importa.[72] Dado saber que Hiero o considera um verdadeiro homem, e

---

[70] Note-se a elevada ênfase dada aos "(verdadeiros) homens" em *Hiero* 2.1. Na passagem correspondente da primeira seção (1.9), Simónides falara sobre "os (verdadeiros) homens mais aptos". Compare-se com a correspondente mudança de ênfase nas respostas de Hiero (ver a nota seguinte).

[71] Compare-se *Hiero* 1.16-17 com 2.1, em que Simónides declara que os prazeres corporais lhe parecem coisas menores e que, segundo observa, muitos daqueles que são tidos como verdadeiros homens não conferem a eles grande valor. A declaração genérica de Hiero em 2.3-5, a qual é muito mais forte do que sua declaração correspondente na seção primeira (1.10), resume-se a uma rejeição tácita do que Simónides defende: Hiero afirma que, longe de não ser vulgar, a visão expressa por Simónides em 2.1-2 é *a* visão vulgar.

[72] *Hiero* 2.1-2. Simónides não fala explicitamente em "riqueza e poder". "Riqueza e poder" foram mencionados por Hiero em 1.27. (Compare-se com Aristóteles, *Política* 1311a8-12.) Com base na enumeração inicial de Simónides (1.4-6), esperar-se-ia que a segunda seção (cap. 2-6) viesse a lidar com os três tipos de prazer que não foram examinados na seção primeira, a saber: os objetos

dado que declara explicitamente considerar os prazeres corporais algo de mui pequena importância, Simônides sugere,[73] com isso, ter um inequívoco gosto pela tirania. Ao enumerar os vários elementos do poder e da riqueza, ele revela o seu gosto mais especificamente, e mais sutilmente, pelo que menciona e pelo que deixa de mencionar.[74]

A partir desse momento a conversa muda de caráter de forma surpreendente. Embora Simônides tenha sido bastante franco durante a curta discussão dos prazeres corporais (a sua contribuição consiste em cerca de 218 palavras de um total de 1.058), ele permanece quase completamente calado durante a muito mais extensa discussão das coisas boas e más (a sua contribuição consiste em 28 palavras de um total de cerca de duas mil). Além disso, a discussão dos prazeres corporais manteve, no essencial, os itens e a sequência sugerida pela enumeração inicial de Simônides e isso acontece em grande parte por causa da interferência quase contínua de Simônides na exposição de Hiero. Mas agora, na discussão das coisas boas e más, Hiero desvia-se consideravelmente, para não dizer completamente, da enumeração de Simônides e da sua

---

percebidos por todo o corpo; as coisas boas e más; e o sono. Somente as coisas boas e más, e em menor grau também o sono, são claramente discerníveis como temas da segunda seção. Quanto às coisas boas e más, ver as seguintes passagens: 2.6-7; 3.1, 3, 5; 4.1; 5.2, 4. (Compare-se também 2.2 com *Anabasis* III 1.19-20.) Quanto ao sono, ver 6.3-9. No que diz respeito aos objetos percebidos por todo o corpo, compare-se 1.5 e 2.2 com *Memorabilia* III 8.8-9 e 10.13. O sono (último item da enumeração inicial) ainda não é mencionado no sumário retrospectivo que figura no começo da segunda seção, sendo-o, porém, no paralelo que inicia seção terceira (cf. 2.1 com 7.3); desse modo, Xenofonte indica que o exame dos temas mencionados na enumeração inicial é concluído no fim da segunda seção; a terceira lida com um tema completamente novo.

[73] Simônides apenas o insinua, visto que não diz com tantas palavras que "aspiram a coisas maiores, ao poder e à riqueza". Tomada por si só, a declaração com que Simônides inicia a segunda seção é muito menos abrangente do que aquelas com que iniciara o exame da primeira (1.8-9, 16). No entanto, caso se deseje compreender as circunstâncias conversacionais, será preciso entender a declaração posterior à luz das declarações prévias. Compare-se com III A, nota 8 acima.

[74] Simônides deixa de mencionar sobretudo o campo ou a fazenda, os quais ocupam posição central entre os objetos desejados pelos homens privados (*Hiero* 4.7) e cujo cultivo é enaltecido por Sócrates como propriedade particularmente aprazível (*Oeconomicus* 5.11). Compare-se também *Hiero* 11.1-4 com ibid. 4-7 e *Memorabilia* III 11.3. Simônides joga para segundo plano os prazeres daqueles homens privados que, em vez de serem levados pela ambição política, limitam-se a cuidar da própria vida (ver *Memorabilia* I 2.48 e II 9.1). A agricultura é uma arte de paz (*Oeconomicus* 4.12 e 1.17). Simônides também deixa de mencionar os cães (compare-se *Hiero* 2.2 com *Agesilau* 9.6). Compare-se com *De Vectigalibus* 4.8.

sequência ao introduzir tópicos que mal foram sugeridos por Simônides.[75] O propósito do procedimento de Hiero é evidente. Em primeiro lugar, ele pode refutar apenas com dificuldade a asserção cautelosa à qual o sábio Simônides se limitou,[76] de que o tirano possui mais poder e riqueza que os homens privados. Acima de tudo, ele está muito ansioso para jogar a "riqueza" para o segundo plano em favor das outras coisas boas, na medida em que a riqueza é tão intensamente desejada pelos "homens de verdade" do tipo de Simônides assim como pelo próprio tirano.[77] Os tópicos não mencionados por Simônides, mas introduzidos por Hiero, são: a paz e a guerra, a amizade,[78] a confiança, a pátria, os homens bons, a cidade e os cidadãos, o medo e a proteção. A asserção de Simônides que declara a superioridade dos tiranos no que diz respeito ao poder e à riqueza provoca Hiero a fazer uma eloquente condenação da tirania que supera em alcance tudo o que foi dito na primeira seção: o tirano está separado das coisas boas como a paz, os aspectos agradáveis da guerra, a amizade, a confiança, a pátria e a companhia dos homens bons; ele é odiado e alvo de conspirações pelos seus parentes e amigos mais chegados; ele não pode apreciar

---

[75] Se na primeira seção encontramos referência explícita à ordem da enumeração de Simônides (1.10), nenhuma referência explícita figura na segunda. Nesta, somente uma vez Hiero se refere explicitamente à declaração com que Simônides iniciara a seção, isto é, a 2.1-2; todavia, só o faz após (na verdade, quase imediatamente após) Simônides ter dado seu único contributo ao exame da seção segunda (6.12-13). Uma referência óbvia – ainda que implícita – a 2.2 encontra-se em 4.6-7. (Cf., de modo especial, o θᾶττον [...] κατεργάζεσθαι em 4.7 com o ταχυ κατεργάζεσθε em 2.2.) O αὐτίκα em 2.7 (paz-guerra) refere-se ao último item mencionado em 2.2 (inimigos-amigos). Tais referências apenas sublinham o modo como a fala de Hiero desvia da enumeração de Simônides. O silêncio deste é enfatizado pela repetida alusão de Xenofonte ao fato de Simônides estar ouvindo os discursos de Hiero, isto é, ao fato de que Simônides nada falara (ver 6.9; 7.1, 11). Não é mencionado que Hiero estivesse ouvindo as declarações de Simônides.

[76] Ver nota 73.

[77] Quanto a Simônides, ver p. 33. A preocupação de Hiero com a riqueza é indicada pelo fato de ele, afastando-se de Simônides, incluir explicitamente a recepção de presentes entre os sinais de honra (compare-se 7.7-9 com 7.2). Acedendo ao desejo de Hiero, Simônides promete (em 11.12) oferecer-lhe presentes, bem como outras coisas. Compare-se com Aristóteles, *Política* 1311a8ss, e a nota 74. Considere-se também o enfático uso de "posse" na promessa final de Simônides. O silêncio deste quanto ao amor pelo lucro – em oposição ao amor pela honra (compare-se *Hiero* 7.1-4 com *Oeconomicus* 14.9-10) – é digno de nota. Fica claro, a partir de *Hiero* 9.11 e 11.12-13, que as mesmas medidas que honrariam o tirano também o enriqueceriam.

[78] A amizade, tal qual examinada por Hiero no cap. 3, distingue-se do "ajudar os amigos" mencionado por Simônides em 2.22. Este último tema é examinado por Hiero em 6.12-13.

a grandeza da sua pátria; ele vive num medo perpétuo pela sua vida; ele é compelido a cometer crimes graves contra os deuses e os homens; aqueles que o matam, longe de serem punidos, são grandemente honrados. Simônides foi bem sucedido em aumentar a tensão de Hiero muito para além dos limites que ele tinha conseguido na discussão dos prazeres corporais. Isso se torna particularmente claro nas passagens em que o tirano fala de assuntos já mencionados na primeira seção.[79] E esse aumento de tensão se deve não apenas à declaração com a qual o poeta começou o segundo assalto da luta, mas, acima de tudo, ao silêncio ambíguo com o qual ele escuta a tirada de Hiero. Ele está impressionado com a condenação da tirania feita por Hiero? Ele duvida da sinceridade do interlocutor? Ou está apenas aborrecido com o discurso de Hiero porque a sua principal preocupação é a "comida", os prazeres do corpo, discussão que o interessou o suficiente para fazê-lo falar? Hiero não sabe.

O significado do silêncio de Simônides é parcialmente revelado pela sua consequência imediata. Ele conduz à consequência de que os tópicos introduzidos por Hiero quase não são mencionados, e certamente não são discutidos por Simônides nas primeiras duas seções do diálogo. O seu silêncio revela, assim, em toda a sua relevância o contraste entre os tópicos introduzidos nas primeiras duas seções por Hiero, de um lado, e por Simônides, do outro. Simônides introduz na discussão os prazeres do corpo assim como da riqueza e do poder; Hiero introduz as coisas mais elevadas. Simônides, que convenceu Hiero da sua competência para dar conselhos aos tiranos, deve evitar a todo custo aparecer aos olhos de Hiero como um poeta: ele limita-se a falar de coisas mais prosaicas.[80] Hiero, que tenta dissuadir Si-

---

[79] Compare-se 2.8 com 1.11-12; 3.7-9 com 1.38; 3.8 e 4.1-2 com 1.27-29; 4.2 com 1.17-25. Nas passagens citadas do cap. 1, em contraposição aos paralelos encontrados nos cap. 2ss, não é mencionado o "assassinato de tiranos". Compare-se, também, a ênfase na depravação moral do tirano – ou em sua injustiça – na segunda seção (5.1-2 e 4.11) com a única menção de "justiça" na seção primeira (1.12): na seção inicial, apenas a "injustiça" *sofrida* pelos tiranos é mencionada. Quanto a 1.36, ver a nota 89.

[80] Marchant (loc. cit., XVI) observa que Xenofonte "não tenta, em lugar algum, representar o poeta cortesão; caso o desejasse, teria de fazer Simônides tratar dos panegíricos versificados sobre os príncipes em I.14". É difícil julgar essa sugestão de aprimoramento do *Hiero*, uma vez que Marchant não revela o quanto comentar os panegíricos versificados sobre os príncipes seria mais útil do que aquilo que o Simônides de Xenofonte de fato diz sobre a realização do que almeja. Compare-se, além disso, *Hiero* 9.4 com 9.2. Lemos, no ensaio de Macauley sobre Frederico, o Grande: "Nada podemos conceber de mais extravagante do que os colóquios travados entre o primeiro homem de

mônides de invejar os tiranos ou de aspirar à tirania, tem de levar a conversa do desejo de Simônides pelas coisas baixas para as suas aspirações mais nobres. A lição que Xenofonte ironicamente transmite por meio desse elemento da situação dialógica parece ser esta: um professor de tiranos tem de parecer um homem insensível; não fará nenhum mal se ele levar seu pupilo a suspeitar de que não poderá impressioná-lo com considerações de caráter mais nobre.

O poeta só quebra o seu silêncio uma vez. As circunstâncias dessa interrupção merecem alguma atenção. Hiero deu a Simônides mais que uma oportunidade de dizer alguma coisa, especialmente ao dirigir-se a ele pelo nome.[81] Isso se aplica especialmente à sua discussão da amizade. Aí quase podemos ver Hiero instando-o a ter pelo menos uma reação visível.[82] Depois que todos os seus esforços para fazer Simônides falar falharam, ele se debruça sobre aquilo que considera serem os prazeres característicos dos homens privados: a bebida, a canção e o sono, os quais ele, tendo-se tornado um tirano, não consegue apreciar mais na medida em que é continuamente assediado pelo medo, o sentimento que estraga todos os prazeres.[83] Simônides permanece calado. Hiero faz uma última tentativa, esta última é mais bem-sucedida. Lembrando-se do fato de que Simônides foi deveras franco quando a comida estava em discussão, Hiero substitui "a bebida forte e o sono" por "comida e sono".[84] Referindo-se à experiência do medo em batalha possivelmente vivida pelo poeta, ele assevera que os tiranos podem apreciar a comida e o sono tão pouco quanto – ou menos do que – os soldados que têm as falanges inimigas diante de si. Simônides responde que as suas experiências militares lhe comprovaram a possibilidade de combinar "viver perigosamente" com um apetite saudável e um bom sono.[85] Ao dizer isso, ele nega de maneira tácita, mais vivamente do

---

letras e o primeiro homem prático da época, aos quais certa estranha fraqueza havia forçado uma troca de papéis. O grande poeta sobre nada mais falaria do que tratados e garantias, enquanto o grande rei só trataria de metáforas e rimas".

[81] *Hiero* 3.6; 4.6; 5.1.

[82] Note-se o frequente uso da segunda pessoa do singular no cap. 13, bem como a ascensão de καταθέασαι, em 3.1, a εἰ βούλει ειδέναι, επίσκεψάι, em 3.6, e, por fim, a εἰ τοίνυν εθέλεις κατανοεῖν, em 3.8.

[83] *Hiero* 6.1-6.

[84] *Hiero* 6.7 com ibid. 6.3.

[85] *Hiero* 6.7-9. Sublinham a importância da observação de Simônides estes três traços da resposta de Hiero: em primeiro lugar, a resposta se inicia com o único juramento que figura na segunda seção. Em seguida, sendo ela uma das três passagens do *Hiero* em que leis são mencionadas (3.9; 4.4; 6.10), a resposta é o único trecho do diálogo em que claramente se insinua que o governo

que por meio de suas afirmações no início da segunda seção, as implicações consolantes da sua ênfase prévia sobre os prazeres do corpo.[86]

Devemos agora dar um passo atrás e olhar novamente para a imagem no seu todo. Considerada como um todo, a segunda seção consiste na completa condenação da tirania, a qual Simônides escuta em silêncio. O significado desse silêncio é finalmente revelado por aquilo que acontece na terceira seção (capítulo 7). A terceira seção, a menor do *Hiero*, contém, ou prepara imediatamente para, o ponto de virada do diálogo. Ela culmina na declaração de Hiero de que o tirano dificilmente poderá fazer melhor do que se enforcar. Ao fazer essa declaração, Hiero abdica da liderança na conversa em favor de Simônides, que a mantém ao longo da quarta e última seção (capítulos 8 a 11).[87] Nossa tese é de que esse evento crucial – o colapso de Hiero ou a mudança da liderança de Hiero para a liderança de Simônides – foi consciente e decisivamente preparado pelo fato de Simônides permanecer em silêncio ao longo da segunda seção.

A terceira seção abre de novo com uma jogada surpreendente de Simônides.[88] Ele admite a Hiero que a tirania é trabalhosa e tão perigosa como

tirânico é um governo sem leis, isto é, o único trecho na única obra de Xenofonte sobre a tirania em que o caráter essencial da tirania vem mais ou menos à tona. Por fim, a resposta de Hiero é a única passagem de *Hiero* em que ele fala em "vós (homens privados)" (Ver III A, nota 35 acima). Compare-se também com III B, nota 75.

[86] O caráter da única contribuição que Simônides dá à seção segunda também pode ser descrito da seguinte maneira: se em silêncio quando é a amizade o tema, ele fala num contexto em que a guerra é mencionada; ele é mais loquaz a respeito da guerra do que a respeito da amizade. Ver a nota 74.

[87] A situação é ilustrada pelos seguintes números: na primeira seção (1.10-38), são de Simônides cerca de 218 das mais ou menos 1058 palavras; na segunda (2.3-6.16), são suas 28 palavras de cerca de 2 mil; na terceira (cap. 7), 220 palavras de 522; na quarta (cap. 8-11), ele articula cerca de 1475 das mais ou menos 1600. – K. Lincke ("Xenophons Hiero und Demetrios von Phaleron". *Philologus*, vol. 58, 1899, p. 226) descreve corretamente a "Sinnesänderung" de Hiero como "die Peripetie des Dialogs".

[88] Compare-se com a nota 72. A enumeração inicial lidara explicitamente com os prazeres dos "seres humanos" (ver III A, nota 35), mas a honra, tema da terceira seção, é objetivo não dos "seres humanos", e sim dos "verdadeiros homens". Não temos o direito de presumir nem que o tema da terceira seção são os prazeres ou as dores da alma, nem que o tema da segunda seção são os prazeres ou as dores comuns ao corpo e à alma. Em primeiro lugar, os prazeres ou dores da alma precedem, na enumeração inicial, os prazeres ou dores comuns ao corpo e à alma; além disso, ἐπινοεῖν, que figura na enumeração que dá início à seção segunda (2.2), é sem dúvida atividade que cabe apenas à alma; por fim, a relação entre honra e louvor, junto com os exemplos empregados por Simônides, revela claramente que o prazer vinculado à honra não seria prazer somente da alma (compare-se 7.2-3 com 1.14). Quando diz que nenhum prazer humano se aproxima mais do divino do que aquele

este vem de asseverar; contudo, diz ele, esses trabalhos e perigos são razoavelmente suportados porque levam ao prazer que decorre das honras, e nenhum outro prazer se aproxima tanto do divino quanto esse tipo: os tiranos são mais honrados que qualquer outro homem. Na passagem paralela do início da segunda seção, Simônides falou apenas daquilo que "*muitos* daqueles que têm a reputação de ser (verdadeiros) homens" desejam, e apenas insinuou que aquilo que eles desejam é poder e riqueza. Agora, declara abertamente que o desejo de honra é próprio dos homens de verdade enquanto tal, i.e., em contraposição aos "seres humanos" vulgares.[89] Parece já não haver nenhuma dúvida de que Simônides, que é reconhecidamente um homem de verdade, anseia pelo poder tirânico.

A resposta imediata de Hiero revela que ele está mais alarmado do que nunca. Antes havia mencionado os fatos de que o tirano encontra-se em perigo perpétuo de ser assassinado e de que os tiranos cometem atos injustos. Mas ele jamais havia mencionado esses dois fatos numa mesma frase; e muito menos estabelecido explicitamente uma ligação entre eles. Somente agora, apesar de tentar provar que os tiranos não extraem nenhum prazer das honras

---

que diz respeito às honras, Simônides não insinua que tal prazer é apenas anímico, pois, à parte as outras considerações, não se sabe se Simônides ou Xenofonte viam a deidade como ser incorpóreo. Quanto à visão de Xenofonte sobre o tema, compare-se com *Memorabilia* I 4.17 e contexto (para a interpretação, ver Cícero, *De Natura Deorum* I 12.30-31 e III 10.26-27), bem como ibid. IV 3.13-14. Compare-se com *Cynegeticus* 12.19ss.

[89] Compare-se *Hiero* 7.1-4 com ibid. 2.1-2. Ver III A, nota 8, e III B, nota 70, acima. O "muitos" (da expressão "muitos daqueles que têm a reputação de ser verdadeiros homens") é enfatizado pela inserção de "disse ele" após "muitos" (2.1). Essa ênfase tem como objetivo chamar a nossa atenção para o caráter ainda limitado da tese que abre a seção segunda. Esse não é o único caso em que Xenofone emprega tal recurso simples para orientar a atenção do leitor. O "disse ele" após "nós parecemos", em 1.5, faz com que atentemos para o fato de Simônides aqui usar, pela primeira vez, a primeira pessoa ao tratar dos homens privados. O redundante par de "disse ele", em 1.7-8, enfatiza o "respondeu ele" que precede a primeira dessas duas expressões, deixando claro, assim, que a prévia enumeração dos prazeres feita por Simônides tem o caráter de um questionamento dirigido a Hiero, ou então que Simônides o está testando. O segundo "disse ele", em 1.31, chama a nossa atenção para o σὺ precedente, isto é, para o fato de que a afirmação de Hiero a respeito dos tiranos em geral agora é aplicada, por Simônides, a Hiero em particular. O "disse ele" em 1.36 leva-nos a perceber que o tirano Hiero odeia comportar-se como salteador. O "disse ele" redundante em 7.1 chama a nossa atenção para o fato de o louvor subsequente da honra basear-se em εἰκότα. O "disse ele" em 7.13 enfatiza o ἴσθι precedente, isto é, o fato de Hiero não empregar, nesse contexto, o εὖ ἴσθι normalmente usado, uma vez que agora está descrevendo com os termos mais fortes possíveis o quão ruim é a tirania.

que lhes são prestadas, é que declara que o tirano gasta o dia e a noite como alguém que foi condenado por todos os homens a morrer por sua injustiça.[90] Por um momento poderíamos pensar que o aumento da veemência na condenação da tirania é devido ao tema tão inesperadamente introduzido por Simônides: Hiero pode parecer sofrer acima de tudo com o fato de que o tirano está privado da honra genuína. Mas, se esse for o caso, por que ele não protesta contra a última observação de Simônides de que Hiero depreciou a tirania muito porque ela frustra os desejos homossexuais do tirano? Por que ele mesmo não referiu o assunto da "honra" em vez de esperar que Simônides o fizesse? Por que ele não criticou a enganosa enumeração inicial dos prazeres feita por Simônides? Por último, mas não menos importante, por que a discussão anterior de um tema similar – o louvor[91] – deixou de causar alguma impressão observável no seu estado de espírito? Não é tanto o significado intrínseco da afirmação de Simônides sobre a honra quanto o seu significado relativo ao diálogo que explica o seu efeito conspícuo e, de fato, decisivo.

No início da sua declaração sobre a honra, Simônides alude à descrição de Hiero dos trabalhos e perigos que acompanham a vida do tirano. Mas Hiero descreveu não simplesmente esses trabalhos e perigos, mas também a depravação moral a que o tirano está condenado: ele é compelido a viver "tramando alguma coisa má e vil"; ele é compelido a cometer o crime de roubar os templos e os homens; ele não consegue ser um verdadeiro patriota; ele deseja escravizar os seus compatriotas; apenas a consideração de que um tirano tem de ter súditos vivos que andam por aí é que parece impedi-lo de matar ou aprisionar todos os seus súditos. Depois de Hiero terminar o seu longo discurso, Simônides declara que, apesar de tudo o que o tirano disse, a tirania é altamente desejável porque conduz à honra suprema. Quanto aos trabalhos e perigos indicados por Hiero, Simônides faz uma pausa para aludir a eles; quanto às falhas morais deploradas por Hiero, ele simplesmente as ignora. Ou seja, o poeta não está nada impressionado com a imoralidade, ou a injustiça, características da vida tirânica; certamente a imoralidade inevitável desse regime não o impediria por um momento que fosse de aspirar à tirania por causa da honra. Não é de espantar que Hiero entre em colapso pouco depois: aquilo que o subjuga não é a afirmação de Simônides sobre a honra em si, mas

---

[90] *Hiero* 7.5-10.
[91] Compare-se *Hiero* 7.3 com ibid. 1.14-15.

o fato de o poeta fazê-la nesse contexto particular. É porque a afirmação é feita nesse contexto, e apenas porque ela é feita nesse contexto, que Hiero se apercebe do quão longe um homem com a "sabedoria" excepcional de Simônides estaria disposto a "tramar alguma coisa" e, em particular, "tramar alguma coisa má e vil". É então de forma silenciosa, i.e., muito astutamente, ao revelar uma completa falta de escrúpulos que o poeta subjuga Hiero e o convence da sua competência para dar conselhos sensatos a um tirano.[92]

A lição que Xenofonte transmite ao fazer Simônides ouvir silenciosamente o longo discurso de Hiero, assim como através da sua resposta a esse discurso, pode agora ser enunciada da seguinte forma: até um homem perfeitamente justo que queira dar conselho a um tirano tem de se apresentar ao seu pupilo como um homem completamente sem escrúpulos. O maior homem que já imitou o *Hiero* foi Maquiavel. Eu não ficaria surpreso se um estudo suficientemente atento da obra de Maquiavel levasse à conclusão de que é precisamente a perfeita compreensão da principal lição pedagógica de Xenofonte o que explica as frases mais chocantes a ocorrer em *O Príncipe*. Mas, se Maquiavel compreendeu a lição de Xenofonte, ele certamente não a aplicou com o espírito do seu originador. Pois, segundo Xenofonte, o professor de tiranos tem de parecer ser um homem completamente inescrupuloso não ao protestar que não teme o inferno ou o diabo, nem ao expressar princípios imorais, mas simplesmente ao deixar de reparar nos princípios morais. Ele tem de revelar a sua alegada ou real liberdade em relação à moralidade não por meio do discurso, mas pelo silêncio. Pois, ao fazê-lo – ao desconsiderar a moralidade "em atos" ao invés de atacá-la "em discurso" –, ele revela ao mesmo tempo a sua compreensão das coisas políticas. Xenofonte, ou o seu Simônides, é mais "político" que "Maquiavel"; ele se recusa a separar a "moderação" (prudência) da "sabedoria" (*insight*).

Ao responder ao longo discurso de Hiero da maneira que acaba de ser descrita, Simônides compele-o a usar uma linguagem ainda mais forte contra a tirania do que aquela que tinha usado anteriormente. Agora Hiero declara que um tirano, em contraste com um homem que é um benfeitor dos seus camaradas e por isso genuinamente honrado, vive como alguém que é condenado

---

[92] Na terceira seção, Simônides não abandona por completo a opinião vulgar em favor da opinião do cavalheiro, e sim em favor da opinião do homem real. O objetivo do homem real se distingue do objetivo do cavalheiro pelo fato de a honra almejada por aquele não pressupor essencialmente uma vida justa. Compare-se *Hiero* 7.3 com *Oeconomicus* 14.9.

por todos os homens a morrer pela sua injustiça. Tendo chegado a esse ponto, Simônides poderia ter respondido da forma mais natural que, sendo esse o caso, o tirano deveria governar da forma mais beneficente possível. Ele poderia ter começado desde logo a ensinar Hiero como governar bem como um tirano. Mas ele aparentemente sentiu que precisava de mais informação para avaliar corretamente seu interlocutor, ou de que Hiero precisava de mais um choque antes de ficar preparado para escutar. Por essa razão, ele pergunta por que, se a tirania é realmente um mal tão grande para o tirano, nem ele nem qualquer outro tirano jamais abdicou voluntariamente da sua posição. Hiero responde que nenhum tirano pode abdicar porque não pode emendar o roubo, o aprisionamento e os assassinatos dos seus súditos; (assim como não é vantajoso para ele viver como um tirano, também não lhe seria vantajoso viver de novo como um homem privado); se enforcar-se (deixar de viver) beneficiar a algum homem, é o tirano que acima de todos se beneficiaria com isso.[93] Essa resposta dá o toque final na preparação para a instrução de Simônides. O ataque final de Simônides equivaleu a uma sugestão velada feita ao tirano para que este voltasse à vida privada. Essa sugestão é a conclusão necessária que um homem razoável extrairia da comparação de Hiero entre as vidas tirânica e privada. Hiero se defende dessa sugestão ao revelar aquilo que poderá parecer ser algum sentido rudimentar de justiça: ele não pode regressar à vida privada porque não conseguiria corrigir os muitos atos de injustiça que cometeu. Essa defesa é manifestamente hipócrita: se a tirania é aquilo que ele afirmou ser, ele prefere empilhar novos crimes sobre o número não revelado de crimes que já cometeu a terminar a sua carreira criminosa e sofrer as consequências dos seus antigos crimes. O seu verdadeiro motivo para não abdicar parece então ser o medo da punição. Mas não conseguiria ele escapar à punição ao simplesmente fugir? Esta é de fato a implicação crucial da última palavra de Hiero sobre a tirania: como se nunca tivesse havido um tirano que, depois de ter sido expulso da sua cidade, vivesse depois disso tranquilamente exilado e, apesar de ele mesmo ter dito numa ocasião anterior[94] que enquanto faz uma viagem ao estrangeiro o tirano pode ser facilmente deposto, Hiero recusa-se a considerar a possibilidade de escapar dessa cidade. Ele revela assim ser um homem incapaz

---

[93] *Hiero* 7.11-13. Coloquei entre parênteses os pensamentos que Hiero não expressa. Quanto à questão de Simônides, compare-se com *Anabasis* VII 7.28.
[94] *Hiero* 1.12. Quanto ao medo da punição que sente o tirano, ver ibid. 5.2.

de viver como um estrangeiro.[95] É para esse seu espírito de cidadão – o fato de não conseguir evitar estar ligado à sua cidade – que o poeta silenciosamente apela quando lhe ensina a ser um bom governante.

Hiero foi finalmente incapacitado de fazer qualquer movimento ulterior. Ele foi reduzido a uma condição na qual tem de se acorrentar a si mesmo através de uma afirmação sincera ou insincera, ou na qual tem de empregar a linguagem de um homem que está desesperado. Ele usa uma linguagem inteiramente diferente nas duas razoavelmente breves elocuções que faz na quarta e última seção. Ao passo que a sua condenação da tirania na primeira parte apresentou o tirano como o companheiro dos injustos e culminou na descrição de que o tirano é a injustiça personificada, ele descreve-se na última parte do diálogo – i.e., uns minutos mais tarde – como um homem que pune os injustos,[96] como um defensor da justiça. A sua rápida mudança de linguagem, ou de atitude, é deveras espantosa. Como já vimos, a veemência da condenação de Hiero veio aumentando de seção para seção porque Simônides não se furtou de louvar a tirania pelos defeitos nela apontados por Hiero. Ora, na terceira seção Hiero falou contra a tirania mais violentamente do que nunca e, na quarta seção, Simônides ainda continua a elogiar a tirania.[97] Por conseguinte, deveríamos esperar que Hiero continuasse a aumentar a veemência da sua condenação. No entanto, ele segue a direção oposta. O que aconteceu? Por que o elogio da tirania por Simônides, na quarta seção e, especialmente, na parte inicial desta seção (8.1-7), não suscita a violenta reação de Hiero? Sugerimos a seguinte resposta: o elogio da tirania feito por Simônides na quarta seção – em contraste com o seu elogio da tirania nas seções precedentes – não é considerado por Hiero uma expressão da inveja que os poetas nutrem pelos tiranos. Mais precisamente, a imediata reação de Simônides à afirmação de Hiero de que um tirano dificilmente poderá fazer melhor do que enforcar-se, ou o uso que Simônides faz da sua recém-adquirida liderança, convence Hiero de que o poeta não está preocupado em "tramar alguma coisa" de caráter indesejável. A ação através da qual Simônides derruba as muralhas da desconfiança de Hiero é o ponto de virada [*peripeteia*] do diálogo.

---

[95] Acerca dos estrangeiros, Ver *Hiero* 1.28; 5.3; 6.5.
[96] Compare-se *Hiero* 8.9 com ibid. 7.7 e 5.2.
[97] Simônides continua a afirmar que a vida tirânica é superior à vida privada; compare-se *Hiero* 8.1-7 com ibid. 1.8ss; 2.1-2; 7.1ss.

A difícil posição em que Hiero foi forçado a encontrar-se não está completamente desprovida de vantagens. Hiero estava na defensiva porque não sabia o que Simônides poderia estar tramando. Com a sua derrota, com a sua declaração de falência, ele é bem sucedido em parar Simônides na medida em que o força a mostrar a sua mão. Ele se apresenta como um homem que sabe que nenhum dos dois modos de vida – a vida tirânica e a vida privada – o beneficiam, mas que não sabe se será benéfico deixar de viver ao enforcar-se ("*se* beneficiar algum homem...").[98] Simônides poderia considerar de maneira razoavelmente natural a questão implicitamente levantada por Hiero de saber se o suicídio é uma linha de ação recomendável e, em particular, se não há outras formas de morte preferíveis ao, ou mais fáceis que o, enforcamento.[99] Em outras palavras, o poeta poderia concebivelmente ter tentado persuadir o tirano a suicidar-se, ou a suicidar-se da forma mais fácil. Para exagerar grandemente com o propósito de esclarecer: a vitória do sábio sobre o tirano, alcançada somente por meio de um discurso prudentemente intercalado com o silêncio, é tão completa que o sábio conseguiria matar o tirano sem mexer um dedo, apenas empregando o discurso, a persuasão. Mas ele não faz nada disso: ele que tem o poder da persuasão, ele que pode fazer o que quiser com qualquer interlocutor, prefere servir-se da obediência de um homem vivo a matá-lo.[100] Depois de fazer Hiero aperceber-se plenamente de que o sábio tem o poder de tramar qualquer coisa, Simônides dá-lhe a entender que o sábio não se serviria do seu poder. Abstendo-se de agir como um homem que quer acabar com o tirano, ou privá-lo do seu poder, Simônides é a razão decisiva para a mudança na atitude de Hiero.

Mas o silêncio não é suficiente: Simônides tem de dizer alguma coisa. Aquilo que ele diz é determinado pela sua intenção de aconselhar Hiero e pela impossibilidade de aconselhar um homem que está em desespero. É irrelevante, a esse respeito, que as queixas de Hiero acerca da sua situação sejam de uma sinceridade questionável; pois Simônides não está em posição de questionar abertamente a sua

---

[98] *Hiero* 7.12-13.
[99] Ao compararmos *Hiero* 7.13 com *Apologia Socratis* 7 e 32, indagamos por que Hiero contempla uma forma tão desagradável de morrer como o enforcamento: porventura pertence ele aos que jamais pensaram na forma mais fácil de morrer? Ou ele revela, assim, que jamais pensou seriamente no suicídio? Compare-se também com *Anabasis* II 6.29.
[100] *Memorabilia* I 2.10-11, 14.

sinceridade. Ele tem então de confortar Hiero enquanto o aconselha ou antes de aconselhá-lo. Nesse sentido, o seu ensinamento da arte tirânica é apresentado da seguinte forma: a tirania é mais desejável ("conforto") apenas – e só apenas – se fizeres as seguintes coisas ("conselho"). O elemento reconfortante do ensinamento de Simônides – o elogio da tirania (beneficente) – deve-se à situação dialógica e não se pode ser considerado parte constitutiva do ensinamento de Xenofonte sobre a tirania até que seja provado que o é. Por outro lado, o conselho de Simônides pode desde logo ser considerado idêntico às sugestões de Xenofonte sobre o aperfeiçoamento do governo tirânico enquanto uma ordem política radicalmente defeituosa.

Não teria sido impossível para Simônides refutar Hiero mostrando que a explicação deste sobre a tirania é exagerada, i.e., ao discutir a condenação da tirania feita por Hiero ponto por ponto. Mas tal discussão detalhada apenas levaria à conclusão de que a tirania não é assim tão má quanto Hiero afirmou ser. Esse lúgubre resultado não teria bastado para restaurar a coragem de Hiero ou para contrariar o efeito esmagador do seu veredito sobre a tirania. Ou, para, desconsiderando por um momento a situação dialógica, um exame exato dos argumentos de Hiero teria destruído completamente o efeito edificante da condenação da tirania constante da primeira parte do *Hiero*. Xenofonte teve então de atribuir o fardo ao seu Simônides de desenhar uma imagem da tirania que seria pelo menos tão brilhante quanto a de Hiero foi escura. O uso abundante do *modus potentialis* no discurso de Simônides, assim como o silêncio de Hiero e de fato de todo o *Corpus xenophonteum* sobre os tiranos felizes que verdadeiramente existiram em algum lugar da Grécia, torna certo que o elogio da tirania feito por Simônides na segunda parte do *Hiero* foi considerado por Xenofonte ainda mais retórico do que a condenação da tirania feita por Hiero na primeira parte.

Hiero tentou mostrar que a vida tirânica é inferior à vida privada do ponto de vista do prazer. Na situação concreta, Simônides não pôde apelar diretamente, no lugar do prazer, para o nobre, pois Hiero acabou de declarar da maneira mais enfática que, na realidade, um tirano é um homem que cometeu um número incontável de crimes. Simônides é por isso compelido a demonstrar (o que na primeira parte não fez mais do que asseverar) que a vida tirânica é superior à vida privada do ponto de vista do prazer. Sendo compelido a aceitar o fim do tirano, ele deve mostrar que Hiero usou dos meios errados.

Em outras palavras, ele deve fazer remontar a origem do fato de Hiero estar desalentado com a tirania não a uma intenção equivocada, mas a um erro de julgamento, a uma crença errônea.[101]

Simônides descobre o erro específico que atribui a Hiero ao refletir sobre a resposta deste à suas declarações sobre a honra. Hiero comparou as honras apreciadas pelos tiranos com os seus prazeres sexuais: assim como os serviços prestados por aqueles que não amam de volta, ou que agem sob compulsão, não são favores, os serviços prestados por aqueles que têm medo não são honras. O *tertium comparationis* entre os prazeres do sexo e os da honra é o de que ambos devem ser prestados por pessoas que são impelidas pelo amor (φιλία) e não pelo medo. Ora, Hiero está mais preocupado em ser privado dos prazeres genuínos do sexo. Mas Simônides poderá ofendê-lo se enfatizar esse fato e assim asseverar que Hiero está mais preocupado com o sexo do que com as honras e, por conseguinte, que ele não é um "verdadeiro homem". O poeta evita de forma elegante esse embaraço ao levar a discussão para algo mais geral, a saber, para aquilo que é comum à "honra" e ao "sexo".[102] Pois se Hiero estiver ocupado com um ou com o outro, nos dois casos ele necessita de amor (φιλία). E nos dois casos a sua miséria deve-se à sua crença de que é mutuamente exclusivo ser um tirano e ser amado.[103] Este é então o diagnóstico da doença de Hiero do qual parte Simônides: Hiero está desalentado com a tirania porque, desejando ser amado pelos seres humanos, acredita que o governo tirânico o impede de ser amado.[104] Simônides não se limita a rejeitar essa crença. Ele assevera que é mais provável os tiranos receberem afeto do que o homem privado. Pois seja o que for que possa ser dito contra a tirania, o tirano é certamente um governante, por consequência, um homem que se sobressai entre os seus companheiros, e "nós" admiramos naturalmente homens de uma posição social elevada. Acima de tudo, o prestígio que acompanha as posições de governo acrescenta uma graça impagável a qualquer ato de gentileza realizado pelos governantes no geral e, por conseguinte, pelos tiranos em particular.[105]

---

[101] "Estás desalentado com a tirania porque crês [...]" (*Hiero* 8.1).
[102] Compare-se também com a transição da "tirania" ao "governo" mais geral em *Hiero* 8.1ss. Acerca da relação entre "tirania" e "governo", ver *Memorabilia* IV 6.12; Platão, *República* 338d7-11; Aristóteles, *Política* 1276a2-4.
[103] *Hiero* 7.5-6, 9; compare-se com ibid. 1.37-38 e 3.8-9.
[104] *Hiero* 8.1.
[105] *Hiero* 8.1-7. Compare-se com nota 102.

É através dessa asserção que Simônides sugere sub-repticiamente a cura para a doença de Hiero, uma cura descoberta, tal como a própria doença, por meio de uma reflexão sobre a comparação de Hiero entre a "honra" e o "sexo". Hiero concedeu como algo evidente que, para receber favores, para ser amado de volta, primeiro é preciso amar: a miséria do tirano consiste no próprio fato de que ele ama e não é amado de volta.[106] Simônides aplica tacitamente aquilo que Hiero concedeu em relação ao amor sexual ao amor em geral: aquele que quer ser amado primeiro deve amar; aquele que quer ser amado pelos seus súditos para ser genuinamente honrado por eles deve amá-los primeiro; para receber favores, primeiro deve fazer favores. Ele não enuncia essa lição com todas as letras, mas transmite-a implicitamente ao comparar os efeitos dos atos de gentileza do tirano aos efeitos dos atos de gentileza de um homem privado. Ele passa assim a ênfase quase de forma insensível dos sentimentos agradáveis primariamente desejados para as ações nobres ou louváveis que direta ou indiretamente originam esses sentimentos agradáveis. Ele aconselha tacitamente o tirano a pensar não apenas no seu próprio prazer, mas no prazer dos outros; não em ser servido e receber presentes, mas em prestar serviços e oferecer presentes.[107] Ou seja, ele dá tacitamente o mesmo conselho ao tirano que Sócrates dá explicitamente aos seus companheiros, ou melhor, que a própria Virtude dá explicitamente a Héracles.[108]

O conselho virtuoso de Simônides não estraga o efeito da sua indiferença prévia aos princípios morais porque o caráter virtuoso do seu conselho é suficientemente qualificado pelo contexto no qual é dado. Sócrates e a Virtude gritam o seu conselho dos telhados para homens de decência normal e até para potenciais paradigmas de virtude. Simônides, por outro lado, sugere substancialmente o mesmo conselho numa linguagem mais mitigada a um tirano que acaba de confessar ter cometido um incontável número de crimes. É verdade que a linguagem de Simônides torna-se consideravelmente menos restrita à medida que a conversa se encaminha para o seu fim. Mas também é verdade que, ao longo da conversa, ele apresenta os efeitos agradáveis das ações benéficas do tirano como se fossem inteiramente independentes da maneira como o

---

[106] Compare-se com *Hiero* 1.36-38.
[107] Nesse contexto (8.3), surgem alusões aos tópicos examinados em 1.10ss: ἰϑών (visões), ἐπαινεσάντων (sons), θύσας (comida). Isso tem como objetivo indicar o fato de Simônides agora examinar o tema da primeira parte desde o ponto de vista contrário.
[108] *Memorabilia* II 1.27-28; 3.10-14; 6.10-16. Compare-se com *Anabasis* I 9.20ss.

tirano alcançou o poder e de quaisquer maus atos prévios que tenha cometido. A verdadeira ou alegada privação de escrúpulos de Simônides é preservada, e opera na sua própria recomendação de virtude.[109]

Hiero responde "imediatamente", "de uma só vez". Esta é a única ocasião em que os dois interlocutores dizem alguma coisa "imediatamente".[110] É a reação de Simônides à afirmação de Hiero de que o tirano dificilmente poderá fazer melhor que enforcar-se que induz o tirano a responder "de uma só vez", i.e., a proceder sem aquela lentidão, ou circunspeção, que caracteriza todas as outras elocuções dos dois homens. Abandonando a sua reserva habitual, Hiero dá uma explicação sincera, não exagerada, das dificuldades que confrontam o tirano. Ele já não nega mais que os tiranos têm mais poder que os homens privados para fazer coisas por meio das quais os homens recebem afeto; ele nega meramente que eles sejam por essa razão mais amados do que os homens privados, porque também são compelidos a fazer muitíssimas coisas pelas quais os homens incorrem em ódio. Assim, por exemplo, eles têm de exigir dinheiro e punir os injustos; e, acima de tudo, necessitam de mercenários.[111] Simônides não diz que não se deve cuidar de todos esses assuntos.[112] Mas, acredita ele, há formas de tomar conta das coisas que levam ao ódio e outras formas que levam à gratificação: um governante deve ele próprio fazer as coisas gratificantes (tais como recompensar com prêmios) enquanto confia a outros as coisas odiosas (tais como infligir punições). A implicação desse conselho assim como a de todos os outros conselhos dados a Hiero por Simônides é, obviamente, a de que Hiero precisa de tal conselho, ou a de que ele está na verdade fazendo o oposto daquilo que Simônides o está aconselhando a fazer, i.e., que ele é no presente um governante deveras imperfeito. Ao oferecer, no seu discurso, uma antecipação do esperado comportamento do seu pupilo Hiero, ou, antes, ao dar-lhe através

---

[109] Se Simônides tivesse agido de maneira diferente, teria parecido homem justo e Hiero o temeria. Se o medo que Hiero sente do justo é bem definido, seu medo do sábio é indeterminado (Ver p. 81-88) e pode mostrar-se infundado em certos casos. É isso o que ocorre no *Hiero*: Simônides convence Hiero de que o sábio pode ser amigo de tiranos. É impossível não desconcertar-se ante o contraste entre a "censura" que Simônides dirige ao tirano Hiero e a acusação que Natã opõe ao rei Davi que o Senhor ungira (2 Samuel 12).
[110] *Hiero* 8.8. O πάλιν (εἶπεν) igualmente único em 9.1 chama a nossa atenção para o ευθύς em 8.8.
[111] *Hiero* 8.8-10. Compare-se com ibid. 6.12-13.
[112] *Hiero* 9.1. Observe-se a formulação negativa do assentimento de Simônides a uma declaração que trata de aspectos desagradáveis do governo tirânico.

da sua ação um exemplo do comportamento que é próprio de um tirano, Simônides rapidamente abandona toda a menção às coisas odiosas que são inseparáveis da tirania, se não até do governo enquanto tal, para louvar a enorme utilidade de oferecer presentes: os aspectos detestáveis da tirania de fato não são aniquilados, mas tirados da vista.[113] O elogio de Simônides da tirania beneficente serve, assim, não só ao propósito de reconfortar Hiero (que está certamente muito menos necessitado de conforto do que aquilo que as suas elocuções poderiam induzir o leitor descuidado a acreditar), mas acima de tudo de o ensinar sob que luz o tirano deve aparecer perante os seus súditos; longe de ser uma expressão ingênua de uma crença ingênua em tiranos virtuosos, é antes uma lição de prudência política apresentada de forma prudente.[114] Simônides chega ao ponto de evitar, nesse contexto, o próprio termo "tirano".[115] Por outro lado, ele agora usa os termos "nobre", assim como "bom" e "útil", muito mais frequentemente do que usava antes, e fala consideravelmente menos sobre aquilo que é "agradável". Tendo em vista, porém, a dificuldade de passar diretamente daquilo que é aprazível para aquilo que é nobre, ele realça pela primeira vez o "bom" (com as suas implicações "utilitárias") consideravelmente mais do que o "nobre" ou "justo".[116] Além disso, ele mostra que lutar pela honra é perfeitamente compatível com ser um súdito de um tirano, apagando assim completamente as implicações odiosas das suas afirmações prévias acerca da honra. Ele mostra, também, que

---

[113] A fala de Simônides consiste em duas partes. Na primeira (9.1-4), que é bastante curta, ele afirma o princípio geral. Na segunda (9.5-11), mais extensa, formula propostas específicas para sua aplicação pelo tirano. Na segunda parte, punição e coisas do gênero não são mais mencionadas. Aos aspectos desagradáveis da tirania ou do governo em geral também quase não se alude nos capítulos subsequentes. É provável que esteja em 10.8 a expressão mais encantadora do digno silêncio do poeta sobre essas coisas desconcertantes. Ali, Simônides deixa de mencionar a possibilidade de os mercenários do tirano, esses anjos de misericórdia, de fato serem capazes de punir os malfeitores: ele somente menciona como deveriam se comportar com relação ao inocente, com relação aos que pretendem fazer o mal e com relação aos ofendidos. Compare-se com a nota precedente. Compare-se também a declaração do estrangeiro ateniense em Platão, *Leis* 711b4-c2, com a declaração subsequente de Clínias.

[114] Quanto aos encantadores truques a serem usados pelos governantes absolutos, ver *Cyropaedia* VIII 1.40-42; 2,26; 3.1. Essas observações menos reservadas são aquelas de um historiador ou espectador, e não as de um conselheiro. Compare-se com Aristóteles, *Política* 1314a40: cabe ao tirano *representar* o rei.

[115] O cap. 9 e o cap. 10 são as únicas partes do *Hiero* em que o emprego de "tirano" e seus derivados é evitado.

[116] Compare-se, de modo especial, *Hiero* 9.10 com ibid. 11.10.

honrar os súditos através de prêmios é um excelente negócio.[117] E, o que é mais importante, aconselha vivamente (mas por implicação) contra desarmar os cidadãos quando sugere que os prêmios lhes sejam oferecidos por certos feitos de natureza militar.[118]

Apenas depois de todos esses passos terem sido dados é que parece haver alguma concórdia entre Hiero e Simônides sobre o tema da tirania. Só agora é que Hiero está preparado não só para escutar o conselho de Simônides, mas para lhe levantar uma questão, a sua única questão, no que concerne à própria conduta do governo tirânico. A formulação da questão mostra que ele aprendeu alguma coisa: ele já não fala mais de "tirano", mas de "governante". O alcance da questão é estabelecido pelos seguintes fatos: primeiro, que Simônides nada havia dito sobre os mercenários que Hiero descreveu nas suas declarações precedentes como um fardo opressivo que recai sobre os cidadãos;[119] e, segundo, que o discurso de Simônides parece implicar a sugestão de que os mercenários sejam substituídos pelos cidadãos. Nesse sentido, a questão de Hiero consiste de duas partes. Primeiro, ele pede a Simônides que o aconselhe sobre como evitar incorrer no ódio por empregar mercenários. Depois, pergunta-lhe se ele quer dizer que um governante que conquistou o afeto já não precisa de guarda-costas.[120] Simônides responde enfaticamente que os guarda-costas são indispensáveis:[121] o aperfeiçoamento do governo tirânico não deve chegar ao extremo de comprometer o próprio pilar do governo tirânico. Assim, a resposta de Simônides à única questão de Hiero equivale a um forte conselho contra a abdicação que ele havia sugerido anteriormente com hesitação. Além disso, a questão de Hiero quanto a saber se os guarda-costas podem não ser dispensados pode ter sido motivada pelo seu desejo de poupar as enormes despesas envolvidas. Tendo em vista essa possibilidade, as declarações de Simônides implicam a resposta de que tais despesas são de fato inevitáveis, mas que o uso apropriado dos mercenários fará os súditos pagarem o seu custo de uma forma deveras alegre.[122] Porém, diz Simônides, dando um conselho que não foi solicitado, embora o amplo uso dos prêmios e o uso adequado dos mercenários

---

[117] *Hiero* 9.7, 11.
[118] *Hiero* 9.6. Compare-se com Aristóteles, *Política* 1315a31-40.
[119] *Hiero* 8.10.
[120] *Hiero* 10.1.
[121] *Hiero* 10.2. Compare-se com Aristóteles, *Política* 1314a33ss.
[122] Compare-se *Hiero* 4.9, 11 com 4.3 ("sem pagamento") e 10.8.

possa ajudar grandemente a resolver os problemas financeiros do tirano, um tirano não deve hesitar gastar o seu próprio dinheiro para o bem comum.[123] Melhor, os interesses de um tirano ficam mais bem servidos se ele gastar o seu dinheiro com os assuntos públicos em vez dos seus próprios assuntos. Nesse contexto, Simônides dá o seu conselho mais específico – o que poderá ter sido o único propósito dele ao dar início a uma conversa com Hiero: o tirano não deve competir com os homens privados em corridas e afins, mas, antes, deve se preocupar com que o maior número de competidores venham da sua cidade.[124] Ele deve competir com os outros líderes das cidades pela vitória no maior e mais nobre concurso, a saber, em tornar a cidade o mais feliz possível. Ao ganhar esse concurso, promete-lhe Simônides, ele ganhará o amor de todos os seus súditos, a consideração de muitas cidades, a admiração de todos os homens e muitas outras coisas boas; ao superar os seus amigos em atos de bondade ele possuirá a mais nobre, a mais abençoada posse entre os homens: ele não será invejado por ser feliz.[125] O diálogo termina com esse panorama. Qualquer resposta do tirano à promessa quase ilimitada do poeta teria sido um anticlímax, e, o que seria pior, teria impedido o leitor de apreciar de maneira razoável o silêncio polido no qual um tirano grego, curtido no crime e na glória marcial, podia escutar o canto de sereia da virtude.[126]

C. O USO DE TERMOS CARACTERÍSTICOS

Pode-se dizer que "a essência do conselho de Xenofonte aos déspotas é que um déspota deve esforçar-se para governar como um rei bom".[127] É, por isso, ainda mais surpreendente que ele evite de forma consistente o próprio termo "rei". Ao evitar o termo "rei" numa obra que se destina a ensinar a arte de um tirano, Xenofonte obedece à regra de tato que requer que não se

---

[123] Compare-se *Hiero* 11.1 com 9.7-11 e 10.8.
[124] *Hiero* 11.1-6. Compare-se com p. 78 acima. Sentimo-nos tentados a sugerir que o *Hiero* representa a interpretação que Xenofonte faz da disputa entre Simônides e Píndaro.
[125] *Hiero* 11.7-15. Compare-se com Platão, *República* 465d2-c2.
[126] K. Lincke (loc. cit., p. 244), porém, acredita que "dass Hiero eines Besseren belehrt worden wäre, muss der Leser sich hinzudenken, obgleich es [...] besser wäre, wenn man die Zustimmung ausgesprochen sähe". O correspondente platônico ao silêncio de Hiero no final de *Hiero é o silêncio de Cálicles no final do Górgias* e o silêncio de Trasímaco nos livros II-X da *República*.
[127] Marchant, loc. cit., XVI.

envergonhe as pessoas ao mencionar coisas com cuja falta pode-se presumir que elas sofram: deve-se presumir que um tirano sofra com a falta de um título válido para a sua posição. O procedimento de Xenofonte pode ter sido o modelo para o engenho aparentemente contrário, mas fundamentalmente idêntico, de Maquiavel, que em *O Príncipe* evita o termo "tiranno": os indivíduos que são chamados de "tiranni" nos *Discursos* e algures são chamados de "principi" em *O Príncipe*.[128] Podemos também notar a ausência dos termos *demos* e *politeia*[129] no *Hiero*.

Quanto a Simônides em particular, ele jamais usa o termo "lei". Ele menciona apenas uma vez a justiça, deixando claro que fala daquela justiça que apenas é requerida pelos súditos ao invés de pelos governantes: a justiça nas transações dos negócios.[130] Ele nunca fala da verdade ou da falsidade ou do engano. Embora o riso nunca seja mencionado por Simônides ou por Hiero, Simônides fala uma vez de καταγελᾶν. Isso não é insignificante posto que na única observação desse tipo a ocorrer no *Hiero*, Xenofonte nota que Simônides fez certa afirmação – em relação aos assuntos amorosos de Hiero – "rindo-se"; Hiero é sempre sério.[131] Simônides, que nunca menciona a coragem (ἀνδρεία),[132] menciona uma vez a moderação (σωφροσύνη), que nunca é mencionada por Hiero. Por outro lado, Hiero usa os termos μέτριος, κόσμιος e ἀκρατής, os quais nunca são usados por Simônides.[133]

Também deveria ser dada alguma consideração à distribuição dos termos característicos entre as duas partes principais do diálogo, nomeadamente, a condenação da tirania, de um lado, e a sugestão de aperfeiçoamento do governo tirânico, por outro. Os termos evitados na segunda parte são: lei, livre (liberdade), natureza, coragem, miséria. Por outro lado, a moderação é apenas mencionada na segunda parte. O "tirano" (e derivados) ocorrem relativamente mais frequentemente na primeira parte (83 vezes) do que na segunda (sete

---

[128] Por exemplo, Nábis é denominado "príncipe" em *Principe* IX e "tiranno" em *Discorsi* III 6. Compare-se também a transição de "tirano" a "governante" na segunda parte do *Hiero*.

[129] Compare-se com *Hellenica* VI 3.8 fim.

[130] *Hiero* 9.6.

[131] *Hiero* 11.6; 1.31. Compare-se com *Apologia Socratis* 28, uma observação que Sócrates fez "risonhamente".

[132] Compare-se com a ausência da coragem (ou da virilidade) nas listas de virtudes de Sócrates: *Memorabilia* IV 8.11 (cf. IV 4.1ss) e *Apologia Socratis* 14, 16. Compare-se *Symposium* 9.1 com *Hiero* 7.3. Considere-se ainda, porém, II, nota 70.

[133] Compare-se *Hiero* 9.8 com 1.8, 19, e 5.1-2.

vezes); por outro lado, "governo" (e derivados) ocorre muito mais frequentemente na muito menor segunda parte (doze vezes) do que na muito mais extensa primeira parte (quatro vezes): Simônides quer induzir Hiero a pensar na sua posição em termos de "governo" em vez de "tirania"; pois não é bom para qualquer homem pensar na sua atividade em termos odiosos. Quão bem sucedido é Simônides é mostrado pelo fato de na sua última observação[134] Hiero falar de "governante" e não mais de "tirano". Os termos que designam o prazer e a dor ocorrem muito mais frequentemente na primeira parte (93 vezes) do que na segunda (seis vezes). Por outro lado, "nobre" ("justo") e "vil" ("feio") ocorrem muito mais frequentemente na segunda parte (quinze vezes) do que na primeira (nove vezes). A razão é óbvia: Simônides quer educar Hiero a ter como orientação o justo em vez do aprazível. Χάρις (e derivados) ocorre muito mais frequentemente na segunda parte (nove vezes) do que na primeira (quatro vezes). Ἀνάγκη (e derivados) ocorre menos frequentemente na segunda parte (nove vezes) do que na primeira (dezesseis vezes).

---

[134] *Hiero* 10.1.

IV. A Doutrina a Respeito da Tirania

Visto que a tirania é uma ordem política essencialmente defeituosa, o ensinamento da tirania consiste necessariamente em duas partes. A primeira tem de tornar manifestas as limitações específicas da tirania ("patologia"); a segunda tem de mostrar como essas limitações podem ser mitigadas ("terapêutica"). A bipartição do *Hiero* reflete a bipartição do próprio ensinamento "tirânico". Ora, Xenofonte escolheu apresentar esse ensinamento na forma de um diálogo e, por isso, teve de escolher um cenário dialógico particular. Por mais sensatas e até convincentes que suas razões possam ter sido, elas certamente conduzem ao resultado de que ele não nos deu o seu ensinamento "tirânico" na sua forma pura, científica, na forma de um tratado. O leitor tem de adicionar e subtrair os discursos de Simônides e de Hiero para se apoderar do ensinamento de Xenofonte. Essa adição e subtração não estão abandonadas ao critério arbitrário do leitor. São guiadas pelas indicações do autor, algumas das quais foram discutidas nos capítulos precedentes. Seja como for, permanece certa ambiguidade, uma ambiguidade que em última análise se deve não aos enigmas não resolvidos implícitos em muitas passagens do *Hiero*, mas ao fato de que uma ligação perfeitamente lúcida e unívoca entre conteúdo e forma, entre o ensinamento geral e um evento contingente (por exemplo, uma conversa entre dois indivíduos), é impossível.

Considerando o caráter primariamente prático do ensinamento "tirânico" enquanto ensinamento político, é necessário que um interlocutor, o pupilo, seja um tirano. É igualmente necessário que ele seja um verdadeiro tirano, não um tirano potencial. Se o pupilo fosse apenas um tirano potencial, o professor teria de lhe mostrar como se tornar um tirano e, ao fazê-lo, ele teria de ensinar-lhe a injustiça, ao passo que no caso de um verdadeiro tirano o professor tem a tarefa muito menos odiosa de lhe mostrar um caminho para uma menor injustiça. Tendo em vista que um tirano (Periandro de Corinto) instituiu a maioria dos meios de preservação da tirania,[1] poderíamos pensar que o professor natural da arte tirânica seria um grande tirano; mas a preservação da tirania e a correção da tirania são duas coisas diferentes. Xenofonte evidentemente sentiu que apenas um sábio poderia ensinar aquilo que ele considera ser a arte tirânica, i.e., a arte de governar bem enquanto tirano, e que um tirano não seria sábio. Isso leva à consequência de que o sábio que ensina a arte tirânica não poderá ter aprendido essa arte de um tirano, tal como Sócrates, que ensina a arte econômica, aprendeu essa arte de um ecônomo. Em outras palavras, o professor sábio da arte tirânica tem de ensiná-la por si mesmo, sem nenhuma assistência, ou ele tem de descobri-la por si mesmo.[2] Ora, o sábio pode transmitir ao seu pupilo "todo" o ensinamento tirânico, i.e., tanto a condenação da tirania como a correção da tirania; mas Xenofonte aparentemente pensou que uma condenação da tirania feita por um tirano seria mais impressionante para o leitor comum.[3] Finalmente, o tirano poderia começar a conversa queixando-se a um sábio acerca da triste sorte do tirano, de forma a extrair o seu conselho. Isso, porém, suporia que o tirano tem um amigo sábio em quem confia, e que ele pensa precisar de conselhos.[4] Para resumir, quanto mais considerarmos as alternativas à situação dialógica escolhida por Xenofonte, mais ficaremos convencidos de que a sua escolha foi sensata.

No entanto, essa escolha, ainda que sensata e até necessária, leva ao resultado de que a condenação da tirania feita por Xenofonte é apresentada por um

---

[1] Aristóteles, *Política* 1313a33-38.
[2] Essa explicação não contradiz aquela que sugerem as p. 70-71, pois a diferença entre o sábio que não se interessa em descobrir ou ensinar a arte tirânica e o sábio que o faz continua sendo importante e exige explicação.
[3] *Hiero* 1.9-10; 2.3, 5.
[4] Compare-se *Hiero* 5.2 com as circunstâncias de *Cyropaedia* VII 2.10, de um lado, e ibid. VII 5.47, do outro.

homem que não é sábio e que tem um interesse egoísta em rebaixar a tirania, ao passo que o seu elogio da tirania é apresentado por um sábio que argumenta a favor da tirania sem que aparentemente tenha um interesse egoísta. Além disso, dado que a condenação da tirania precede o elogio da tirania, a condenação é apresentada de forma a basear-se em provas insuficientes – pois Hiero não tem em consideração os fatos ou as possibilidades avançadas por Simônides na última parte do *Hiero* – ao passo que a louvação da tirania parece ser expressa *en pleine connaissance de cause*. Ou seja, Xenofonte não pôde evitar ser levado a dar um maior peso, pelo menos aparentemente, ao elogio da tirania do que à condenação da tirania. Surge então a questão de saber se isso é meramente o resultado inevitável de considerações como aquelas que foram esboçadas anteriormente, ou se a situação é diretamente pretendida.

Poderíamos pensar por um momento que a ambiguidade em causa foi provocada meramente pela decisão de Xenofonte de tratar num diálogo a questão do aperfeiçoamento do governo tirânico: toda a ambiguidade teria sido evitada se ele se tivesse limitado a condenar a tirania. Porém uma comparação da condenação xenofôntica da tirania com a de Platão mostra que essa sugestão não vai à raiz da questão. Platão evitou ensinar a arte tirânica e confiou a sua condenação da tirania a Sócrates. O preço que ele teve de pagar por essa escolha foi ter de confiar seu elogio da tirania a homens que não são sábios (Polo, Cálicles e Trasímaco) e que, por isso, elogiaram abertamente a própria injustiça da tirania. Para evitar esse inconveniente, Xenofonte teve de pagar o preço de onerar um sábio com a tarefa de elogiar a tirania. Um tratamento efetivamente dialógico da tirania que esteja livre de inconvenientes é impossível. Pois há apenas duas possibilidades para além daquelas que foram escolhidas por Xenofonte e Platão: o elogio da tirania feito pelos sábios pode ser sucedido por uma condenação da tirania feita pelos não sábios, e a condenação da tirania feita pelos sábios pode ser sucedida pelo elogio da tirania feito pelos não sábios; essas alternativas são excluídas pela consideração de que o sábio deve ter a última palavra.

É mais apropriado dizer que a orientação do elogio da tirania de Xenofonte é suficientemente limitada não só pela situação dialógica, mas acima de tudo pelo fato de o seu sábio que elogia a tirania tornar suficientemente claras as limitações essenciais da tirania. Ele descreve a tirania no seu melhor, mas deixa subentendido que até no seu melhor a tirania padece de sérios defeitos. Essa crítica implícita da tirania é muito mais convincente do que a emotiva condenação de Hiero que serve a um propósito egoísta e que seria literalmente verdadeira apenas sobre o pior tipo de tirania. Para apreender os contornos mais amplos da crítica da tirania feita por Simônides no seu melhor basta considerar o resultado da sua sugerida correção da tirania à luz da definição de tirania de Xenofonte ou de Sócrates. A tirania é definida por contraposição à realeza: a realeza é o governo exercido com o consentimento dos súditos e em conformidade com as leis das cidades; a tirania é o governo exercido sem o consentimento dos súditos e em conformidade, não com as leis, mas com a vontade do governante.[5] Essa definição cobre a forma comum de tirania, mas não a tirania no seu melhor. A tirania no seu melhor, a tirania que é corrigida de acordo com as sugestões de Simônides, já não é o governo sem o consentimento dos súditos. É muito certamente um governo com o consentimento dos súditos.[6] Mas permanece um governo "não em conformidade com as leis", i.e., permanece sendo um governo absoluto. Simônides, que exalta a tirania no seu melhor, evita usar o próprio termo "lei".[7] A tirania é essencialmente um governo sem leis ou, mais precisamente, um governo monárquico sem leis.

Antes de considerar as limitações da tirania assim entendida, podemos nos debruçar momentaneamente sobre as suas qualidades positivas. Quanto ao próprio tirano, Simônides assevera sem hesitação que ele pode ser perfeitamente feliz. Além disso, ele não deixa margem para dúvidas de que o tirano pode ser virtuoso e, de fato, ter uma virtude excepcional. A correção da tirania consiste em nada mais do que a transformação do tirano injusto e vicioso que é mais ou menos feliz num tirano virtuoso que é feliz.[8] Quanto aos súditos do

---

[5] *Memorabilia* IV 6.12. Compare-se com *Cyropaedia* I 3.18 e 1.1; *Hellenica* VII 1.46; *Agesilau* 1.4; *De Vectigalibus* 3.11; Aristóteles, *Política* 1295a15-18.

[6] *Hiero* 11.12. Compare-se com *Hellenica* V 1.3-4.

[7] Compare-se com p. 115-17 e III B, nota 85 anterior. Em *Hiero* 7.2, Simônides diz que *todos* os súditos do tirano cumprem *todas* as ordens que ele formula. Compare-se a observação complementar de que todos se levantam em honra ao tirano com *Resp. Lac.* 15.6; nenhum éforo limita o poder tirânico. Segundo Rousseau (*Contrat Social* III 10), o *Hiero* confirma sua tese de que os gregos não entendiam por tirano um monarca ruim – como Aristóteles em particular o fazia –, e sim alguém que usurpara a autoridade real independentemente da qualidade de seu governo. De acordo com o *Hiero*, o tirano é necessariamente "contra a lei" não apenas em virtude da maneira como lograra sua posição, mas sobretudo por causa do modo como governa: ele segue a própria vontade – que pode ser boa ou má –, e não uma legislação. O "tirano" de Xenofonte é idêntico ao "déspota" de Rousseau (*Contrat Social* III 10 fim). Compare-se com Montesquieu, *De l'Esprit des Lois* XI 9 e XIV 13, nota.

[8] *Hiero* 11.8, 15. Compare-se ibid. 8.9 com 7.10-12, 7 e 11.1. Compare-se também 1.11-14 com o paralelo dos *Memorabilia* (II 1.31). Quanto à possibilidade de o tirano ser justo, compare-se com

tirano, ou à sua cidade, Simônides deixa claro que podem ser muito felizes. O tirano e os seus súditos podem ser unidos por vínculos de mútua simpatia. Os súditos do tirano virtuoso são tratados, não como crianças, mas como camaradas ou companheiros.[9] Eles não são privados de honras pelo tirano.[10] Eles não são desarmados; o seu espírito militar é encorajado.[11] Nem são os mercenários, sem os quais a tirania é impossível, indesejáveis do ponto de vista da cidade: eles tornam possível que a cidade entre em guerra de forma vigorosa.[12] Quando Simônides recomenda que o tirano faça o uso mais amplo possível dos prêmios e que ele promova a agricultura e o comércio, ainda que a agricultura em grau mais elevado do que o comércio, ele parece simplesmente aprovar as políticas que Xenofonte considerava serem próprias de um Estado bem-ordenado. Com isso ele cria a impressão de que, de acordo com Xenofonte, o governo tirânico pode fazer jus aos padrões políticos mais elevados.[13]

O elogio da tirania beneficente por Simônides, que à primeira vista parece ser ilimitado e retoricamente vago, prova, depois de um exame mais próximo, ser redigido de forma muito cuidadosa e permanecer dentro de limites muito precisos. Tal como Simônides evita o termo "lei", ele evita o termo "liberdade". A consequência prática da ausência de leis, dá-nos ele a entender, é a ausência de liberdade: sem leis, sem liberdade. Todas as sugestões específicas feitas por Simônides fluem desse axioma implícito, ou revelam o seu significado político sob a sua luz. Por exemplo, ao recomendar ao tirano que ele considere os cidadãos como companheiros ou camaradas ele não quer dizer que o tirano deva tratar os cidadãos como seus iguais, ou até como homens livres. Pois os escravos podem ser tão companheiros quanto os homens livres. Para mais, Simônides aconselha o tirano a considerar os cidadãos como companheiros, e os seus amigos como os seus próprios filhos:[14] se os seus próprios amigos são então em todos os aspectos seus subordinados, os cidadãos serão seus subordinados num sentido ainda mais amplo. O conselho que acabo de referir mostra adicionalmente que Simônides não chega ao ponto de, em seu

---

Platão, *Fedro* 248e3-5.
[9] *Hiero* 11.5, 7, 14-15.
[10] *Hiero* 8.3 e 9.2-10.
[11] *Hiero* 9.6 e 11.3, 12. Compare-se com *Hellenica* II 3.41; do mesmo modo, com Aristóteles, *Política* 1315a32-40, e Maquiavel, *Príncipe* XX.
[12] *Hiero* 10.6. Compare-se com *Hellenica* IV 4.14.
[13] Acerca dos prêmios, compare-se, de modo especial, *Hiero* 9.11 com *Hipparchicus* 1.26.
[14] *Hiero* 11.14; compare-se com ibid. 6.3 e 3.8.

elogio da tirania beneficente, chamá-la de governo "paternal".[15] É verdade, os súditos do tirano beneficente não estão desarmados, mas em tempo de paz, pelo menos, eles não se protegem a si mesmos contra os escravos e malfeitores como fazem os cidadãos de Estados livres; eles são protegidos pelos guarda-costas do tirano.[16] Eles estão literalmente à mercê do tirano e dos seus mercenários, e apenas podem desejar ou rezar que o tirano se torne, ou permaneça, beneficente. O verdadeiro caráter da tirania, até no seu melhor, é claramente indicado pela sugestão "maquiavélica" de Simônides de que o tirano deve fazer ele próprio as coisas gratificantes (tal como a atribuição de prêmios), enquanto confia a outros as ações punitivas.[17] Dificilmente será necessário dizer que o tirano evitar abertamente assumir responsabilidade pelas ações punitivas não pressagia a suavização do seu governo: os governos não tirânicos assumem essa responsabilidade sem qualquer dissimulação[18] porque a sua autoridade, ao derivar da lei, está segura. De forma similar, o uso extraordinariamente amplo de prêmios, especialmente para a promoção da agricultura, parece servir ao propósito "tirânico" de manter os súditos ocupados com as suas preocupações privadas em vez de com os assuntos públicos.[19] Ao mesmo tempo os prêmios compensam a falta de incentivos naturais para aumentar a fortuna, uma falta que se deve ao caráter precário dos direitos de propriedade sob o governo de um tirano. O melhor dos tiranos consideraria a sua pátria seu patrimônio pessoal. Isso pode ser preferível ao empobrecimento da pátria a fim de aumentar o patrimônio privado; porém isso implica certamente que o melhor tirano considera a pátria sua propriedade privada, a qual ele administraria naturalmente de acordo com a sua própria discrição. Assim, nenhum súdito de um tirano poderia ter direitos de propriedade contra o tirano. Os súditos pagariam tanto quanto ele acha ser necessário, na forma de presentes ou

---

[15] Compare-se com *Cyropaedia* VIII 1.1 e 8.1.

[16] Compare-se *Hiero* 10.4 com ibid. 4.3.

[17] *Hiero* 9.1ss. Compare-se Maquiavel, *O Príncipe* XIX e XXI próximo ao fim, com Aristóteles, *Política* 1315a4-8. Ver também Montesquieu, *De l'Esprit des Lois* XII 23-24. Quanto à referência, em *Hiero* 9.5-6 (cf. Maquiavel, *Príncipe* XXI próximo ao fim), à divisão da cidade em seções, compare-se com Aristóteles, *Política* 1305a30-34, e Hume, "Idea of a Perfect Commonwealth" (próximo ao fim).

[18] *Memorabilia* III 4.8, *Oeconomicus* 4.7-8; 9.14-15; 12.19. *Resp. Lac.* 4.6 e 8.4. *Cyropaedia* V 1.13, *Anabasis* V 8.18 e II 6.19-20. Compare-se, porém, com *Cyropaedia* VIII 1.18.

[19] Compare-se *Hiero* 9.7-8 com *Resp. Lac.* 7.1-2. Compare-se com Aristóteles, *Política* 1305a18-22 e 1313b18-28, e também Montesquieu, *de l'Esprit des Lois* XIV 9.

contribuições voluntárias.²⁰ Nem se pode dizer que o tirano honra os cidadãos porque atribui prêmios ou distinções a alguns deles; ele pode ser capaz e estar disposto a enriquecer os seus súditos: ele não pode atribuir-lhes a "igualdade de honra" que é irreconciliável com o governo tirânico e de cuja falta pode-se presumir que eles sofrem.²¹

Essas limitações da tirania no seu melhor não são, porém, necessariamente decisivas. A forma como Simônides e Xenofonte julgaram o valor da tirania no seu melhor depende dos seus pensamentos sobre a importância da liberdade. Quanto a Simônides, ele parece não estimar nada de forma mais elevada do que a honra ou o louvor; e acerca do louvor ele diz que será tanto mais aprazível quanto mais livres forem aqueles que a concedem.²² Isso conduz à consequência de que as exigências da honra ou louvor não podem ser satisfeitas pela tirania, por mais perfeita que seja. O tirano não experimentará a honra do tipo mais elevado porque os seus súditos carecem de liberdade e, por outro lado, os súditos do tirano não experimentarão plenamente a honra pela razão já mencionada. Quanto ao próprio Xenofonte, temos de começar pelos fatos de que a liberdade era considerada o objetivo da democracia, em particular por distinção à aristocracia, cujo objetivo se dizia ser a virtude;²³ e de que Xenofonte não era um democrata. A visão de Xenofonte reflete-se na asserção implícita de Hiero de que os sábios não estão preocupados com a liberdade.²⁴ Para estabelecer a atitude de Xenofonte para com a tirania no seu melhor tal como caracterizada por Simônides temos de considerar a relação da tirania no seu melhor não com a liberdade, mas com a virtude. Somente se a virtude for impossível sem liberdade é que a exigência de liberdade é absolutamente justificada do ponto de vista de Xenofonte.

O próprio termo "virtude" ocorre cinco vezes no *Hiero*. Duas vezes em cinco é aplicada a seres humanos.²⁵ Só é aplicado uma vez ao tirano. Nunca

---

²⁰ *Hiero* 11.12-14. Compare-se com *Cyropaedia* VIII 2.15, 19; 1.17ss.
²¹ Compare-se *Hiero* 8.10 e 11.13 com *Oeconomicus* 14.9.
²² *Hiero* 1.16.
²³ Platão, *República* 569b9-c3; *Euthydemus* 292b4-c1. Aristóteles, *Eth. Nic.* 1131a26-29 e 1161a6-9; *Política* 1294a10-13; *Retórica* 1365b29ss.
²⁴ Compare-se com p. 84.
²⁵ *Hiero* 7.9 e 11.8. Compare-se com ibid. 2.2 (cavalos), 6.15 (cavalos) e 11.5 (carro de guerra). O cavalo é utilizado como exemplo que caracteriza indiretamente a virtude política no *Oeconomicus* (11.3-6): o cavalo pode ter virtude sem ter riqueza; se o ser humano também pode é questão que permanece em aberto. A resposta política à pergunta é fornecida na *Cyropaedia*

é aplicado aos súditos do tirano. Simônides aconselha o tirano a orgulhar-se da "felicidade da sua cidade" em vez da "virtude dos seus cavalos de corrida": ele não menciona a virtude da cidade como um objetivo possível do governo tirânico. É seguro dizer que a cidade governada por um tirano supostamente não "pratica a arte dos cavalheiros como um assunto público".[26] Mas, como foi provado pela vida de Sócrates, há homens virtuosos nas cidades que não "praticam a arte dos cavalheiros como um assunto público". É por isso uma questão em aberto saber se e como a virtude é possível sob o governo de um tirano. O tirano beneficente daria prêmios pela "valentia em guerra" e pela "justiça nas relações contratuais":[27] ele não se preocuparia em promover simplesmente a valentia e a justiça. Isso confirma a asserção de Hiero de que os corajosos e os justos não são desejados como súditos do tirano.[28] Apenas uma forma de coragem e de justiça restrita, ou reduzida, convém aos súditos de um tirano. Pois a simples valentia está intimamente próxima da liberdade, ou do amor da liberdade,[29] e a simples justiça é a obediência às leis. A justiça que convém aos súditos de um tirano é a forma menos política da justiça, ou a forma de justiça que mais dista do espírito público: a justiça que deve ser observada nas relações contratuais e privadas.[30]

Mas como um homem de virtude – e o tirano beneficente de Simônides parece ser um homem de virtude – pode ficar satisfeito com a necessidade de impedir os seus súditos de alcançar o cume da virtude? Reconsideremos então os fatos mencionados nos parágrafos precedentes. Quanto ao fato de que Simônides apenas atribui aos súditos do tirano uma forma restrita de valentia e não lhes atribui coragem, temos de nos lembrar de que nas duas listas de Xenofonte sobre as virtudes de Sócrates a coragem não ocorre.[31] Quanto ao fracasso

---

(I 2.15), em que fica demonstrado que a aristocracia é o governo de homens de boa estirpe que não precisam trabalhar. Compare-se com p. 125, sobre a insegurança dos direitos de propriedade sob o governo de um tirano.

[26] *Resp. Lac.* 10. 4 (cf. Aristóteles, *Eth. Nic.* 1180a24ss). *Cyropaedia* I 2.2ss.

[27] *Hiero* 9.6.

[28] *Hiero* 5.1-2.

[29] Compare-se *Hiero* 9.6 com ibid. 5.3-4, *Anabasis* IV 3.4 e *Hellenica* VI 1.12. Compare-se *Hiero* 9.6. com o paralelo de *Cyropaedia* (I 2.12). Uma forma reduzida de proeza talvez pareça característica dos eunucos; ver *Cyropaedia* VII 5.61ss.

[30] Esse é o tipo de justiça que poderia existir numa sociedade apolítica tal qual a cidade primária, ou cidade de porcos, de Platão (*República* 371e12-372a4). Compare-se *Oeconomicus* 14.3-4 com Aristóteles, *Eth. Nic.* 1130b6, 30ss.

[31] *Memorabilia* IV 8.11. *Apol. Socr.* 14, 16.

de Simônides de atribuir aos súditos do tirano a simples justiça, temos de nos lembrar de que a justiça pode ser entendida como uma parte da moderação e de que, de acordo com uma afirmação explícita de Simônides, os súditos do tirano poderão muito bem possuir moderação.[32] Quanto ao fracasso de Simônides para atribuir virtude enquanto tal aos súditos do tirano, temos de nos lembrar de que a virtude não é necessariamente um termo genérico, mas pode indicar uma virtude específica por distinção à justiça em particular.[33] Seja como for, a questão de saber aquilo que Simônides pensou acerca da possibilidade de virtude sob o governo tirânico parece ser definitivamente decidida por uma afirmação explícita sua, segundo a qual os "cavalheiros" podem viver, e viver de forma feliz, sob o governo de um tirano beneficente.[34] Para não mal interpretar o fato de Simônides atribuir aos súditos de um tirano apenas formas adjetivadas de coragem e justiça, temos de compará-lo ao fracasso de Xenofonte, na sua *Lacedaemoniorum respublica*, em atribuir justiça em qualquer sentido aos próprios espartanos. O máximo que poderemos dizer é que a virtude possível sob o governo de um tirano será de uma cor específica, uma cor diferente da cor da virtude republicana. Pode experimentalmente ser sugerido que o lugar ocupado dentro da virtude republicana pela coragem é ocupado dentro da virtude que convém aos súditos de um tirano excelente pela moderação, a qual é produzida pelo medo.[35] Mas não temos direito de supor que a virtude que convém aos súditos de um tirano bom destina-se a ser inferior em dignidade à virtude republicana. O quão pouco Xenofonte acreditava ser impossível a virtude sem a liberdade é mostrado de forma mais impressionante por meio da sua admiração pelo Ciro mais novo, o qual não hesita em descrever como um "escravo".[36]

Se os cavalheiros podem viver de forma feliz sob o governo de um tirano beneficente, a tirania corrigida pelas sugestões de Simônides parece fazer justiça aos padrões políticos mais elevados de Xenofonte. Para comprovar que este

---

[32] Compare-se *Hiero* 9.8 com *Memorabilia* IV 3.1 e *Hellenica* VII 3.6. Compare-se com Platão, *Gorgias* 507a7-c3.
[33] *Anabasis* VII 7.41.
[34] *Hiero* 10.3. Compare-se com Montesquieu, *De l'Esprit des Lois* III 9: "Comme il faut de la vertu dans une république, et dans une monarchie de l'honneur, il faut de la crainte dans un gouvernement despotique: pour la vertu, elle n'y est pas *nécessaire*, et l'honneur y serait *dangereux*." A virtude, portanto, não é perigosa para o "despotismo" (grifo meu).
[35] Compare-se *Hiero* 10.3 com *Cyropaedia* III 1.16ss e VIII 4.14; do mesmo modo, com *Anabasis* VII 7.30.
[36] *Anabasis* I 9.29.

é o caso, temos meramente de medir o tirano excelente de Simônides à luz do critério que é avançado pela definição xenofôntica ou socrática do bom governante. A virtude do bom governante consiste em tornar felizes aqueles que governa. O objetivo do bom governante pode ser alcançado através das leis – isso foi feito, de acordo com Xenofonte, da forma mais memorável na cidade de Licurgo – ou pelo governo sem leis, i.e., pela tirania: o tirano beneficente tal como descrito por Simônides torna a sua cidade feliz.[37] É certamente muito significativo que, no que diz respeito à felicidade alcançada pela tirania, ele não ofereça outra prova senão a promessa do poeta. Em outras palavras, tem muita importância que, segundo Xenofonte, o objetivo do bom governante seja provavelmente alcançado através das leis e não do governo absoluto. Isso não desfaz, no entanto, a admissão de que, por uma questão de princípio, o governo das leis não seja essencial ao bom governo.

Xenofonte não faz essa admissão com todas as letras. Ele apresenta Simônides descrevendo a tirania no seu melhor e declarando que o tirano pode tornar a sua cidade feliz. Considerando a situação na qual Simônides expõe as suas visões da tirania, justifica-se a objeção de que aquilo que ele diz serve ao propósito de reconfortar um tirano algo perturbado ou de que, de qualquer modo, é dito *ad hominem* e não se pode considerar que expresse diretamente as próprias visões de Xenofonte. Temos, por isso, de considerar se a tese de que a tirania pode fazer justiça aos padrões políticos mais elevados é defensável com base na filosofia política de Xenofonte ou de Sócrates.

Para começar, parecerá deveras paradoxal que Xenofonte tenha tido qualquer tipo de gosto pela tirania, ainda que a boa. A tirania no seu melhor é ainda um governo sem leis e, segundo a definição de Sócrates, a justiça é idêntica à legalidade ou à obediência às leis.[38] Assim, qualquer forma de tirania parece ser irreconciliável com os requisitos da justiça. Por outro lado, a tirania tornar-se-ia moralmente possível se a identificação entre o "justo" e o "legal" não fosse absolutamente correta, ou se "tudo o que é conforme à lei fosse (apenas) algo ($πως$) justo".[39] As leis que determinam aquilo que é legal são as regras de conduta com as quais os cidadãos concordaram.[40] "Os cidadãos" podem ser "a multidão" ou "os poucos"; "os poucos" podem ser os ricos ou os virtuosos.

---

[37] Compare-se *Hiero* 11.5, 8 com *Memorabilia* III 2 e *Resp. Lac.* 1.2.
[38] *Memorabilia* IV 4.12ss. Compare-se com ibid. IV 6.5-6 e *Cyropaedia* I 3.17.
[39] Aristóteles, *Eth. Nic.* 1129b12.
[40] *Memorabilia* IV 4.13.

Ou seja, as leis e, por conseguinte, aquilo que é legal, depende da ordem política da comunidade para a qual elas são dadas. Poderá Xenofonte ou o seu Sócrates ter acreditado que a diferença entre as leis que dependem de uma ordem política defeituosa e as leis que dependem de uma ordem política boa é totalmente irrelevante no que concerne à justiça? Poderão eles ter acreditado que a regras prescritas por um monarca, i.e., não pelos "cidadãos", não podem ser leis?[41] Além disso, é totalmente irrelevante para a justiça que aquilo que as leis prescrevem seja razoável ou desprovido de sentido, bom ou mau? Finalmente, é totalmente irrelevante para a justiça que as leis decretadas pelo legislador (os muitos, os poucos, o monarca) sejam impostas pela força ou voluntariamente consentidas pelos outros membros da comunidade? Questões como estas não são levantadas por Xenofonte, ou pelo seu Sócrates, mas apenas pelo jovem e precipitado Alcibíades que, no entanto, foi um pupilo de Sócrates no tempo em que levantou essas questões; apenas Alcibíades, e não Sócrates, é apresentado por Xenofonte de forma a levantar a questão socrática: "O que é a lei?".[42] A dúvida de Sócrates a respeito da identificação irrestrita entre justiça e legalidade é sugerida, porém, pelo fato de, por um lado, ele considerar um decreto do "legislador" Crítias e de seus companheiros como uma "lei" que, diz ele, está preparado a obedecer; e, por outro lado, de fato desobedecê-la porque é "contra as leis".[43] Mas, à parte da consideração de que o "justo" e o "legal" tornariam impossível a distinção evidentemente necessária entre leis justas e injustas, há elementos da justiça que necessariamente transcendem a dimensão do legal. A ingratidão, por exemplo, embora não seja ilegal, é injusta.[44] A justiça nas relações de negócios – a justiça comutativa de Aristóteles propriamente dita – que é possível sob o governo de um tirano não é, por essa mesma razão, essencialmente dependente da lei. Xenofonte é assim levado a sugerir outra definição, uma definição mais adequada, de justiça. De acordo com ela, o homem justo é um homem que não prejudica ninguém, mas que ajuda todos com quem trava contato. Ser justo, por outras palavras, significa simplesmente ser beneficente.[45]

---

[41] *Oeconomicus* 14.6-7.
[42] *Memorabilia* I 2.39-47 e I 1.16.
[43] *Memorabilia* I 2.31ss; IV 4.3.
[44] *Agesilau* 4.2. Compare-se com *Cyropaedia* I 2.7.
[45] Compare-se *Memorabilia* IV 8.11 com ibid. I 2.7 e *Apol. Socr.* 26. Ver também *Agesilau* 11.8. Compare-se com Platão, *Críton* 49b10ss (cf. Burnet, ad loc.); *República* 335d11-13 e 486b10-12; *Clitofon* 410a7-b3; Aristóteles, *Política* 1255a17-18 e *Retórica* 1367b5-6.

Se a justiça é então essencialmente translegal, o governo sem leis poderá muito bem ser justo: o governo absoluto e beneficente é justo. O governo absoluto de um homem que sabe governar, que é um governante nato, é na verdade superior ao governo das leis, na medida em que um bom governante é uma "lei que vê",[46] e as leis não "veem", ou a justiça legal é cega. Ao passo que um bom governante é necessariamente beneficente, as leis não são necessariamente beneficentes. Para não dizer nada acerca das leis que são de fato prejudiciais e más, até as boas leis padecem do fato de que não conseguem "ver". Ora, a tirania é governo monárquico absoluto. Por conseguinte, o governo de um tirano excelente é superior ao o governo das leis, ou mais justo do que este. A percepção do problema da lei, a compreensão da essência da lei, levantar e responder à questão socrática: "O que é a lei?" compelem e permitem a Xenofonte admitir que a tirania pode fazer justiça aos padrões políticos mais elevados. O fato de ele dar, no *Hiero*, um maior peso ao elogio da tirania do que à condenação da tirania é então mais do que uma consequência acidental da sua decisão de apresentar o ensinamento da tirania sob a forma de um diálogo.

Assim, Simônides vai muito além de elogiar a tirania beneficente: ele elogia nos termos mais fortes o almejado governo beneficente do tirano, que previamente cometeu um número considerável de crimes. Por implicação, ele admite que o caráter louvável da tirania no seu melhor não é arruinado pela forma injusta através da qual o tirano originalmente adquiriu o seu poder ou através da qual governava antes da sua conversão — Xenofonte teria sido impedido de concordar plenamente com o seu Simônides no que diz respeito à tirania se ele fosse um legitimista ou constitucionalista. O Sócrates de Xenofonte torna claro que só existe um título suficiente para governar: apenas o conhecimento, e não a força e fraude ou a eleição, ou, se pudermos adicionar, a hereditariedade, tornam um homem um rei ou um governante. Se esse for o caso, o governo "constitucional", o governo derivado da eleição,

---

[46] *Cyropaedia* VIII 1.22. Em *Hiero* 9.9-10, Simônides recomenda que se honre aqueles que descobrem algo útil para a cidade. Há vínculo entre essa sugestão, que exige a aceitação de mudanças várias e frequentes, e a natureza do governo tirânico enquanto governo que não é limitado por leis. Quando examina a mesma sugestão, feita por Hipódamo, Aristóteles a rejeita por ser perigosa à estabilidade política, sendo levado, de modo um tanto natural, a declarar o princípio de que a "nomocracia" exige a menor frequência possível de mudanças legislativas (*Política* 1268a6-8, b 2ss). A nomocracia, tal qual os clássicos a compreendiam, só pode existir numa sociedade "conservadora". Por outro lado, a introdução veloz de todos os tipos de melhoria é obviamente compatível com a tirania beneficente.

em particular, não é essencialmente mais legítimo do que o governo tirânico, o governo que é derivado da força e da fraude. O governo tirânico assim como o governo "constitucional" serão legítimos na medida em que o tirano ou os governantes "constitucionais" escutarem os conselhos daquele que "fala bem" porque "pensa bem". Seja como for, o governo de um tirano que, depois de obter o poder por meio da força e da fraude, ou depois de ter cometido qualquer número de crimes, escuta as sugestões de homens sensatos, é essencialmente mais legítimo do que o governo de magistrados eleitos que se recusam a escutar tais sugestões. O Sócrates de Xenofonte está tão pouco comprometido com a causa do "constitucionalismo" que descreve os homens de senso que aconselham o tirano como "aliados" do tirano. O que equivale a dizer que ele entende a relação do sábio com o tirano quase exatamente da mesma forma que Simônides.[47]

Embora pareça ter acreditado que uma tirania beneficente ou o governo de um tirano que escuta os conselhos do sábio é, por uma questão de princípio, preferível ao governo das leis ou ao governo de magistrados eleitos enquanto tal, Xenofonte parece ter pensado que a tirania no seu melhor dificilmente – se tanto – poderia ser realizada. Isso é mostrado mais claramente pela ausência de qualquer referência a tiranos beneficentes ou felizes que tenham existido, não só no *Hiero*, mas no *Corpus Xenofophonteum* como um todo. É verdade que em *A Educação de Ciro* ele refere ocasionalmente um tirano que era aparentemente feliz;[48] ele não diz, no entanto, que ele era beneficente ou virtuoso. Acima de tudo, o monarca em causa não era grego: as hipóteses da tirania no seu melhor parecem ser particularmente diminutas entre os gregos.[49] A razão pela qual Xenofonte era tão cético em relação às perspectivas da tirania no seu melhor é indicada por um traço comum aos dois tratamentos temáticos da tirania no seu melhor que ocorrem nas suas obras. No *Hiero* assim como

---

[47] *Hiero* 11.10-11. *Memorabilia* III 9.10-13. Compare-se com Aristóteles, *Política* 1313a9-10. Talvez seja útil comparar a tese de Xenofonte com a tese de um constitucionalista assaz convicto como Burke. Diz Burke (em "Speech on a Motion for Leave to Bring in a Bill to Repeal and Alter Certain Acts Respecting Religious Opinions"): "[...] talvez não seja tanto por meio da assunção de poderes ilegais, e sim pelo uso néscio ou injustificável daqueles que são mais lícitos, que os governos se opõem a seu verdadeiro fim e a seu verdadeiro objeto, haja vista a existência tanto da tirania quanto da usurpação".

[48] *Cyropaedia* I 3.18.

[49] Compare-se com *Anabasis* III 2.13. O fato mencionado no texto acaba por explicar o modo como a tirania é tratada na *Hellenica*, a obra vigorosamente grega de Xenofonte.

nos *Memorabilia*, o tirano é apresentado como um governante que precisa da orientação de outro homem para se tornar um bom governante: até o melhor tirano é, enquanto tal, um governante imperfeito e ineficiente.[50] Sendo um tirano, sendo chamado um tirano e não um rei, significa não ter sido capaz de transformar um título que é geralmente considerado defeituoso num título que é geralmente considerado válido.[51] A falta de uma autoridade inquestionável leva à consequência de que o governo tirânico é essencialmente mais opressivo e consequentemente menos estável do que o governo não tirânico. Assim, nenhum tirano pode dispensar os guarda-costas que lhe são mais leais do que a cidade e que lhe permitem manter o seu poder contra os desejos da cidade.[52] Razões como estas explicam por que Xenofonte, ou o seu Sócrates, preferiam, para todos os efeitos práticos, pelo menos na medida em que os gregos são considerados, o governo das leis à tirania, e por que identificavam, para todos os efeitos práticos, o justo com o legal.

O ensinamento "tirânico" – o ensinamento que expõe a visão de que se pode argumentar a favor da tirania beneficente, e até de uma tirania beneficente que foi originalmente estabelecida através da força e da fraude – tem então um significado puramente teórico. Não é mais do que uma expressão particularmente forte do problema da lei e da legitimidade. Quando Sócrates foi acusado de ensinar os seus pupilos a serem "tirânicos", isso indubitavelmente aconteceu por causa da compreensão de um tese teórica como uma proposta prática. Porém a tese teórica por si só impedia os seus detentores de serem leais sem restrições à democracia ateniense, por exemplo,

---

[50] *Memorabilia* III 9.12-13. Compare-se com Platão, *Leis* 710c5-d1. Estamos agora em posição de enunciar, com mais clareza do que poderíamos inicialmente (p. 31-32 acima), a conclusão que deve ser obtida a partir do título *Hiero*. O título expressa a visão de que Hiero é homem de destaque (cf. III, nota 92 anterior), mas destaque questionável; de que o caráter questionável de seu destaque é revelado pelo fato de ele necessitar de um professor que o ensine a arte tirânica; e de que isso se deve não apenas a seus defeitos particulares, mas também à natureza da tirania como tal. O tirano necessita por essência de professor, enquanto o rei não (Agesilau e Ciro, por exemplo). Não precisamos insistir no lado oposto dessa moeda, a saber: que o tirano, e não o rei, encontra utilidade para o sábio ou filósofo (considere-se a relação entre Ciro e a contraparte armênia de Sócrates na *Cyropaedia*). Se o tecido social está em ordem, se o regime é legítimo segundo os padrões de legitimidade universalmente aceitos, a necessidade da filosofia, e talvez até sua legitimidade mesma, resulta menos clara do que no caso oposto. Compare-se com a nota 94 anterior e V, nota 60 a seguir.

[51] Para um exemplo de transformações assim, compare-se *Cyropaedia* I 3.18 com ibid. I 2.1.

[52] *Hiero* 10.1-8. Compare-se com Aristóteles, *Política* 1311a7-8 e 13114a34ss.

pois impedia-os de acreditar que a democracia é simplesmente a melhor ordem política. Impedia-os de ser "bons cidadãos" (no sentido preciso do termo)[53] numa democracia. Xenofonte não tenta sequer defender Sócrates contra a alegação de que ele conduziu os jovens a desdenhar a ordem política estabelecida em Atenas.[54] Desnecessário dizer que a tese teórica em questão poderia ter-se tornado embaraçosa para o seu detentor em qualquer cidade que não seja governada por um tirano, i.e., em quase todas as cidades. A aceitação do ensinamento "tirânico" por Xenofonte e por Sócrates explicaria, então, por que eles se tornaram suspeitos para os seus concidadãos, e, por conseguinte, em larga medida, por que Sócrates foi condenado à morte e Xenofonte foi condenado ao exílio.

Uma coisa é aceitar a tese teórica no que diz respeito à tirania, outra é expô-la publicamente. Toda a exposição escrita é em menor ou maior grau uma exposição pública. O *Hiero* não expõe o ensinamento "tirânico". Mas permite, e até compele, o seu leitor a desembaraçar esse ensinamento dos escritos em que Xenofonte fala em seu próprio nome ou apresenta as visões de Sócrates. Apenas quando é lido à luz da questão levantada no *Hiero* é que as passagens relevantes dos outros escritos de Xenofonte revelam o seu pleno significado. O *Hiero* revela, porém, ainda que apenas indiretamente, a condição na qual o ensinamento "tirânico" pode ser exposto. Se a cidade é essencialmente a comunidade que é mantida junta e governada pela lei, o ensinamento "tirânico" não pode existir para o cidadão enquanto cidadão. A razão última para o próprio tirano condenar vivamente a tirania é precisamente a de que ele é no fundo um cidadão.[55] Nesse sentido, Xenofonte confia o único elogio explícito da tirania que ele jamais escreveu a um "estrangeiro", um homem que não tem responsabilidades cívicas e que, adicionalmente, dá voz ao elogio da tirania não publicamente, mas numa conversa estritamente privada com um tirano, e com um propósito que lhe fornece uma desculpa quase perfeita. Sócrates não considerava que um sábio fosse simplesmente um estrangeiro;[56] Sócrates era um cidadão-filósofo. Ele não poderia, por isso, com propriedade, ser apresentado a elogiar a tirania quaisquer que fossem as circunstâncias. Não há nenhuma diferença

---

[53] Aristóteles, *Política* 1276b29-36; 1278b1-5; 1293b3-7.
[54] *Memorabilia* I 2.9-11.
[55] Compare-se com p. 105-06.
[56] *Memorabilia* II 1.13-15.

fundamental a esse respeito entre Xenofonte e Platão. Platão confiou a sua discussão do caráter problemático do "governo das leis" a um estrangeiro. O Sócrates de Platão silencia acerca desse grave, para não dizer atemorizante, tema assim como o Sócrates de Xenofonte.[57] Simônides cumpre no *Corpus Xenophonteum* uma função comparável àquela desempenhada no *Corpus Platonicum* pelo Estrangeiro de Eleia.

---

[57] Compare-se também com o qualificado louvor do bom tirano que tece o estrangeiro ateniense nas *Leis* de Platão (709d10ss e 735d). Em 709d10ss, o estrangeiro ateniense recusa a responsabilidade pela recomendação do uso do tirano ao atribuir a recomendação ao "legislador".

V. Os dois modos de vida

O tema primário da conversa descrita no *Hiero* não é o aperfeiçoamento do governo tirânico, mas a diferença entre a vida tirânica e a vida privada no que diz respeito às alegrias e aos sofrimentos humanos. A questão que concerne a essa diferença é idêntica, no contexto, à questão de saber se a vida tirânica é mais digna do que a vida privada e vice-versa. Na medida em que o "tirano" é eventualmente substituído pelo "governante", e a vida do governante é a vida política no sentido estrito,[1] a questão discutida no *Hiero* diz respeito à relativa desejabilidade da vida do governante, ou da vida política, por um lado, e da vida privada, por outro. Mas independente de como a questão discutida no diálogo é formulada, ela é, em todo caso, apenas uma forma especial da questão socrática fundamental de saber como o homem deve viver, ou de saber qual o modo de vida mais digno.[2]

No *Hiero*, a diferença entre a vida tirânica e a vida privada é discutida numa conversa entre um tirano e um homem privado. Isso significa que o mesmo objeto é apresentado de duas maneiras diferentes. Ele é apresentado da maneira mais óbvia pelas afirmações explícitas e temáticas dos dois personagens. Contudo, não se pode presumir que os dois personagens tenham

---

[1] *Memorabilia* I 1.8; IV 6.14.
[2] Compare-se *Hiero* 1.2, 7 com *Cyropaedia* II 3.11 e VIII 3.35-48; *Memorabilia* II 1 e I 2.15-16; do mesmo modo, com Platão, *Górgias* 500c-d.

afirmado exatamente aquilo que eles próprios pensavam sobre ele: Hiero teme Simônides, e Simônides é guiado por uma intenção pedagógica. Xenofonte apresenta a sua visão mais diretamente, embora de forma menos óbvia, através da ação do diálogo, através daquilo que as personagens silenciosamente fazem e sem querer ou ocasionalmente revelam, ou através do contraste atual concebido por ele entre Hiero, o tirano, e Simônides, o homem privado. Na medida em que Hiero se apresenta como um cidadão no sentido mais radical e Simônides prova ser um estrangeiro no sentido mais radical, o diálogo mostra o contraste entre o cidadão e o estrangeiro. De qualquer modo, Simônides não é simplesmente um "homem privado",[3] e ele não é um representante vulgar da vida privada. O que quer que tenha sido silenciado a respeito do seu próprio modo de vida, ele se revela através do seu ser ou dos seus atos como um sábio. Se considerarmos a situação conversacional, o diálogo revela-se uma tentativa de contrastar a vida tirânica ou a vida do governante, não somente com a vida privada, mas com a vida do sábio.[4] Ou, mais especificamente, é uma tentativa de contrastar um tirano educado, um tirano que admira, ou deseja admirar, os sábios, com um sábio que conversa com tiranos.[5] Em última análise, o diálogo serve ao propósito de contrastar os dois modos de vida: a vida política e a vida dedicada à sabedoria.[6]

Poder-se-ia objetar que, de acordo com Xenofonte, não há contraste entre o sábio e o governante: o governante no sentido estrito é aquele que sabe governar, que possui o tipo de conhecimento mais nobre, que é capaz de ensinar aquilo que é melhor; e esse conhecimento é idêntico à sabedoria.[7] Mesmo que essa objeção não estivesse exposta a quaisquer dúvidas, ainda se manteria a diferença entre o sábio ou governante que deseja governar ou que

---

[3] Considere-se o duplo significado de ἰδιώτης em *Hiero* 4.6. Compare-se com Aristóteles, *Política* 1266a31-32. Enquanto Hiero muitas vezes utiliza "os tiranos" e "nós" promiscuamente, e enquanto Simônides promiscuamente utiliza "os tiranos" e "tu", Hiero só dá um uso promíscuo a "homens privados" e "tu". Simônides refere-se inequivocamente a "nós (homens privados)" em *Hiero* 1.5, 6 e 6.9. Para outros usos da primeira pessoa do plural por Simônides, ver as seguintes passagens: 1.4, 6, 16; 8.2, 5; 9.4; 10.4; 11.2. Compare-se com III A, nota 35, e III B, notas 50 e 89.

[4] Rudolf Hirzel, loc. cit., 170 n. 3: "Am Ende klingt aus allen diesen (im Umlauf befindlichen) Erzählungen (über Gespräche zwischen Weisen und Herrschern) [...] dasselbe Thema wieder von dem *Gegensatz*, der zwischen den Mächtigen der Erde und den Weisen besteht und in deren gesamter Lebansauffassung und Anschauungsweise zu Tage tritt" (grifos meus).

[5] *Hiero* 5.1. Ver p. 72 e III A, nota 44 acima.

[6] Platão, *Górgias* 500c-d. Aristóteles, *Política* 1324a24ss.

[7] Compare-se *Hiero* 9.2 com *Memorabilia* III 9.5, 10-11. Compare-se III A, nota 32 acima.

de fato governa, e o sábio ou governante (por exemplo, Sócrates e o poeta Simônides) que não deseja governar e não se mete na política, mas leva uma vida privada de ócio.[8]

A ambiguidade que caracteriza o *Hiero* não é ilustrada por nada de forma mais marcante que pelo fato de que a questão primária discutida na obra não recebe uma resposta explícita e final. Para descobrir a resposta final que é implicitamente dada temos de partir das respostas explícitas, embora provisórias. Ao discutir tanto as respostas explícitas ou provisórias como as implícitas ou finais, temos de distinguir entre as respostas dos dois personagens; pois não temos direito de assumir que Hiero e Simônides estejam de acordo.

A resposta explícita de Hiero consiste na ideia de que a vida privada é absolutamente preferível à vida tirânica.[9] Mas ele não consegue negar a afirmação de Simônides de que os tiranos têm um poder maior dos que os homens privados para fazer coisas através das quais os homens ganham amor, e elogia espontaneamente e de forma mais elevada do que qualquer outra coisa o fato de ser amado. É verdade que ele replica que os tiranos incorrem mais facilmente no ódio do que os homens privados; mas Simônides é bem sucedido em silenciar essa objeção ao distinguir implicitamente entre o tirano bom ou prudente e o mau ou tolo. Na sua última elocução, Hiero admite que um governante ou tirano pode obter o afeto dos seus súditos.[10] Se aceitarmos a premissa de Hiero de que o amor, i.e., ser amado, é uma coisa mais digna, somos levados pelo argumento de Simônides à conclusão de que a vida do tirano beneficente é preferível no aspecto mais importante à vida privada. À medida que a conclusão decorre da premissa de Hiero e não é eventualmente contestada por ele, podemos considerá-la a sua resposta final.

Dado que Hiero é menos sábio, ou competente, do que Simônides, a sua resposta é muito menos importante que a do poeta. Simônides assevera primeiro que a vida tirânica é superior à vida privada em todos os aspectos. Ele é rapidamente compelido ou levado a admitir que a vida tirânica não é superior à vida privada em todos os aspectos. Mas ele parece manter que a vida tirânica é superior à vida privada no aspecto mais importante: ele não elogia nada de forma tão elevada como a honra, e assevera que os tiranos

---

[8] *Memorabilia* I 2.16, 39, 47-48; 6.15; II 9.1; III 11.16.
[9] *Hiero* 7.13.
[10] Compare-se *Hiero* 8.1-10.1 com ibid. 3.3-5 e 11.8-12.

são honrados acima dos outros homens.[11] Tendo em vista a sua distinção subsequente entre o bom e o mau tirano, podemos enunciar a sua tese final da seguinte forma: a vida do tirano beneficente é superior à vida privada no aspecto mais importante. Simônides e Hiero parecem alcançar a mesma conclusão começando de premissas diferentes.

Num exame mais cuidadoso, parece, porém, que o elogio de Simônides à vida tirânica é ambíguo. Para deslindar a sua visão, temos de distinguir em primeiro lugar entre aquilo que ele diz explicitamente e aquilo que Hiero acredita que ele está dizendo.[12] Em segundo lugar, temos de distinguir entre aquilo que Simônides diz na primeira parte do *Hiero*, na qual ele esconde a sua sabedoria, e aquilo que ele diz na segunda parte, na qual contribui muito mais do que na primeira parte e na qual já não fala como um pupilo algo diferente, mas com a confiança de um professor. Temos de associar um peso particular ao fato de que a afirmação mais enfática de Simônides no que diz respeito à superioridade da vida tirânica ocorre na primeira seção, na qual ele esconde em maior grau a sua sabedoria, do que em qualquer seção subsequente.[13]

Simônides afirma para começar que os tiranos experimentam muitos mais prazeres de todos os tipos e menos sofrimentos de todos os tipos do que os homens privados. Ele admite logo a seguir que, no que diz respeito a um número de aspectos de menor importância, se não no que diz respeito a todos os aspectos de menor importância, a vida privada é preferível à vida tirânica. Surge a questão de se ele simplesmente retira ou meramente qualifica a afirmação geral feita no início. Será que ele acredita que a vida tirânica é superior à vida privada no que diz respeito ao aspecto mais importante? Ele nunca responde a essa questão explicitamente. Quando compara a vida tirânica e a vida privada no que diz respeito a coisas mais importantes do que os prazeres corporais, ele usa uma linguagem muito mais reservada do que na asserção inicial e geral. Em particular, quando fala acerca da honra, ele diz, depois de ter enumerado as várias formas pelas quais as pessoas honram os tiranos: "pois

---

[11] *Hiero* 7.4. Compare-se ibid. 1.8-9 com 1.14, 16, 21-22, 24, 26 e 2.1-2.

[12] A diferença entre as declarações explícitas de Simônides e a interpretação que Hiero lhes dá revela-se mais claramente à luz da comparação de *Hiero* 2.1-2 com as seguintes passagens: 2.3-5; 4.6; 6.12.

[13] Ver p. 79s e 100s, bem como III B, notas 87 e 92 acima. Na segunda parte (isto é, na quarta seção), em que sua contribuição é cerca de três vezes maior do que na primeira, Simônides emprega expressões como "parece-me" ou "creio" com frequência muito menor do que nesta, ao mesmo tempo em que usa três vezes ἐγώ φημί, jamais utilizado na primeira parte.

estes são, é claro, os tipos de coisas que os súditos fazem pelos tiranos e por *alguém* que acontece, no momento, honrarem". Com isso ele parece dizer que a honra mais extraordinária não é exclusiva aos tiranos. Por outro lado, ele diz quase imediatamente a seguir que "vocês (*sc.* os tiranos) são honrados acima de (todos) os outros homens". O que ele diz na primeira parte do diálogo, à diferença do seu assaz perturbado interlocutor, poderá muito bem parecer ambíguo ou inconclusivo para o leitor descuidado.[14] Na segunda parte ele diz explicitamente que a vida tirânica é superior à vida privada no que diz respeito ao maior dos prazeres. Ele de fato afirma que a vida dos tiranos é superior à vida privada no que concerne ao amor. Mas nunca diz em parte alguma do diálogo que o amor, ou a amizade, é a coisa mais aprazível.[15]

Para alcançar uma formulação mais exata da dificuldade, devemos partir novamente do fato crucial de que Simônides não louva nada de forma tão elevada como a honra. A sua contribuição para a primeira parte culmina na asserção de que a diferença característica entre a espécie "verdadeiro homem" (ἀνήρ) e os outros tipos de seres humanos, os seres humanos vulgares evidentemente incluídos, consiste no desejo de honra que é próprio do primeiro, e na sugestão de que as honras mais extraordinárias são reservadas para os governantes, se não para os tiranos em particular. É verdade que ele declara no mesmo contexto que nenhum prazer humano parece ser superior ao prazer que decorre da honra, e assim ele parece admitir que os outros prazeres humanos podem igualá-lo.[16] Por outro lado, em parte alguma ele exclui explicitamente a possibilidade de que o prazer não é o único critério ou o último. Já observamos que na segunda parte do diálogo a ênfase desliza tacitamente daquilo que é aprazível para aquilo que é bom e nobre.[17] Essa mudança atinge o seu clímax na afirmação final de Simônides (11.7-15). No seu início, ele indica claramente que a mais nobre e maior competição entre seres humanos e, por conseguinte, a vitória nela, está reservada aos governantes: a vitória nessa competição consiste em tornar muito feliz a cidade da qual

---

[14] *Hiero* 7.2, 4. A ambiguidade de διαφερόνως em 7.4 ("acima dos outros homens" ou "diferentemente dos outros homens") não é acidental. Compare-se, com o διαφερόνως em 7.4, o πολύ διαφέρετε em 2.2, o πολύ διαφερόντως em 1.29 e o πολλαπλάσια em 1.8. Compare-se com III A, nota 8, e III B, notas 73 e 88 acima.

[15] *Hiero* 8.1-7. Compare-se com III B, nota 86.

[16] *Hiero* 7.3-4.

[17] Ver p. 113-16. Quanto ao vínculo entre "honra" e "nobre", ver *Cyropaedia* VII 1.13; *Memorabilia* III 1.1; 3.13; 5.28; *Oeconomicus* 21.6; *Resp. Lac.* 4.3-4; *Hipparchicus* 2.2.

se é chefe. Ele leva assim a que se espere que nenhum outro ser humano se não um governante pode atingir o apogeu da felicidade: poderá alguma coisa rivalizar a vitória no maior e mais nobre concurso? Essa questão é respondida na frase conclusiva, de acordo com a qual Hiero, ao se tornar o benfeitor da sua cidade, possuiria a coisa mais nobre e mais abençoada que pode ser encontrada entre os seres humanos: ele seria feliz sem ser invejado. Simônides não diz que a posse mais nobre e mais abençoada acessível aos seres humanos é a vitória no maior e mais nobre concurso entre eles. Ele não diz sequer que não podemos ser felizes sem sermos invejados ao não ser tornando a cidade que governamos mais feliz. Na circunstância, ele tinha as razões mais fortes para elogiar o governante beneficente tão enfaticamente quanto explicitamente possível. Ao evitar identificar explicitamente "tornar a nossa cidade muito feliz" com "a posse mais nobre e mais abençoada", ele parece sugerir que há possibilidades de felicidade fora ou para além da vida política. A própria fraseologia da última oração parece sugeri-lo. Os fazendeiros e artífices, que fazem bem o seu trabalho, estão contentes com o seu lote e apreciam os simples prazeres da vida, são pelo menos tão provavelmente felizes sem serem invejados quanto os governantes ricos e poderosos, por mais beneficentes que possam ser.[18] O que é verdade acerca das pessoas vulgares é igualmente verdadeiro acerca dos outros tipos de homens e, em particular, daquele tipo de homem que parece ser muito importante na situação dialógica: aqueles que vêm exibir perante o tirano as coisas sábias, belas ou boas que possuem, que têm o seu quinhão das comodidades da vida da corte e que são recompensados com a munificência real.[19] O objetivo mais elevado que o maior dos governantes poderá atingir apenas depois de ter feito os esforços mais extraordinários parece estar facilmente ao alcance de todo homem privado.

Essa interpretação está aberta a uma objeção muito forte. Não insistiremos no fato de que "sendo feliz", na frase final de Simônides ("sendo feliz, não serás invejado"), poderia muito bem querer dizer "ser poderoso e rico"[20]

---

[18] *Memorabilia* II 7.7-14 e III 9.14-15. *Cyropaedia* VIII 3.40ss.
[19] *Hiero* 11.10; 1.13; 6.13. Compare-se com *Cyropaedia* VII 2.26-29.
[20] Em *Hiero* 11.15, única passagem em que Simônides aplica "feliz" e "abençoado" a indivíduos, ele não explica o sentido desses termos. Nas duas passagens em que aborda a felicidade da cidade, ele entende por felicidade o poder, a riqueza e o renome (11.5, 7. Cf. *Resp. Lac.* 1.1-2). É de se esperar, por conseguinte, que, para ele, a posse mais nobre e mais abençoada é aquela posse do poder, da riqueza e do renome que não é maculada pela inveja. Essa expectativa não é refutada, para dizermos

e que os tiranos são superiores aos homens privados no que diz respeito ao poder e à riqueza, como nem Hiero pode negar. Pois Simônides poderá ter entendido por felicidade a alegria ou o contentamento contínuos.[21] Bastará dizer que precisamente por causa da ambiguidade essencial de "sendo feliz" o significado da frase final de Simônides depende de forma decisiva da sua segunda parte, isto é, da expressão "não serás invejado". O significado dessa expressão para decidir a questão crucial torna-se mais claro se nos lembrarmos dos seguintes fatos: o propósito do *Hiero* é o contraste do governante não simplesmente com os homens privados em geral, mas com os sábios; que o representante da sabedoria é Sócrates; e que Sócrates estava exposto à, e foi vítima da, inveja dos seus concidadãos. Se o governante beneficente pode ser "feliz" sem ser invejado, ao passo que até a "felicidade" de Sócrates foi acompanhada de inveja,[22] a vida política, a vida do governante ou do tirano, parecerá univocamente superior à vida do sábio. Parecerá então que o elogio da tirania de Simônides, apesar dos seus exageros e das suas intenções pedagógicas, é, no fundo, sério. A verdadeira felicidade – este parece ser o pensamento de Xenofonte – é possível apenas com base na excelência ou superioridade, e em última análise só há dois tipos de excelência – a excelência do governante e a do sábio. Todos os homens superiores estão expostos à inveja por causa da sua excelência. Mas o governante, por distinção ao sábio, é capaz de fazer penitência pela sua superioridade ao se tornar um servo de todos os seus súditos: o governante beneficente e árduo trabalhador, e não o sábio solitário, pode pôr fim à inveja.[23]

Isso deve ser tomado *cum grano salis*. Desnecessário dizer que a perspectiva através da qual Simônides tenta educar Hiero é incapaz de ser realizada. Xenofonte sabia demasiado bem que, se havia algumas formas de superioridade que não expunham os seus possuidores à inveja, o poder político, ainda que beneficente, não era uma delas. Ou, dito de uma forma algo diferente, se é verdade que aquele que quer receber atenção deve primeiro

---

o mínimo, em 11.13-15. Compare-se também com *Cyropaedia* VIII 7.6-7; *Memorabilia* IV 2.34-35; *Oeconomicus* 4.23-5.1; *Hellenica* IV 1.36.

[21] É Hiero quem, em certa ocasião, alude a esse sentido de "felicidade" (2.3-5). Compare-se com III A, nota 33.

[22] *Memorabilia* IV 8.11; I 6.14. Compare-se com p. 83 e III A, nota 25.

[23] Quanto ao perigo da inveja, ver *Hiero* 11.6 e 7.10. Quanto ao trabalho e à labuta do governante, ver 11.15 (ταῦτα πάντα) e 7.1-2. Compare-se com *Memorabilia* II 1.10.

prestar atenção, não é certo que a sua atenção não seja correspondida com ingratidão.[24] A ideia de que um homem superior que não esconde com sucesso a sua superioridade não será exposto à inveja é claramente uma ilusão. Forma o clímax adequado da imagem ilusória do tirano que é feliz porque é virtuoso. A adequação dessa ideia consiste precisamente nisto: que ela torna inteligível toda a imagem ilusória como uma ilusão momentânea de um sábio, i.e., como algo mais que uma nobre mentira inventada para o benefício de um pupilo não sábio. Sendo sábio, ele é deveras feliz e está exposto à inveja. A sua felicidade pareceria ser completa se ele conseguisse escapar à inveja. Se fosse verdade que apenas a experiência conseguiria revelar plenamente o caráter da vida tirânica – é sobre essa suposição que o argumento do *Hiero* em larga medida se baseia –, os sábios não poderiam estar absolutamente certos de que o tirano beneficente não está para além do alcance da inveja. Ele pode alimentar a esperança de que, ao se tornar um tirano beneficente, i.e., ao de fato exercer a arte real ou tirânica que flui da sabedoria (se é que não é idêntica à sabedoria), ele escaparia à inveja ao mesmo tempo que reteria a sua superioridade. A asserção de Simônides de que, ao agir de acordo com o seu conselho, Hiero tornar-se-ia feliz sem ser invejado sugere a única razão para imaginar que um sábio possa desejar ser um governante ou invejar o homem que governa bem. Ela revela, assim, a verdade subjacente ao medo que Hiero tem dos sábios: esse medo prova basear-se numa falta de compreensão acerca de uma veleidade momentânea do sábio. Ao mesmo tempo revela a constante preocupação do próprio Hiero: a sua falta de compreensão é o resultado natural do fato de que ele mesmo é deveras atormentado pela inveja que as outras pessoas têm da sua felicidade. Em último lugar, revela a razão para Simônides não poder invejar Hiero. Pois a ironia da última frase de Simônides consiste, acima de tudo, nisto: que se, *per impossibile*, o perfeito governante conseguisse escapar à inveja, a sua própria evasão da inveja iria expô-lo à inveja; ao deixar de ser invejado pela multidão, ele começaria a ser invejado pelos sábios. Ele seria invejado por não ser invejado. Simônides poderia tornar-se perigoso para Hiero apenas se Hiero seguisse o seu conselho. O silêncio final de Hiero é uma resposta adequada a todas as implicações da afirmação final de Simônides.

---

[24] *De Vectigalibus* 4.5; *Resp. Lac.* 15.8; *Symposium* 3.9 e 4,2-3; *Anabasis* V 7.10. Compare-se também com *Cyropaedia* I 6.24 e p. 113.

Seja como for, os sábios não são invejosos e o fato de eles serem invejados não prejudica a sua felicidade ou beatitude.[25] Mesmo que admitissem que a vida do governante é, em certo aspecto, superior à vida do sábio, eles questionariam se o preço que se tem de pagar por essa superioridade vale a pena. O governante não pode fugir à inveja senão ao levar uma vida de trabalho, cuidado e preocupação perpétuos.[26] O governante cuja função específica é "fazer" ou "fazer bem" tem de servir todos os seus súditos. Sócrates, por outro lado, cuja função específica é "falar" ou discutir, não entra em discussões exceto com aqueles com quem gosta de conversar. Apenas o sábio é livre.[27]

Para resumir, a afirmação final de Simônides não implica a visão de que a vida política é preferível à vida privada. Essa conclusão é confirmada pela expressão cuidadosamente escolhida que ele usa para descrever o caráter da felicidade que não é marcada pela inveja. Ele chama-a de "a posse mais nobre e mais abençoada que pode ser encontrada entre os seres humanos". Ele não a chama de o maior bem. A posse mais nobre e mais abençoada para os seres humanos é digna, mas existem outras coisas que são igualmente ou mais dignas. Poderá até ser questionado se é simplesmente a "posse" mais digna. Eutidemo, ao responder a uma questão de Sócrates, diz que a liberdade é a posse mais nobre e mais magnífica para os verdadeiros homens e para as cidades. O Ciro velho diz num discurso que é dirigido à nobreza persa que a posse mais nobre e mais "política" consiste em retirar o maior prazer do louvor. O próprio Xenofonte diz a Ceutes que, para um verdadeiro homem e, em particular, para um governante, nenhuma posse é mais nobre ou mais esplêndida que a virtude, a justiça e a bondade. Antístenes chama o ócio de a posse mais delicada e luxuosa.[28] Sócrates, por outro lado, diz que um bom amigo é a melhor posse, ou a mais produtiva de todas, e que nenhuma posse é mais aprazível para um ser humano livre do que a agricultura.[29] O Simônides de Xenofonte

---

[25] *Memorabilia* III 9.8; *Cynegeticus* 1.17. Compare-se as declarações de Sócrates em *Memorabilia* (IV 2.33) e *Apol. Socr.* (26) com a declaração do próprio Xenofonte em *Cynegeticus* (1.11).

[26] Compare-se com a nota 23 acima. Compare-se com *Memorabilia* III 11.16; *Oeconomicus* 7.1 e 11.9; *Symposium* 4.44.

[27] *Memorabilia* I 2.6; 5.6; 6.5; II 6.28-29; IV 1.2. *Symposium* 8.41. Compare-se com *Memorabilia* IV 2.2 e *Cyropaedia* I 6.46. Considere-se o fato de a segunda parte do *Hiero* caracterizar-se não apenas pela ocorrência, bastante frequente, de χάρις, mas também pela ocorrência bastante frequente de ανάγκη (ver p. 116).

[28] *Memorabilia* IV 5.2; *Cyropaedia* I 5.12; *Anabasis* VII 7.41-42; *Symposium* 4.44.

[29] *Memorabilia* II 4.5, 7; *Oeconomicus* 5.11. Compare-se com III B, nota 26 acima.

concorda com o Sócrates de Xenofonte e de fato com o próprio Xenofonte ao não descrever "a felicidade que não é marcada pela inveja" como a posse mais aprazível para os seres humanos ou como a posse mais nobre para os verdadeiros homens ou simplesmente como a melhor das posses.[30] Não necessitamos discutir, aqui, como Xenofonte concebeu exatamente a relação entre a "posse" e o "bem". É seguro supor que ele empregava "posse" sobretudo no seu sentido menos estrito, de acordo com o qual uma posse é boa apenas de forma condicional, i.e., apenas se o possuidor souber como usá-la ou usá-la bem.[31] Se esse for o caso, até a posse que é simplesmente melhor não seria idêntica ao maior bem. Enquanto as pessoas no geral têm a tendência de identificar a melhor posse com o melhor bem, Sócrates torna clara a distinção entre as duas coisas. De acordo com ele, o maior bem é a sabedoria, ao passo que a educação é o melhor bem para os seres humanos,[32] e a melhor posse é um bom amigo. A educação não pode ser simplesmente o melhor bem, porque os deuses não precisam de educação. A educação, i.e., a educação mais excelente, que é a educação para a sabedoria, é o maior bem para os seres humanos, i.e., para os seres humanos enquanto tal, para os homens na medida em que eles não transcendem a humanidade aproximando-se do divino: só Deus é simplesmente sábio.[33] O sábio ou o filósofo que participa no bem mais elevado será abençoado mesmo que não possua "a posse mais nobre e mais abençoada que pode ser alcançada pelos seres humanos".

O *Hiero* mantém silêncio sobre o estatuto da sabedoria. Embora seja muito explícito acerca dos vários tipos de prazer, ele mantém silêncio em relação aos prazeres específicos dos sábios, como, por exemplo, uma discussão

---

[30] Quanto à concordância entre a declaração final de Simônides e as visões expressas por Sócrates e Xenofonte, compare-se *Hiero* 11.5 com *Memorabilia* III 9.14, bem como *Hiero* 11.7 com *Agesilau* 9.7.

[31] Compare-se *Oeconomicus* 1.7ss com *Cyropaedia* I 3.17. Compare-se com Isócrates, *Para Demônico* 28.

[32] *Memorabilia* IV 5.6 e *Apol. Socr.* 21. Compare-se com *Memorabilia* II 2.3; 4.2; I 2.7. Quanto à observação depreciativa acerca da sabedoria em *Memorabilia* IV 2.33, é preciso considerar o objetivo de todo o capítulo, tal qual indicado em seu início. Governar súditos desejosos não é denominado bem quase divino por Sócrates, mas por Iscômaco (*Oeconomicus* 21.11-12).

[33] *Memorabilia* I 4 e 6.10; IV 2.1 e 6.7. Quanto à distinção entre educação e sabedoria, ver também Platão, *Leis* 653a5-c4 e 659c9ss, e Aristóteles, *Política* 1282a3-8. Compare-se também com *Memorabilia* II 1.27, em que a παιδεία de Héracles é apresentada como anterior à sua deliberada escolha entre virtude e vício.

amigável.³⁴ Ele mantém silêncio acerca do modo de vida dos sábios. Esse silêncio não pode ser explicado pelo fato de que o objeto do diálogo é a comparação da vida do governante, não com a vida do sábio, mas com a vida privada em geral. Pois o objeto do diálogo paralelo, o *Oeconomicus*, é o ecônomo, ou a gestão da casa e, no entanto, o seu capítulo central contém uma confrontação deveras marcante da vida do ecônomo (que é um governante) com o modo de vida socrático. O *Hiero* é reservado acerca da natureza da sabedoria porque o propósito do diálogo, ou de Simônides, requer que a "sabedoria" seja mantida na sua ambiguidade vulgar. Se considerarmos, contudo, quão profundamente Sócrates ou Xenofonte concordam com Simônides no que diz respeito à tirania, poderemos ficar inclinados a imputar ao Simônides de Xenofonte a visão socrática que em lugar algum é contradita por Xenofonte, segundo a qual a sabedoria é o bem mais elevado. Certamente, aquilo que Simônides diz na sua afirmação final ao elogiar a vida do governante está perfeitamente de acordo com a visão socrática.

No *Hiero*, Xenofonte indica a sua visão da sabedoria por meio de observações incidentais atribuídas a Simônides e através da ação do diálogo. Simônides menciona duas formas de "tomar conta" das coisas que levam à gratificação: ensinar as coisas que são melhores (ou ensinar quais são as melhores coisas), por um lado, e louvar e honrar quem executa aquilo que é melhor da melhor maneira, por outro. Ao aplicar essa observação geral aos governantes, em particular, ele não menciona a arte ensinar; ele limita silenciosamente as maneiras de o governante levar gratificação aos seus súditos ao louvor e à honra ou, mais especificamente, à oferta e distribuição de prêmios. As funções específicas do governante parecem estar estritamente subordinadas às funções do sábio. No melhor caso imaginável, o governante seria aquele que, por meio da honra, para não dizer nada acerca da punição, colocaria em prática o ensinamento ou as prescrições do sábio.³⁵ O sábio é o governante de governantes.

---

³⁴ Compare-se *Hiero* 3.2 (e 6.1-3) com o paralelo encontrado em *Symposium* (8.18).

³⁵ *Hiero* 9.1-11. Simônides não explica quais são as melhores coisas. À luz de 9.4, temos a impressão de que, para o Simônides de Xenofonte, não está entre elas o que ensinam os professores de coro: a instrução que oferecem não é gratificante aos pupilos, quando a instrução das melhores coisas sempre o é. Acompanhando Simônides, deixaremos em aberto a questão de se os temas mencionados em 9.6 (a disciplina militar, a equitação, a justiça nas transações comerciais, etc.) satisfazem os requisitos mínimos que as melhores coisas exigem, a saber: que a instrução dada seja gratificante aos pupilos. O fato de ser honrado com prêmios aquele que executa bem tais coisas não prova que pertençam às melhores (cf. 94 e *Cyropaedia* III 3.53). Se as coisas que Simônides ensina são as

De forma similar, supõe-se que o governante meramente encoraje a descoberta de, ou a procura de, "alguma coisa boa"; não se supõe que ele próprio se lance nessas atividades intelectuais.[36] Merece ser mencionado que a passagem através da qual Simônides prenuncia a sua visão da relação entre sabedoria e governo é um dos dois capítulos nos quais o próprio termo tirano é evitado: Simônides descreve através das observações em causa não meramente o tirano, mas o governante em geral.[37]

A superioridade do sábio face ao governante é iluminada pela ação do diálogo. A vida tirânica, ou a vida do governante, é escolhida por Hiero não só antes da conversa, mas novamente dentro da própria conversa: ele rejeita a sugestão velada de Simônides para regressar à vida privada. E Hiero prova ser menos sábio do que Simônides, que rejeita a vida política em favor da vida privada do sábio.[38] No início da conversa, Simônides sugere que, não ele, mas Hiero, tem um melhor conhecimento dos dois modos de vida e da sua diferença. Essa sugestão não carece de certa plausibilidade desde que se entendam os dois modos de vida como a vida tirânica e a vida privada no geral;

---

melhores dependerá da gratificação do tirano ao ser instruído. A resposta a essa questão permanece tão ambígua quanto o silêncio de Hiero no fim do diálogo. No *Hiero*, Xenofonte emprega os termos εὖ εἰδέναι e εὖ ποιεῖν com bastante frequência (note-se, de modo especial, o "encontro" dos dois termos em 6.13 e 11.15). Desse modo, chama a nossa atenção para a questão da relação entre saber e fazer. Sua resposta é indicada pelo uso sinônimo de βέλτιον εἰδέναι e μᾶλλον εἰδέναι na passagem de abertura (1.1-2; observe-se a densidade de εἰδέναι). O conhecimento é intrinsecamente bom; a ação não (cf. Platão, *Górgias* 467ess): conhecer em maior grau é conhecer melhor, ao passo que fazer em maior grau não é, necessariamente, "fazer" melhor. Κακῶς ποιεῖν é tão ποιεῖν quanto εὖ ποιεῖν, ao passo que κακῶς εἰδέναι é praticamente o mesmo que não saber nada. (Ver *Cyropaedia* III 3.9 e II 3.13.)

[36] *Hiero* 9.9-10. A visão oposta é formulada por Isócrates em *Para Nícocles* 17.

[37] A distinção, sugerida por Simônides, entre o sábio e os governantes evoca a distinção de Sócrates entre sua própria ambição, que consiste em tornar as pessoas capazes da ação política, e a atividade política propriamente dita (*Memorabilia* I 6.15). Segundo Sócrates, o entendimento específico exigido do governante não equivale a sabedoria. (Compare-se a definição explícita de sabedoria em *Memorabilia* IV 6.7 – Ver também ibid. 6.1 e I 1.16 – com a definição explícita de governo em III 9.10-13, trecho no qual o termo "sabedoria" é evitado calculadamente.) De acordo, Xenofonte hesita em falar da sabedoria de ambos os Ciros, e ao chamar Agesilau de "sábio" ele claramente emprega o termo em sentido amplo – ou melhor, em sentido vulgar (*Agesilau* 6.4-8 e 11.9). Na *Cyropaedia*, Xenofonte descreve a relação entre o governante e o sábio por meio das conversas entre Ciro, de um lado, e seu pai (cujo modo de falar evoca o de Sócrates) e Tigranes (pupilo de um sofista cujo destino recorda o destino de Sócrates), do outro. Compare-se com as p. 72-73. Compare-se com IV, nota 50.

[38] Ver p. 80-81. Compare-se com Platão, *República* 620c3-d2.

ela prova ser simplesmente irônica se for considerada à luz do cenário, i.e., se for aplicada à diferença entre a vida do governante e a vida do sábio. Pois Hiero prova ignorar a vida do sábio e o seu objetivo, ao passo que Simônides conhece não só o seu modo de vida, mas também o modo de vida político, como é mostrado pela sua habilidade de ensinar a arte de bem governar. Apenas Simônides, e não Hiero, é competente para fazer uma escolha entre os dois modos de vida.[39] No início, Simônides verga-se perante a liderança de Hiero; ele até permite que Hiero o derrote. Mas, no momento da sua vitória, Hiero apercebe-se do fato de que, longe de realmente derrotar Simônides, havia preparado a sua própria queda. O sábio repousa de forma relaxada sobre o próprio objetivo que o governante procura furiosa e cegamente alcançar e que nunca chega a atingir. No final, a liderança de Simônides é firmemente estabelecida: o sábio derrota o governante. Esse aspecto muito óbvio da ação é uma peculiaridade do *Hiero*. Na maioria dos diálogos de Xenofonte não ocorrem mudanças de liderança: Sócrates é o líder do início ao fim. No diálogo socrático de Xenofonte *par excellence*, o *Oeconomicus*, ocorre de fato uma mudança de liderança; mas é uma mudança de liderança do sábio (Sócrates) para a liderança do governante (o ecônomo Iscômaco). Enquanto no *Oeconomicus* o sábio rende-se ao governante, no *Hiero* o governante rende-se ao sábio. O *Hiero*, e não o *Oeconomicus*, revela através da sua ação a verdadeira relação entre o governo e a sabedoria. Adicionalmente, o *Hiero* é a obra de Xenofonte que chama a nossa atenção mais vigorosamente para o problema dessa relação. Poder-se-á dizer que ele faz isso por diversas razões. Em primeiro lugar, porque o seu assunto primário é a diferença entre a vida privada e a vida de certo tipo de governante. Em segundo lugar, porque contrasta um sábio e um governante mais explicitamente do que qualquer outro escrito de Xenofonte. E, finalmente, o objetivo prático mais óbvio do *Hiero* (o aperfeiçoamento da tirania) dificilmente é capaz de ser realizado, o que se opõe à possibilidade de que o óbvio objetivo prático da obra coincida com o seu propósito final. Podemos notar novamente aqui uma profunda sintonia entre Xenofonte e Platão. A relação precisa entre o filósofo e o homem político (i.e., a sua diferença fundamental) é a premissa temática não da *República* e do *Górgias*, nos quais Sócrates, na qualidade de cidadão-filósofo, é o personagem líder, mas do *Politicus*, no qual um estrangeiro ocupa a posição central.

---

[39] Ver p. 60-61. Compare-se com Platão, *República* 581e6-582e9.

Daquilo que foi dito poderá ser inferido que o elogio enfático que Simônides faz à honra não poderá querer dizer que ele preferia a honra enquanto tal a todas as outras coisas. Afinal de contas, as suas declarações sobre a honra pertencem àquela parte do diálogo na qual ele esconde a sua sabedoria quase completamente. Além disso, suas consequências são suficientemente adjetivadas pelas frases com as quais o abre e termina.[40] Poderíamos até pensar que o seu elogio da honra poderia ser explicado completamente pela sua intenção pedagógica. A sua intenção é mostrar a Hiero, que revela uma admirável indiferença em relação à virtude, uma forma de governar virtuosamente apelando não para virtude ou para o que é nobre, mas para o aprazível; e o prazer que se extrai da honra parece ser o substituto natural do prazer que se extrai da virtude. Porém Simônides no seu ensinamento apela primariamente não para o desejo de honra de Hiero, mas para o seu desejo de amor. Não poderia ser de outro modo dado que Hiero concedeu espontaneamente o maior dos elogios, não à honra, mas ao amor. Podemos entender então que, ao exaltar a honra, Simônides revela as suas próprias preferências em vez daquelas do seu pupilo:[41] Simônides, e não Hiero, prefere o prazer que se extrai da honra aos outros prazeres mencionados explicitamente por ele. Podemos inclusive dizer que, de todos os desejos naturais, i.e., que "florescem" nos seres humanos independentemente de educação ou ensinamento,[42] ele considerava o desejo de honra o mais elevado porque é o fundamento do desejo de qualquer excelência, seja a excelência do governante ou a do sábio.[43]

---

[40] "A honra *parece* ser algo grande" e "nenhum prazer humano *parece* aproximar-se mais da divindade do que o gozo que diz respeito às honras" (*Hiero* 7.1, 4). Ver também o ὡς ἔοικε em 7.2 e o εἰκότως δοκεῖτε em 7.4. Compare-se com III B, nota 89.

[41] Uma vez que as preferências de um sábio são sábias, podemos afirmar que, em sua declaração sobre a honra, Simônides revela sua sabedoria em grau muito maior do que em suas formulações anteriores. O efeito que tal declaração exerce sobre Hiero, portanto, dar-se-ia, no final das contas, em virtude de ela colocá-lo diante da sabedoria de Simônides pela primeira vez em todo o colóquio. Ao menos no começo, ele sem dúvida interpreta a sabedoria de Simônides segundo sua própria visão – a visão vulgar – da sabedoria. Compare-se com nota 12.

[42] ἐμφύεται [...] ἐμφύμ (*Hiero* 7.3). Compare-se com *Cyropaedia* I 2.1-2 e *Oeconomicus* 13.9.

[43] Em *Hiero* 8.5-6 (em oposição a ibid. 7.1-4), Simônides não dá a entender que os governantes recebem mais honras do que os homens privados. Em momento algum ele diz que somente os governantes, e não os homens privados, são honrados pelos deuses (cf. *Apol. Socr.* 14-18). O que afirma é que o indivíduo é mais honrado quando governante do que ao viver como homem privado; não exclui, porém, a possibilidade de que esse indivíduo seja, em todas as circunstâncias, menos honrado do que alguém que jamais governa. Na parte final de 8.5, ele substitui "governante"

Embora esteja preocupado com a honra, Simônides não está preocupado com o amor. Hiero tem de lhe demonstrar não só que, no que diz respeito ao amor, os tiranos estão pior do que os homens privados, mas até que o amor é um grande bem e que os homens privados são particularmente amados pelos seus filhos, parentes, irmãos, mulheres e companheiros. Ao discutir o amor, Hiero sente-se extremamente incapaz de apelar para a experiência do poeta ou para o seu conhecimento prévio, como fez quando discutiu os prazeres da comida e até do sexo. Ele urge-o a adquirir os rudimentos do conhecimento no que concerne ao amor, imediatamente ou no futuro, sem estar de algum modo seguro de que Simônides deseja adquiri-los.[44]

Tal como o desejo de honra é próprio de Simônides, o desejo de amor é próprio de Hiero.[45] Na medida em que Hiero representa o governante e Simônides representa o sábio, a diferença entre o amor e a honra na interpretação do *Hiero* iluminará a visão de Xenofonte da diferença entre o governante e o sábio. Aquilo que Xenofonte tem primariamente em mente não é simplesmente a diferença entre o amor e a honra em geral: Hiero deseja ser amado pelos "seres humanos", i.e., não meramente pelos verdadeiros homens, mas por todos independentemente das suas qualidades, e Simônides está preocupado com a admiração ou louvação não de todos, mas "daqueles que são livres

---

por termo mais genérico: "os que são mais honrados do que todos os outros" (cf. *Apol. Socr.* 21). A influência de 8.6 é ainda mais limitada, como mostra a comparação da passagem com 2.1 e 7.3. O amor à honra talvez pareça característico dos sábios que conversam com tiranos. O Sócrates de Platão afirma que Simônides desejava a honra conferida por sua sabedoria (*Protágoras* 343b7-c3).

[44] *Hiero* 3.1, 6, 8. Compare-se com ibid. 1.19, 21-23, 29 e 4.8. Ver III B, nota 82.

[45] Compare-se *Hiero* 3.1-9 com ibid. 8.1 e 11.8 (o "tu" enfático). Ver também a última afirmação de Hiero em 10.1. Seu elogio da honra em 7.9-10 claramente não é espontâneo, mas instigado pelo elogio da honra feito por Simônides em 7.1-4. O seu, porém, difere daquele de Simônides porque afirma que o amor é elemento necessário da honra. Cumpre observar, ademais, que Hiero distingue entre o prazer e a satisfação da ambição (1.27). A caracterização de Hiero por Xenofonte não contradiz o óbvio fato de que o tirano deseja honras (cf. 4.6, bem como a ênfase dada ao interesse de Hiero em ser adorado, com a análise que faz Aristóteles em *Eth. Nic.* 1159a12ss). Xenofonte, todavia, afirma por implicação que o desejo de honra do tirano ou do governante é inseparável do desejo de ser adorado pelos seres humanos. A explicação mais óbvia do fato de Hiero enfatizar o "amor" e Simônides enfatizar a "honra" seria, é claro, a seguinte: Hiero sublinha aquilo de que o tirano carece, enquanto Simônides enfatiza o que o tirano desfruta. Ora, os tiranos são em geral odiados (cf. Aristóteles, *Política* 1312b19-20); poucos deles recebem honras. Essa explicação está correta, mas é insuficiente porque não explica nem o genuíno interesse de Simônides pela honra ou louvor, nem sua genuína indiferença por ser adorado pelos homens.

no grau mais elevado".[46] O desejo que Xenofonte ou o seu Simônides atribui a Hiero, ou ao governante, é fundamentalmente o mesmo que o desejo erótico da gente comum que o Sócrates de Platão atribui a Cálicles.[47] Somente porque o governante tem o desejo de ser amado pelos "seres humanos" enquanto tais ele é capaz de se tornar voluntariamente um servo e um benfeitor de todos os seus súditos e, por conseguinte, de se tornar um bom governante. O sábio, por outro lado, não tem esse desejo; ele fica satisfeito com a admiração, o louvor e a aprovação de uma pequena minoria.[48] Parece, então, que a diferença característica entre o governante e o sábio se manifesta nos objetos dos seus apaixonados interesses e não no caráter da sua própria paixão.[49] No entanto, não é acidental que Simônides esteja primariamente preocupado em ser louvado por uma minoria competente e não em ser amado por eles, ao passo que Hiero está primariamente preocupado em ser amado pela massa dos seres humanos e não em ser admirado por eles. Por conseguinte, pode-se presumir que diferença característica entre o governante e o sábio se manifesta de algum modo na diferença entre o amor e a admiração.

O significado dessa diferença é indicado por Simônides no seu elogio do tirano beneficente. O tirano beneficente será amado pelos seus súditos, ele será desejado ardentemente pelos seres humanos, ele terá ganho a consideração afetuosa de muitas cidades, ao passo que será louvado por todos os seres humanos e será admirado por todos. Todos os que estão presentes, mas não todos os que estão ausentes, serão seus aliados, assim como nem todos terão medo de que algo lhe aconteça e nem todos desejarão servi-lo. Precisamente ao fazer a sua cidade feliz, ele antagonizará e magoará os seus inimigos que não se poderia esperar que o amem e que exaltem a sua vitória. Mas até os inimigos terão de admitir que ele é um grande homem: eles irão

---

[46] Compare-se *Hiero* 7.1-4 com ibid. 1.16 e as passagens citadas na nota anterior. As formas de honra que diferem do louvor e da admiração partilham dos traços característicos do amor, e não dos traços do louvor e da admiração. O fato de Simônides falar, na passagem crítica (*Hiero* 7.1-4), sobre a honra em geral deve-se à sua adaptação ao interesse de Hiero pelo amor. Considere-se também a ênfase dada à honra, e não ao louvor, no cap. 9.

[47] Platão, *Górgias* 481d4-5 e 513c7-8. Compare-se também com a caracterização do tirano na *República* (ver III B, nota 60). Quanto ao desacordo entre Hiero e Simônides a respeito da condição dos "seres humanos", compare-se com o desacordo entre o político e o filósofo a respeito do mesmo tema nas *Leis* de Platão (804b5-c1).

[48] Isso explica também a diferente atitude dos dois tipos de inveja. Ver p. 139.

[49] Compare-se com Platão, *Górgias* 481d4-5.

admirá-lo e elogiar a sua virtude.⁵⁰ O governante beneficente será louvado e admirado por todos os homens, ao passo que ele não será amado por todos os homens: o alcance do amor é mais limitado do que o da admiração e do louvor. Cada homem ama aquilo que de algum modo é seu, as suas posses privadas; a admiração e o louvor dizem respeito ao que é excelente independentemente de ser nosso ou não. O amor, por distinção à admiração, requer proximidade. O alcance do amor está limitado não só no que concerne ao espaço, mas de igual modo – embora o Simônides de Xenofonte evite na sua delicadeza sequer lhe fazer uma alusão – no que concerne no que toca ao espaço. Um homem pode ser admirado muitas gerações depois da sua morte, ao passo que ele deixará de ser amado assim que aqueles que o conheciam bem morrerem.⁵¹ O desejo por "uma fama inextinguível",⁵² em contraste com o desejo de amor, permite que o homem se liberte das correntes do Aqui e Agora. O governante beneficente é louvado e admirado por todos os homens, ao passo que é amado principalmente pelos seus súditos: os limites do amor coincidem normalmente com as fronteiras da comunidade política, já a admiração pela excelência humana não conhece fronteiras.⁵³ O governante beneficente é amado por aqueles que beneficia ou serve por causa dos seus benefícios ou serviços,⁵⁴ ao passo que é admirado até por aqueles a quem fez o maior dos males e certamente por muitos daqueles que nada beneficiou ou serviu: a admiração parece ser menos mercenária do que o amor. Aqueles que admiram um tirano beneficente e o amam não fazem necessariamente a distinção entre o seu benfeitor e o homem de excelência; mas aqueles que o admiram sem amá-lo – por exemplo, as cidades inimigas – elevam-se acima do erro vulgar de confundir o nosso benfeitor com o homem de excelência.⁵⁵

---

[50] *Hiero* 11.8-15. Compare-se com *Agesilau* 6.5 e 11.15.
[51] *Hiero* 7.9. Compare-se com Platão, *República* 330c3-6 e *Leis* 873c2-4; Aristóteles, *Política* 1262b22-24. Compare-se também com p. 72 e II, nota 22. Cf. 1 Pedro 1, 8 e o comentário do cardeal Newman: "São Pedro torna quase descrição do cristão o fato de amar ele aquele que não viu".
[52] Simônides, fr. 99 Bergk.
[53] Cf., em *Hiero* 11.15, *Memorabilia* I 3.3 e *Cyropaedia* II 2.15, o uso de φίλοι no sentido de concidadãos, em oposição a estrangeiros ou inimigos.
[54] *Hiero* 8.1-7. Que essa não é a palavra final de Xenofonte sobre o amor fica claro sobretudo a partir de *Oeconomicus* 20.29.
[55] Compare-se *Hiero* 7.9 e 11.14-15 com *Hellenica* VII 3.12 (*Cyropaedia* III 3.4) e *Memorabilia* IV 8.7. A visão popular é aparentemente adotada em Aristóteles, *Política* 1286b11-12 (cf. 1310b33ss). Compare-se com Platão, *Górgias* 513e5ss e 520e7-11.

A admiração é enquanto tal superior ao amor assim como o homem de excelência é superior ao nosso benfeitor enquanto tal. Para exprimir isso de forma algo diferente, o amor não tem nenhum critério de relevância fora de si, mas a admiração tem. Se a admiração não pressupõe os serviços prestados pelo admirado àquele que admira, somos levados a questionar se pressupõe de todo quaisquer serviços, ou quaisquer perspectivas de serviços, a serem prestados pelo admirado. Essa questão é respondida explicitamente na afirmativa por Hiero, e tacitamente na negativa por Simônides.[56] Hiero está certo quanto ao governante: o governante não conquista a admiração de todos os homens senão ao prestar serviços aos seus súditos. Simônides está certo quanto ao sábio: o sábio é admirado, não por causa de algum serviço que tenha prestado, mas simplesmente porque é o que é. O sábio não precisa ser um benfeitor de todos para ser admirado como um homem de excelência.[57] Mais precisamente: a função específica do governante é ser beneficente; ele é essencialmente um benfeitor; a função específica do sábio é compreender; ele é um benfeitor apenas acidentalmente. O sábio é tão autossuficiente quanto humanamente possível; a admiração que ele conquista é essencialmente um tributo à sua perfeição e não uma recompensa por quaisquer serviços.[58] O desejo de louvor e admiração, em contraste com, e divorciado do, o desejo de amor é o fundamento natural da predominância do desejo pela própria perfeição.[59] Isso é o que Xenofonte indica sutilmente ao apresentar Simônides como interessado principalmente nos prazeres da comida, ao passo que Hiero parece principalmente interessado nos prazeres

---

[56] Compare-se *Hiero* 7.9 com ibid. 7.1-4.

[57] Homens de excelência, em sentido enfático, são Hesíodo, Epicarmo e Pródico (*Memorabilia* II 1.20-21). Compare-se também com *Memorabilia* I 4.2-3 e 6.14.

[58] *Memorabilia* I 2.3 e 6.10. A declaração, feita por Simônides, de que nenhum prazer humano se aproxima mais do divino do que aquele que diz respeito às honras (*Hiero* 7.4) é ambígua. De modo particular, pode referir-se à crença em que os próprios deuses sentem prazer quando honrados (ao mesmo tempo que supostamente não desfrutam dos outros prazeres de que o diálogo se ocupa) ou ao vínculo entre a ambição mais elevada e a autossuficiência divina. Compare-se com VI, nota 6 a seguir.

[59] Quanto ao vínculo entre esse tipo de egoísmo e a sabedoria, compare-se com Platão, *Górgias* 458a2-7, e com a definição de justiça dada na *República*. Reflexões que em determinado aspecto eram semelhantes às indicadas em nosso texto parecem ter induzido Hegel a abandonar a "dialética do amor" de sua juventude em favor da "dialética do desejo de reconhecimento". Ver A. Kojève, *Introduction à l'Étude de Hegel*. Paris, Gallimard, 1947, p. 187 e 510-12; do mesmo autor, também "Hegel, Marx et le Christianisme". *Critique*, 1946, p. 350-52.

do sexo: para o gozo da comida, em contraste com os prazeres do sexo, não precisamos de outros seres humanos.[60]

A função específica do sábio não está vinculada a uma comunidade política individual: o sábio pode viver como um estrangeiro. A função específica do governante, por outro lado, consiste em fazer feliz a comunidade política individual da qual ele é chefe. A cidade é essencialmente um potencial inimigo de outras cidades. Consequentemente, não podemos definir a função do governante sem pensar na guerra, em inimigos e aliados: a cidade e o seu governante precisam de aliados, ao passo que o sábio não.[61] Às funções específicas correspondem inclinações naturais específicas. O governante nato, em contraposição àquele que nasce para se tornar sábio, tem de ter fortes inclinações bélicas. Hiero menciona a opinião segundo a qual a paz é um grande bem e a guerra, um grande mal. Ele não a adota simplesmente, pois sente muito intensamente que a guerra comporta grandes prazeres. Quando enumera os prazeres muito grandes que os homens privados gozam na guerra, ele atribui a posição central ao prazer que eles extraem de matar inimigos. Ele observa

---

[60] Compare-se com a pejorativa observação de Simônides, em *Hiero* 1.24, sobre um gênero de prazer que é desfrutado antes pelos outros do que pelo indivíduo mesmo (cf. III B, nota 59). Considere-se também a ambiguidade de "comida" (*Memorabilia* III 5.10; Platão, *Protágoras* 313c5-7). Quanto ao vínculo entre amizade ("amor") e sexo, cf. *Hiero* 1.33, 36-38 e 7.6. A explicação sugerida no texto pode ser facilmente conciliada com o fato de o interesse de Hiero pelos prazeres sexuais parecer caracterizá-lo, se tomado à letra, não como governante em geral, mas como governante imperfeito. O governante perfeitíssimo de Xenofonte, isto é, o velho Ciro, caracteriza-se por seu desinteresse quase completo por prazeres assim. O que se aplica ao governante perfeito se aplica ainda mais ao sábio: se Ciro não ousa olhar a bela Panteia, Sócrates visita a bela Teodora sem qualquer hesitação (cf. *Cyropaedia* V 1.7ss com *Memorabilia* III 11.1; *Memorabilia* I 2.1 e 3.8-15; *Oeconomicus* 12.13-14; *Agesilau* 5.4-5). Em termos aristotélicos, se Ciro é continente, Sócrates é temperado ou moderado. Noutras palavras, a temperança de Ciro se mistura à sua incapacidade ou indisposição para olhar o belo e admirá-lo (cf. *Cyropaedia* V 1.8 e VIII 1.42), enquanto a de Sócrates é o fundamento de sua capacidade e disposição para fazê-lo. Voltando a Hiero, ele revela forte interesse pelos prazeres da visão (*Hiero* 1.11-13; cf. 11.10). Interessam-lhe não tanto os prazeres do sexo em geral, e sim aqueles da homossexualidade. Isso parece vinculá-lo de algum modo a Sócrates: o amor pelos homens aparenta indicar uma aspiração mais elevada do que o amor pelas mulheres. (*Symposium* 8.2, 29; *Cyropaedia* II 2.28; Platão, *Symposium* 203dss. Cf. Montesquieu, *De l'Esprit des Lois* VII 9 nota: "Quant au vrai amour, dit Plutarque, les femmes n'y ont aucune part. Il parlait comme son siècle. Voyez Xénophon, au dialogue intitulé *Hiéron*".) Hiero é apresentado como governante capaz de dialogar com os sábios e apreciá-los (cf. III A, nota 44). Porventura sua educação explica por que Hiero não é um governante perfeito? Apenas um entendimento pleno da educação de Ciro nos permitirá responder à pergunta. Compare-se com IV, nota 50.

[61] *Hiero* 11.7, 11-15. *Memorabilia* I 2.11.

com pesar que o tirano não pode ter esse grande prazer ou que, pelo menos, não pode exibi-lo abertamente e gabar-se do ato. Simônides não revela ter nenhum gosto em matar ou na guerra. O máximo que diz a favor da guerra é que Hiero exagerou muito o efeito deplorável que o medo que toma a mente dos homens antes da batalha tem sobre o apetite e no sono.[62] Não a vitória na guerra enquanto tal, mas a felicidade na nossa cidade é descrita por ele como o mais nobre e maior concurso.[63] A afirmação de Hiero acerca da paz e da guerra[64] indubitavelmente serve ao propósito de chamar a nossa atenção para a ligação particularmente íntima entre a tirania e a guerra.[65] Mas uma comparação dessa passagem com aquilo que Xenofonte nos diz acerca das inclinações do rei Ciro torna claro que ele considerava um veio de crueldade um elemento essencial do grande governante em geral.[66] A diferença entre o governo tirânico e o não tirânico não é, em última análise, uma simples oposição, mas antes a de que no caso do tirano certos elementos do caráter do governante são mais fortemente desenvolvidos ou menos facilmente escondidos do que no caso do governante não tirânico. Nem é necessariamente verdade que o prazer que o governante extrai em prejudicar os inimigos é superado pelo seu desejo de ser amado por amigos. Para não dizer nada sobre o fato de que aquilo que Hiero mais aprecia nas suas relações sexuais são as querelas com o amado, ele prefere aparentemente "tirar dos inimigos contra a sua vontade" a

---

[62] *Hiero* 6.9. O quão pouco Simônides impressiona Hiero – bom juiz em matérias assim – como alguém bélico é algo que indica a comparação do "*se* também tu tens experiência de guerra" (6.7), de Hiero, com o "Sei bem que também tu tens experiência", por Simônides dito acerca dos prazeres da mesa (1.19). Cf. também ibid. 1.29, 23. Considere-se o silêncio de Simônides a respeito da "virilidade" (p. 115) e compare-se com III B, notas 64 e 86, e III C, nota 132.

[63] *Hiero* 11.7. No paralelo que encontramos no *Agesilau* (9.7), a qualificadora expressão "entre seres humanos" é omitida.

[64] *Hiero* 2.7-18. (Considere-se as orações condicionais em 2.7.) É sem dúvida à guerra que essa passagem dá ênfase. Ela consiste em duas partes: na primeira (2.7-11) – em que Hiero demonstra que, se a paz é boa e a guerra é má, os tiranos são piores do que os cidadãos privados –, "paz" surge três vezes e "guerra" (bem como seus derivados), sete; na segunda parte (2.12-18) – em que Hiero demonstra que, a respeito dos prazeres da guerra (ou, mais especificamente, a respeito dos prazeres das guerras travadas contra povos subjugados à força, isto é, contra súditos rebeldes), os tiranos são piores do que os cidadãos privados –, a palavra "paz" não figura, mas encontramos "guerra" (e seus derivados) em sete ocasiões.

[65] Platão, *República* 566e6-567a9. Aristóteles, *Política* 1313b28-30 e 1305a18-22.

[66] *Cyropaedia* I 4.24; VII 1.13. *Memorabilia* III 1.6. Compare-se Platão, *República* 375c1-2 e 537a6-7, com Aristóteles, *Política* 1327b38-1328a11.

todos os outros prazeres.⁶⁷ De acordo com ele, o tirano é compelido a libertar os escravos, mas desejoso de escravizar os livres:⁶⁸ se conseguir satisfazer os seus desejos todos seriam seus escravos. Simônides limitara-se a declarar que os tiranos são muito capazes de prejudicar os seus inimigos e de ajudar os seus amigos. Ao reproduzir essa afirmação, Hiero atribui consideravelmente mais peso a "prejudicar os inimigos" do que a "ajudar os amigos"; e, ao discuti-la, ele insinua que Simônides tem o seu próprio interesse em ajudar os amigos, mas nenhum em prejudicar os inimigos: ele consegue facilmente imaginar Simônides ajudando os amigos; ele não consegue imaginá-lo tão bem prejudicando os inimigos.⁶⁹ Visto que o sábio não precisa de seres humanos da forma que, e na medida em que, o governante precisa, a sua atitude em relação a eles é livre, não apaixonada e, por conseguinte, não suscetível de se transformar em malevolência ou ódio. Em outras palavras, só o sábio é capaz de praticar a justiça no sentido mais elevado. Quando Hiero distingue o sábio do homem justo, ele sugere que o homem justo é o bom governante. Da mesma forma, tem-se de presumir que ele entende por justiça a justiça política, a justiça que se manifesta em ajudar os amigos e prejudicar os inimigos. Quando Sócrates assume que o sábio é justo, ele entende por justiça a justiça transpolítica, a justiça que é irreconciliável com prejudicar seja quem for. A forma mais elevada de justiça é exclusiva daqueles que têm a maior autossuficiência que é humanamente possível.⁷⁰

---

⁶⁷ *Hiero* 1.34-35. Quanto à relação entre Eros e Ares, compare-se com Simônides, fr. 43 Bergk, e Aristóteles, *Política* 1269b24-32.
⁶⁸ *Hiero* 6.5; compare-se com ibid. 6.14.
⁶⁹ *Hiero* 2.2; 6.12-14. Compare-se com o uso da segunda pessoa do singular em 6.13, de um lado, e em 6.14, do outro.
⁷⁰ *Hiero* 5.1. *Apol. Socr.* 16. *Memorabilia* I 6.10. Sócrates não ensina estratégia, mas ensina economia (compare-se *Memorabilia* III 1 e IV 7.1 com o *Oeconomicus*.) Compare-se com Platão, *República* 366c7-d1, e as passagens indicadas em IV, nota 45.

VI. Prazer e Virtude

O Hiero quase leva à sugestão de que a tirania pode ser perfeitamente justa. Começa com a opinião de que a tirania é radicalmente injusta. Supõe que o tirano rejeite o justo e o nobre, ou a virtude, em favor do aprazível; ou, dado que a virtude é uma bondade humana, que ele rejeite o bom em favor do aprazível. Essa opinião é baseada na premissa geral de que o bom e o aprazível são fundamentalmente diferentes um do outro, de tal forma que a escolha correta tem de ser guiada por considerações daquilo que é bom, e não por considerações daquilo que é aprazível.[1]

A tese de que a tirania é radicalmente injusta compõe o clímax da condenação da tirania feita por Hiero. Essa condenação é exagerada; Hiero reproduz simplesmente a visão dos cavalheiros sobre o tirano sem plena convicção.[2] Mas o próprio fato de que ele é capaz de usar essa imagem para um propósito egoísta prova que a sua tese não está totalmente errada. Xenofonte teve algum trabalho para esclarecer que, embora Hiero não seja tão injusto quanto diz que os tiranos são, ele é admiravelmente indiferente em relação à virtude. Ele não pensa em mencionar a virtude entre os maiores bens ou entre as posses mais dignas de serem escolhidas. No melhor dos casos, ele considera os homens de virtude,

---

[1] Compare-se com *Memorabilia* IV 8 11.
[2] Ver p. 86-89 e III A, nota 44.

i.e., a virtude dos outros, úteis. Mas até a virtude não é considerada por ele um objeto de encanto: ele não procura, e nunca procurou, os seus companheiros dentre os homens de virtude. Não ele, mas Simônides, aponta a insignificância dos prazeres corporais.[3] Apenas depois de ter sido encurralado por Simônides é que ele louva a virtude do benfeitor dos seres humanos tendo em vista o fato de que tal virtude produz a honra mais elevada e a felicidade sem mancha de dor.[4]

Ao tentar educar um homem desse tipo, Simônides não tem escolha senão apelar para o seu desejo de prazer. Para aconselhar Hiero a governar como um tirano virtuoso, ele tem de lhe mostrar que o tirano não pode obter prazer e, em particular, aquele tipo de prazer com o qual Hiero está principalmente interessado, *viz.*, o prazer que se obtém de ser amado, senão ao ter virtude tanto quanto possível. O que ele mostra a Hiero é um caminho, não tanto para a virtude, mas para o prazer. Estritamente falando, ele não o aconselha a ter virtude. Ele o aconselha a fazer as coisas gratificantes ele mesmo enquanto confia a outros as coisas pelas quais os homens incorrem no ódio; encorajar certas virtudes e atividades nos seus súditos ao oferecer prêmios; manter os seus guarda-costas e, ainda assim, usá-los para o benefício dos seus súditos; e, falando de modo geral, ser o benfeitor dos seus concidadãos tanto quanto possível. Ora, o benfeitor dos seus concidadãos não é necessariamente um homem de excelência ou de virtude. Simônides não aconselha Hiero a praticar nenhuma das coisas que distinguem o homem de virtude do mero benfeitor.

Uma comparação do *Hiero* com a obra de Isócrates sobre a arte tirânica (*Para Nicoclés*) torna perfeitamente claro o quão maravilhosamente pequena é a admonição moral presente no *Hiero*. Simônides fala apenas uma vez da virtude do tirano, e nunca menciona nenhuma das virtudes especiais (moderação, coragem, justiça, sabedoria e daí por diante) ao falar do tirano. Isócrates, por outro lado, não se cansa de admoestar Nicoclés a cultivar a sua mente, a praticar virtude, a sabedoria, a piedade, a veracidade, a docilidade, o autocontrole, a moderação, a urbanidade e a dignidade; ele o aconselha a amar a paz e

---

[3] Compare-se *Hiero* 8.6 com ibid. 2.1 e 7.3. Compare-se *Hiero* 5.1-2 com ibid. 3.1-9 e 6.1-3, de um lado, e com *Memorabilia* II 4 e I 6.14, do outro. Compare-se *Hiero* 1.11-14 com *Memorabilia* II 1.31: Hiero não menciona as ações virtuosas de si próprio como a mais agradável das visões. Compare-se *Hiero* 3.2 com *Symposium* 8.18: ele não menciona, entre os prazeres da amizade, o gozo comum que sentem os amigos em virtude de suas ações nobres. Ele substitui ὁ ἐπινοεῖν de Simônides por ἐπιθυμεῖν (*Hiero* 2.2 e 4.7).

[4] *Hiero* 7.9-10.

a preferir uma morte nobre a uma vida vil, assim como a cuidar da legislação justa e da aplicação da justiça; ele diz que um bom conselheiro é a posse mais útil e mais "tirânica".[5]

No caso de que se possa dizer que Simônides recomenda a virtude, ele a recomenda não como um fim, mas como um meio. Ele recomenda ações nobres e justas ao tirano por meio do prazer. Para fazer isso, Simônides, ou Xenofonte, tem de ter à sua disposição uma justificação hedonista da virtude. Para mais, Simônides prepara o seu ensinamento iniciando uma discussão sobre se a vida tirânica é superior à vida privada do ponto de vista do prazer. Ao discutir esse assunto, Hiero e Simônides são compelidos a examinar uma variedade de coisas valiosas do ponto de vista do prazer. O *Hiero* poderia ter sido escrito apenas por um homem que tinha à sua disposição uma interpretação hedonista abrangente da vida humana.

Uma expressão das partes essenciais dessa interpretação hedonista foi confiada a Simônides, que num dos seus poemas disse: "Pois que vida mortal, ou que tirania, é desejável sem prazer. Sem ele nem sequer a vida duradoura dos deuses é invejável".[6] É difícil dizer como Simônides concebeu a relação entre o prazer e a virtude a não ser que ele não poderia ter considerado desejável uma vida virtuosa desprovida de prazer. A partir dos versos que ele dirige a Escopas, parece que ele considerava que a virtude é essencialmente dependente do destino de um homem: ninguém se encontra protegido contra situações nas quais se pode ser compelido a fazer coisas vis.[7] Ele aconselhou o destinatário a ser alegre o tempo todo, e a não ser inteiramente sério acerca de nada. A diversão é aprazível, e a virtude ou a arte de ser um cavalheiro é a coisa séria *par excellence*.[8] Se um sofista é um homem que usa a sabedoria para obter ganho e que emprega a

---

[5] As sugestões de Aristóteles para o aprimoramento do governo tirânico (no quinto livro da *Política*) têm espírito mais semelhante às sugestões de Xenofonte do que às de Isócrates; são, porém, muito mais moralistas do que aquelas feitas no *Hiero*.

[6] Fr. 71 Bergk. Quando o Simônides de Xenofonte diz que nenhum prazer humano se aproxima mais do divino do que aquele que diz respeito às honras, talvez esteja dando a entender que o "divino" é prazer puro. Compare-se com V, nota 58.

[7] Compare-se *Hiero* 4.10 com frs. 5, 38, 39 e 42 Bergk. Compare-se com Platão, *Protágoras* 346b5-8. Compare-se também a definição de nobreza formulada por Simônides, segundo a qual ela é riqueza antiga, com a visão de Aristóteles, para quem é menos a riqueza do que a virtude o que pertence à essência da nobreza (*Política* 1255a32ss, 1283a33-38, 1301b3-4).

[8] *Lyra Graeca*. Ed. J. Edmonds, vol. 2, edição revisada e ampliada, p. 258. Compare-se com p. 115. Ver *Hellenica* II 3.19 e *Apol. Socr.* 30.

arte do engano, Simônides era um sofista.⁹ A forma como ele é apresentado no *Hiero* não contradiz o que nos é dito sobre o Simônides histórico. O Simônides de Xenofonte é um "econômo"; ele rejeita a visão dos cavalheiros sobre aquilo que é muito desejável em favor da visão do "verdadeiro homem"; ele seria capaz de ir longe para "tramar alguma coisa"; e ele está isento da responsabilidade do cidadão.¹⁰ Embora fale da competição mais nobre e mais grandiosa e da posse mais nobre e mais abençoada, ele não fala da posse mais nobre e da mais grandiosa, ou mais esplêndida ("a virtude e a justiça e a bondade"): ele reserva o seu maior elogio não para a virtude, mas para a felicidade que não é maculada pela inveja e, acima de tudo, para a honra.¹¹ A natureza espantosamente amoral do ensinamento tirânico incorporado na segunda parte do *Hiero*, assim como a consideração hedonista das coisas humanas que é feita na primeira parte, é perfeitamente conforme ao caráter de Simônides.

O Simônides de Xenofonte não só tende de forma definitiva para o hedonismo; ele tem inclusive à sua disposição uma justificação filosófica para as suas opiniões acerca da importância do prazer. Aquilo que ele diz na sua declaração inicial acerca dos vários tipos de prazeres e sofrimentos revela um interesse teórico definitivo pelo assunto. Ele divide todos os prazeres em três classes: prazeres corporais, prazeres da alma e prazeres comuns ao corpo e à alma. Ele subdivide os prazeres corporais nos que estão relacionados com um órgão específico (olhos, orelhas, nariz, órgãos sexuais) e nos que estão relacionados com o corpo todo. O seu fracasso em subdividir os prazeres da alma não se deve meramente ao desejo de realçar os prazeres do corpo de forma a apresentar-se como um amante desses prazeres; a origem dessa falha também talvez tenha de ser buscada na razão teórica de que não há partes da alma no sentido em que há partes do corpo e de que os prazeres comuns aos homens e aos animais irracionais são mais fundamentais e, por conseguinte, de certo ponto de vista teórico, mais importantes do que os que são próprios apenas dos seres humanos.¹² Ele torna claro que todos os prazeres e dores pressupõem

---

⁹ *Lyra Graeca*, ed. cit., p. 250, 256 e 260. Compare-se com Platão, *Protágoras* 316d3-7. 338e6ss e 340e9ss; do mesmo modo, *República* 331e1-4 e contexto (Simônides não afirmou que dizer a verdade está na essência da justiça.)

¹⁰ Compare-se com p. 72, 80, 100s, 102, 104s, 131s.

¹¹ Compare-se com p. 112ss.

¹² Isso explicaria também por que Simônides vem a enfatizar os prazeres relacionados à comida: comida é necessidade fundamental de todos os animais (*Memorabilia* II 1.1). Em *Hiero* 7.3, trecho

algum tipo de conhecimento, um ato de distinção ou juízo, uma percepção dos sentidos ou do pensamento.[13] Ele distingue o conhecimento pressuposto por cada prazer e dor do conhecimento ou percepção do nosso prazer ou dor. Ele não considera sem importância indicar que meramente observamos os prazeres e dores dos outros, ao passo que sentimos os nossos próprios. Ele alude possivelmente a uma distinção entre δι' οὗ e ᾧ no que concerne aos prazeres e percepções.[14] Ao mencionar o prazer que se obtém do sono, ele não se limita a destacar que o sono é univocamente aprazível; adicionalmente, ele levanta a questão teórica de como, e através do quê, e quando gozamos do sono; uma vez que pensa não ser capaz de responder a essa questão, ele explica por que é tão particularmente difícil respondê-la.

Se entendermos por hedonismo a tese de que o prazer é idêntico ao bom, o Simônides de Xenofonte não é um hedonista. Antes de sequer mencionar o prazer, ele menciona o bom: ele menciona bem no início o "melhor" conhecimento, com o que não quer obviamente dizer o conhecimento "mais aprazível".[15] Na sua enumeração dos vários tipos de prazer ele torna claro que considera o prazer e o bom coisas fundamentalmente diferentes uma da outra: as coisas boas e más algumas vezes são aprazíveis e outras vezes são penosas. Ele não diz explicitamente como concebe a relação precisa entre o prazer e o bom.[16] Para estabelecer a sua visão do assunto, temos de prestar a devida atenção ao princípio não hedonista de preferência que ele reconhece quando fala com ênfase dos "seres humanos vulgares" e dos "(verdadeiros) homens". Primeiro, no que diz respeito aos "seres humanos" ele parece fazer uma distinção entre os prazeres que são conformes à natureza humana e os prazeres que são contrários à natureza humana:[17] os prazeres que são preferíveis ou bons são aqueles que concordam com a natureza humana. O princípio de preferência

---

no qual dissimula menos a sua sabedoria do que nas seções antecedentes, ele não chama os prazeres do corpo de "coisas menores", como fizera em 2.1.

[13] Compare-se com *Memorabilia* I 4.5 e IV 3.11.

[14] Compare-se com Platão, *Teeteto* 184c5-7 e 185e6-7.

[15] *Hiero* 1.1. Compare-se o κάλλιον θεᾶσθαι, em 2.5, com o ἥδιον θεᾶσθαι, em 8.6.

[16] *Hiero* 1.5. Uma observação feita posteriormente (9.10) por Simônides poderia nos levar a crer que ele identificava o bem com o útil, o que talvez desse a entender que o fim para o qual as coisas boas são úteis é o prazer. Essa interpretação ignoraria os fatos que examinamos no texto. Deve-se presumir, portanto, que Simônides distinguiu o que é bom por ser útil a outra coisa do bom que é intrinsecamente bom e não se identifica com o prazeroso.

[17] *Hiero* 1.22.

não hedonista de Simônides seria então "aquilo que concorda com a natureza humana". Ora, os seres humanos vulgares são capazes de apreciar o prazer tanto quanto os verdadeiros homens; porém os verdadeiros homens devem ser mais vivamente estimados do que os seres humanos vulgares.[18] Consequentemente, podemos definir o princípio de preferência não hedonista de Simônides com maior precisão ao identificá-lo com aquilo "que concorda com a natureza dos verdadeiros homens". Vendo que ele não preza nada tão vivamente como a honra e que a honra é mais aprazível para os verdadeiros homens que para os seres humanos vulgares, podemos dizer que o último e completo princípio de preferência a que Simônides se refere no *Hiero* é o prazer que concorda com a natureza dos verdadeiros homens. Aquilo que ele louva mais vivamente é de fato o prazer, mas somente o prazer não o define suficientemente; é o prazer em certo grau, e esse grau é determinado, não pelo prazer, mas pela hierarquia dos seres.[19] Simônides é um hedonista apenas na medida em que rejeita a visão de que as considerações sobre o prazer são irrelevantes para a escolha correta: a meta correta para a qual temos de apontar, ou em referência à qual temos de julgar, deve ser algo intrinsecamente aprazível. Essa visão parece ter sido mantida pelo Simônides histórico como mostram os seus versos sobre o prazer citados anteriormente. Podemos atribuir a mesma visão ao Hiero de Xenofonte, que admite a distinção entre o bom e o prazer e que caracteriza a amizade, acima da qual não louva nada mais vivamente, como algo muito bom e muito aprazível.[20]

Esse hedonismo qualificado guia Simônides e Hiero em seu exame conjunto de uma variedade de coisas valiosas. Esse exame leva à conclusão sugerida por Hiero de que a amizade tem um valor maior do que a cidade ou a pátria ou o patriotismo.[21] A amizade, i.e., ser amado e alvo do cuidado do pequeno

---

[18] *Hiero* 1.9; 2.1; 7.3.
[19] Ver a referência ao divino em *Hiero* 7.4.
[20] *Hiero* 1.27; 3.3; 6.16.
[21] A importância do problema "pátria-amizade" para o entendimento do *Hiero* é revelada pelo fato de tal problema determinar o plano da maior parte da segunda seção (cap. 3-6). Eis o plano do trecho: I (a) amizade (3.1-9); (b) confiança (4.1-2); (c) pátria (4.3-5). II (a) posses (4.6-11); (b) os homens bons ou as virtudes (5.1-2); (c) pátria (5.3-4). III (a) prazeres dos homens privados (6.1-3); (b) medo, proteção, leis (6.4-11); (c) ajudar os amigos e ferir os inimigos (6.12-15). A diferença entre "pátria" e "confiança" não é tão clara quanto a diferença entre qualquer uma das duas e "amizade": tanto a pátria quanto a confiança são boas no que diz respeito à proteção ou à ausência de medo, enquanto a amizade é intrinsecamente agradável. "Amizade" pode ser substituída por

número de seres humanos que conhecemos intimamente (os nossos parentes e companheiros mais próximos) é não só "um bem muito grande", mas também "muito aprazível". É um bem muito grande porque é intrinsecamente aprazível. A confiança, i.e., confiarmos nos outros, é um "grande bem". Não é um bem muito grande, porque não é tanto intrinsecamente aprazível, mas a *conditio sine qua non* das relações intrinsecamente aprazíveis. Um homem em quem confiamos ainda não é um amigo: um servo ou um guarda-costas pode ser digno de confiança, mas não há razão para que seja nosso amigo. Embora a confiança não seja intrinsecamente aprazível, ela se aproxima bastante do prazer: ao discutir a confiança, Hiero menciona o prazer três vezes. Por outro lado, na passagem imediatamente seguinte na qual discute as "pátrias", ele não menciona de modo algum o prazer.[22] Não só as "pátrias" não são intrinsecamente aprazíveis; elas nem sequer mantêm uma relação próxima com o prazer. As "pátrias valem muito" porque os cidadãos protegem-se gratuitamente uns aos outros da morte violenta e, assim, permitem que os cidadãos vivam em segurança. Aquilo pelo qual a pátria "vale muito" é a vida em segurança; a segurança, ou a liberdade em relação ao medo, esse sentimento que arruína todos os prazeres, é a *conditio sine qua non* de todo o prazer, ainda que insignificante; mas viver em segurança e viver de forma aprazível são duas coisas claramente diferentes. Mais precisamente, a pátria não é, ao contrário da confiança, a condição específica dos grandes prazeres que se extrai da amizade: os "estrangeiros", homens como o Simônides, podem apreciar a amizade.[23]

"posses" graças à razão fornecida em *Hiero* 3.6, *Memorabilia* II 4.3-7 e *Oeconomicus* 1.14; "amizade" pode ser substituída por "prazeres dos homens privados" pelo motivo fornecido em *Hiero* 6.1-3. "Confiança" pode ser substituída tanto por "virtude" (cf. Platão, *Leis* 630b2-c6) quanto por "proteção" (confiabilidade é a virtude própria dos guardas: *Hiero* 6.11). "Pátria" pode ser substituída por "ajudar os amigos e ferir os inimigos" porque ajudar os amigos, isto é, os concidadãos, e ferir os inimigos, isto é, os inimigos da cidade, são da essência do patriotismo (cf. *Symposium* 8.38). A mesma distinção que orienta o plano dos cap. 3-6 orienta o plano dos cap. 8-11: (a) amizade (cap. 8-9; ver 10.1); (b) proteção (guardas) (cap. 10); (c) pátria ou cidade (cap. 11; ver 11.1).
[22] Compare-se *Hiero* 3.3 com 4.1, de um lado, e com 4.3-5, do outro. Compare-se com 4.2 e 6.11.
[23] *Hiero* 4.3-4. Compare-se com 6.6, 10. Naquela que talvez devamos chamar de repetição da declaração sobre a pátria (5.3-4), Hiero diz que é necessário ser patriota porque ninguém pode ser preservado ou feliz sem a cidade. Compare-se οὐκ ἄνευ de 5.3 com o (οὐκ) ἄνευ de 4.1. Temos a impressão, a partir de 5.3-4, que o poder e o renome da pátria costumam ser agradáveis. Quando fala da amizade, Hiero não falara do poder e do renome dos amigos; ele não dera a entender que apenas os amigos poderosos e renomados são agradáveis (compare-se com *Agesilau* 11.3). Não é a pátria o que dá prazer, mas o poder e o renome, e tanto o poder quanto o renome da própria cidade

A amizade e a confiança são boas para os seres humanos enquanto tais, mas as cidades são boas primariamente, para não dizer exclusivamente, para os cidadãos e governantes; elas são certamente menos boas para os estrangeiros, e ainda menos para os escravos.[24] A pátria, ou a cidade, é boa para os cidadãos porque os liberta do medo. Isso não significa que possa abolir o medo; ao contrário, substitui um tipo de medo (o medo de inimigos, malfeitores e escravos) por outro (o medo das leis ou das autoridades que impõem as leis).[25] A cidade, à diferença da amizade e confiança, não é possível sem compulsão; e a compulsão, coação ou necessidade (ἀνάγκη) é essencialmente um desprazer.[26] A amizade, i.e., ser amado, é aprazível, ao passo que ser patriótico é necessário.[27] Embora a amizade, louvada por Hiero, seja não só aprazível como também boa, a sua bondade não é uma bondade moral ou nobreza: Hiero louva aquele que tem amigos independentemente de os amigos serem moralmente bons ou não.[28] Na medida em que a amizade é ser amado, preferir a amizade à pátria é equivalente a preferir-nos a nós mesmos aos outros: ao falar sobre a amizade, Hiero silencia a respeito da mutualidade à qual ele se refere explicitamente ao discutir a confiança e a pátria. Isso equivale a preferir o nosso prazer aos nossos deveres para com os outros.

A tese de que a amizade é um bem maior do que a pátria é sugerida por Hiero, que tem um forte motivo para asseverar que a vida privada é superior à vida do governante, que é a vida política *par excellence*. Mas essa tese é mais do que uma arma conveniente para o propósito de Hiero. Simônides, que poderá ter sido induzido pela sua intenção pedagógica a preferir a pátria à

---

são prazerosos porque contribuem para o poder e para o renome de si mesmo. Compare-se com *Hiero* 11.13. Ao tratar dos prazeres de que desfrutava quando homem privado, Hiero menciona a amizade, mas não a cidade ou a pátria (6.1-3).

[24] *Hiero* 4.3-4 e 5.3.

[25] Compare-se *Hiero* 4.3 e 10.4 com 6.10.

[26] *Hiero* 9.2-4 (cf. 1.37; 5.2-3; 8.9). Compare-se, também, a ênfase que Hiero dá (na declaração sobre a amizade: 3.7-9) às relações no interior da família com a ênfase contrária que vemos na descrição, por Xenofonte, do caráter de Sócrates (*Memorabilia* II 2-10): as relações de sangue são "necessárias" (*Memorabilia* II 1.14). *Cyropaedia* IV 2.11. *Anabasis* VII 7.29. *Memorabilia* II 1.18. Compare-se com Aristóteles, *Retórica* 1370a8-17, e Empédocles, fr. 116 (Diels, *Vorsokratiker*, 1. Ed.). Ver V, nota 27 acima.

[27] Compare-se *Hiero* 5.3 e 4.9 com 3.1-9.

[28] Note-se que a amizade e a virtude figuram em colunas diferentes do plano dos cap. 3-6 (ver nota 21). Compare-se o elogio que Hiero tece ao amigo com o elogio que tece Sócrates ao bom amigo (*Memorabilia* II 4 e 6).

amizade, adota tacitamente a tese de Hiero ao aconselhar o tirano a considerar a sua pátria como o seu patrimônio, os seus concidadãos como os seus camaradas, os seus amigos como os seus filhos, e os seus filhos a mesma coisa que a sua vida ou alma.[29] Ele é ainda menos capaz do que o Hiero de atribuir à pátria o lugar mais elevado entre os objetos de apego humano. Ele adota a tese de Hiero não só "em discurso", mas também "em atos": ele vive como um estrangeiro; ele escolhe viver como um estrangeiro. Ao contrário de Hiero, Simônides nunca louva a pátria ou a cidade. Quando urge Hiero a pensar no bem comum, e na felicidade da cidade, ele enfatiza o fato de que esse conselho é dirigido a um tirano ou governante. Não Simônides, mas Hiero está preocupado em ser amado pela massa dos "seres humanos" e, por conseguinte, ele tem de ser um amante da cidade a fim de alcançar o seu objetivo. Simônides não deseja nada tanto quanto a louvação de um pequeno número de juízes competentes: ele pode ficar satisfeito com um pequeno grupo de amigos.[30] Dificilmente será necessário repetir que o seu elogio espontâneo da honra diz respeito exclusivamente ao benefício daquele que é honrado ou louvado, silenciando acerca dos benefícios que devem ser prestados aos outros ou dos deveres para com os outros.

A visão de que um bem não político como a amizade é mais valioso do que a cidade não era a visão dos cidadãos enquanto tais.[31] Resta considerar se ele era aceitável para os filósofos-cidadãos: Sócrates concorda com Hiero quanto ao fato de "as pátrias valerem muito" porque dão aos cidadãos segurança ou proteção contra o dano.[32] Xenofonte parece indicar através do plano dos *Memorabilia* que Sócrates apensava uma maior importância ao eu do que à cidade.[33] Isso está conforme à distinção de Xenofonte entre o homem de excelência e o benfeitor dos concidadãos. O próprio Xenofonte foi induzido a acompanhar Ciro, um velho inimigo de Atenas, na sua expedição contra o seu irmão por causa da promessa de Próxeno, um convidado e velho amigo seu, de que faria dele um amigo de Ciro se ele fosse. Próxeno,

---

[29] *Hiero* 11.14.
[30] *Hiero* 11.1, 5-6. Compare-se com p. 42ss acima.
[31] Compare-se com *Hellenica* I 7.21.
[32] Compare-se *Hiero* 4.3 com *Memorabilia* II 3.2 e 1.13-15.
[33] Somente a curtíssima primeira parte dos *Memorabilia* (I 1-2) lida com "Sócrates e a cidade", ao passo que o grosso da obra se debruça sobre o "caráter de Sócrates"; ver as duas perorações: I 2.62-64 e IV 8.11. Quanto ao plano dos *Memorabilia*, ver Emma Edelstein, *Xenophonitisches und Platonisches Bild des Sokrates*. Berlim, 1935, p. 78-137.

pupilo de Górgias, de um homem que não tinha domicílio fixo em nenhuma cidade,[34] disse de forma explícita que ele próprio considerava que Ciro valia mais para ele do que a sua pátria. Xenofonte não diz com todas as letras que poderia vir a considerar a amizade de Ciro preferível à sua pátria; mas ele seguramente não ficou chocado com a afirmação de Próxeno e agiu certamente como se fosse capaz de partilhar o sentimento dele. Sócrates teve alguns receios no que diz respeito a Xenofonte tornar-se um amigo de Ciro e aconselhou-o, por isso, a consultar Apolo a respeito da viagem; mas Xenofonte estava tão ansioso a juntar-se a Ciro ou a deixar a sua pátria que decidiu desde logo aceitar o convite de Próxeno. Mesmo depois de tudo ter corrido mal na expedição de Ciro, Xenofonte não estava ansioso para regressar à sua pátria, embora ainda não fosse um exilado. Se os seus camaradas não tivessem protestado vivamente, ele teria fundado uma cidade "em algum lugar bárbaro"; não Xenofonte, mas os seus oponentes, sentiram que não se devia estimar nada acima da Grécia.[35] Mais adiante, ele não hesitou em acompanhar Agesilau na sua campanha contra Atenas e os aliados, que culminou na batalha de Coroneia.[36]

A fim de que não sejamos tomados pela indignação cega,[37] cumpre-nos tentar compreender o que poderíamos chamar de a depreciação teórica e prática de Xenofonte da pátria e da cidade[38] à luz do seu ensinamento político em geral e do ensinamento do *Hiero* em particular. Se a sabedoria ou virtude for o bem mais elevado, a pátria ou cidade não pode ser o bem mais elevado. Se a virtude é o bem mais elevado, não a pátria enquanto tal, mas apenas a comunidade de virtude ou a melhor ordem política podem comandar a lealdade indivisa de um homem bom. Se tiver de escolher entre a pátria corrupta e uma cidade estrangeira bem-ordenada, ele poderá estar justificado em preferir essa cidade estrangeira à sua pátria. Precisamente porque é um homem bom,

---

[34] Isócrates, *Antidosis*, p. 155-56.
[35] *Anabasis* III 1.4-9; V 6.15-37. Compare-se com ibid. V 3.7 e VII 7.57. O sentimento de Proxeno é parecido com aquele expresso por Hermes em Aristófanes, *Plutus* 1151 (*Ubi bene ibi patria*). (Compare-se *Hiero* 5.1 e 6.4 com *Plutus* 1 e 89.)
[36] *Anabasis* V 3.6 e *Hellenica* IV 3.15 (cf. IV 2.17).
[37] B. G. Niebuhr, "Ueber Xenophons Hellenika". *Kleine Historische und Philosophische Schriften*, I, Bonn, 1828, p. 467: "Wahrlich einen ausgearteteren Sohn hat kein guter Bürger, Athens wert war er nicht, unbegreifliche Schritte ha ter getan, er steht wie ein Sünder gegen die Heiligen, Thukydides und Demosthenes, aber doch wie ganz anders als dieser alte Tor!".
[38] *Hiero* 4.3-5 e 5.3.

ele não será um bom cidadão numa comunidade política má.[39] Assim como no ato de escolher cavalos procuramos pelo melhor, e não por aqueles que nascem no país, o general sábio preencherá as fileiras do seu exército não só com os seus concidadãos, mas com todo homem disponível do qual se possa esperar virtude.[40] No espírito dessa máxima, o próprio Xenofonte dedica a sua obra mais extensa a uma descrição idealizada das proezas do Ciro "bárbaro".

A razão pela qual a cidade enquanto tal não pode reivindicar a adesão última do homem é insinuada pelo ensinamento "tirânico" de Xenofonte. Já afirmamos que de acordo com esse ensinamento a tirania beneficente é teoricamente superior e praticamente inferior ao governo das leis e ao governo legítimo. Ao fazê-lo, poderá parecer que imputamos a Xenofonte a visão misologista de que um ensinamento político pode ser "moral e politicamente falso... na mesma proporção em que é metafisicamente verdadeiro". Mas pode-se presumir que um pupilo de Sócrates acredite, ao contrário, que nada que seja falso na prática pode ser verdadeiro na teoria.[41] Se Xenofonte não tinha, assim, a visão de que a tirania beneficente é superior ao governo das leis e ao governo legítimo, por que a sugeriu? O ensinamento "tirânico", devemos responder, serve ao propósito não de resolver o problema da melhor ordem política, mas de trazer a lume a natureza das coisas políticas. A tese "teórica" que favorece a tirania beneficente é indispensável para tornar clara a implicação crucial da tese verdadeira na prática e na teoria, que favorece o governo da lei e o governo legítimo. A tese "teórica" é uma expressão deveras impressionante do problema, ou do caráter problemático, da lei e da legitimidade: a justiça legal é uma justiça imperfeita e mais ou menos cega, e o governo legítimo não é necessariamente um "bom governo", e quase certamente não um governo dos sábios. A lei e a legitimidade são problemáticas do ponto de vista mais elevado, nomeadamente, do ponto de vista da sabedoria. Na medida em que a cidade é uma cidade unificada, ou melhor, constituída, pela lei, ela não pode aspirar àquele nível moral e intelectual mais elevado que é alcançado por certos indivíduos.

---

[39] Ver p. 130s.

[40] *Cyropaedia* II 2.24-26. Dakyns tece o seguinte comentário sobre a passagem: "A amplitude da visão de Xenofonte: a virtude não se limita aos cidadãos, mas temos o melhor de todo o mundo. Helenismo cosmopolita". Considere-se as orações condicionais em *Agesilaus* 7.4, 7. Compare-se com *Hipparchus* 9.6 e *de Vectigalibus* 2.1-5.

[41] Compare-se com Burke, *Reflections on the Revolution in France*, Everyman's Library, p. 59, de um lado, e com Pascal, *Provinciales* XIII, e Kant, "Über den Gemeinspruch: Das Mag in the Theorie Richtig Sein, Taugt Aber Nicht für die Praxis", de outro.

Consequentemente, a melhor cidade está moral e intelectualmente num plano mais baixo em relação ao melhor indivíduo.[42] A cidade enquanto tal existe num plano mais baixo do que o indivíduo enquanto tal. O "individualismo" assim entendido está no pano de fundo do "cosmopolitismo" de Xenofonte.

A ênfase no prazer que caracteriza o argumento do *Hiero* leva a certa depreciação da virtude. Pois não há nada no diálogo que sugira que Simônides considerava a virtude intrinsecamente aprazível. A beneficência ou virtude do bom tirano obtém para ele a posse mais nobre e mais abençoada: ela não é em si mesma essa posse. Simônides substitui o elogio da virtude pelo elogio da honra. Como o contexto mostra, isso não significa que apenas a virtude pode levar à honra. Mas até se significasse isso, o seu elogio da honra implicaria que, não a virtude, mas a recompensa ou resultado da virtude é intrinsecamente aprazível.[43]

Xenofonte parece ter revelado a sua atitude, ou a do seu Sócrates, em relação ao hedonismo, como quer que se o entenda, numa conversa entre Sócrates e Aristipo que ele registrou ou inventou. Essa conversa está

---

[42] A declaração de Sócrates segundo a qual as cidades e nações são "as mais sábias de todas as coisas humanas" (*Memorabilia* I 4.16) não significa, portanto, que a sabedoria coletiva das sociedades políticas é superior à sabedoria de cada sábio. O sentido positivo da declaração não pode ser definido senão pela interpretação detalhada do colóquio em que ela é feita.

[43] As únicas virtudes especiais que Simônides trata com certa ênfase são a moderação e a justiça. A moderação pode ser gerada pelo medo, mácula de todos os prazeres (*Hiero* 10.2-3 e 6.6; cf. IV, nota 35), e caminha de mãos dadas com a falta de ócio (9.8). Quanto à justiça, Simônides fala uma vez sobre um tipo de justiça especial – a justiça nas relações comerciais – e duas vezes sobre "praticar a injustiça" (9.6 e 10.8). Ora, nas obras de Xenofonte, o termo "justiça" designa uma série de fenômenos semelhantes que abarcam desde o legalismo mais rigoroso até os confins da beneficência pura e universal. Justiça pode equivaler a moderação, pode ser uma subdivisão dela e pode ser uma virtude distinta. Certo é que Simônides não entende, por justiça, a legalidade, e não há por que acharmos que tenha identificado justiça com beneficência. Ao que parece, Simônides defende uma visão de justiça consideravelmente mais limitada do que aquela de Hiero. (Para a visão de justiça que defende Hiero, ver sobretudo 5.1-2 e 4.11.) Ele substitui os "homens injustos" de Hiero por "aqueles que cometem ações injustas" (para a interpretação, considere-se Aristóteles, *Eth. Nic.* 1134a17ss). Enquanto Hiero identifica justiça e moderação usando os termos ἀδικεῖν e ὑβρίζειν como sinônimos, Simônides distingue ambas as virtudes: ele identifica ἀδικεῖν com κακουργεῖν e distingue κακουργεῖν de ὑβρίζειν (ver 8.9; 9.8; 10.8, 2-4; cf. Aristóteles, *Retórica* 1389b7-8 e 1390a17-18; Platão, *Protágoras* 326a4-5). Parece que Simônides entende por justiça o não fazer mal aos outros (cf. *Agesilau* 11.8 e *Memorabilia* IV 4.11-12; considere-se *Symposium* 4.15) e que, desse modo, toma em consideração o problema inerente ao beneficiamento dos "seres humanos" (em oposição a "verdadeiros homens" ou "homens de excelência"). É fácil perceber que a justiça assim compreendida, distinta como é de seus motivos e resultados, não é intrinsecamente agradável.

principalmente preocupada com a ligação unívoca entre o amor do prazer e a rejeição da vida do governante: o amante dos prazeres Aristipo chega ao ponto de preferir explicitamente a vida de um estrangeiro à vida política em qualquer sentido. Sócrates conclui a conversa recitando um sumário dos escritos de Pródico sobre Hércules no qual a busca de prazer é quase identificada com o vício.[44] Isso é apropriado apenas se for considerado que a visão de Aristipo implica uma notável depreciação da virtude. Não é impossível que o Aristipo histórico tenha servido em alguma medida como um modelo para o Simônides de Xenofonte. Para não falar do seu ensinamento hedonista, ele foi o primeiro dos socráticos a receber por suas aulas e ele era capaz de ajustar-se a lugares, tempos e homens tão bem que foi particularmente popular junto ao tirano de Siracusa, Dionísio.[45]

Seja como for, a referida conversa entre Sócrates e Aristipo diz-nos muito pouco acerca da atitude de Xenofonte em relação ao hedonismo. Afinal de contas, Sócrates e Aristipo discutem quase exclusivamente os prazeres do corpo; eles mal mencionam os prazeres relativos à honra e ao louvor. Além disso, seria precipitado excluir a possibilidade de que a reprodução dessa conversa por Xenofonte tenha sido até certo ponto irônica. Essa possibilidade é sugerida pelo uso desproporcionalmente amplo por Sócrates de um escrito epidítico do sofista Pródico como instrumento de educação moral.[46] Não nos esqueçamos de que, na única conversa entre Sócrates e Xenofonte que é registrada nos escritos socráticos deste, Xenofonte apresenta-se como um amante de certos prazeres sensuais e alvo da censura de Sócrates em termos muito mais severos do que Aristipo alguma vez o foi. Isso não é surpreendente, é claro, dado que Xenofonte é mais explícito do que Aristipo no elogio da busca dos prazeres sensuais.[47] Apontando, portanto, para fatos que são porventura menos ambíguos, Xenofonte, não mais do que o seu Simônides, sustenta que a virtude é a posse mais abençoada; ele indica que a virtude depende de bens exteriores e, longe de ser um fim em si mesma, ela deve estar a serviço da aquisição de prazer, riqueza e honras.[48]

---

[44] *Memorabilia* II 1.23, 26, 29.
[45] Diógenes Laércio II 65-66.
[46] Compare-se *Memorabilia* II 1.34 com ibid. I 6.13, *Symposium* 1.5 e 5.62 e *Cynegeticus* 13.
[47] *Memorabilia* I 3.8-13.
[48] Compare-se *Hiero* 11.15 com *Anabasis* VII 7.41. Ver *Anabasis* II 1.12 (cf. Simônides, fr. 5 Bergk) e *Cyropaedia* I 5.8-10; do mesmo modo, *Agesilau* 10.3.

À primeira vista, não é totalmente errado atribuir a mesma visão a Sócrates. Um distinto historiador de fato já fez essa atribuição não só ao Sócrates de Xenofonte, mas também ao de Platão. "D'une part, son bon sens et sa grande sagesse pratique lui font sentir qu'il doit y avoir un principe d'action supérieur à l'agréable ou au plaisir immédiat, d'autre part, quand il s'efforce de déterminer ce principe lui-même, il ne pavient pas de le distinguer de l'utile, e l'utile lui même ne differe pas essenciellement de l'agréable." Contudo, não se podem deixar as coisas nesses termos; é preciso reconhecer que o ensinamento de Sócrates é caracterizado por uma contradição fundamental: "Socrate recommande de pratiquer les diverses vertus à cause des avantages matériels qu'elles sont suscetibles de nous procurer; mais ces avantages il n'en jouit jamais".[49] Poderá Sócrates, que insistiu tão vivamente na harmonia indispensável entre o discurso e a ação, ter falhado em dar conta "em discurso" daquilo que ele estava revelando "em atos"? Para resolver a contradição em questão, tem-se apenas de lembrar da distinção que o Sócrates de Xenofonte silenciosamente faz, e que o Sócrates de Platão efetua explicitamente, entre dois tipos de virtude ou de arte de nobreza: a virtude comum ou política, cujos fins são a riqueza e a honra, e a verdadeira virtude que é idêntica à sabedoria autossuficiente.[50] O fato de Sócrates às vezes criar a impressão de ter esquecido da verdadeira virtude, ou de ter tomado a verdadeira virtude pela virtude comum, é explicado pelo seu hábito de conduzir as suas discussões, tanto quanto possível, "através das opiniões aceites pelos seres humanos".[51] Assim, a questão da atitude de Sócrates em relação ao hedonismo é reduzida à questão de saber se a sabedoria, o bem mais elevado, é intrinsecamente aprazível. Se podemos confiar em Xenofonte, Sócrates desvendou a sua resposta na sua última conversação: não tanto a sabedoria, ou a própria virtude verdadeira, mas a consciência do próprio progresso na sabedoria ou na virtude, que proporciona o maior prazer.[52] Assim, em última análise, Sócrates não deixa dúvidas quanto à diferença fundamental entre o bom e o prazeroso. Nenhum homem pode ser simplesmente sábio; por conseguinte, não a sabedoria, mas o progresso na direção da sabedoria é o maior bem para o homem. A sabedoria não pode ser separada do autoconhecimento; portanto, o progresso na direção

---

[49] V. Brochard, *Études de Philosophie Ancienne et de Philosophie Moderne*. Paris, Vrin, 1926, p. 43.
[50] Compare-se III A, nota 27, e IV, nota 25.
[51] *Memorabilia* IV 6.15.
[52] *Memorabilia* IV 8.6-8 (cf. I 6.9 e IV 5.9-10). *Apol. Socr.* 5-6 e 32.

da sabedoria será acompanhado da percepção desse progresso. E essa percepção é necessariamente aprazível. Esse todo – o progresso e a percepção dele – é a um só tempo a melhor e a coisa mais aprazível para o homem. É nesse sentido que o bem supremo é intrinsecamente aprazível. No que concerne à tese de que a coisa mais digna de escolha deve ser intrinsecamente aprazível, não há diferença entre o Simônides histórico, o Simônides de Xenofonte e o Sócrates de Xenofonte e, com efeito, o Sócrates de Platão.[53] E isso não é tudo. Verifica-se, inclusive, um importante acordo entre o Simônides de Xenofonte e o seu Sócrates no que diz respeito ao objeto do supremo prazer. Pois o que mais pode ser a consciência prazerosa do próprio progresso na sabedoria ou na virtude senão a satisfação razoável e merecida (e mesmo a admiração) consigo mesmo?[54] A diferença entre Sócrates e Simônides parece então ser a de que Sócrates não está nada preocupado em ser admirado ou louvado pelos outros, ao passo que Simônides está preocupado exclusivamente com isso. Para reduzir essa diferença às suas devidas proporções, é bom lembrar que a afirmação de Simônides sobre o louvor ou a honra pretende servir a uma função pedagógica. O *Hiero* não nos fornece, portanto, a fórmula mais adequada da visão de Xenofonte acerca da relação entre o prazer e a virtude. Mas ele é o único escrito de Xenofonte que tem o mérito, e até a função, de levantar o problema dessa relação na sua forma mais radical: na forma da questão de saber se as exigências da virtude não podem ser completamente substituídas pelo, ou reduzidas ao, desejo de prazer, ainda que o prazer mais elevado.

---

[53] Compare-se com Platão, *República* 357b4-358a3.
[54] *Apol. Socr.* 5. Compare-se com *Memorabilia* II 1.19. Acerca do *sibi ipsi placere*, ver sobretudo Espinosa, *Ética* III, aff. deff. 25. Quanto à diferença entre Sócrates e Simônides, compare-se também com p. 149.

VII. Piedade e Lei

Depois de aconselhar os governantes democráticos de Atenas sobre como poderiam superar a necessidade em que se encontram de agir injustamente, Xenofonte lembra-os das limitações do seu conselho e, de fato, de todos os conselhos humanos, ao dar-lhes o conselho adicional de inquirir os deuses em Dodona e em Delfos se as reformas sugeridas por ele serão salutares para a cidade, agora e no futuro. No entanto, até a aprovação divina da sua sugestão não bastaria. Ele dá aos atenienses o conselho definitivo, no caso de os deuses aprovarem a sua sugestão, de que eles ainda perguntem aos deuses o que devem sacrificar a fim de serem bem sucedidos. A aprovação divina e a assistência divina parecem ser indispensáveis para a ação política salutar. Essas observações têm um interesse especial para o intérprete do *Hiero* por causa do lugar onde ocorrem no *Corpus Xenophonteum*, precisamente no final dos *Modos e Meios*.[1] Ainda assim, o seu conteúdo não pode surpreender um leitor do nosso autor: sentimentos pios são expressados, mais ou menos vigorosamente, em todos os seus escritos em que fala em seu próprio nome ou em nome de Sócrates.

Um dos traços mais surpreendentes do *Hiero*, i.e., da única obra de Xenofonte na qual ele nunca fala na primeira pessoa, é o completo silêncio acerca da piedade. Simônides nunca menciona a piedade. Ele não diz uma palavra acerca

---

[1] *De Vectigalibus* 6.2-3. Compare-se com p. 69s acima.

da pertinência de perguntar a quaisquer deuses se as suas sugestões no que dizem respeito ao aperfeiçoamento do governo tirânico seriam salutares. Tampouco lembra Hiero da necessidade de assistência divina. Ele não o admoesta de forma alguma para que venere os deuses.[2] Também Hiero permanece em silêncio acerca da piedade. Em particular, ao enumerar as várias virtudes, ele quase foi compelido a mencionar a piedade: coisa que acaba por não fazer.

Pode parecer que esse silêncio é suficientemente explicado pelo assunto em discussão na obra. Pode-se dizer que o tirano, e de fato qualquer governante absoluto, usurpa as honras que legitimamente só pertencem aos deuses.[3] No entanto, o *Hiero* lida não tanto com o modo como os tiranos usualmente vivem, mas com o melhor modo de preservar a tirania, ou antes, aperfeiçoá-la. Se acreditarmos em Aristóteles, a piedade é mais necessária para preservar e aperfeiçoar o governo tirânico do que para preservar ou aperfeiçoar qualquer outra ordem política. Pode-se se inclinar a creditar a Xenofonte a mesma visão, dado que ele indica que o regime de Ciro se tornou mais pio na proporção em que se tornou mais absoluto.[4] Mas Ciro não é um tirano em sentido estrito. Segundo Xenofonte, em qualquer dos casos a tirania é um governo sem leis e, segundo o seu Sócrates, a piedade é o conhecimento das leis no que concerne aos deuses:[5] onde não há leis, não há piedade. Porém a identificação da piedade com o conhecimento das leis no que concerne aos deuses não é a última palavra de Xenofonte sobre o assunto. Na sua caracterização final de Sócrates ele diz que Sócrates era tão pio que nada faria sem o consentimento dos deuses. Quando descreve como Sócrates tornava os seus companheiros pios, ele mostra como ele os levava a um reconhecimento da providência divina fazendo-os considerar o caráter cheio de propósito do universo e das suas

---

[2] Quando sugere a Hiero que este deveria gastar dinheiro para ornar sua cidade com templos, *inter alia* (Hiero 11.1-2), Simônides não o exorta a praticar a piedade; tudo o que faz é aconselhá-lo a gastar do modo que convém a um governante. A ética de Aristóteles, que nada diz sobre a piedade, menciona os gastos com o culto dos deuses sob o título "munificência". (*Eth. Nic.* 1122b19-23. Compare-se com *Política* 1321a35ss. Cf. também a nota de J. F. Gronovius sobre o *De Jure Belli ac Pacis*, de Grócio [Prolegg. §45]: "Aristoteli ignoscendum, si inter virtutes morales non posuit religionem. [...] Nam illi ut veteribus omnibus extra Ecclesiam cultus deorum sub magnificentia ponitur".)
[3] *Agesilau* 1.34 e *Anabasis* III 2.13. Compare-se com Platão, *República* 573c3-6.
[4] *Política* 1314b39ss. Nenhuma observação desse gênero figura no exame que Aristóteles faz, no livro quinto da *Política*, da preservação dos outros regimes. *Cyropaedia* VIII 1.23. Compare-se com Isócrates, *Para Nícocles* 20, e Maquiavel, *Príncipe* XVIII.
[5] *Memorabilia* IV 6.2-4.

partes.⁶ Parece, então, que tal como admite uma justiça translegal, muito embora o seu Sócrates identifique a justiça com a legalidade, ele também admite uma piedade que emerge a partir da contemplação da natureza e que não tem nenhuma relação necessária com a lei; uma piedade, isto é, cuja possibilidade é virtualmente negada pela definição sugerida pelo seu Sócrates. Devemos concluir que o silêncio do *Hiero* acerca da piedade não pode ser plenamente explicado pelo assunto em discussão na obra. Para uma explicação plena, temos de considerar a situação dialógica e o fato de que o *Hiero* é um diálogo entre um tirano educado e um sábio que não é um cidadão-filósofo.

Apesar de o *Hiero* permanecer em silêncio acerca da piedade, ele não permanece em silêncio acerca dos deuses. Mas o silêncio acerca da piedade reflete-se naquilo que o diálogo diz, ou que não diz, sobre os deuses. Na frase em que conclui a sua fala sobre a amizade, Hiero usa uma expressão que é reminiscente de uma expressão usada num contexto similar por Iscômaco no *Oeconomicus*. Hiero fala daqueles que por natureza nascem, e ao mesmo tempo são compelidos pela lei, para amar. Ao passo que Hiero fala da cooperação da natureza com a lei, Iscômaco fala de uma cooperação do deus (ou deuses) com a lei.⁷ Hiero substitui "o deus" ou "os deuses" por "natureza". O Simônides de Xenofonte nunca o corrige. Ele parece ser o mesmo Simônides do qual se diz ter adiado repetidamente e finalmente abandonado a tentativa de responder à questão que Hiero lhe colocou: O que é Deus?⁸ É verdade que tanto Hiero como Simônides mencionam "os deuses", mas não há aparente ligação entre aquilo que eles dizem acerca da "natureza" e aquilo que dizem acerca "dos deuses".⁹ É possível que o que eles pretendiam dizer por "os deuses" fosse o acaso em vez da "natureza" ou a origem da ordem natural.¹⁰

---

⁶ *Memorabilia* IV 8.11; I 4; IV 3.
⁷ *Hiero* 3.9. Compare-se com *Oeconomicus* 7.16, 29-30 (cf. 7.22-28).
⁸ Cícero, *De Natura Deorum* I 22 60.
⁹ Φύσις e φύειν (ou derivados) figuram em *Hiero* 1.22, 31, 33; 3.9; 7.3; 9.8. Θεοί figura em 3.5; 4.2; 8.5. Τὸ θεῖον figura em 7.4. Compare-se as observações sobre ἱερά em 4.5, 11 com *Hellenica* VI 4.30.
¹⁰ Compare-se com *Anabasis* V 2.24-25 e Platão, *Leis* 709b7-8. Considerando a relação entre "natureza" e "verdade" (*Oeconomicus* 10.2 e *Memorabilia* II 1.22), à distinção entre natureza e lei pode subjazer a visão de que a lei necessariamente contém elementos fictícios. Em *Hiero* 3.3, Hiero diz: "Tampouco às cidades passou despercebido que a amizade é para os homens bem enorme e agradabilíssimo. De todo modo, muitas cidades legislaram (νομίζουσι) que apenas os adúlteros podem ser mortos com impunidade – por essa razão, evidentemente –, uma vez que consideram (νομίζουσι) que [os adúlteros] são responsáveis por destruir a amizade das esposas com seus maridos". A lei que

A implicação prática da diferença entre a afirmação de Iscômaco e de Hiero vem à tona pelas diferentes formas como eles descrevem a cooperação entre os deuses ou natureza e a lei nas passagens paralelas citadas. Iscômaco diz que certa ordem que foi estabelecida pelos deuses é ao mesmo tempo louvada pela lei. Hiero diz que os homens são instados pela natureza a certa ação ou sentimento, para o qual ao mesmo tempo eles são compelidos pela lei. Iscômaco, que tem como origem da ordem natural os deuses, descreve a obra específica da lei como louvar; Hiero, que não dá esse passo, descreve-a como obrigação. Uma forma de compreender e avaliar a lei feita pelo homem depende então da nossa forma de compreender a ordem que não é feita pelo homem e que é apenas confirmada pela lei. Se se fizer remontar a ordem natural aos deuses, o caráter compulsório da lei recuará para o pano de fundo. Em sentido inverso, é pouco provável que a lei enquanto tal apareça como uma fonte imediata de prazer se não se for além da ordem natural em si mesma. A lei assume uma dignidade mais alta se o universo tiver uma origem divina. A noção que liga o "louvor" e "deuses" é a nobreza (*gentlemanliness*) O louvor, enquanto distinto da compulsão, é suficiente para a orientação dos nobres ou cavalheiros gentis, e os deuses deliciam-se com a nobreza.[11] Como vimos, a nobreza de Hiero e Simônides não está completamente acima de toda dúvida. Iscômaco, por outro lado, que faz a origem da ordem natural remontar aos deuses, e que descreve na passagem citada o trabalho da lei como o louvor, é o cavalheiro *par excellence*. O que foi a atitude do cidadão-filósofo Sócrates só pode ser determinada por uma análise abrangente e detalhada dos escritos socráticos de Xenofonte.

---

diz que os adúlteros podem ser mortos com impunidade se baseia na crença de que são eles, e não as esposas mesmas, os responsáveis pela infidelidade delas. Se tal crença é sempre sensata é motivo de dúvida. Xenofonte alude a essa dificuldade quando faz Hiero abordar, na frase subsequente, o problema da possível culpa da esposa: "Se as esposas são violadas, seus maridos não as estimam menos por isso, contanto que o amor delas permaneça incólume". Ao que parece, a crença dos homens na modéstia feminina é tida como algo que conduz a essa modéstia. Compare-se com Montesquieu, *L'Esprit des Lois* VI 17: "Parce que les hommes sont méchants, la loi est obligée de les supposer meilleurs qu'ils ne sont. Ainsi [...] on juge [...] que tout enfant conçu pendant le mariage est legitime; la loi a confiance en la mère comme si elle était la pudicité même". Cf. também Rousseau, *Emile* V (ed. Garnier, vol. II, p. 147-48). De modo semelhante, quando um indivíduo considera (νομίζων) seu filho a mesma coisa que sua vida ou sua alma (*Hiero* 11.14), o que na verdade não procede, ele é levado a agir de maneira mais benéfica do que faria de outro modo.
[11] *Anabasis* II 6.19-20 (cf. Aristóteles, *Eth. Nic.* 1179b4ss). *Symposium* 4.19.

O DEBATE ENTRE KOJÈVE E STRAUSS

2

ALEXANDRE KOJÈVE

Tirania e Sabedoria[1]

Na minha opinião, não é apenas Xenofonte que é importante no livro que Strauss lhe consagrou. Talvez, apesar daquilo que o seu autor possa pensar a respeito disso, este livro de Strauss é verdadeiramente importante não porque pretenda revelar-nos o pensamento autêntico

---

[1] O ensaio de Kojève foi publicado pela primeira vez com o título "L'action politique des philosophes" in *Critique* (1950, 6: 46-55, 138-155). A versão expandida (reproduzida aqui) posteriormente publicada com o título "Tirania e Sabedoria" omite os parágrafos iniciais do artigo original, tal como se seguem:

Num livro brilhante e apaixonado, sob o disfarce de uma tranquila obra de erudição, Leo Strauss interpreta o diálogo de Xenofonte no qual um tirano e um sábio discutem as vantagens e desvantagens do exercício da tirania. Ele nos mostra onde a interpretação de uma obra difere de um mero comentário ou de uma análise. Na sua interpretação, Xenofonte não mais nos aparece como o autor raso e simplório que conhecemos, mas como um escritor brilhante e sutil, um pensamento original e profundo. Além disso, ao interpretar esse diálogo esquecido, Strauss desnuda grandes problemas políticos e morais que ainda são os nossos.

Ele buscou no labirinto do diálogo o verdadeiro significado do ensinamento de Xenofonte. Supostamente Xenofonte cuidou em escondê-lo dos olhos do vulgo. Strauss teve, portanto, que apelar para o método do detetive que, numa interpretação sutil dos fatos aparentes, finalmente descobre o criminoso...

Para dizer a verdade, no fim é grande a tentação de negar a descoberta. Com efeito, o livro não pode acabar como os romances policiais, com a confissão do criminoso desmascarado. Que o leitor julgue...

Entretanto, importa apenas incidentalmente saber se a interpretação é irrefutável, pois a importância do livro de Strauss vai bem além do pensamento autêntico e quiçá desconhecido de Xenofonte. Ele deve a sua importância à importância do problema que ele coloca e discute.

e mal compreendido de um contemporâneo e compatriota de Platão, mas por causa do problema que coloca e discute.

O diálogo de Xenofonte, na interpretação de Strauss, apresenta um tirano desiludido que afirma estar descontente com a sua condição de tirano, contra um sábio que veio de longe para aconselhá-lo sobre como governar o seu Estado de forma a que o exercício da tirania lhe dê satisfação. Xenofonte faz essas duas personagens falar, e ele nos diz nas entrelinhas o que pensar acerca do que eles dizem. Strauss torna plenamente explícito o pensamento de Xenofonte, e nos diz nas entrelinhas o que pensar acerca dele. Mais precisamente, ao se apresentar, no seu livro, não como um sábio que possui conhecimento, mas como um filósofo que o busca, Strauss nos diz não *o que* pensar sobre tudo isso, mas apenas o que pensar *acerca* disso ao falar da relação entre a tirania ou o governo em geral, por um lado, e a Sabedoria e a filosofia, do outro. Em outras palavras, ele levanta problemas; mas o faz em vista de resolvê-los.

É acerca de alguns desses problemas levantados implícita ou explicitamente por Strauss nas páginas precedentes que eu gostaria de falar no que se segue.

Consideremos primeiro a questão da tirania.

Observe-se que não é Hiero quem pede conselhos a Simônides sobre como exercer a tirania. Simônides dá-lhe o seu conselho espontaneamente. Ainda assim, permanece o fato de que Hiero escuta-o (num momento de ócio, é verdade). E, tendo-o escutado, nada diz. Esse silêncio nos mostra que ele nada tem a dizer em resposta. Podemos por isso concluir que ele julga, tal como nós, seguindo Strauss e Xenofonte, que o conselho de Simônides é cheio de sabedoria. Mas, dado que ele não diz tal coisa, e dado que não diz que irá acatá-lo, supomos que ele não fará nada disso. E essa era provavelmente a própria opinião de Simônides, pois, segundo Xenofonte, ele não pergunta sequer se Hiero pretende implementar o conselho que acabou de lhe dar.

Confrontados com essa situação, estamos naturalmente inclinados a nos chocar. Compreendemos, como é óbvio, por que Hiero tinha vontade de escutar atentamente o conselho de Simônides, dado que, como o próprio admite, era incapaz de exercer a tirania de forma a haurir satisfação, ainda que somente para si. Mas, se tivéssemos estado "no seu lugar", teríamos espontaneamente pedido conselhos assim que nos apercebêssemos da nossa incapacidade. Até o teríamos feito "muito antes;" e não num momento de ócio, mas "abandonando tudo". Acima de tudo, assim que nos apercebêssemos de quão excelente era o conselho que recebemos, teríamo-lo proclamado em alto e bom som, e feito tudo dentro do nosso poder para implementá-lo. E, mais uma vez, teríamo-lo feito "abandonando tudo".

Mas, antes de cedermos a esse impulso natural, acredito que devemos refletir. Perguntemo-nos primeiro se é realmente verdade que "no lugar de Hiero" poderíamos ter levado a cabo as nossas nobres intenções "abandonando tudo". O próprio Hiero acha que não, porquanto diz a Simônides (final do capítulo 7): "também nisso a tirania é muito miserável: não é possível nos livrarmos dela". E ele bem pode estar certo. Pois o tirano tem sempre um "assunto corrente" que é impossível ser abandonado sem que primeiro seja resolvido. E poderá muito bem acontecer que a natureza desse assunto seja tal que ocuparmo-nos dele prove ser incompatível com as medidas que têm de ser tomadas a fim de implementar o conselho do sábio, ou, mais exatamente, a fim de instituir o estado de coisas ideal que ele recomenda. Poderá também acontecer que se leve mais anos a concluir os "assuntos correntes" do que os anos que restam na própria vida do tirano. E se alguns deles exigirem séculos de esforço para serem completamente concluídos?

Hiero chama a atenção de Simônides para o fato de que, para *chegar* ao poder, o tirano tem necessariamente de tomar, digamos assim, medidas "impopulares" (de fato, Hiero considera-as "criminosas"). Simônides não o nega, mas assevera que o tirano pode *manter-se* no poder sem recorrer à violência, ao tomar medidas apropriadas para obter "popularidade". Mas Simônides não diz como revogar as medidas "impopulares" sem que imediatamente se ponha em perigo a vida ou o poder do tirano (e, consequentemente, sem que também se ponha em perigo as próprias reformas que ele estava pronto para introduzir como resultado da intervenção do sábio), ou até a existência do Estado enquanto tal. Nem explica como o regime "popular" não violento poderia ser estabelecido sem revogar as medidas em questão.

Porém, é obviamente isso que Simônides deveria ter explicado a Hiero se quisesse realmente que este seguisse o seu conselho. Não o fazendo, Simônides parece ter-se comportado não tanto como um sábio, mas como um típico "Intelectual" que critica o mundo real em que vive do ponto de vista de um "ideal" construído no universo do discurso, um "ideal" ao qual se atribui um valor "eterno", primariamente porque não existe agora nem nunca existiu no passado. De fato, Simônides apresenta o seu "ideal" sob a forma de uma "utopia", pois este difere do mesmo ideal apresentado como uma ideia (revolucionária) "ativa" precisamente nisto: a utopia não nos mostra como, aqui e agora, começar a transformar a realidade concretamente dada em vista de torná-la conforme, no futuro, ao ideal proposto.

Por conseguinte, Strauss pode estar certo ao nos dizer que Simônides, que acredita ser um sábio, seja realmente apenas um poeta. Confrontado com uma visão poética, um sonho, uma utopia, Hiero reage não como um "tirano", mas simplesmente como um político, um político liberal em consequência disso. Para não encorajar os seus críticos, ele não quer proclamar abertamente que reconhece o valor "teórico" do ideal que Simônides lhe comunicou. Ele não quer fazê-lo não só porque sabe que não poderia atualizar esse ideal (no presente estado de coisas), mas também, e acima de tudo, porque não lhe é dito qual é o primeiro passo que teria de dar para aproximar-se dele. Consequentemente, como um bom liberal, ele permanece em *silêncio*: e não *faz* nada, não *decide* nada e deixa que Simônides *fale* e *parta* em paz.

Segundo Strauss, Xenofonte estava perfeitamente ciente do caráter necessariamente utópico do tipo de conselho que Simônides dá. Presumivelmente, ele teria pensado que a tirania "esclarecida" e "popular" pintada por Simônides era um ideal irrealizável, e que o objetivo do seu Diálogo é convencer-nos de que seria melhor renunciar a qualquer forma de tirania antes sequer de tentar estabelecê-la. Strauss e Xenofonte parecem assim rejeitar a própria ideia de governo "tirânico". Mas essa é outra questão inteiramente diferente e, o que é mais importante, extremamente difícil. Os conselhos contra a tirania não teriam mais qualquer coisa a ver com o conselho que um sábio poderia dar a um tirano em vista de um "ideal" de *tirania*.

Para medir o significado e a importância desse novo conselho, teríamos de saber se, em certos casos específicos, renunciar à "tirania" não seria equivalente a renunciar ao governo por completo, e se isso não ocasionaria a ruína do Estado ou o abandono de qualquer perspectiva real de progresso num Estado particular ou para toda a humanidade (pelo menos em certo momento histórico). Mas, antes de considerarmos essa questão, temos de ver se Hiero, Simônides, Xenofonte e Strauss estão realmente certos ao afirmar que a tirania "ideal" esboçada por Simônides é apenas uma utopia.

Ora, quando lemos os três últimos parágrafos do Diálogo, nos quais Simônides descreve a tirania "ideal", descobrimos que aquilo que poderá ter parecido utópico para Xenofonte tornou-se hoje quase uma realidade banal. De fato, eis o que é dito nesses capítulos. Em primeiro lugar, o tirano deve distribuir todos os tipos de "prêmios", em especial honoríficos, para estabelecer uma emulação "stakhanovista" no seu Estado nos domínios da agricultura, indústria e comércio (capítulo 9).² Em seguida, em vez de manter corpos mercenários de guarda-costas, o tirano deve organizar uma polícia de Estado (que será "sempre necessária"), e uma força armada permanente que servirá como o núcleo do exército que será mobilizado em caso de guerra (capítulo 10). Além disso, o tirano não deverá desarmar os seus súditos, mas introduzir um serviço militar compulsório e recorrer a uma mobilização geral se necessário. Finalmente, ele deverá gastar uma parte da sua fortuna "pessoal" para o bem comum e construir edifícios públicos em vez de palácios. Em termos gerais, o tirano conquistaria o "afeto" dos seus súditos ao torná-los mais felizes e ao considerar "a pátria seu Estado, os cidadãos seus camaradas" (capítulo 11).

É compreensível que Xenofonte tenha considerado tudo isso utópico. De fato, ele tinha conhecimento apenas de tiranias exercidas em benefício de uma classe social já estabelecida, ou para o bem de ambições pessoais ou familiares, ou com a vaga ideia de fazer melhor do que qualquer outra pessoa, embora querendo a mesma coisa que os antecessores. Ele não enxergava a existência de "tiranias" exercidas em serviço de ideias políticas, sociais e econômicas verdadeiras revolucionárias (ou seja, em serviço de objetivos que diferem radicalmente de tudo o que já existe), com uma base nacional, racial, imperial ou humanitária. Mas é surpreendente encontrar um contemporâneo nosso, Strauss, aparentemente compartilhando essa forma de ver as coisas. Pessoalmente, não aceito a posição de Strauss nessa matéria, porque, na minha opinião, a utopia de Xenofonte-Simônides foi *atualizada* pelas "tiranias" modernas (por Salazar, por exemplo). Pode até ser que aquilo que era utópico no tempo de Xenofonte possa ter sido atualizado posteriormente precisamente porque o tempo que era necessário para concluir o "assunto corrente" de que falei tenha passado e que esse "assunto corrente" tivesse de ser concluído antes de as medidas necessárias à atualização do ideal defendido por Simônides pudessem ser tomadas. Mas segue-se que essas "tiranias" modernas são (filosoficamente) justificadas pelo Diálogo de Xenofonte? Podemos concluir que o "tirano" moderno pôde atualizar o ideal "filosófico" de tirania sem recorrer

---

² De Aleksei Grigorievich Stakhanov, um mineiro da União Soviética que excedeu a sua cota de mineração e deu origem a um movimento de aumento de produtividade nos anos 30. (N. T.)

ao conselho dos sábios ou dos filósofos ou devemos admitir que ele só o fez porque uma vez Simônides aconselhou Hiero?

Tentarei responder à segunda questão. Quanto à primeira, para respondê-la teremos de ir ao âmago da questão.

No ponto culminante do Diálogo (capítulo 7), Simônides explica a Hiero que as suas queixas contra a tirania não têm valor porque o objetivo supremo e o motivo último dos homens é a honra e, no que concerne à honra, o tirano está em melhor posição do que qualquer outra pessoa.

Detenhamo-nos por um momento nesse argumento. Simônides adota, com plena autoconsciência, a atitude "pagã" ou até "aristocrática" a que Hegel mais tarde chamou de a atitude dos "Senhores" (por oposição à atitude dos "Escravos", que corresponde ao homem "judaico-cristão" ou até "burguês"). E Simônides indica a sua visão de forma extremamente radical. De fato, quando ele diz que a "honra é uma coisa grandiosa e que os homens submetem-se a toda a labuta e resistem a todos os perigos lutando por ela", o seu ponto não é simplesmente o de que o homem luta e labora exclusivamente por causa da glória. Ele vai muito mais longe, asseverando que "um verdadeiro homem difere dos outros animais nessa luta pela honra". Mas, como qualquer "pagão" consistente, "aristocrata" ou "Senhor", Simônides não acredita que a busca de glória seja o traço distintivo de *todas* as criaturas com forma humana. A busca de glória é específica e necessariamente característica apenas dos Senhores natos, e está irremediavelmente em falta nas naturezas "servis" que, por essa mesma razão, não são verdadeiramente humanas (e merecem ser tratadas desse modo). "(...) Aqueles em quem o amor da honra e do louvor surge por natureza e também se acredita não serem mais meramente seres humanos, mas verdadeiros homens" (cap. 4). E esses "verdadeiros" homens que vivem para a glória são em certa medida seres "divinos". Pois "nenhum prazer humano se aproxima tanto do que é divino quanto a alegria que decorre da honra".

Essa profissão de fé "aristocrática" e "pagã" teria sem dúvida chocado o "burguês" que viveu (ou vive) no mundo judaico-cristão. Nesse mundo nem os filósofos nem sequer os tiranos *disseram* tais coisas e, na medida em que quiseram justificar a tirania, fizeram uso de outros argumentos. Seria inútil enumerar todos os argumentos porque, na minha opinião, apenas um é realmente válido. Mas ele merece toda a nossa atenção. Penso que seria falso dizer, com Simônides, que *apenas* o "desejo de ser honrado" e a "alegria que decorre da honra" fazem com que "se resista a *qualquer* labuta e se enfrente *qualquer* perigo". A *alegria* que acompanha o próprio labor e o desejo de ser bem sucedido num empreendimento podem, por si só, levar um homem a submeter-se a trabalhos dolorosos e perigosos (como mostra já o antigo mito de Hércules). Um homem pode trabalhar arduamente, arriscando a vida, por nenhuma outra razão a não ser experimentar a alegria que sempre extrai de *levar a cabo* o seu projeto ou, o que dá no mesmo, de transformar a sua "ideia" ou até "ideal" numa *realidade* moldada pelos seus próprios *esforços*. Uma criança, sozinha numa praia, faz bolinhos de areia que porventura nunca mostrará a ninguém, e um pintor pode cobrir as falésias de alguma ilha deserta com desenhos, sabendo desde sempre que nunca a deixará. Assim, embora seja um caso extremo, um homem pode aspirar à tirania da mesma forma que um trabalhador "consciente" e "entusiasta" pode aspirar a condições adequadas para o seu labor. De fato, um monarca "legítimo" que alcança e retém o poder sem esforço e que não é suscetível à glória poderia, ainda assim, evitar afundar-se numa vida de prazer e dedicar-se ativamente ao governo do Estado. Mas esse monarca, e em geral o político "burguês" que renuncia por princípio à glória, exercitará a sua difícil "troca" política apenas se tiver uma mentalidade de "trabalhador". E ele quererá justificar a sua tirania como nada mais que uma condição necessária para o sucesso do seu "labor".

Na minha opinião, essa forma "burguesa" de ver as coisas e de justificar a tirania (uma forma que, em alguma medida e por algum tempo, tornou possível viver no mundo político "judaico-cristão" no qual foi pedido aos homens que renunciassem à glória) tem de complementar a teoria "aristocrática" da qual Simônides faz a si próprio porta-voz, e que apenas explica a atitude do "aristocrata" *ocioso* que dedica o melhor das suas potencialidades a lutas (possivelmente sangrentas) com outros homens por causa da honra que a vitória lhe trará.

Mas não devemos isolar o ponto de vista "burguês" esquecendo ou negando a teoria "aristocrática". Não devemos nos esquecer de que, para voltar aos nossos exemplos, o "desejo de ser honrado" e a alegria que decorre das "honras" entram em cena e tornam-se decisivos no momento mesmo em que a criança faz os seus bolinhos de areia na presença de adultos ou dos seus amigos e no momento em que o pintor regressa a casa e exibe as reproduções das suas pinturas nas falésias, no momento em que, dito de forma geral, essa *emulação* entre os homens aparece, sabendo que, de fato, ela nunca está ausente, e que, segundo Simônides (capítulo 9), ela é necessária até para que a agricultura, a indústria e o comércio prosperem verdadeiramente. Mas para essa proposição se aplicar aos políticos tem de haver uma *luta* pelo poder e pela *emulação* no exercício do poder, no sentido estrito de "luta" e "emulação". Em bom rigor, em teoria o político poderia ter eliminado os seus rivais sem pensar na glória, tal como um trabalhador, absorvido no seu labor e indiferente àquilo que o rodeia, quase inconscientemente elimina os objetos que o perturbam no seu labor. Mas, de fato, e isso é particularmente verdadeiro acerca daqueles que aspiram à "tirania", eliminamos os nossos rivais porque não queremos que o objetivo seja alcançado, que o trabalho seja feito por outro, mesmo que o outro possa fazê-lo igualmente bem. Em casos que envolvem "emulação" ou "competição" de fato agimos por causa da glória, e é apenas para nos justificarmos a partir de um ponto de vista "cristão" ou "burguês" que acreditamos ou reivindicamos fazê-lo exclusivamente porque somos ou imaginamos ser mais "capazes" ou "mais bem equipados" do que os outros.

Seja como for, Hiero, no seu papel de autêntico "aristocrata pagão", aceita o ponto de vista de Simônides sem reservas. Porém ele rejeita o argumento de Simônides como uma *justificativa* da tirania: embora admita que o objetivo mais elevado do homem é a honra, ele mantém que o tirano nunca alcança esse objetivo.

Hiero explica a Simônides (capítulo 7, segundo parágrafo) que o tirano governa pelo terror e que, por conseguinte, as honras que lhe são concedidas pelos seus súditos são apenas ditadas pelo medo que neles inspira. Ora, "os serviços daqueles que têm medo não são honras... [tais atos] seriam provavelmente considerados atos de escravidão". E os atos de um Escravo não dão satisfação ao Senhor aristocrata, o tirano da Antiguidade.

Ao descrever essa situação, Hiero descreve a tragédia do Senhor analisada por Hegel em *A Fenomenologia do Espírito* (capítulo IV, seção A). O Senhor entra numa luta até a morte para fazer o adversário reconhecer a sua exclusiva dignidade humana. Mas se o seu próprio adversário for um Senhor, ele será animado pelo mesmo desejo de "reconhecimento", e lutará até a morte: a sua ou a do outro. E se o adversário se submeter (pelo medo da morte), ele revela ser um Escravo. O seu "reconhecimento" está por isso desprovido de valor para o Senhor vitorioso, aos olhos do qual o Escravo não é verdadeiramente um ser humano. O vitorioso nessa luta sangrenta por puro prestígio não estará, por conseguinte, "satisfeito" com a sua vitória. A sua situação é assim essencialmente trágica, dado que não existe forma de escapar dela.

Em boa verdade, o texto de Xenofonte é menos preciso que o de Hegel. Hiero confunde espontaneamente o "amor sexual" dado com o "afeto" dos súditos que o "reconhecem". Simônides corrige-o fazendo-o ver que o tirano enquanto tal está interessado não nos seus "amantes", mas em seus súditos enquanto cidadãos. Mas Simônides não retém a ideia de "afeto" (capítulo 11). Além disso, Hiero gostaria de ser feliz em virtude da sua tirania e das "honras" em geral, e Simônides, de seu lado, diz que ele será "feliz" (uma frase do Diálogo) se seguir o seu conselho e ganhar, assim, o "afeto" dos seus concidadãos. Ora, é perfeitamente óbvio que a tirania ou a ação política em geral não pode, enquanto tal, engendrar "amor" ou "afeto" ou "felicidade", pois esses três fenômenos envolvem elementos que não têm nada a ver com a política: um político medíocre pode ser o objeto de um intenso e autêntico "afeto" dos seus concidadãos, tal como um grande político pode ser universalmente admirado sem suscitar qualquer tipo de amor, e o completo sucesso político é perfeitamente compatível com uma vida privada profundamente infeliz. É preferível, por conseguinte, ficar com a formulação precisa de Hegel, que se refere não ao "afeto" ou à "felicidade", mas ao "reconhecimento". Pois o desejo de ser "reconhecido" na nossa realidade e dignidade eminentemente humanas (por aqueles que "reconhecemos" de volta) efetivamente é, acredito eu, o motivo último de toda a *emulação* entre os homens e, por conseguinte, de toda a *luta* política, incluindo a luta que leva à tirania. E o homem que satisfez esse desejo através da sua própria ação está, por esse mesmo fato, efetivamente "satisfeito", independentemente de ser ou não ser feliz ou amado.

Podemos, então, admitir que os tiranos (e o próprio Hiero) procurarão pelo "reconhecimento" hegeliano acima de todo o resto. Também podemos admitir que Hiero, não tendo obtido este reconhecimento, não está efetivamente "satisfeito" no sentido forte do termo. Compreendemos por isso por que é que ele escuta o conselho do sábio que lhe promete "satisfação" lhe indicando os meios de obter o "reconhecimento".

Em qualquer dos casos, tanto Hiero como Simônides sabem perfeitamente bem o que está em causa. Hiero gostaria que os seus súditos "dessem *voluntariamente* passagem nas ruas" (capítulo 7, segundo parágrafo) e Simônides promete-lhe que, se ele seguir o seu conselho, os seus súditos serão "*voluntariamente* homens que obedecem" (capítulo 11, 12º parágrafo). O mesmo significa dizer que ambos estão preocupados com a *autoridade*. Pois ser "reconhecido" por alguém sem inspirar medo (em última análise, medo da morte violenta) ou amor é adquirir *autoridade* aos olhos desse alguém. Adquirir autoridade aos olhos de alguém é levá-lo a *reconhecer* essa autoridade. Ora, a autoridade de um homem (ou seja, em derradeira análise, o seu valor eminentemente humano, embora não necessariamente a sua *superioridade*) é *reconhecida* por outro quando esse outro segue ou leva a cabo o seu conselho ou as suas ordens, não porque não possa fazer de outro modo (fisicamente, ou por causa do medo ou de alguma outra "paixão"), mas porque os considera espontaneamente dignos de serem seguidos ou levados a cabo, e fazendo-o não porque ele próprio reconhece o valor intrínseco do conselho ou ordem, mas apenas porque essa *pessoa particular* dá esse conselho ou essas ordens (como um oráculo), ou seja, precisamente porque reconhece a "autoridade" da pessoa que os dá. Podemos, por conseguinte, admitir que Hiero, como qualquer homem político, procurou ativamente a tirania porque (conscientemente ou não) queria impor a sua exclusiva *autoridade* sobre os seus concidadãos.

Podemos, portanto, acreditar em Hiero quando ele diz que não está "satisfeito". Ele de fato falhou no seu empreendimento, dado que admite ter de recorrer à *força*, ou seja, ter de explorar o medo (da morte) dos seus súditos. Mas Hiero certamente exagera (e, segundo Strauss, fá-lo deliberadamente, para desencorajar potenciais rivais e, em particular, Simônides, de aspirar à tirania) quando diz que a tirania não lhe fornece *qualquer* "satisfação" porque ele não goza de *qualquer* autoridade e governa *somente* através do terror. Pois, ao contrário do que sugere um preconceito algo comum, tal situação é absolutamente impossível. O puro terror pressupõe apenas força, a qual, em última análise, é força física. Ora, só pela força física um homem pode dominar crianças, idosos e algumas mulheres, no máximo dois ou três adultos, mas é incapaz de impor-se por muito tempo a um grupo de homens fisicamente capazes, por menor que possa ser. O mesmo equivale a dizer que o "despotismo" propriamente dito é possível apenas dentro de famílias isoladas, e um chefe de qualquer Estado tem sempre de recorrer a alguma coisa além da força. De fato, um chefe político tem sempre de recorrer à sua *autoridade*, e é a isso que deve o seu poder. Toda a questão é saber por *quem* a sua autoridade é reconhecida, *quem* "o obedece sem coação"? Na realidade, a autoridade de um chefe de Estado pode ser reconhecida por uma maioria mais ou menos extensa de cidadãos, ou por uma minoria mais ou menos restrita. Até muito recentemente não se pensava ser possível que se pudesse falar de "tirania" no sentido pejorativo do termo, exceto onde uma minoria (guiada por uma autoridade que só ela reconhece) governa a maioria dos cidadãos através da força ou do "terror" (ou seja, ao explorar o medo da morte). É claro, só os cidadãos reconhecidos pelo Estado como tais eram levados em consideração. Pois até hoje em dia ninguém critica o ato de governar crianças ou criminosos ou loucos pela força, e, no passado, governar mulheres, escravos ou estrangeiros, por exemplo, pela força não era alvo de crítica. Mas esse modo de ver as coisas, embora logicamente possível, de fato não corresponde às reações naturais das pessoas. Finalmente percebeu-se que não corresponde, e as experiências políticas recentes, assim como as correntes polêmicas entre os democratas "Ocidentais" e "Orientais", permitiram-nos fornecer uma definição mais adequada de tirania.

De fato, há tirania (no sentido moralmente neutro do termo) quando uma fração dos cidadãos (importa pouco saber se é uma minoria ou uma maioria) impõe sobre todos os outros cidadãos as suas próprias ideias e ações, ideias e ações que são guiadas por uma autoridade que essa fração reconhece espontaneamente, mas que não foi bem sucedida em obter o reconhecimento dos outros; e onde essa fração a impõe sobre esses outros "sem chegar a um acordo" com eles, sem tentar obter alguma "concessão" da parte deles, sem ter em consideração as suas ideias e desejos (determinada por outra autoridade, a qual esses outros reconhecem espontaneamente). É claro que essa fração apenas poderá fazer isso por meio da "força" ou do "terror", em última análise ao manipular os outros pelo medo que a morte violenta possa lhes infligir. Nessa situação, pode-se dizer que os outros são "escravizados", visto que eles de fato se comportam como escravos prontos a fazer qualquer coisa para salvar as suas vidas. E é essa situação que alguns dos nossos contemporâneos rotulam de *tirania* no sentido pejorativo do termo.

Como se queira. É claro que Hiero não está plenamente "satisfeito", não porque não tenha *qualquer* autoridade e governe *somente* através da força, mas porque a sua autoridade, reconhecida por alguns, não é reconhecida por *todos* aqueles que ele considera serem cidadãos, ou seja, homens dignos de reconhecê-la e que, por isso, supostamente devem fazê-lo. Ao comportar-se dessa maneira, Hiero, que simboliza o tirano da Antiguidade para nós, acha-se em perfeito acordo com a análise hegeliana da "satisfação" (alcançada pela emulação ou pela ação que é "política" no sentido lato do termo).

Hegel diz que o homem político age em função do desejo de "reconhecimento" e que ele pode ficar plenamente "satisfeito" apenas se satisfizer completamente *esse* desejo. Ora, esse desejo é por definição ilimitado: o homem quer ser efetivamente "reconhecido" por *todos* aqueles que considera capazes e, por conseguinte, dignos de o "reconhecerem". Na medida em que os cidadãos de um Estado estrangeiro, animados por um "espírito de independência", resistem com sucesso ao chefe de certo Estado, ele tem necessariamente de reconhecer o valor humano deles. Por conseguinte, quererá estender a sua autoridade sobre eles. E se eles não lhe resistirem, isso acontecerá porque já reconhecem a sua autoridade, ainda que apenas na forma em que um Escravo reconhece a autoridade do seu Senhor. De modo que, em derradeira análise, o chefe de Estado ficará *plenamente* "satisfeito" apenas quando o seu Estado englobar toda a humanidade. Mas ele também quererá estender a sua autoridade tanto quanto possível dentro do próprio Estado, reduzindo a um mínimo o número daqueles que apenas são capazes de uma obediência servil. Para tornar possível que ele seja "satisfeito" pelo seu autêntico "reconhecimento" ele tenderá a "libertar" os escravos, a "emancipar" as mulheres e a reduzir a autoridade das famílias sobre as crianças ao presenteá-las com a sua "maioridade" o mais cedo possível, a reduzir o número de criminosos e toda a variedade de "desequilibrados" e a elevar o nível "cultural" (que depende claramente do nível econômico) de todas as classes sociais ao grau mais alto possível.

Em todo caso, ele quererá ser "reconhecido" por todos os que lhe resistem por motivos "desinteressados", ou seja, por motivos "ideológicos" ou "políticos" propriamente ditos, porque a própria resistência deles é a medida do seu valor humano. Ele quererá ser reconhecido por eles assim que tal resistência se manifeste, e ele deixará de querer ser reconhecido por eles (e desistirá com remorsos) apenas quando, por uma razão ou por outra, se vir forçado a *matar* os "resistentes". De fato, o homem político, agindo conscientemente em termos do desejo de "reconhecimento" (ou de "glória") ficará *plenamente* "satisfeito" apenas quando estiver à cabeça do Estado que é, não só *universal*, mas também política ou socialmente *homogêneo* (com licenças para diferenças fisiológicas irredutíveis), ou seja, de um Estado que é o objetivo e o resultado do labor coletivo de todos e de cada um. Se admitirmos que esse Estado é a atualização do supremo ideal político da humanidade, então pode-se dizer que a "satisfação" do chefe desse Estado constitui uma "justificação" suficiente (não apenas subjetiva, mas também objetiva) da sua atividade. Ora, desse ponto de vista, o tirano moderno, embora de fato implemente o conselho de Simônides e alcance, assim, resultados mais "satisfatórios" do que aqueles de que Hiero se queixava, também não está *plenamente* "satisfeito". Ele não está plenamente satisfeito porque o Estado que governa não é nem universal nem homogêneo, de modo que a sua autoridade, tal como a de Hiero, não é reconhecida por *todos* aqueles que, de acordo com ele, poderiam e deveriam reconhecê-la.

Visto que não está plenamente satisfeito com o seu Estado ou com as suas ações políticas, o tirano moderno tem, assim, as mesmas razões que Hiero para oferecer a sua orelha aos conselhos dos Sábios. Porém, a fim de evitar que o tirano não tenha as mesmas razões para não seguir esse conselho ou para reagir com um "silêncio" que será infinitamente menos "liberal" do que o de Hiero, o novo Simônides teria de evitar o erro "poético" do seu predecessor. Ele teria de evitar a *utopia*.

A descrição, até a descrição eloquente, de um estado idílico de coisas que carece de qualquer ligação real com o presente estado de coisas comoverá o tirano ou um político em geral tão pouco quanto um conselho "utópico" que carece de qualquer relação direta com as preocupações e os assuntos correntes. Tal "conselho" irá interessar ao tirano moderno tanto menos quanto ele, tendo porventura sido instruído por algum outro sábio que não Simônides, possa já conhecer o ideal que o "conselheiro" está pronto a lhe revelar, podendo estar ele já trabalhando conscientemente na sua atualização. Seria tão vão tentar opor esse "ideal" às medidas concretas que esse tirano está tomando em vista da sua atualização quanto tentar levar a cabo uma política concreta (tirânica ou outra) que explícita ou tacitamente rejeite o "ideal" no qual ele se baseia.

Por outro lado, se o sábio, admitindo que o tirano procure a "glória" e consequentemente possa ficar plenamente "satisfeito" apenas com o reconhecimento da sua autoridade no Estado universal e homogêneo, estivesse preparado para dar um conselho "realista" e "concreto" explicando ao tirano que aceita conscientemente o ideal de "reconhecimento universal" como, começando no presente estado de coisas, se poderia alcançar esse ideal, e alcançá-lo melhor e mais rapidamente do que através das próprias medidas do tirano, então o tirano poderia perfeitamente bem aceitar e seguir abertamente esse conselho. Seja como for, a recusa do tirano seria absolutamente "insensata" e "injustificada", e não levantaria quaisquer questões de princípio.

A questão de princípio que permanece por resolver é saber se o sábio *pode* ou não pode, na qualidade de sábio, fazer alguma coisa senão discursar acerca de um "ideal" político, e se ele *quer* deixar o reino da "utopia" e das "ideias abstratas" ou até "gerais" e confrontar a realidade concreta dando ao tirano um conselho "realista".

Para responder a essa dupla questão, temos de distinguir cuidadosamente entre o sábio propriamente dito e o filósofo, pois a situação está longe de ser a mesma nos dois casos. Para simplificar as coisas, falarei apenas acerca da última questão. Em todo o caso, nem Xenofonte nem Strauss parecem admitir a existência do sábio propriamente dito.

Por definição, o filósofo não possui Sabedoria (ou seja, plena autoconsciência, ou – de fato – omnisciência); mas (um hegeliano teria de especificar: numa dada época) ele está mais avançado na estrada que leva à Sabedoria do que qualquer não filósofo ou "não iniciado", incluindo o tirano. Também por definição, supõe-se que o filósofo "dedique a sua vida" à busca da Sabedoria.

Tomando essa dupla definição como o nosso ponto de partida, temos de nos interrogar: "*Pode* o filósofo governar os homens ou participar do seu governo, e será que ele deseja fazê-lo? Em particular, será que ele *pode* e *quer* fazê-lo dando conselhos políticos concretos ao tirano?".

Perguntemo-nos primeiro se ele pode fazê-lo, ou, mais precisamente, se, enquanto filósofo, ele goza de alguma vantagem sobre os "não iniciados" (e o tirano é um não iniciado) no que diz respeito às questões de governo.

Para os fins em causa, preciso apenas recordar três traços distintivos do filósofo em contraste com os "não iniciados". Em primeiro lugar, o filósofo é mais experiente na arte da *dialética* ou *discussão* em geral: ele vê melhor que o seu interlocutor "não iniciado" as inadequações do argumento do último, e sabe melhor como tirar o máximo partido dos seus próprios argumentos e como refutar as objeções dos outros. Em segundo lugar, a arte da dialética permite que o filósofo se liberte de *preconceitos* em maior medida do que o "não iniciado": ele está assim mais aberto para aquilo que a realidade é, e é menos dependente da forma como os homens, em determinado momento histórico, a imaginam ser. Finalmente, em terceiro lugar, visto que está mais aberto para o real, ele aproxima-se mais do *concreto* que o "não iniciado", que se confina a abstrações, sem, porém, se aperceber do seu caráter abstrato ou até irreal. Ora, essas três características distintivas do filósofo são as vantagens das quais em princípio ele goza, por contraposição ao "não iniciado", no que diz respeito ao ato de governar.

Strauss salienta que Hiero, apercebendo-se da superioridade dialética de Simônides, vê-o como um potencial e formidável rival. E eu penso que Hiero está certo. De fato, a ação governamental dentro de um Estado já constituído é puramente *discursiva* na origem, e quem quer que seja um mestre do discurso ou da "dialética" pode igualmente tornar-se um mestre de governo. Se Simônides foi capaz de derrotar Hiero no seu torneio oratório, se foi capaz de "manobrá-lo" como quis, não há nenhuma razão para que não o conseguisse derrotar e passar a perna no domínio da política e, em particular, para que não conseguisse substituí-lo como chefe de governo – caso um dia desejasse fazê-lo.

Se o filósofo obtivesse poder por meio da sua "dialética", ele o exerceria melhor, em igualdade de circunstâncias, do que qualquer "não iniciado". E faria-o não só por causa da sua maior perícia dialética. O seu governo seria melhor por causa de uma ausência relativa de *preconceitos* e do caráter relativamente mais *concreto* do seu pensamento.

É claro, quando é simplesmente uma questão de manter um estado de coisas estabelecido, sem proceder a "reformas estruturais" ou a uma "revolução", não há nenhuma desvantagem particular em basear-se *inconscientemente* em preconceitos geralmente aceitos. Quer dizer, em tais situações podemos, sem grande prejuízo, renunciar a ter filósofos no – ou perto do – poder. Mas onde as "reformas estruturais" ou "revolucionárias" forem objetivamente possíveis e, por conseguinte, necessárias, o filósofo está particularmente apto para colocá-las em marcha ou para recomendá-las, dado que ele, em contraste com o governante "não iniciado", sabe que o que tem de ser reformado ou oposto não é nada senão "preconceitos", ou seja, algo irreal e, por conseguinte, sem resistência.

Finalmente, em períodos "revolucionários" tanto quanto em períodos "conservadores" é sempre preferível para os governantes não perder de vista a realidade *concreta*. Bem entendido, essa realidade é extremamente difícil e densa. É por isso que, para compreendê-la com vistas a dominá-la, o homem de ação é compelido (dado que pensa e age *no tempo*) a simplificá-la por meio de *abstrações*: ele faz cortes e isola certas partes ou aspectos ao "separá-los" do resto e ao tratá-los "em si mesmos". Mas não há qualquer razão para supor que o filósofo também não o pudesse fazê-lo. Ele poderia merecer a repreensão comumente feita aos filósofos de que têm uma predileção pelas "ideias gerais" apenas se essas ideias gerais o impedirem de ver as *abstrações* particulares que os "não iniciados" erradamente chamam de "casos *concretos*". Mas, tal repreensão, se justificada, poderia dizer respeito apenas aos defeitos contingentes de alguém, não ao caráter específico do filósofo. Enquanto filósofo ele lida tão bem com as abstrações como o "não iniciado", senão melhor. Mas, dado que está ciente do fato de ter realizado uma *abstração*, será capaz de lidar com o "caso particular" melhor que o "não iniciado" que acredita que aquilo em que está envolvido é uma realidade *concreta* que está isolada do resto e pode ser tratada enquanto tal. O filósofo verá, assim, as implicações do problema particular que escapa ao "não iniciado": verá *mais longe* no espaço e no tempo.

Por todas essas razões, às quais muitas mais poderiam ser adicionadas, creio, com Hiero, Xenofonte e Strauss, e contrariamente a uma opinião amplamente difundida, que o filósofo é perfeitamente capaz de assumir o poder e de governar ou participar do governo, por exemplo, aconselhando politicamente o tirano.

Toda a questão se resume, então, a saber se ele *quer* ou não fazê-lo. Ora, necessitamos apenas levantar essa questão (tendo presente a *definição* do filósofo) para ver que ela é excessivamente complexa e até insolúvel.

A complexidade e a dificuldade da questão devem-se ao fato banal de o homem *necessitar de tempo* para pensar e agir, e que o tempo à sua disposição é de fato muito limitado.

É esse duplo fato, nomeadamente, a temporalidade e finitude essenciais do homem, que o força a *escolher* entre as suas várias possibilidades existenciais (e isso explica o ser da *liberdade* constituindo-se também, incidentalmente, na sua possibilidade ontológica). Em particular, é com base na sua temporalidade e finitude que o filósofo é compelido a *escolher* entre a busca de Sabedoria e, por exemplo, a atividade política, ainda que apenas a atividade política de aconselhar o tirano. Ora, à primeira vista, e de acordo com a própria definição de filósofo, o filósofo dedicará "todo o seu tempo" à busca de sabedoria, sendo esse o seu valor e objetivo supremos. Por conseguinte, ele renunciará não só aos "prazeres vulgares", mas também a toda a *ação* propriamente dita, incluindo a de governar, direta ou indiretamente. Tal foi, em todo o caso, a atitude dos *filósofos "epicuristas"*. E é essa atitude "epicurista" que inspirou a imagem popular da vida filosófica. De acordo com essa imagem, o filósofo vive "fora do mundo": ele fecha-se sobre si mesmo, isola-se de outros homens e não tem interesse na vida pública; dedica todo o seu tempo à busca da "verdade", que é pura "teoria" ou "contemplação" sem ligação necessária com qualquer tipo de "ação". Em bom rigor, um tirano pode perturbar esse filósofo. Mas esse filósofo não perturbaria o tirano, pois ele não tem o menor desejo de se meter nos seus assuntos, ainda que apenas ao dar-lhe conselhos. Tudo o que esse filósofo pede ao tirano, o único "conselho" que lhe dá, é que não preste nenhuma atenção à vida do filósofo, que é inteiramente dedicada à busca puramente *teórica* da "verdade" ou ao "ideal" de uma vida estritamente *isolada*.

Duas variantes principais dessa atitude "epicurista" podem ser observadas no curso da história. O epicurista pagão ou aristocrata, que é mais ou menos rico ou que em todo caso não trabalha para sobreviver (e que via de regra encontra um mecenas para sustentá-lo), isola-se num "jardim", que gostaria que o governo tratasse como um castelo inviolável e do qual pode-se esperar que ele não "saia". E o epicurista cristão ou burguês, o intelectual mais ou menos pobre que tem de fazer alguma coisa (escrever, ensinar, etc.) para assegurar a sua subsistência e que não pode se dar ao luxo de viver no "esplêndido isolamento" do epicurista aristocrata. Por isso ele substitui o "jardim" privado por aquilo que Pierre Bayle descreve de forma tão apropriada como a "República das Letras". Aqui, a atmosfera é menos serena do que no "jardim"; pois aqui "a luta pela existência" e a "competição econômica" imperam. Mas o empreendimento continua essencialmente "pacífico" no sentido de que o "republicano burguês", tal como o "castelão aristocrata", está pronto a renunciar a toda interferência ativa nos assuntos públicos em troca de ser "tolerado" pelo governo ou pelo tirano: o governo ou tirano deixariam-no "em paz" e permitiriam que ele praticasse o seu ofício de pensador, orador ou escritor sem impedimentos, sendo entendido que os seus pensamentos, discursos (palestras) e escritos permanecerão sempre puramente "teóricos"; e que ele não faça nada que possa levar, direta ou indiretamente, a uma *ação* propriamente dita e, em particular, a uma ação *política* de qualquer tipo.

Decerto é particularmente impossível para o filósofo manter essa promessa (geralmente sincera) de não interferência nos assuntos do Estado e é por isso que os governantes, e acima de tudo os "tiranos", sempre olharam para essas "repúblicas" ou "jardins" epicuristas com suspeita. Isso não nos interessa no presente. O que nos preocupa é que a atitude do filósofo e, à primeira vista, a atitude epicurista, parece-nos irrefutável e, de fato, está implícita na própria definição de filosofia.

Mas apenas à primeira vista. Pois na verdade a atitude epicurista decorre da definição de filosofia enquanto busca da Sabedoria ou verdade apenas se supusermos, no que diz respeito a essa busca, alguma coisa que não é de todo autoevidente e que, da perspectiva da concepção hegeliana, está inclusive fundamentalmente errada. Na verdade, para justificar o isolamento absoluto do filósofo teremos de admitir que o Ser é essencialmente imutável em si mesmo e eternamente idêntico a si mesmo, e que ele é completamente revelado para toda a eternidade na e através de uma inteligência que é desde o princípio perfeita; e que essa revelação adequada da totalidade intemporal do Ser é, então, a Verdade. O homem (o filósofo) pode *em qualquer momento* participar dessa Verdade, seja como um resultado de uma ação que é emitida pela própria Verdade ("revelação divina"), ou pelo seu próprio esforço *individual* para compreender (a "intuição intelectual" platônica), sendo a única condição para tal esforço o "talento" inato daquele que faz esse esforço, independentemente de onde acontecer de ele estar situado no espaço (no Estado) ou no tempo (na história). Se este for de fato o caso, então o filósofo pode e deve isolar-se do mundo em mudança e tumultuoso (que não é nada senão pura "aparência") e viver num "jardim" discreto ou, se necessário, numa "República de Letras", onde as querelas intelectuais são, pelo menos, menos "inquietantes" do que as lutas políticas no exterior. A quietude desse isolamento, essa total falta de interesse pelos nossos companheiros e por qualquer "sociedade", oferece as melhores perspectivas de alcançar a Verdade, à cuja busca se decidiu dedicar a vida inteira como um filósofo absolutamente *egoísta*.

Mas se não se aceitar essa concepção teísta da Verdade (e do Ser), se aceitarmos o ateísmo radical hegeliano segundo o qual o próprio Ser é essencialmente temporal (Ser = Devir) e se cria a si mesmo na medida em que é discursivamente revelado no curso da história (ou enquanto história: Ser revelado = Verdade = Homem = História), e se não quisermos resvalar no relativismo cético que arruína a própria ideia de Verdade e assim a sua busca ou a filosofia, então temos de fugir da absoluta solidão e isolamento do "jardim", assim como da estreita sociedade (a relativa solidão e isolamento) da "República de Letras" e, como Sócrates, frequentar, não as "árvores e cigarras", mas os "cidadãos da Cidade" (cf. *Fedro*). Se o Ser se cria a si mesmo (torna-se) no curso da História, então não é nos isolando da História que podemos revelar o Ser (transformá-lo, pelo *Discurso,* na *Verdade* que o homem "possui" sob a forma de *Sabedoria*). Para revelar o Ser, o filósofo deve, pelo contrário, "participar" da história, e não é clara a razão pela qual ele não deva participar dela ativamente – por exemplo, ao aconselhar o tirano, visto que, enquanto filósofo, ele é mais capaz de governar do que qualquer "não iniciado". A única coisa que pode mantê-lo longe dela é a *falta de tempo.* E chegamos assim ao problema fundamental da vida filosófica, que os epicuristas acreditaram erradamente ter eliminado.

Voltaremos mais tarde a esse problema hegeliano da vida filosófica. Neste momento devemos examinar mais de perto a atitude epicurista, pois ela está aberta a críticas, permitindo inclusive a concepção *teísta* do Ser e da Verdade. De fato, ela envolve e pressupõe uma concepção mais questionável da Verdade (apesar de geralmente aceita pela filosofia pré-hegeliana), segundo a qual "a certeza subjetiva" (*Gewissheit*) coincide sempre e em qualquer lugar com a "verdade objetiva" (*Wahrheit*): presume-se que se está efetivamente na posse da Verdade (ou de *uma* verdade) assim que estivermos subjetivamente "seguros e certos" de tê-la (por exemplo, ao ter uma "ideia clara e distinta" dela).

Em outras palavras, o filósofo isolado tem necessariamente de admitir que o critério necessário e suficiente da verdade consiste no sentimento de "evidência" que é presumivelmente impelido pela "intuição intelectual" do real e do Ser, e que acompanha "ideias claras e distintas" ou até "axiomas", ou que imediatamente se apensa às revelações divinas. Esse critério de "evidência" foi aceito por todos os filósofos "racionalistas", de Platão a Husserl, passando por Descartes. Infelizmente, o próprio critério não é de todo "evidente", e penso que é invalidado pelo simples fato de que sempre houve *illuminati* e "falsos profetas" na terra, que nunca tiveram a menor dúvida no que concerne à verdade das suas "intuições" ou da autenticidade das "revelações" que receberam de uma forma ou de outra. Para resumir, uma "evidência" subjetiva de um pensador isolado é invalidada enquanto critério de verdade pelo simples fato de que existe a loucura que, na medida em que é uma correta dedução de premissas subjetivamente "evidentes", pode ser "sistemática" ou "lógica".

Strauss parece seguir Xenofonte (e a tradição antiga no geral) ao justificar (explicar) a indiferença ("egoísmo") e o orgulho do filósofo *isolado* pelo fato de ele saber algo mais – e alguma coisa diferente – do que o "não iniciado" que ele despreza. Mas o louco que acredita ser feito de vidro, ou que identifica Deus, o Pai, com Napoleão, também acredita que sabe alguma coisa que os outros não sabem. E podemos chamar o seu conhecimento de loucura apenas porque ele está *inteiramente sozinho* ao tomar o seu conhecimento (que, incidentalmente, é subjetivamente "evidente") por uma verdade, e porque os outros loucos se recusam a acreditar nela. Então, também, é apenas ao ver as nossas ideias partilhadas pelos outros (ou pelo menos por *um* outro) ou aceitas por eles como algo *digno de ser discutido* (até mesmo para que sejam consideradas erradas) que podemos ter a certeza de não nos encontrarmos no domínio da loucura (sem termos a certeza de que estamos no domínio da verdade). Por conseguinte, o filósofo epicurista, vivendo estritamente isolado no seu "jardim", nunca poderia saber se alcançou a Sabedoria ou se resvalou na loucura e, enquanto filósofo, ele teria por isso de abandonar o "jardim" e o seu isolamento. De fato, o epicurista, relembrando-se das suas origens socráticas, não vive num isolamento absoluto, e recebe *amigos* filosóficos no seu "jardim", com os quais trava discussões. Desse ponto de vista não há, então, nenhuma diferença essencial entre o "jardim aristocrático" e os intelectuais burgueses da "República de Letras": a diferença consiste no número dos "eleitos". Tanto o "jardim" como a "República", onde se discute de manhã à noite, fornecem uma garantia suficiente contra o perigo de loucura. Ainda que por gosto, e em virtude da sua própria profissão, "os cidadãos letrados" nunca concordem entre si, eles serão sempre unânimes quando justamente se aprontarem a enviar algum dos seus para um asilo. Poderemos por isso estar confiantes de que, porventura apesar das aparências, apenas conheceremos no "jardim" ou na "República" pessoas que, embora possam ocasionalmente ser esquisitas, são essencialmente sensatas (e por vezes imitam a loucura apenas para parecer "originais").

Mas o fato de nunca se estar sozinho no "jardim" não é a única característica que ele tem em comum com a "República". Há também o fato de "muitos" serem excluídos dele. Em boa verdade, uma "República de Letras" é geralmente mais populosa do que um "jardim" epicurista. Ambos são povoados por uma "elite" relativamente pequena com uma tendência pronunciada para se fechar sobre si mesma e para excluir os "não iniciados".

Aqui, Strauss parece seguir novamente Xenofonte (que é conforme a tradição da Antiguidade) e justificar esse tipo de comportamento. O sábio, diz ele, "fica satisfeito com a aprovação de uma pequena minoria". Ele procura apenas a aprovação daqueles que são "dignos", e estes podem ser apenas em pequeno número. O filósofo terá por isso de recorrer à instrução *esotérica* (preferivelmente oral) que lhe permite, entre outras coisas, selecionar os "melhores" e eliminar aqueles de "capacidades limitadas" que são incapazes de compreender alusões escondidas e implicações tácitas.

Tenho de dizer novamente aqui que divirjo de Strauss e da tradição da Antiguidade que ele gostaria de seguir, que, na minha opinião, se assenta sobre um preconceito aristocrático (porventura próprio de um povo *conquistador*). Pois acredito que a ideia e a prática da "elite intelectual" envolvem um perigo muito sério que o filósofo enquanto tal deveria querer evitar a qualquer custo.

O perigo a que os habitantes de vários "jardins", "academias", "liceus" e "Repúblicas de Letras" estão expostos deriva daquilo que é chamado de "mente enclausurada". Em bom rigor, o "claustro", que é uma sociedade, de fato exclui a *loucura*, que é essencialmente associal. Mas longe de excluir *preconceitos*, ele tende, pelo contrário, a promovê-los ao perpetuá-los: pode facilmente acontecer que apenas sejam admitidos no seu meio aqueles que aceitam os preconceitos dos quais o "claustro" acredita poder se orgulhar. Ora, a filosofia é, por definição, outra coisa que não Sabedoria: envolve necessariamente "certezas subjetivas" que não são *a* Verdade, mas antes, em outras palavras, "preconceitos". O dever do filósofo é afastar-se desses preconceitos o mais rápida e completamente possível. Ora, qualquer sociedade fechada que adote uma doutrina, qualquer "elite" selecionada em termos de um ensinamento doutrinal, tende a consolidar os preconceitos implícitos nessa doutrina. O filósofo que evita preconceitos tem, por isso, de tentar viver no mundo lato (no "mercado" ou "na rua", como Sócrates) em vez de em qualquer tipo de "claustro", "republicano" ou "aristocrático".[3]

A vida "enclausurada", embora perigosa em qualquer hipótese, é estritamente inaceitável para o filósofo que, com Hegel, reconhece que a realidade (pelo menos a realidade humana) não é dada de uma vez por todas, mas cria-se a si mesma no curso do tempo (pelo menos no curso do tempo *histórico*). Pois, se esse for o caso, então os membros do "claustro", isolados do resto do mundo e não participando realmente na vida pública na sua evolução histórica, serão, mais cedo ou mais tarde, "deixados para trás pelos eventos". De fato, até aquilo que já foi "verdade" pode mais tarde tornar-se "falso", tornar-se num "preconceito", e apenas o "claustro" não notará no que aconteceu.

Mas a questão da "elite" filosófica pode ser tratada plenamente apenas no contexto do problema geral do "reconhecimento", na medida em que esse problema recai sobre o filósofo. De fato, essa é a perspectiva segundo a qual o próprio Strauss levanta a questão. E é acerca desses aspectos da questão que gostaria agora de falar.

Segundo Strauss, a diferença essencial entre Hiero, o tirano, e Simônides, o filósofo, consiste nisto: Hiero gostaria de "ser *amado* pelos *seres humanos*

---

[3] Como nos lembra Queneau em *Les Temps Modernes*, o filósofo é essencialmente um "voyou", isto é, um desordeiro (*hooligan*). "Philosophes et voyous". *Temps Modernes*, 1951, n. 63, pp. 1193-1205. A referência de Kojève envolve uma brincadeira de duplo sentido: a raiz de *voyou* é *voie*, rua ou estrada; de modo que "o filósofo que vive 'na rua" seria um *voyou*.

enquanto tal", ao passo que Simônides "fica satisfeito com a admiração, o louvor, a aprovação de uma *pequena minoria*". É para conquistar o amor dos seus súditos que Hiero deve se tornar o seu *benfeitor*; Simônides deixa-se ser admirado sem *fazer* nada para conquistar essa admiração. Em outras palavras, Simônides é admirado apenas pela sua própria perfeição, ao passo que Hiero gostaria de ser amado pela sua benfeitoria, até sem ser perfeito. É por isso que o desejo de admiração, independentemente do desejo de amor, é "o fundamento natural para a predominância do desejo da nossa própria perfeição", ao passo que a necessidade de amor não nos impele para a autoperfeição e, consequentemente, não é um desejo "filosófico".

Essa concepção da diferença entre o filósofo e o tirano (que, de fato, não é nem de Strauss nem, segundo ele, de Xenofonte) não me parece satisfatória.

Se aceitarmos (com Goethe e Hegel) que o homem é *amado* somente pelo que ele é e independentemente daquilo que faz (uma mãe ama o seu filho apesar dos seus defeitos), ao passo que a "admiração" ou "reconhecimento" são uma função das ações da pessoa que se "admira" ou "reconhece", é claro que o tirano, e o político em geral, procura *reconhecimento* e não *amor*: o amor prospera na família, e o jovem deixa a sua família e dedica-se à vida pública em busca, não de amor, mas de *reconhecimento* pelos cidadãos do Estado. Teria de ser dito que Simônides, ao contrário < de Hiero >, procura amor, se queria verdadeiramente ter um valor atribuído positivo (ou até absoluto) não às suas *ações*, mas ao *ser* (perfeito). Mas, de fato, não é simplesmente o caso. Simônides quer ser admirado pela sua *perfeição* e não simplesmente pelo seu *ser*, seja o que ele for. Ora, o amor é especificamente caracterizado pelo fato de atribuir um valor positivo ao amado ou ao *ser* do amado *sem razão*. Então, aquilo que Simônides procura é, na realidade, o reconhecimento da sua perfeição e não o amor do seu ser: ele gostaria de ser reconhecido pela sua perfeição e por isso *deseja* a sua perfeição. Ora, o *desejo* é atualizado pela *ação* (negando a ação, visto que o objetivo é negar a imperfeição existente, sendo a perfeição apenas desejada e ainda não alcançada). Por conseguinte, é por virtude das suas *ações* (de autoperfeição) que Simônides é e quer ser reconhecido tal como Hiero é e quer ser reconhecido pela virtude das suas ações.

Não é verdade que o tirano e o político em geral estão por definição contentes com a admiração "gratuita" ou o reconhecimento: tal como o filósofo, eles desejam "merecer" essa admiração e esse reconhecimento ao verdadeiramente serem ou se tornarem aquilo que parecem ser aos outros.

Por conseguinte, o tirano em busca de reconhecimento também fará um esforço de autoperfeição, ainda que apenas por razões de segurança, dado que um impostor ou hipócrita corre sempre o risco de ser "desmascarado", mais tarde ou mais cedo.

A partir dessa perspectiva não há, portanto, *em princípio* qualquer diferença entre o político e o filósofo: ambos procuram *reconhecimento*, e ambos *agem* de forma a merecê-lo (o embuste pode, de fato, ocorrer nos dois casos).

Permanece a questão de saber se é verdade que o político procura por reconhecimento pelos "muitos", ao passo que o filósofo procura ser reconhecido apenas por uns poucos "eleitos".

Antes de mais, não parece que isso seja necessariamente assim no que diz respeito ao político enquanto tal. Na verdade, na maior parte é assim no que diz respeito aos líderes "democráticos", que dependem das opiniões da maioria. Mas os "tiranos" nem sempre procuraram "popularidade" (Tibério, por exemplo), e muitas vezes tiveram de ficar satisfeitos com a aprovação de um pequeno círculo de "amigos políticos". Além disso, não há razão para que a aclamação dos "muitos" deva ser incompatível com a aprovação de juízes competentes, e não há razão para que o político prefira essa aclamação a essa aprovação. De modo inverso, não é de maneira alguma evidente a razão por que o filósofo dever afastar-se sistematicamente do louvor dos "muitos" (o que indubitavelmente lhe dá prazer). O que importa é que o filósofo não sacrifique a aprovação dos "eleitos" pela aclamação "popular", e que não adapte a sua conduta às exigências dos "piores". Mas, se um político (tirano ou não) se fosse comportar de uma forma diferente da do filósofo a esse respeito, seria imediatamente chamado de "demagogo"; e nada diz que os políticos são, por definição, "demagogos".

De fato, um homem é plenamente satisfeito apenas pelo reconhecimento daqueles que o próprio reconhece como dignos de o reconhecerem. E isso é tão verdadeiro acerca do político como do filósofo.

Ora, na medida em que esse homem procura reconhecimento, deve fazer tudo ao seu alcance para tornar o maior possível o número daqueles que são "dignos" de o reconhecerem. Conscientemente ou não, os políticos assumiram muitas vezes essa tarefa de pedagogia política (o "déspota iluminado", o tirano "pedagógico"). E os filósofos fizeram geralmente o mesmo, ao dedicar uma porção do seu tempo à pedagogia filosófica. Ora, não está claro por que o número de iniciados ou discípulos de filósofos tem necessariamente de ser limitado ou, para esse efeito, menor do que o número de admiradores *competentes* dos homens políticos. Se um filósofo limitar artificialmente esse número ao proclamar que não, em nenhuma circunstância, *quer* muitos iniciados, apenas provará que é menos consciente de si mesmo do que o homem político "não iniciado" que busca conscientemente uma extensão ilimitada do seu reconhecimento através de juízes competentes. E se ele mantiver *a priori* e sem provas empíricas que o número de pessoas para quem a filosofia é acessível é menor que o número de pessoas que podem inteligentemente julgar uma doutrina política ou uma ação política, estaria falando com base em "opiniões" não demonstradas e assim seria vítima de um "preconceito" que, no melhor dos casos, é válido sob certas condições sociais e num momento histórico particular. Em qualquer dos casos, ele não seria por isso verdadeiramente um filósofo.

Além disso, o preconceito a favor de uma "elite" é ainda mais sério se conseguir provocar uma inversão total da situação. Em princípio, o filósofo deve apenas procurar a admiração ou aprovação daqueles que considera serem *dignos* de o "reconhecerem". Mas se ele nunca deixar o intencionalmente estreito círculo de uma "elite" deliberadamente recrutada ou de "amigos" cuidadosamente escolhidos, corre o risco de considerar "dignos" aqueles e apenas aqueles que o aprovam ou que o admiram. E tem de ser reconhecido que essa forma desagradável de reconhecimento recíproco limitado sempre prevaleceu nos "jardins" epicuristas e nos "claustros" intelectuais.

Seja como for, se com Simônides admitirmos que o filósofo procura reconhecimento (ou admiração), e se com Hegel reconhecermos que o político também o faz, então temos de concluir que, a partir dessa perspectiva, não há diferença essencial entre o tirano e o filósofo. Será provavelmente por isso que Xenofonte (segundo Strauss), e apenas segundo Strauss, não se põe ao lado de Simônides. Segundo Strauss, Xenofonte contrasta Simônides com Sócrates, que não está minimamente interessado na "admiração ou louvor de outros", ao passo que Simônides não está senão interessado nisso. E temos a impressão de que Strauss concorda com essa atitude "socrática": na medida em que o filósofo procura reconhecimento e admiração, deve pensar exclusivamente no seu próprio reconhecimento do seu valor e na admiração que tem por si mesmo.

Quanto a mim, confesso que não compreendo isso muito bem, e não vejo como é que nos permite encontrar uma diferença *essencial* entre o filósofo (ou sábio) e o tirano (ou político no geral).

Se considerarmos a atitude do Sócrates de Strauss-Xenofonte literalmente, somos levados de volta ao caso do filósofo *isolado* que está sumamente desinteressado nas opiniões que as outras pessoas têm de si. Isso não é uma atitude autocontraditória ("absurda"), se o filósofo estiver preparado para admitir que pode alcançar a Verdade através de alguma visão pessoal do Ser ou através de uma revelação individual que decorre de um Deus transcendente. Mas, se admiti-lo, então ele não terá nenhuma razão filosoficamente válida para comunicar o seu conhecimento (de forma oral ou escrita) a outros (a não ser que seja em vista de obter o seu "reconhecimento" ou admiração, que é excluída por definição), e por isso não o fará se verdadeiramente for um filósofo (que não age "sem razão"). Por conseguinte, não saberemos nada acerca dele; não saberemos sequer se existe e, por isso, se é um filósofo ou simplesmente um louco. Para mais, na minha opinião, nem o próprio saberá, posto que estará privado de todo o controle social, que é a única forma de eliminar os casos "patológicos". Seja como for, a sua atitude "solipsista", excluindo toda a "discussão", seria fundamentalmente antissocrática.

Admitamos então que "Sócrates", que trava "discussões" com outros, está interessado no grau mais elevado na opinião que eles têm ou terão acerca daquilo que ele diz e faz, pelo menos na medida em que são, na sua opinião, "competentes". Se "Sócrates" for um verdadeiro filósofo, ele progride em Sabedoria (a qual implica conhecimento e "virtude"), e está consciente do seu progresso. Se ele não for desvirtuado pelo preconceito da humildade cristã ao ponto de ser hipócrita consigo mesmo, ele ficará mais ou menos *satisfeito* com o seu progresso, ou seja, com ele mesmo: digamos, sem ter medo do mundo, que ele terá mais ou menos *autoadmiração* (acima de tudo se ele se considerar mais "avançado" do que os *outros*). Se aqueles que exprimirem opiniões acerca dele forem "competentes", eles o apreciarão da mesma forma que ele se aprecia a si (na presunção de que ele não se está a iludir); ou seja, se não forem cegados pela inveja, eles o admirarão na mesma medida em que ele se admira a si. E se "Sócrates" não for um "cristão", reconhecerá (para si e para outros) que ser admirado por outros traz (certa) "satisfação" e (certo) "prazer". Admitidamente, isso não significa que o mero fato de progredir (conscientemente) no caminho para a Sabedoria não dá a "Sócrates" outro "prazer" e "satisfação" senão os que ele extrai de ser capaz de se admirar a si mesmo e de ser admirado por outros: todos conhecem a "pura alegria" que se retira da aquisição de conhecimento, e a "satisfação desinteressada" que acompanha o sentimento de "ter feito os deveres". Nem se segue que é *em princípio* impossível buscar conhecimento e fazer os nossos deveres sem ser motivado pelo "prazer" *resultante*. De fato, não é possível praticar esportes apenas por "amor", e sem procurar particularmente o "prazer" da "coroa de louros" numa *competição*?

Pelo contrário, é evidente que, de fato, todas essas coisas são absolutamente inseparáveis. É certamente possível fazer distinções sutis "na teoria", mas na prática é impossível eliminar um dos elementos ao mesmo tempo que se retêm os outros. Quer dizer, não pode haver uma *experiência* de verificação nesse domínio e, por isso, nada no que diz respeito a essa questão pode ser *conhecido* no sentido "científico" do termo.

É sabido que há prazeres que nada têm a ver com o conhecimento ou a virtude. É também sabido que os homens têm por vezes renunciado a esses prazeres para se dedicarem plenamente à busca da verdade ou ao exercício da virtude. Mas, dado que essa busca e esse exercício estão inseparavelmente ligados a "prazeres" *sui generis*, não há absolutamente nenhuma forma de saber se aquilo que faz os homens agirem dessa forma é de fato uma escolha entre diferentes "prazeres", ou uma escolha entre "prazer" e "dever" ou "conhecimento". Ora, esses "prazeres" *sui generis* estão por seu turno *inseparavelmente* ligados ao "prazer" específico que decorre da autossatisfação ou autoadmiração: independentemente daquilo que os cristãos possam dizer, não se pode ser sábio e ter virtude (ou seja, ser de fato mais sábio e ter mais virtude do que todos ou, pelo menos, do que alguns) sem deles extrair certa "satisfação" e certo tipo de "prazer".[4] Não há, portanto, forma de saber se o "motivo primário" da conduta é a "pura" alegria que decorre da Sabedoria (conhecimento + virtude), ou se é por vezes o "prazer" condenado que decorre da autoadmiração do sábio (independentemente de ser influenciado pela admiração ou falta de admiração que as outras pessoas têm por si).

---

[4] De fato, os cristãos foram bem sucedidos apenas em "estragar" esse prazer jogando com o sentimento desagradável que se manifesta sob a forma do "ciúme" ou da "inveja", entre outros: fica-se insatisfeito consigo mesmo (às vezes até se despreza a si mesmo) quando se é "pior do que outra pessoa". Ora, um cristão sempre tem à sua disposição um outro que é melhor que ele mesmo, este Outro sendo o próprio Deus, que se fez homem a fim de facilitar a comparação. Na medida em que esse homem ao qual ele se compara e que em vão ele tenta imitar é para ele um Deus, os cristão não experimenta nem "inveja" nem "ciúme" em relação a ele, mas apenas um "complexo de inferioridade" puro e simples, que, no entanto, é suficiente para impedi-lo de reconhecer a sua própria sabedoria ou virtude e de "gozar" esse reconhecimento.

A mesma ambiguidade é aparente quando consideramos "Sócrates" nas suas relações com outras pessoas. Admitimos que ele está interessado na opinião que os outros têm de si na medida em que lhe permitem testar se a opinião que eles têm de si é ou não é bem fundamentada. Mas todo o resto é ambíguo. Podemos sustentar, como Xenofonte-Strauss parecem fazer, que Sócrates está apenas interessado nos juízos "teóricos" que os outros têm de si, e que está completamente desinteressado na *admiração* que têm por si: ele deriva o seu "prazer" somente da autoadmiração (que determina a sua atividade filosófica ou que meramente a acompanha). Mas poderemos igualmente dizer que a autoadmiração de um homem que não é louco leva necessariamente à implicação e ao pressuposto da admiração dos outros: de que uma pessoa "normal" não pode estar verdadeiramente "satisfeita" consigo mesma sem ser, não apenas julgada, mas também "reconhecida" por todos ou pelo menos por alguns. Podemos ir mais longe e dizer que o prazer envolvido na autoadmiração é relativamente sem valor quando comparado ao prazer que se retira de ser admirado por alguém. Estas são algumas análises psicológicas *possíveis* do fenómeno do "reconhecimento", mas, visto que é impossível realizar experiências que separem os seus diversos aspectos, é impossível resolver o problema de forma conclusiva em favor de qualquer uma dessas análises.

Seria certamente errado supor que "Sócrates" procura conhecimento e pratica virtude *somente* por causa do "reconhecimento" dos outros. A experiência mostra que podemos dedicar-nos à ciência apenas pelo amor que temos a ela, numa ilha deserta, sem esperança de regresso, e "ter virtude" sem testemunhas (humanas ou até divinas), simplesmente por ter medo de ficar aquém das próprias expectativas. Mas nada nos impede de afirmar que, quando "Sócrates" se *comunica* com outros e pratica a sua virtude *em público*, ele o faz não só para se testar, mas também (e porventura acima de tudo) tendo em vista o "reconhecimento" externo. Com que direito podemos manter que ele não busca esse "reconhecimento", dado que na realidade ele *necessariamente* o obtém?

Para dizer a verdade, todas essas distinções fazem sentido apenas se se aceita a existência de um Deus que vê claramente no coração dos homens e que os julga de acordo com as suas intenções (que podem, é claro, ser inconscientes). Se se é verdadeiramente ateu, nada disso faz mais sentido. Pois é evidente que nesse caso apenas a introspecção pode fornecer os elementos de uma resposta. Ora, enquanto um homem estiver sozinho no conhecimento de alguma coisa, nunca poderá ter a certeza de que a *conhece* verdadeiramente. Se, enquanto um ateu consistente, se substituir Deus (entendido como uma consciência e uma vontade que supera a consciência e a vontade humana individuais) pela Sociedade (o Estado) e História, temos de dizer que, de fato, seja o que for que está para além do alcance da verificação social e histórica, também está para sempre relegado ao domínio da *opinião* (*doxa*).

É por essa razão que não concordo com Strauss quando ele diz que Xenofonte colocou o problema da relação entre o prazer e a virtude de forma radical. Não concordo pela simples razão de que não penso que (do ponto de vista ateu) exista aí um problema que possa ser resolvido por algum tipo de *conhecimento* (*epistēmē*). Mais exatamente, o problema admite várias soluções possíveis, nenhuma das quais é verdadeiramente *certa*. Pois é impossível saber se o filósofo (sábio) busca conhecimento e pratica virtude "por sua própria causa" (ou "por dever"), ou se a busca por causa do "prazer" (alegria) que obtém ao fazê-lo, ou, finalmente, se age dessa forma para experimentar a autoadmiração (influenciada ou não pela admiração das outras pessoas). Essa questão obviamente não pode ser resolvida "de fora", e não há por isso maneira de ter acesso à "certeza subjetiva" por meio da introspecção, nem decidir entre essas "certezas" se elas discordam entre si.[5]

O que merece ser retido do que até agora se disse é que alguma concepção "epicurista" dos filósofos não é de modo algum justificada por um sistema de pensamento abrangente e consistente. Essa concepção torna-se questionável se considerarmos o problema do "reconhecimento", como acabei de fazer, e é

---

[5] A observação da "conduta" não pode *decidir* a questão. Mas permanece o fato de que, ao observar os filósofos (na falta de sábios), não se tem realmente a impressão de que eles são insensíveis ao elogio ou mesmo à bajulação. Pode-se mesmo dizer que, como todos os intelectuais, eles são, no todo, mais vãos que os homens de ação. Com efeito, é prontamente compreensível por que o seriam. Os homens fazem as coisas específicas que fazem a fim de serem *exitosos* ou "obter sucesso" (e não fracassar). Ora, o sucesso de um empreendimento que envolve a ação pode ser medido pelo seu "resultado" objetivo (uma ponte que não cai, um negócio que dá lucro, uma guerra que é vencida, um Estado forte e próspero, etc.), independente da opinião que outras pessoas podem ter sobre ele, ao passo que o "sucesso" de um livro ou de um discurso intelectual nada mais é que o reconhecimento, pelos outros, do seu valor. De modo que o intelectual depende muito mais do que o homem de ação (incluindo o tirano) da admiração de outras pessoas, e ele é mais sensível que o homem de ação à ausência dessa admiração. Sem ela, ele não tem absolutamente nenhuma razão válida para admirar-se com base nos seus "sucessos" objetivos (mesmo os solitários). E essa é a razão, em regra geral, de o intelectual que nada faz a não ser falar e escrever ser mais "vão" que o homem que age no sentido mais forte do termo.

problemática até quando nos restringimos ao problema do critério da verdade, como comecei por fazer.

Na medida em que o filósofo encara a "discussão" (diálogo, dialética) como um método de investigação e um critério de verdade, ele tem necessariamente de "educar" os seus interlocutores. E já vimos que ele não tem qualquer razão para colocar um limite *a priori* no número dos seus possíveis interlocutores. Quer dizer, o filósofo tem de ser um pedagogo e tem de tentar estender (direta ou indiretamente) a sua atividade pedagógica indefinidamente. Mas, ao fazê-lo, mais cedo ou mais tarde irá invadir o domínio de ação do político ou do tirano, que também são (mais ou menos conscientemente) "educadores".

Por regra, a interferência da atividade pedagógica do filósofo com a do tirano assume a forma de um conflito mais ou menos agudo. Assim, "corromper a juventude" foi a principal acusação feita a Sócrates. O filósofo-pedagogo estará por isso naturalmente inclinado a tentar influenciar o tirano (ou o governo em geral) visando levá-lo a criar as condições que permitem o exercício da pedagogia filosófica. Contudo, o próprio Estado é uma instituição pedagógica. A pedagogia controlada e praticada pelo governo é constitutiva da atividade de governar no geral, e é uma função da própria estrutura do Estado. Por conseguinte, querer influenciar o governo visando introduzir ou administrar uma pedagogia filosófica é querer influenciar o governo no geral, é querer determinar ou codeterminar a sua política enquanto tal. Ora, o filósofo não pode desistir da pedagogia. De fato, o "sucesso" da sua pedagogia filosófica é o único critério "objetivo" de verdade da "doutrina" do filósofo: o fato de ele ter discípulos (no sentido estrito ou lato) é a sua garantia contra o perigo de loucura, e o "sucesso" dos seus discípulos na vida privada e pública é a prova "objetiva" da "verdade" (relativa) da sua doutrina, pelo menos no sentido da sua adequação face à realidade histórica dada.

Então, se não se quiser ficar pelo critério de "evidências" meramente subjetivo ou de "revelação" (que não excluem o perigo de loucura), não se pode ser um filósofo sem ao mesmo tempo querer ser um *pedagogo* filosófico. E se o filósofo não quiser artificial ou indevidamente restringir o escopo da sua atividade pedagógica (e com isso arriscar sujeitar-se aos preconceitos do "claustro"), necessariamente estará fortemente inclinado a participar, de uma forma ou de outra, no governo como um todo, de modo que o Estado possa ser organizado e governado para tornar possível e eficaz a sua pedagogia filosófica.

É provavelmente por essa razão (mais ou menos conscientemente reconhecida) que a maioria dos filósofos, incluindo os maiores, abdicaram do seu isolamento "epicurista" e ingressaram na atividade política, através de intervenções pessoais ou dos seus escritos. As viagens de Platão a Siracusa e as colaborações entre Espinosa e De Witt são exemplos familiares de intervenção direta. E é bem sabido que quase todos os filósofos têm obras publicadas que lidam com o Estado e com o governo. Mas aqui o conflito que deriva da temporalidade e finitude do homem, e sobre o qual falei mais cedo, entra em jogo. Por um lado, o supremo objetivo do filósofo é a busca de sabedoria ou verdade, e essa busca, que por definição um filósofo nunca completa, consome supostamente *todo o seu tempo*. Por outro lado, também consome tempo, e até muito tempo, governar um Estado, por menor que seja. Verdade seja dita, governar um Estado também consome *todo o tempo de um homem*.

Visto que eles não podem dedicar todo o seu tempo ao mesmo tempo à filosofia e ao governo, os filósofos buscaram geralmente uma solução de compromisso. Embora queiram envolver-se na política, eles não querem abdicar do seu envolvimento estritamente filosófico, mas apenas concordar em limitar de algum modo o tempo que lhe dedicam. Por conseguinte, eles abdicam da ideia de passar a governar o Estado e ficam-se por dedicar o pouco tempo que põem de lado da filosofia para dar *conselhos* (orais e escritos) aos governantes atuais.

Infelizmente, esse compromisso provou ser inexequível. A rigor, a Filosofia não sofreu particularmente com as "distrações" políticas dos filósofos. Mas o efeito direto e imediato dos seus conselhos políticos tem sido estritamente nulo.

Verdade seja dita, os filósofos que se contentaram em dar conselhos escritos, realmente "livrescos", não encararam o seu fracasso como uma tragédia. Na maioria dos casos tiveram suficiente bom senso para não esperar que os poderes lessem os seus escritos, ou ainda menos para esperar que fossem guiados por eles no seu trabalho diário. Os que se resignaram a serem ativos exclusivamente por meio de escritos resignam-se também a ser politicamente ineficazes a curto prazo. Porém aqueles que se dignaram a se meter em apuros pessoais para dar um conselho político podem ter considerado a falta de prontidão em seguir esse conselho algo doentio, e podem ter tido a impressão de ter realmente "perdido o seu tempo".

É claro, não sabemos as reações de Platão depois do seu fracasso na Sicília. O fato de ele ter renovado a sua tentativa abortada sugere que, na sua perspectiva, ambos os lados devem ser culpados, e que, tivesse agido de forma diferente, teria conseguido fazer melhor e realizado mais. Mas, no geral, a opinião comum entre intelectuais mais ou menos filosóficos semeia opróbrio e desprezo por governantes relutantes. Ainda assim, persisto em acreditar que é inteiramente equivocado pensar assim.

Antes de mais nada, há uma tendência a culpar o caráter "tirânico" de um governo indiferente ao conselho filosófico. Porém, parece-me que o filósofo está numa posição particularmente pobre para criticar a tirania enquanto tal. Por um lado, o filósofo-conselheiro está, por definição, com muita pressa: ele está inteiramente preparado para contribuir para a reforma do Estado, mas gostaria de perder o menor tempo possível no processo. Ora, se quiser ser bem sucedido *rapidamente*, ele próprio tem de se dirigir ao tirano ao invés de se dirigir ao líder democrático. De fato, os filósofos que quiseram *atuar* na política do presente foram, em todos os tempos, atraídos para a tirania. Sempre que houve um tirano poderoso e eficaz contemporâneo do filósofo foi precisamente sobre ele que o filósofo verteu o seu conselho, mesmo que o tirano vivesse num país estrangeiro. Por outro lado, é difícil imaginar que o próprio filósofo (*per impossible*) se torne um político, a não ser como alguma espécie de "tirano". Com pressa "para despachar" a política e para regressar a ocupações mais nobres, ele dificilmente será dotado de uma paciência política excepcional. Desprezando a "grande massa", indiferente ao seu louvor, não quererá pacientemente representar o papel de um governante "democrático", solícito das opiniões e dos desejos das "massas" e dos "militantes". Além disso, como poderá implementar seus programas de reforma, que são necessariamente radicais e opostos às ideias comumente recebidas, *rapidamente*, sem recorrer a procedimentos políticos que sempre foram rotulados de "tirânicos"? De fato, assim que um filósofo que não está envolvido nos assuntos do Estado dirige um dos seus discípulos nessa direção, o discípulo – por exemplo, Alcibíades – recorre imediatamente a métodos tipicamente "tirânicos". De modo inverso, sempre que um político atua em nome da filosofia, assim o faz enquanto "tirano", tal como os "tiranos" de certa grandeza geralmente tiveram origens filosóficas mais ou menos diretas ou mais ou menos conscientes e reconhecidas.

Em suma, de todos os políticos possíveis, o tirano é inquestionavelmente aquele que mais provavelmente recebe e implementa o conselho do filósofo. Se, tendo-o recebido, não o implementar, ele tem de ter muito boas razões para não fazê-lo. Para mais, na minha opinião, essas razões serão ainda mais convincentes no caso de um governante não "tirânico".

Já indiquei quais são elas. Um político, independentemente de ser ou não um tirano, não pode seguir simplesmente um conselho "utópico": posto poder *agir* apenas no *presente*, não pode ter em consideração ideias que não têm ligação *direta* com a situação concreta dada. De modo que, para obter uma audiência, o filósofo teria de dar um conselho acerca dos "assuntos correntes". Mas, para dar tal conselho, teria de acompanhar os assuntos correntes diariamente e, por isso, dedicar-lhes *todo o seu tempo*. No entanto, isso é precisamente aquilo que o filósofo não *quer* fazer. Na capacidade de filósofo não o *pode* sequer fazer. Pois fazê-lo significaria abandonar a própria busca de verdade que faz dele filósofo e que, aos seus olhos, é a única reivindicação autêntica para ser o conselheiro *filosófico* do tirano, quer dizer, para ser um conselheiro habilitado a fazer algo mais do que, e diferente de, um conselheiro "não iniciado", independentemente de quão inteligente e capaz esse conselheiro não iniciado possa ser. Dedicar *todo o nosso tempo* ao governo é deixar de ser um filósofo e, por conseguinte, perder qualquer vantagem que se poderia ter sobre o tirano e sobre os seus conselheiros "não iniciados".

Na realidade, essa não é a única razão para que toda tentativa do filósofo de influenciar diretamente o tirano seja necessariamente ineficiente. Por exemplo, suponhamos que Platão tivesse permanecido em Siracusa até o final da sua vida, que houvesse subido (rapidamente, é claro) os vários degraus que levam a uma posição cujo detentor pode tomar decisões e, por isso, influenciar a direção política geral. É praticamente certo que, *nesse caso*, Platão teria tido a atenção do tirano e poderia, de fato, ter conduzido a sua política. Mas o que aconteceria nesse caso? Por um lado, Dionísio, desejoso de levar a cabo as reformas "radicais" sugeridas por Platão, teria seguramente de intensificar mais e mais o caráter "tirânico" do seu governo. O seu conselheiro filosófico logo se veria confrontado com "problemas de consciência" à medida que a sua busca por uma "verdade objetiva" personificada no Estado "ideal" entrasse em conflito com a sua concepção de uma "virtude" que estava em desacordo com a "violência", que em qualquer dos casos gostaria de continuar a praticar. Por outro lado, Platão, consciente (em contraste com Dionísio) dos limites do seu próprio conhecimento, rapidamente se aperceberia de ter atingido esses limites: com o que se tornaria mais hesitante no seu conselho e, por conseguinte, incapaz de dá-lo *a tempo*. Ora, essas incertezas teóricas e esses conflitos morais, contra o pano de fundo de uma "consciência pesada" suscitada pelo fato de já não haver tempo para se dedicar à filosofia, cedo repugnarão o filósofo de toda a ação política direta e concreta. E visto que, entretanto, ele terá compreendido que é ridículo ou hipócrita oferecer ao tirano "ideias gerais" ou conselhos "utópicos", o filósofo, ao apresentar a sua demissão, deixaria o tirano "em paz" e o pouparia de qualquer conselho *assim como de qualquer crítica*: ainda mais particularmente se soubesse que o tirano está perseguindo o mesmo objetivo que ele próprio tem perseguido durante a sua carreira – voluntariamente abortada – enquanto conselheiro.

O que equivale a dizer que o conflito do filósofo confrontado com o tirano não é nada mais do que o conflito do intelectual que é confrontado com a ação, ou, mais precisamente, confrontado com a inclinação, ou até a necessidade, de agir. Segundo Hegel, esse conflito é a única autêntica *tragédia* que ocorre no mundo cristão ou burguês: a tragédia de Hamlet ou de Fausto. É um conflito *trágico* porque é um conflito sem escapatória, um problema sem resolução possível.

Confrontado com a impossibilidade de *agir* politicamente sem abdicar da filosofia, o filósofo abdica da ação política. Mas terá ele alguma razão para abdicar dela?

As considerações precedentes não podem de modo algum ser invocadas para "justificar" apenas uma escolha. E por definição o filósofo não deve tomar uma decisão sem uma "razão suficiente", nem assumir uma posição que "não possa ser justificada" dentro do quadro de referência de um sistema de pensamento coerente. Resta-nos, por isso, observar como é que, no seu próprio entender, o filósofo poderia "justificar" abdicar da *ação* política no sentido rigoroso do termo.

A primeira "justificação" que poderíamos ser tentados a dar é fácil. O fato de não ter resolvido um problema não precisa perturbar o filósofo. Visto que não é um sábio, ele, por definição, vive num mundo de questões que, para si, continuam em aberto. Tudo o que lhe é exigido para que seja um filósofo é que esteja ciente da existência dessas questões, e que... procure resolvê-las. O melhor método para usar nessa investigação (pelo menos segundo os platônicos) é a "dialética", ou seja, a "meditação" testada e estimulada pelo "diálogo". Por outras palavras, o melhor método é a "discussão". De modo que, no nosso caso, em vez de dar ao tirano atual um conselho político ou, alternativamente, abster-se de toda a crítica do governo no poder, o filósofo poderia contentar-se em "discutir" a questão de saber se ele próprio deveria governar, ou se deve apenas aconselhar o tirano, ou se não deve antes abster-se de toda ação política e até de toda crítica concreta ao governo dedicando todo o seu tempo às ocupações teóricas de tipo mais "elevado" e menos "mundano". Ora, discutir essa questão é aquilo que os filósofos sempre têm feito. Em particular, é isso que Xenofonte faz no seu diálogo, o que Strauss faz no seu livro e o que eu estou fazendo no presente ensaio crítico. Assim, tudo parece estar em ordem. Porém não podemos evitar ficar algo desiludidos com o fato de essa "discussão" do problema em causa, depois de ter durado mais de dois mil anos, não ter resultado em algum tipo de *solução*.

Talvez possamos tentar *resolver* a questão indo para além da *discussão* com os filósofos usando o método "objetivo" que Hegel usou para alcançar soluções "indisputáveis".

Esse é o método da *verificação histórica*.

Para Hegel, o resultado da "dialética" clássica do "diálogo", quer dizer, a vitória obtida numa "discussão" puramente *verbal*, não é um critério de verdade suficiente. Em outras palavras, a "dialética" discursiva enquanto tal não consegue, na sua opinião, levar à solução definitiva de um problema (quer dizer, a uma solução que permaneça imutável para todo o tempo *vindouro*), pela simples razão de que, se tudo que fizermos for falar, nunca teremos sucesso em "eliminar" definitivamente o contraditor ou, consequentemente, a própria contradição; pois para *refutar* alguém não é necessário convencê-lo. A "contradição" ou a "controvérsia" (entre o "Homem e a Natureza", por um lado, ou, por outro lado, entre os homens, ou até entre o homem e o seu meio social e histórico) podem ser "dialeticamente eliminadas" (quer dizer, *eliminadas* na medida em que forem "falsas", mas *preservadas* na medida em que forem "verdadeiras", e *elevadas* a um nível superior de "discussão") apenas na medida em que se inserirem no plano *histórico* da vida *social ativa* onde argumentamos através de atos de Trabalho (contra a natureza) e de luta (contra os homens). Admitidamente, a Verdade emerge a partir desse "diálogo" ativo, dessa dialética histórica, apenas quando for completada, quer dizer, assim que a história atingir o seu estágio final < *terme final* > no e através do Estado universal e homogêneo que, dado que pressupõe a "satisfação" dos cidadãos, exclui qualquer possibilidade de negar a *ação* e, por conseguinte, toda a *negação* no geral e, por isso, qualquer nova "discussão" sobre aquilo que já foi estabelecido. Mas, mesmo sem desejar supor, como faz o autor da *Fenomenologia do Espírito*, que a história já está virtualmente "completada" no nosso tempo, pode-se afirmar que, se a "solução" para um problema foi, de fato, histórica ou socialmente "válida" durante todo um período inteiro sem *provas* ("históricas") em contrário, temos o *direito* de considerá-lo filosoficamente "válido", apesar da discussão do problema pelos filósofos continuar em andamento. De modo que, ao considerá-la, podemos supor que, num momento oportuno, a própria História tratará de pôr termo à interminável "discussão filosófica" de um problema que "virtualmente" resolveu.

Vejamos, portanto, se a compreensão do nosso passado nos permite resolver o problema da relação entre a Sabedoria e a Tirania e, assim, decidir qual deverá ser a conduta "razoável", digamos "filosófica", dos Filósofos, no que diz respeito ao governo.

A priori parece plausível que a história possa resolver as questões ou os conflitos que as meditações *individuais* dos filósofos (incluindo a minha) até agora foram incapazes de resolver. De fato, vimos que o próprio conflito, assim como o seu caráter "trágico", deve-se à *finitude*, quer dizer, à *temporalidade finita* do homem, no geral, e do filósofo em particular. Se o homem ou o filósofo fosse *eterno*, no sentido de não precisar de *tempo* para agir e para pensar, ou se ele tivesse tempo ilimitado para agir e para pensar, a questão nem sequer surgiria (tal como não surge para Deus). Ora, a história *transcende* a duração finita da existência individual do homem. Em bom rigor, não é "eterna" no sentido clássico do termo, dado que é apenas integração, no que diz respeito ao tempo, dos atos *temporais* e dos pensamentos. Mas se, com Hegel, for admitido (e qualquer pessoa que queira admitir, como Hegel, que há um *significado* na história e um *progresso* histórico tem de concordar com ele nesse ponto) que a história pode alcançar a completude em si mesma e por si mesma, e que o "Conhecimento Absoluto" (= Sabedoria discursiva ou Verdade) que resulta da "compreensão" ou "explicação" da história integral (ou da história integrada neste e por meio deste Conhecimento próprio) através de um "discurso coerente" (*Logos*) que seja "circular" ou "unitotal" no sentido de esgotar todas as possibilidades (que se assumem *finitas*) do pensamento racional (quer dizer, inerentemente não contraditório), se admitirmos tudo isso, digo eu, então podemos equacionar a História (completada e integrada através deste Conhecimento discursivo "absoluto") com a *eternidade* entendida como a *totalidade do tempo* (histórico, ou seja, o tempo humano, isto é, o tempo capaz de conter qualquer "discussão" em atos ou em discurso), *para além* do qual nenhum homem individual poderia ir, não mais do que o

Homem enquanto tal. Em suma, se um indivíduo propriamente dito ainda não foi capaz de resolver o problema que nos interessa porque é *insolúvel* no nível individual, não há nenhuma razão *a priori* para que o "grande indivíduo" de quem Pascal fala (que nem *sempre* aprende, mas que *aprende* algumas coisas no sentido estrito do termo) não possa tê-lo resolvido há muito tempo e "definitivamente" (mesmo que nenhum *indivíduo* já o tenha notado).

Vejamos então o que nos ensina a história acerca das relações entre os tiranos e os filósofos (com a premissa de que até agora ainda não houve um sábio sobre a terra).

À primeira vista, a história confirma a opinião comum. Não só nenhum filósofo até agora jamais governou de fato um Estado, como todos os homens políticos, e os "tiranos" mais do que todos os outros, sempre desprezaram as "ideias gerais" dos filósofos e rejeitaram o seu "conselho" político. A ação política dos filósofos parece, assim, ter sido nula, e a lição que eles podem extrair da história parece encorajá-los a dedicarem-se à "contemplação" ou "teoria pura", sem se preocuparem com aquilo que os "homens de ação", e, em particular, os "governantes" de todo o tipo possam estar fazendo nesse ínterim.

Todavia, num exame mais detido, a lição a ser retirada da história parece ser inteiramente diferente. Dentro do domínio geográfico da filosofia ocidental, talvez o maior político, e certamente aquele que os grandes tiranos do nosso mundo imitaram durante séculos (e que apenas recentemente foi novamente imitado por um imitador de Napoleão, que imitou César, que foi ele mesmo um imitador), tenha sido Alexandre, o Grande. Ora, Alexandre leu porventura os diálogos de Xenofonte. Foi certamente um estudante de Aristóteles, que foi um estudante de Platão, estudante de Sócrates. De modo que Alexandre, sem sombra de dúvida, recebeu o mesmo ensinamento que Alcibíades. Porque era politicamente mais dotado do que Alcibíades ou simplesmente porque veio "no momento certo", Alexandre teve êxito onde Alcibíades fracassou. Mas ambos queriam a mesma coisa e ambos tentaram ir para além dos confins rígidos e estreitos da Cidade antiga. Nada nos impede de supor que essas duas tentativas políticas, das quais apenas uma conheceu o fracasso, remontam ao ensinamento filosófico de Sócrates.

Admitidamente, trata-se nada mais do que uma simples hipótese histórica. Todavia, uma análise dos fatos acerca de Alexandre tornam essa hipótese plausível.

O que caracteriza a ação política de Alexandre, à diferença da ação política de todos os seus predecessores e contemporâneos gregos, é o fato de ela ter sido guiada pela ideia de *império*, quer dizer, de um Estado *universal*, pelo menos no sentido de que esse Estado não tinha nenhum limite dado *a priori* (geográfico, étnico ou outro), nenhuma "capital" *preestabelecida*, ou sequer um centro geográfico e etnicamente *fixo* destinado a exercer uma dominação política sobre a periferia. Em boa verdade, sempre houve em todos os tempos conquistadores prontos a estender indefinidamente os domínios das suas conquistas. Mas via de regra eles procuraram estabelecer o mesmo tipo de relação entre conquistadores e conquistados que o existente entre Senhores e Escravos. Alexandre, por contraste, estava claramente pronto a dissolver toda a Macedônia e a Grécia na nova unidade política criada pela sua conquista, e governar essa unidade a partir de um ponto geográfico que escolheu *livremente* (racionalmente) em termos de um novo *todo*. Ademais, ao exigir dos macedônios e dos gregos que entrassem em casamentos mistos com os "Bárbaros", ele estava seguramente pretendendo criar uma nova elite governante que fosse independente de todo o apoio étnico rígido e *dado*.

Ora, o que poderia explicar o fato de que foi o chefe de Estado *nacional* (e não uma "cidade" ou *polis*) com uma base étnica e geográfica suficientemente lata para lhe permitir exercer sobre a Grécia e o Oriente uma dominação política unilateral do tipo tradicional, quem concebeu a ideia de um Estado verdadeiramente *universal* ou de um *império* no sentido estrito do termo, no qual conquistador e conquistado estão fundidos? Foi uma ideia política extremamente nova que apenas começou a ser *atualizada* com o Édito de Caracala, que ainda hoje em nenhuma parte foi atualizada em toda a sua pureza, tendo nesse ínterim (e apenas recentemente) sofrido alguns eclipses espetaculares, e que é ainda um tema de "discussão". O que poderá explicar o fato de ter sido um monarca hereditário quem consentiu em expatriar-se e que quis fundir a nobreza vitoriosa da sua terra nativa com os recentemente vencidos? Em vez de estabelecer a dominação da sua *raça* e impor o governo da sua pátria sobre o resto do mundo, ele escolheu dissolver a raça e eliminar a própria pátria para todas as intenções e propósitos políticos.

Somos tentados a atribuir tudo isso à educação de Aristóteles e à influência geral da *filosofia* "socrático-platônica" (que também é a base do ensinamento propriamente político dos sofistas ao qual Alexandre estava exposto). Um estudante de Aristóteles poderia ter pensado ser necessário criar uma base *biológica* para a unidade do império (por meio de casamentos mistos). Mas apenas um discípulo de Sócrates-Platão poderia ter concebido essa unidade ao tomar como ponto de partida a "ideia" ou a "noção geral" de Homem elaborada pela filosofia grega. Todos os homens podem tornar-se cidadãos de um e mesmo Estado (= império) porque eles *têm* (ou adquirem como resultado de uniões *biológicas*) uma e mesma "essência". E, em última análise, essa "essência" singular comum a todos os homens é o *"Logos"* (liguagem-ciência), quer dizer, aquilo a que hoje chamamos de "civilização" ou "cultura" (grega). O império que Alexandre projetou não é a expressão política de um *povo* ou de uma *casta*. É a expressão política de uma civilização, a atualização material de uma entidade "lógica", universal e una, tal como o próprio Logos é universal e uno.

Muito antes de Alexandre, o Faraó Akhenaton provavelmente também concebeu a ideia de império no sentido de uma unidade política transétnica (transnacional). Na realidade, um baixo-relevo amarniano retrata os asiáticos, nubianos e líbios tradicionais não como se estivessem postos a ferros pelos egípcios, mas como se estivesse adorando junto a eles, *como iguais*, um e mesmo deus: Aton. A diferença é que aqui a unidade do império teve uma origem *religiosa* (teísta) e não filosófica (antropológica): a sua base era o *deus* comum e não a unidade "essencial" dos homens na sua capacidade de humanos (= racionais). Não foi a unidade da sua razão e da sua cultura (*Logos*), mas a unidade do seu deus e da comunidade de adoração, que uniu os cidadãos.

Desde Akhenaton, que fracassou terrivelmente, a ideia de um império com uma base *transcendente* (religiosa) unificadora foi frequentemente adotada. Por intermédio dos profetas hebreus foi adotada por São Paulo e pelos cristãos, por um lado, e pelo islamismo, por outro (para falar apenas das tentativas políticas mais espetaculares). Mas aquilo que resistiu ao teste da história, durando até o presente, não foi a *Teocracia* muçulmana, nem o *Sacro Império Germânico*, nem sequer o poder secular do Papa, mas a *Igreja* universal, que é algo totalmente diferente do Estado propriamente dito. Podemos, assim, concluir que, em última análise, é exclusivamente a ideia *filosófica* que remonta a Sócrates que age *politicamente* na terra, e que continua, no nosso tempo, a guiar a ação política e as entidades que procuram atualizar o Estado *universal* ou o Império.

Mas o objetivo político que a humanidade persegue (ou pelo qual luta) no presente não é apenas o de Estado politicamente *universal*; é de igual modo o do Estado *homogêneo* ou da "Sociedade sem classes".

Novamente aqui as origens remotas da ideia política podem ser encontradas na concepção religiosa universalista que já está presente em Akhenaton e que culmina em São Paulo. É a ideia da *igualdade fundamental* de todos os que acreditam no mesmo Deus. Essa concepção transcendente da igualdade social difere radicalmente da concepção socrática-platônica da identidade de todos os seres que têm a mesma "essência" *imanente*. Para Alexandre, o discípulo dos filósofos gregos, os gregos e os bárbaros podem fazer a mesma reivindicação de cidadania no Império na medida em que TÊM a mesma "natureza" (= essência, ideia, forma, etc.) humana (i.e., racional, lógica, discursiva), ou que se *identificam* "essencialmente" uns com os outros como resultado de uma "mistura" direta (= "imediata") das suas qualidades inatas (alcançadas por união biológica). Para São Paulo não há diferença "essencial" (irredutível) entre os gregos e os judeus porque ambos podem se TORNAR cristãos, como acabariam por fazê-lo não ao "misturar" as "qualidades" gregas e judaicas, mas ao *negá-las* e "sintetizá-las" na e através dessa própria negação dentro da unidade homogênea que não é inata ou dada, mas *criada* (livremente) pela "conversão". Por causa do caráter negador dessa "síntese" cristã, nenhuma "qualidade" incompatível ou até "contraditória" (= mutuamente exclusiva) permanece. Para Alexandre, o filósofo grego, nenhuma "mistura" de Senhores e Escravos era possível, porque eram "contrários". Assim, o seu Estado *universal*, que dispensou as *raças*, não podia ser *homogêneo* no sentido de também dispensar as "classes". Para São Paulo, por outro lado, a negação (que é *ativa* na mesma medida em que a "fé" é um ato e está "morta" sem "atos") da oposição pagã entre Senhores e Escravos poderia engendrar uma unidade cristã "essencialmente" nova (que, além disso, é também ativa ou que atua, sendo inclusive "afetiva", ao invés de puramente racional ou discursiva, ou seja, "lógica") capaz de fornecer a base não só para a *universalidade* política do Estado, mas também para a sua *homogeneidade* social.

Mas, de fato, a universalidade e homogeneidade sobre uma base transcendente, teísta e religiosa não podiam e não engendraram um Estado propriamente dito. Serviram apenas como base do "corpo místico" universal e homogêneo da Igreja e, supostamente, são plenamente atualizados apenas no *além* (o "Reino dos Céus", desde que façamos abstração da existência *permanente* do inferno). De fato, o Estado *universal* é o objetivo que a *política*, inteiramente sob a dupla influência da *filosofia* pagã antiga e da *religião* cristã, perseguiu, muito embora até agora não o tenha alcançado.

Contudo, no nosso tempo, o Estado universal e *homogêneo* também se tornou um objetivo *político*. Ora, novamente aqui, a política deriva da *filosofia*. Em bom rigor, essa filosofia (sendo a *negação* da cristandade religiosa) deriva por seu turno de São Paulo (a quem pressupõe visto que o "nega"). Mas a ideia religiosa cristã da homogeneidade humana pôde alcançar uma importância *política* real apenas depois que a filosofia moderna teve sucesso em *secularizá-la* (= racionalizá-la, transformá-la num discurso coerente).

No que diz respeito à homogeneidade social, a filiação entre a filosofia e a política é menos direta do que no que concerne à universalidade política, mas, em contrapartida, é absolutamente segura. No caso da universalidade, sabemos apenas que o Político que deu o primeiro passo efetivo no sentido de atualizá-la foi educado por um discípulo que dista graus do seu iniciador teórico, e podemos apenas supor a filiação de ideias. Em contraste, no caso da homogeneidade, sabemos que houve filiação de ideias, apesar de não termos nenhuma tradição oral direta que a confirme. O tirano que aqui inicia um movimento político *real* em vista da homogeneidade seguiu conscientemente o ensinamento do intelectual que transformou deliberadamente a ideia do filósofo de forma a que deixasse de ser um ideal "utópico" (que, incidentalmente, se pensou de maneira errônea descrever uma realidade política já existente: o Império napoleônico) e se tornasse, ao contrário, uma teoria política em função da qual podemos dar conselhos concretos aos tiranos, conselhos que eles possam seguir. Assim sendo, embora reconheça que o tirano "falsificou" (*verkehrt*) a ideia filosófica, sabemos que o fez apenas para "transportá-la (*verkehren*) do domínio da abstração para o da realidade".

Limito-me a citar estes dois exemplos históricos, embora seja fácil multiplicar o seu número. Mas ambos, para todas as intenções e propósitos, esgotam os grandes temas políticos da História. E se se admite que, nesses dois casos, tudo o que o rei "tirânico" e o tirano propriamente dito fizeram foi colocar em prática política o ensinamento dos filósofos (nesse meio-tempo adequadamente preparado por intelectuais), então pode-se concluir que o conselho político dos filósofos foi essencialmente seguido.

Sem dúvida, o ensinamento dos filósofos, mesmo quando tem um alcance político, nunca poderá ser implementado *direta* ou "imediatamente". Podemos por isso vê-lo como algo que por definição é *inaplicável*, pois carece de ligações *diretas* ou "imediatas" com a realidade política concreta que prevalece no tempo em que ele aparece. Mas os "mediadores intelectuais" sempre se ocuparam dele e o confrontaram com a realidade contemporânea ao tentar descobrir ou construir uma ponte entre os dois. Esse labor puramente teorético de aproximar a ideia filosófica e a realidade política uma da outra pode continuar por muito ou pouco tempo. Mas cedo ou tarde alguns tiranos sempre buscaram orientação para as suas ações do dia a dia no conselho (escrito ou oral) *usável* desses "mediadores". Quando a história é vista dessa forma, ela parece uma contínua sucessão de ações políticas guiadas mais ou menos diretamente pela evolução da *filosofia*.

Da perspectiva hegeliana, baseada na compreensão da história, as relações entre a Tirania e a Sabedoria podem, por conseguinte, ser descritas da maneira a seguir.

Enquanto o homem não se tiver tornado plenamente consciente de dada situação política num momento histórico dado por meio de uma reflexão *filosófica* discursiva, ele não tem nenhuma "distância" em relação a ela. Ele não pode "tomar uma posição", não pode consciente ou livremente decidir contra ou a favor dela. Ele é simplesmente "passivo" no que diz respeito ao mundo político, tal como o animal é passivo no que diz respeito ao mundo natural em que vive. Mas, assim que alcança a plena consciência filosófica, o homem pode distinguir entre a realidade política *dada* e a ideia que tem dela "na sua cabeça", uma ideia que pode então servir como um "ideal". Porém, se o homem se contentar apenas com a *compreensão* filosófica (= explicar ou justificar) da realidade política dada, nunca será capaz de *ir além* dessa realidade ou da ideia filosófica que lhe corresponde. Para um "ir além" ou para um *progresso* filosófico no sentido da Sabedoria (= Verdade) ocorrer, o dado político (que *pode* ser negado) tem realmente de ser *negado* pela Ação (Luta e Trabalho), de forma a que uma nova realidade histórica ou política (ou seja, humana) seja, antes de tudo, *criada* na e por essa negação ativa do real já existente e filosoficamente compreendido, sendo, então, a nova realidade *compreendida* dentro do quadro de referência de uma nova filosofia. Essa nova filosofia preservará apenas aquela parte da antiga que sobreviveu a uma negação política criativa da realidade histórica que lhe correspondia, e transformará ou "elevará" essa parte preservada ao sintetizá-la (no e por meio do discurso coerente) com a sua própria revelação da nova realidade histórica. Apenas se proceder dessa maneira a filosofia fará o seu caminho até o Conhecimento absoluto ou a Sabedoria, que estará na posição de alcançar assim que todas as negações ativas (políticas) possíveis tiverem sido realizadas.

Em suma, se os filósofos não tivessem dado nenhum "conselho" político aos Políticos, no sentido de que nenhum ensinamento político possa (direta ou indiretamente) ser extraído das suas ideias, não haveria qualquer *progresso* histórico e, por conseguinte, nenhuma História propriamente dita. Mas, se o Político não *atualizasse* eventualmente o conselho baseado na filosofia através da sua ação política do dia a dia, não haveria *progresso* filosófico (para a Sabedoria ou verdade) e, por isso, não haveria Filosofia no sentido estrito do termo. Os ditos livros "filosóficos" seriam, é claro, escritos indefinidamente, mas nunca teríamos *o* livro ("Bíblia") da Sabedoria que pudesse substituir *definitivamente* o livro de mesmo título que foi o nosso por praticamente dois mil anos. Ora, onde quer que se tenha negado ativamente uma realidade política dada na sua própria "essência", sempre vimos *tiranos* políticos surgirem no curso da história. Pode-se, portanto, concluir que, embora o surgimento de um tirano reformista não seja concebível sem a existência prévia do filósofo, a chegada do sábio deve necessariamente ser precedida pela ação política revolucionária do tirano (que realizará o Estado universal e homogêneo).

Seja como for, quando comparo as reflexões solicitadas pelo Diálogo de Xenofonte e pela interpretação de Strauss com as lições que emergem da história, tenho a impressão de que as relações entre o filósofo e o tirano sempre foram "razoáveis" no curso da evolução histórica: por um lado, o conselho "razoável" dos filósofos sempre foi atualizado pelos tiranos mais cedo ou mais tarde; por outro, os filósofos e os tiranos sempre se comportaram uns para com os outros "em conformidade com a razão".

O tirano está perfeitamente certo em não tentar implementar uma teoria filosófica *utópica*, quer dizer, uma teoria filosófica sem ligação direta com a realidade política com a qual tem de lidar: pois ele não tem tempo para preencher o buraco *teórico* entre a utopia e a realidade. Quanto ao filósofo, ele também está certo ao evitar elaborar as suas teorias a ponto de falar diretamente para as questões originadas pelos assuntos políticos correntes: se o fizesse, não lhe restaria tempo para a filosofia, deixaria de ser um filósofo e, por conseguinte, deixaria de ter qualquer direito de dar conselhos *politico-filosóficos* ao tirano. O filósofo está certo em abdicar da responsabilidade de produzir a convergência no plano teórico entre as suas ideias filosóficas e a realidade política para uma constelação de intelectuais de todos os tipos (mais ou menos espalhados no tempo e no espaço); os intelectuais estão certos em se dedicarem a essa tarefa e, se surgir a ocasião, de dar ao tirano um conselho direto quando, nas suas teorias, tiverem atingido o nível dos problemas concretos levantados pelos assuntos políticos correntes; o tirano está certo em não seguir (e não escutar) tal conselho até ele ter atingido esse nível. Para simplificar, todos eles se comportam de forma *razoável* dentro da *realidade* histórica, e é ao se comportarem de forma razoável que, no final, todos alcançam direta ou indiretamente resultados reais.

Por outro lado, seria perfeitamente *insensato* para o Político querer negar o valor filosófico de uma teoria somente porque não pode ser implementada "como é" numa situação política dada (o que, é claro, não quer dizer que o Político não possa ter razões politicamente válidas para *proibir* essa teoria dentro do contexto dessa situação). Seria igualmente *insensato* para o filósofo condenar a Tirania *enquanto tal* "por princípio", dado que a "tirania" pode ser "condenada" ou "justificada" apenas dentro do contexto de uma situação política concreta. Falando de modo geral, seria *insensato* se, somente nos termos da sua filosofia, o filósofo se lançasse a proferir qualquer crítica que fosse às medidas políticas concretas tomadas pelo político, independentemente de este ser ou não um tirano, especialmente quando este as conduz de modo que o próprio ideal preconizado pelo filósofo possa ser atualizado em algum tempo futuro. Em ambos os casos os juízos feitos sobre a filosofia ou sobre a política seriam *incompetentes*. Enquanto tais, eles seriam mais desculpáveis (ainda que não mais justificados) na boca de um tirano ou de um político "não iniciado" do que na do filósofo que é, por definição, "racional". Quanto aos intelectuais "mediadores", seriam *insensatos* se não reconhecessem o direito do filósofo de julgar o valor filosófico das suas teorias, ou o direito do político de escolher as teorias que considera capazes de serem atualizadas em circunstâncias dadas e de descartar as demais, até "de forma tirânica".

Em termos gerais, é a própria história que se presta a "julgar" (pela sua "realização" ou "sucesso") os atos dos políticos ou dos tiranos, que eles realizam (de forma consciente ou não) como uma função das ideias dos filósofos adaptadas para propósitos práticos pelos intelectuais.

LEO STRAUSS

Nova Afirmação sobre o *Hiero* de Xenofonte

Uma ciência social que não consegue falar da tirania com a mesma confiança com que a medicina fala, por exemplo, do câncer, não consegue compreender os fenômenos sociais por aquilo que eles são. Por conseguinte, não é científica. A ciência social de hoje encontra-se nessa condição. Se for verdade que a ciência social de hoje é o resultado inevitável da ciência social moderna e da filosofia moderna, somos forçados a considerar a restauração da ciência social clássica. Assim que tivermos novamente aprendido com os clássicos o que é a tirania, seremos capazes e compelidos a diagnosticar como tiranias uma variedade de regimes contemporâneos que surgem sob o disfarce de ditaduras. Esse diagnóstico pode ser apenas o primeiro passo na direção de uma análise exata da tirania do presente, pois a tirania do presente é fundamentalmente diferente da tirania analisada pelos clássicos.

Mas não será isso equivalente a admitir que os clássicos desconheciam totalmente a tirania na sua forma contemporânea? Não temos por isso de concluir que o conceito clássico de tirania é demasiado estreito e que, por conseguinte, o quadro de referência clássico tem de ser radicalmente modificado, i.e., abandonado? Em outras palavras, não será a tentativa de restaurar a ciência social clássica utópica, visto que implica que a orientação clássica foi tornada obsoleta pelo triunfo da orientação bíblica?

Esta parece ser a principal objeção a que o meu estudo sobre o *Hiero* de Xenofonte está exposto. Em todo caso, essa é a essência das únicas críticas ao meu estudo com as quais se pode aprender alguma coisa. Essas críticas foram escritas em completa independência uma em relação à outra e os seus autores, o professor Eric Voegelin e o Sr. Alexandre Kojève, não têm, por assim dizer, nada em comum. Antes de discutir os seus argumentos, devo reafirmar a minha tese.

O fato de existir uma diferença fundamental entre a tirania clássica e a tirania do presente, ou de que os clássicos sequer sonhavam com a tirania do presente, não é uma boa razão ou uma razão suficiente para abandonar o quadro de referência clássico. Pois esse fato é perfeitamente compatível com a possibilidade de a tirania do presente encontrar o seu lugar dentro da matriz clássica, i.e., com o fato que ela não pode ser compreendida adequadamente senão dentro dessa matriz. A diferença entre a tirania do presente e a tirania clássica tem a sua raiz na diferença entre a noção moderna de filosofia ou ciência e a noção clássica de filosofia ou ciência. A tirania do presente, à diferença da tirania clássica, baseia-se no progresso ilimitado da "conquista da natureza" que é tornada possível pela ciência moderna, assim como na popularização ou difusão do conhecimento científico ou moderno. Ambas as possibilidades – a possibilidade de uma ciência que se entrega à "conquista da natureza" e a possibilidade da popularização da filosofia ou ciência – eram conhecidas pelos clássicos. (Compare-se Xenofonte, *Memorabilia* I 1.15 com Empédocles, fr. 111: Platão, *Teeteto* 180c7-d5.) Mas os clássicos as rejeitaram como "não naturais", i.e., como destrutivas da humanidade. Eles não sonhavam com a tirania do presente porque consideravam o seu pressuposto-base tão absurdo que voltaram a sua imaginação para uma direção inteiramente diferente.

Voegelin, um dos principais historiadores contemporâneos do pensamento político, parece sustentar (*The Review of Politics*, 1949, p. 241-44) que a concepção clássica de tirania é demasiado estreita porque não cobre o fenômeno do cesarismo: quando chamamos a certo regime "tirânico", sugerimos que o governo "constitucional" é uma alternativa viável a ele; mas o cesarismo emerge apenas depois "do colapso final da ordem republicana constitucional"; por conseguinte o cesarismo ou o governo "pós-constitucional" não pode ser entendido como uma subdivisão da tirania no seu sentido clássico. Não há razão para contestar a visão de que o cesarismo genuíno não é uma tirania, mas isso não justifica a conclusão de que o cesarismo é incompreensível à luz da filosofia política clássica: o cesarismo ainda é uma subdivisão da monarquia absoluta na forma como os clássicos a entenderam. Se em certa situação "a ordem republicana constitucional" entrou completamente em colapso, e não há qualquer perspectiva razoável de restauração do futuro próximo, o estabelecimento do governo absoluto permanente não pode ser, enquanto tal, justamente condenado; por conseguinte, ele é fundamentalmente diferente do estabelecimento da tirania. Uma justa condenação poderia ser lançada apenas contra a forma como esse governo absoluto verdadeiramente necessário é estabelecido e exercido; como enfatiza Voegelin, há Césares tirânicos como há césares reais. Tem-se apenas de ler a defesa de César, feita por Coluccio Salutati, contra a alegação de que ele era um tirano – uma defesa que em todos os pontos essenciais é concebida no espírito dos clássicos – para observar que a distinção entre o cesarismo e a tirania enquadra-se perfeitamente na matriz clássica.

Mas o fenômeno do cesarismo é uma coisa; o conceito atual de cesarismo é outra. O conceito atual de cesarismo é certamente incompatível com os princípios clássicos. Surge assim a questão de saber que conceito, o atual ou o clássico, é o mais adequado. Mais particularmente, a questão diz respeito à validade das duas implicações do conceito atual que Voegelin parece considerar indispensáveis, e que se originaram no historicismo do século XIX. Em primeiro lugar, ele parece acreditar que a diferença entre a "situação constitucional" e a "situação pós-constitucional" é mais fundamental do que a diferença entre o bom rei ou bom César, por um lado, e o mau rei ou mau César, por outro. Mas não será a diferença entre o bom e o mau a distinção política ou prática mais fundamental? Em segundo lugar, Voegelin parece acreditar que o governo "pós-constitucional" não é *per se* inferior ao governo "constitucional". Mas não é o governo "pós-constitucional" justificado por uma necessidade ou, como diz Voegelin, por uma "necessidade histórica"? E não será o necessário inferior ao nobre ou àquilo que é digno de ser escolhido pelo seu próprio mérito? A necessidade desculpa: o que é justificado pela necessidade necessita de desculpas. César, como Voegelin o concebe, é o "vingador das malfeitorias das pessoas corruptas". O cesarismo está então essencialmente relacionado com as pessoas corruptas, com um baixo nível de vida política, com o declínio da sociedade. Pressupõe o declínio, se não a própria extinção, da virtude cívica ou do espírito público, e perpetua necessariamente essa condição. O cesarismo pertence a uma sociedade degradada e prospera com a sua degradação. O cesarismo é justo, ao passo que a tirania é injusta. Ele é tão pouco digno de ser escolhido pelo seu próprio mérito quanto a merecida punição. Catão recusou-se a ver o que o seu tempo exigia porque viu demasiado claramente o caráter degradado e degradante daquilo que o seu tempo exigia. É muito mais importante se aperceber do baixo nível do cesarismo (pois, para repetir, o cesarismo não pode ser divorciado da sociedade que merece o cesarismo) do que perceber que, em certas condições, o cesarismo é necessário e, por isso, legítimo.

Embora os clássicos fossem perfeitamente capazes de fazer justiça aos méritos do cesarismo, eles não estavam particularmente preocupados com a elaboração de uma doutrina do cesarismo. Posto que estavam primariamente preocupados com o melhor regime, prestaram menos atenção ao governo "pós-constitucional" ou à realeza posterior do que ao governo "pré-constitucional" ou à primeira realeza: a simplicidade rústica é um melhor solo para a vida boa do que a podridão sofisticada. Mas há outra razão que induziu os clássicos a permanecer quase em silêncio acerca do governo "pós-constitucional". Realçar o fato de que é justo substituir o governo constitucional pelo governo absoluto, se o bem comum exigir essa mudança, implica lançar uma dúvida quanto à absoluta santidade da ordem constitucional estabelecida; implica encorajar homens perigosos a confundir a questão produzindo um estado de coisas em que o bem comum requer a fundação do governo absoluto. A verdadeira doutrina da legitimidade do cesarismo é uma doutrina perigosa. A verdadeira distinção entre o cesarismo e a tirania é demasiado sutil para o uso político vulgar. É melhor para as pessoas permanecerem ignorantes acerca dessa distinção e considerar o César potencial como um tirano potencial. Nenhum mal pode advir desse erro teórico que se torna uma verdade prática se as pessoas tiverem a coragem de agir segundo ela. Nenhum mal pode advir da identificação política do cesarismo com a tirania: os Césares podem muito bem tomar conta de si.

Os clássicos poderiam facilmente, se quisessem, ter elaborado uma doutrina do cesarismo ou da realeza posterior, mas não quiseram fazê-lo. Voegelin, no entanto, sustenta que eles foram forçados pela sua situação histórica a procurar uma doutrina do cesarismo, e que não conseguiram descobri-la. Ele tenta consubstanciar essa afirmação fazendo referência a Xenofonte e a Platão. Quanto a Platão, Voegelin foi forçado por considerações de brevidade a limitar-se a efetuar uma referência sumária ao governante real no *Político*. Quanto a Xenofonte, ele afirma de forma acertada que não é suficiente opor "a *Cyropaedia*, como espelho do rei perfeito, ao *Hiero*, como espelho do tirano", dado que o rei perfeito, Ciro, e o tirano aperfeiçoado que é descrito por Simônides "parecem muito mais opostos um ao outro do que realmente estão". Ele explica este fato sugerindo que "ambos as obras enfrentam fundamentalmente o mesmo problema histórico da nova soberania (sc. pós-constitucional)", e que não podemos resolver esse problema a não ser obliterando, numa primeira etapa, a distinção entre o rei e o tirano. Para justificar essa explicação ele defende que "a própria motivação da *Cyropaedia* é a procura de um governo estável que trará fim à agoniosa derrubada das democracias e tiranias na pólis helênica". Essa afirmação não é sustentada por aquilo que Xenofonte diz ou indica a respeito da intenção da *Cyropaedia*. A sua intenção explícita é tornar inteligível o tremendo sucesso de Ciro na resolução do problema de governar seres humanos. Xenofonte concebe esse problema como é coevo ao homem. Tal como Platão no *Político*, ele não faz a mínima referência ao problema "histórico" particular do governo estável na "situação pós-constitucional". Em particular, ele não faz referência à "agoniosa derrubada das democracias e tiranias na pólis helênica": ele fala da frequente derrubada das democracias, monarquias e oligarquias, e da instabilidade essencial de todas as tiranias. Quanto à intenção implícita da *Cyropaedia*, ela é parcialmente revelada pela observação, perto do fim da obra, de que, "depois de Ciro morrer, os seus filhos de imediato brigaram, as cidades e as nações de imediato se revoltaram, e todas as coisas se tornaram piores". Se Xenofonte não era um tolo, ele não pretendia apresentar o regime de Ciro como um modelo. Ele sabia demasiado bem que a boa ordem da sociedade requer estabilidade e continuidade. (Compare-se a abertura da *Cyropaedia* com o paralelo em *Agesilaus*, 1. 4.) Ao contrário, ele serviu-se do sucesso meteórico de Ciro e da forma como ele foi alcançado como de um exemplo para tornar inteligível a natureza das coisas políticas. A obra, que descreve toda a vida de Ciro, é intitulada *A Educação de Ciro*: a educação de Ciro é a pista para a compreensão de toda a sua vida, do seu tremendo sucesso e, por conseguinte, para a intenção de Xenofonte. Aqui, um esboço muito rudimentar dessa obra deve ser suficiente. O Ciro de Xenofonte foi o filho do rei da Pérsia e, até ter cerca de doze anos de idade, foi educado de acordo com as leis persas. As leis e a política dos persas de Xenofonte são, no entanto, uma versão melhorada das leis e da política dos Espartanos. A Pérsia na qual Ciro foi educado era uma aristocracia superior à de Esparta.

A atividade política de Ciro – o seu sucesso extraordinário – consistiu em transformar uma aristocracia estável e rica num "despotismo Oriental" instável, cuja podridão se tornou visível imediatamente após a sua morte. O primeiro passo nessa transformação foi um discurso que Ciro dirigiu aos nobres persas e no qual os convenceu de que deviam desviar-se do hábito dos seus ancestrais de praticar a virtude pelo seu próprio mérito, e não pelas suas recompensas. A destruição da aristocracia começa, como seria de se esperar, com a corrupção do seu princípio. (*Cyropaedia* I 5.5-14; compare-se Aristóteles, *Ética a Eudemo* 1248b 38 *ss*., em que a visão da virtude que o Ciro de Xenofonte incute na mente dos nobres persas é descrita como uma visão espartana.) O rápido sucesso da primeira ação de Ciro obriga o leitor a questionar se a aristocracia persa era uma aristocracia genuína; ou, mais precisamente, se o cavalheiro no sentido político e social é um verdadeiro cavalheiro (i.e., nobre). Essa questão é idêntica à questão que Platão respondeu implicitamente de forma negativa na sua história de Er. Sócrates diz abertamente que um homem que viveu a sua vida passada num regime bem-ordenado, participando na virtude através do hábito e sem filosofia, escolherá para a sua próxima vida "a maior das tiranias", pois "a maioria das pessoas faz as suas escolhas de acordo com os hábitos da sua vida passada" (*República* 619b6-620a3). Não há uma solução adequada para o problema da virtude ou felicidade no plano social ou político. Ainda assim, embora a aristocracia esteja sempre em vias de degenerar numa oligarquia ou algo pior, ela é a melhor solução política possível para o problema humano. Deve aqui bastar observar que o segundo passo de Ciro é a democratização do exército, e que o final do processo é um regime que dificilmente poderá parecer distinguível da forma menos intolerável de tirania. Mas não devemos negligenciar a diferença essencial entre o governo de Ciro e a tirania, uma distinção que nunca é obliterada. Ciro é e permanece um governante legítimo. Ele nasce o legítimo herdeiro do monarca reinante, o rebento de uma antiga casa real. Ele torna-se rei de outras nações através da hereditariedade ou do casamento e através da conquista justa, pois ele alarga as fronteiras da Pérsia ao modo romano: defendendo os aliados da Pérsia. A diferença entre Ciro e o Hiero educado por Simônides é comparável à diferença entre Guilherme III e Oliver Cromwell. Uma comparação sumária da história da Inglaterra com a história de outras nações europeias bastará para mostrar que tal diferença não é irrelevante para o bem-estar dos povos. Xenofonte nem sequer tentou obliterar a distinção entre o melhor tirano e o rei porque apreciava demasiado bem os encantos, ou melhor, as bençõeses da legitimidade. Ele exprime essa apreciação ao subscrever à máxima (que tem de ser entendida e aplicada de forma razoável) de que o justo é idêntico ao legal.

Voegelin poderá responder que aquilo que é decisivo não é a intenção consciente de Xenofonte, enunciada ou insinuada, mas o significado histórico da sua obra, o significado histórico de uma obra determinada pela situação histórica concebida em oposição à intenção consciente do autor. Porém opor o significado histórico da obra de Xenofonte à sua intenção consciente pressupõe que somos melhores juízes da situação em que Xenofonte pensou do que o próprio Xenofonte. Mas não podemos ser melhores juízes dessa situação se não tivermos um apreciação mais clara que ele dos princípios em função dos quais as situações históricas revelam o seu significado. Depois da experiência da nossa geração, o ônus da prova parece depender daqueles que afirmam, e não daqueles que negam que progredimos para além dos clássicos. E mesmo que fosse verdade que conseguimos compreender os clássicos melhor do que eles se compreenderam a si mesmos, tornar-nos-íamos seguros da nossa superioridade apenas depois de os entendermos exatamente como eles se compreendiam. Caso contrário, poderemos confundir a superioridade da nossa noção dos clássicos com a nossa superioridade em relação aos clássicos.

De acordo com Voegelin, foi Maquiavel, por distinção aos clássicos, que "alcançou a criação teórica de um conceito de governo na situação pós-constitucional", e essa realização deveu-se à influência da tradição bíblica sobre Maquiavel. Ele refere-se especialmente à observação de Maquiavel acerca dos "profetas armados" (*Príncipe* VI). A dificuldade a que está exposta a tese de Voegelin é indicada por estes dois fatores: por um lado, ele fala do "aspecto apocalíptico [por conseguinte, inteiramente não clássico] do 'profeta armado' em *O Príncipe*", enquanto, por outro lado, diz que Maquiavel reivindicava "para [a] paternidade" do "profeta armado", "para além de Rômulo, Moisés e Teseu, precisamente o Ciro de Xenofonte". Isso equivale à admissão de que o próprio Maquiavel não estava certamente ciente de quaisquer implicações não clássicas da sua noção de "profetas armados". Não há nada de não clássico acerca de Rômulo, Teseu e do Ciro de Xenofonte. É verdade que Maquiavel adiciona Moisés; mas, depois de ter feito a sua vênia à interpretação bíblica de Moisés, ele fala de Moisés exatamente da mesma forma que qualquer filósofo político clássico falaria; Moisés foi um dos maiores legisladores ou fundadores (*fondatori*: *Discorsi* I 9) que já existiram. Quando lemos a afirmação de Voegelin sobre esse ponto, ficamos com a impressão de que, ao falar de profetas armados, Maquiavel põe a ênfase nos "profetas" por distinção aos governantes não proféticos, como Ciro, por exemplo. Mas Maquiavel põe a ênfase não nos "profetas", mas no "armados". Ele opõe os profetas armados, entre os quais conta Ciro, Rômulo e Teseu, assim como Moisés, aos profetas desarmados como Savonarola. E enuncia a lição que pretende transmitir com uma franqueza admirável: "Todos os profetas armados tiveram êxito, enquanto os desarmados fracassaram". É difícil acreditar que ao escrever essa frase Maquiavel se tivesse esquecido completamente do mais famoso de todos os profetas desarmados. Não podemos certamente compreender a observação de Maquiavel sobre os "profetas desarmados" sem ter em consideração o que ele diz sobre o "céu desarmado" e a "feminilidade do mundo" que, segundo ele, se devem ao cristianismo (*Discorsi* II 2 e III 1). A tradição que Maquiavel continua, ao mesmo tempo em que a modificar radicalmente, não é, como sugere Voegelin, a tradição representada por Joaquim de Fiore, por exemplo, mas aquela a que ainda chamamos, com uma ignorância desculpável, de tradição averroísta. Maquiavel declara que Savonarola, esse profeta desarmado, estava certo ao dizer que a ruína da Itália fora causada pelos "nossos pecados", "mas os nossos pecados não eram o que ele acreditava serem", nomeadamente, os pecados religiosos, "mas aqueles que narrei", nomeadamente, os pecados políticos ou militares (*Príncipe* XII). Na mesma linha, Maimônides declara que a ruína do reino judaico foi causada pelos "pecados dos nossos pais", nomeadamente, pela sua idolatria; mas a idolatria produziu o seu efeito de uma maneira perfeitamente natural: levou à astrologia e induziu assim o povo judeu a dedicar-se à astrologia em vez de à prática das artes da guerra e à conquista dos países. Mas à parte tudo isso, Voegelin não dá qualquer indicação sobre o que os profetas armados têm a ver com a "situação pós-constitucional". Rômulo, Teseu e Moisés eram certamente governantes "pré-constitucionais". Voegelin também refere ao "retrato perfeito, feito por Maquiavel, do príncipe salvador na *Vita di Castruccio Castracani*" que, diz ele, "dificilmente será compreensível sem o modelo padronizado da *Vida de Timur*". Para além do fato de que Voegelin não mostrou nenhuma ligação entre o *Castruccio* e a *Vida de Timur* e entre a *Vida de Timur* e a tradição bíblica, o *Castruccio* é talvez o documento mais impressionante da aspiração de Maquiavel à *virtù* clássica em contraposição à retidão bíblica. Castruccio, esse *condottiere* idealizado que preferia de forma tão obstinada a vida do soldado à vida do padre é comparado pelo próprio Maquiavel a Filipe da Macedônia e Cipião de Roma.

A aspiração de Maquiavel à *virtù* clássica é apenas o lado inverso da sua rejeição à filosofia política clássica. Ele rejeita a filosofia política clássica porque ela se orienta pela perfeição da natureza do homem. O abandono do ideal contemplativo leva a uma mudança radical no caráter da sabedoria: a sabedoria de Maquiavel não tem nenhuma ligação necessária com a moderação. Maquiavel separa a sabedoria da moderação. A razão última da aproximação entre o *Hiero* e *O Príncipe* é a de que, no *Hiero,* Xenofonte experimenta um tipo de sabedoria que se aproxima relativamente de uma sabedoria divorciada da moderação: Simônides parece ter um desejo desordenado pelos prazeres da mesa. É impossível dizer quão longe a mudança epocal operada por Maquiavel se deve à influência indireta da tradição bíblica antes de essa mudança ter sido plenamente compreendida por aquilo que é.

O caráter peculiar do *Hiero* não é desvendado numa leitura apressada. Não será desvendado nem com a décima leitura, por mais meticulosa que seja, se não se produzir uma mudança de orientação. Essa mudança era muito mais fácil de ser alcançada para o leitor do século XVIII do que para o leitor no nosso século que foi criado com a literatura brutal e sentimental das últimas cinco gerações. Precisamos de uma segunda educação para acostumar os nossos olhos à nobre reserva e grandeza calma dos clássicos. Xenofonte limitou-se, por assim dizer, a cultivar exclusivamente o caráter da escrita clássica que é totalmente estranho para o leitor moderno. Não é de admirar que ele seja hoje desprezado ou ignorado. Um antigo crítico anônimo, que deve ter sido um homem de discernimento invulgar, chamou-o de "cheio de pudor". Os leitores modernos que têm a sorte de ter uma preferência natural por Jane Austen em vez de Dostoiévski, têm acesso mais fácil a Xenofonte do que outros podem ter; para compreender Xenofonte eles têm apenas de combinar o amor à filosofia com a sua preferência natural. Nas palavras de Xenofonte, "é tanto nobre como justo, e piedoso e mais agradável lembrar as coisas boas em vez das más". No *Hiero,* Xenofonte experimentou o prazer que advém de recordar as coisas más, um prazer que, admissivelmente, é de uma moralidade e piedade duvidosas.

Para alguém que esteja tentando formar o seu gosto ou a sua mente no estudo de Xenofonte, é quase chocante ser subitamente confrontado pela franqueza mais que maquiavélica com a qual Kojève fala de coisas tão terríveis como o ateísmo e a tirania, tomando-as como óbvias. Pelo menos numa ocasião ele chega ao ponto de chamar "impopulares" certas medidas que o próprio tirano Hiero declarou serem criminosas. Ele não hesita em proclamar que os ditadores de hoje são tiranos sem considerar nem um pouco que isso seja uma objeção ao seu governo. Quanto à reverência pela legitimidade, ele não tem nenhuma. Mas o choque nascente é absorvido pela percepção, ou antes, pelo conhecimento de longa data, de que Kojève pertence aos poucos que sabem pensar e que amam pensar. Ele não está no número dos muitos que hoje são ateus descarados e aduladores mais que bizantinos dos tiranos pela mesma razão pela qual eles teriam sido viciados nas superstições mais grosseiras, religiosas e legais, se tivessem vivido numa época anterior. Numa palavra, Kojève é um filósofo, e não um intelectual.

Visto que é um filósofo, ele sabe que um filósofo é, por princípio, mais capaz de governar do que outros homens e, consequentemente, será considerado por um tirano como Hiero um competidor muito perigoso do governo tirânico. Não lhe ocorreria por um átimo que fosse comparar a relação entre Hiero e Simônides com a relação, digamos, entre Stefan George ou Thomas Mann e Hitler. Pois, para não falar de considerações demasiado óbvias para serem mencionadas, ele não poderia negligenciar o fato de que a *hipótese* do *Hiero* exigia um tirano que pudesse ser ensinado. Em particular, ele sabe sem ter que ser lembrado da *Carta VII* que a diferença entre um filósofo que é um súdito de um tirano e um filósofo que meramente visita o tirano é irrelevante no que diz respeito ao medo que os tiranos têm dos filósofos. O seu entendimento não lhe permite ficar satisfeito com a separação vulgar entre teoria e prática. Ele sabe demasiado bem que nunca houve e nunca haverá uma segurança razoável para a prática sensata exceto depois de se ter superado os poderosos obstáculos para a prática sensata que se originam em enganos teóricos de certo tipo. Finalmente, ele põe de lado num desprezo soberano a tese implícita do pensamento corrente, i.e., apressado ou desatento, de ter resolvido os problemas que são levantados pelos clássicos – uma tese que é apenas implícita porque o pensamento corrente não está ciente da existência desses problemas.

Apesar de admitir e até sublinhar a absoluta superioridade do pensamento clássico face ao pensamento corrente, Kojève rejeita a solução clássica dos problemas básicos. Ele considera o progresso tecnológico ilimitado e o esclarecimento universal como algo essencial para a satisfação genuína daquilo que é humano no homem. Nega que a ciência social do presente seja o resultado inevitável da filosofia moderna. Segundo ele, a ciência social do presente é meramente o produto inevitável de uma decadência inevitável daquela filosofia moderna que se recusou a aprender a lição decisiva de Hegel. Ele considera o ensinamento de Hegel a síntese genuína das políticas socrática e maquiavélica (ou hobbesiana), que, enquanto tal, é superior aos seus elementos componentes. De fato, ele considera o ensinamento de Hegel, por princípio, o ensinamento final.

Kojève dirige a sua crítica, em primeiro lugar, contra a noção clássica de tirania. Xenofonte revela uma parte importante dessa noção ao fazer Hiero responder com o silêncio à descrição de Simônides do bom tirano. Como Kojève corretamente julga, o silêncio de Hiero significa que ele não tentará pôr em prática as propostas de Simônides. Kojève sugere, pelo menos provisoriamente, que isso acontece por culpa de Simônides, que não disse a Hiero qual é o primeiro passo que o tirano deve dar para transformar uma má tirania numa boa tirania. Mas não caberia a Hiero perguntar a Simônides qual seria o primeiro passo se desejasse seriamente tornar-se um bom tirano? Como Kojève sabe que Simônides não estava à espera, em vão, por essa mesma questão? Ou talvez Simônides já a tenha respondido de forma implícita. Contudo, essa defesa de Simônides é insuficiente. A questão volta, pois, como Kojève volta a observar corretamente, a tentativa de realizar a visão de Simônides da boa tirania é confrontada com uma dificuldade quase intransponível. A única questão que Hiero levanta enquanto Simônides discute o aperfeiçoamento da tirania é sobre os mercenários, a tirania imperfeita de Hiero se assenta no apoio dos seus mercenários. O aperfeiçoamento da tirania requererá uma mudança de poder, dos mercenários para os cidadãos. Ao tentar efetuar tal mudança, o tirano antagonizaria os mercenários sem ter de todo certeza de que conseguiria reconquistar a confiança dos cidadãos por meio dessa concessão ou de alguma outra concessão. Ele acabaria por ficar sentado entre duas cadeiras. Simônides parece desconsiderar esse estado de coisas, revelando, assim, uma fraca compreensão da situação ou uma falta de sabedoria. Para salvar a reputação de Simônides, parece que somos forçados a sugerir que o próprio poeta não acredita na viabilidade da sua tirania aperfeiçoada, que considerava a boa tirania uma utopia, ou que rejeitava a tirania como um regime irremediavelmente mau. Mas, continua Kojève, será que essa sugestão não implica que a tentativa de Simônides para educar Hiero é fútil? Um homem sábio não se lança em coisas fúteis.

Poder-se-á dizer que essa crítica é baseada numa apreciação insuficiente do valor das utopias. A utopia no sentido estrito descreve a ordem social simplesmente boa. Enquanto tal, torna meramente explícito aquilo que está implícito em qualquer tentativa de aperfeiçoamento social. Não há qualquer dificuldade em alargar o significado estrito da utopia de forma a que se possa falar da utopia da melhor tirania. Como enfatiza Kojève, em certas condições a abolição da tirania pode estar fora de questão. O melhor que podemos esperar é que a tirania seja melhorada, i.e., que o governo tirânico seja exercitado o menos desumana ou irracionalmente possível. Qualquer reforma específica ou aperfeiçoamento em que um homem sensível possa pensar, se reduzido ao seu princípio, forma uma parte do quadro completo do máximo aperfeiçoamento que ainda é compatível com a existência contínua da tirania, sendo entendido que o máximo aperfeiçoamento apenas é possível nas condições mais favoráveis. O máximo aperfeiçoamento da tirania exigiria, sobretudo, a mudança de poder dos mercenários para os cidadãos. Tal mudança não é absolutamente impossível, mas sua atualização é segura apenas em circunstâncias que o homem não possa criar, ou que nenhum homem sensato fosse criar (por exemplo, um perigo extremo que ameace igualmente os mercenários e os cidadãos, como o perigo de Siracusa ser conquistada e todos os seus habitantes serem postos à espada pelos bárbaros). Um homem sensato como Simônides pensaria ser merecedor de apreço da parte dos seus semelhantes se conseguisse induzir o tirano a agir humana ou racionalmente dentro de uma pequena área, ou porventura até num único instante, onde, sem o seu conselho, o tirano teria continuado uma prática desumana ou irracional. Xenofonte indica um exemplo: Hiero participar dos jogos Olímpicos ou Píticos. Se Hiero seguisse o conselho de Simônides para abandonar a sua prática, aperfeiçoaria a sua relação com os seus súditos e com o mundo em geral, beneficiando-os indiretamente. Xenofonte deixa que a inteligência do seu leitor substitua esse exemplo particular por outro que o leitor, com base na sua experiência particular, possa considerar mais apto. A lição geral consiste no fato de o sábio, que acontece ter uma oportunidade de influenciar um tirano, dever usar a sua influência para beneficiar os seus compatriotas ou semelhantes. Podemos dizer que a lição é trivial. Seria mais rigoroso dizer que era trivial em épocas passadas, pois, hoje, pequenas ações como a de Simônides não são levadas a sério porque temos o hábito de esperar coisas demais. O que não é trivial é o que aprendemos de Xenofonte acerca de como o sábio tem de proceder no seu empreendimento que é cercado de grandes dificuldades e até perigos.

Kojève nega a nossa afirmação de que a boa tirania é uma utopia. Para consubstanciar essa negação, ele menciona um exemplo por nome: o governo de Salazar. Nunca estive em Portugal, mas de tudo o que ouvi desse país estou inclinado a acreditar que Kojève está certo, exceto que não estou bastante seguro se o governo de Salazar deve ser chamado "pós-constitucional" em vez de tirânico. Porém uma andorinha não faz verão, e nós nunca negamos que a boa tirania é possível em condições muito favoráveis. Mas Kojève sustenta que Salazar não é uma exceção. Ele pensa que as circunstâncias favoráveis à boa tirania estão hoje facilmente disponíveis. Ele sustenta que todos os tiranos de hoje são bons tiranos no sentido de Xenofonte. Nesse sentido, ele alude a Stálin. Em particular, observa que a tirania aperfeiçoada de acordo com as sugestões de Simônides é caracterizada por uma emulação de tipo stakhanovista. Mas o governo de Stálin só estaria no nível dos padrões de Simônides se a introdução da emulação stakhanovista fosse acompanhada por um declínio considerável no uso da NKVD e dos campos de "trabalho". Será que Kojève iria ao ponto de dizer que Stálin poderia viajar para onde quisesse fora da Cortina de Ferro para apreciar as vistas sem ter nada a temer? (*Hiero* 11.10 e 1.12). Será que Kojève iria ao ponto de dizer que todos os que vivem atrás da Cortina de Ferro são aliados de Stálin, ou que Stálin considera todos os cidadãos da União Soviética e os "povos" das outras "democracias" seus camaradas? (*Hiero* 11.11 e 11.14).

Seja como for, Kojève sustenta que a tirania do presente e porventura até a tirania clássica não podem ser compreendidas à luz dos princípios de Xenofonte, e que a matriz clássica tem de ser radicalmente modificada pela introdução de um elemento de origem bíblica. Ele argumenta da seguinte forma: Simônides mantém que a honra é o objetivo supremo ou singular do tirano, em particular, e do tipo mais elevado de ser humano (o Senhor), no geral. Isso mostra que o poeta enxerga apenas metade da verdade. A outra metade está inscrita na moralidade bíblica dos Escravos ou Trabalhadores. As ações dos homens e, por conseguinte, as ações dos tiranos, podem ser, e frequentemente são, motivadas por um desejo pelo prazer que decorre da execução bem-sucedida do seu trabalho, dos seus projetos ou dos seus ideais. Não há nada como a devoção ao nosso trabalho, ou a uma causa, um trabalho "consciente", no qual nenhum pensamento de honra ou glória se faça incluir. Mas esse fato não nos deve induzir a minimizar de forma hipócrita a contribuição essencial do desejo de honra ou prestígio para a completude do homem. O desejo de prestígio, reconhecimento ou autoridade é o motivo primário de todas as lutas políticas e, em particular, da luta que leva o homem ao poder tirânico. É perfeitamente irrepreensível para um aspirante a político ou para um tirano potencial tentar por nenhuma outra razão que não a sua própria preferência expulsar o governante ou os governantes atuais embora ele saiba que não está de modo algum mais bem equipado para o trabalho do que eles. Não há nenhuma razão para encontrar defeitos em tal curso de ação, porque o desejo de reconhecimento se transforma, em todos os casos de pouca monta, em devoção ao trabalho a ser feito ou a uma causa. A síntese da moralidade dos Senhores com a moralidade dos Escravos é superior aos seus elementos constitutivos.

Simônides está longe de aceitar a moralidade dos Senhores ou de manter que a honra é o objetivo supremo de tipo humano mais elevado. Ao traduzir uma das passagens cruciais (a última frase de *Hiero* 7.4), Kojève omite o qualificativo *dokei* ("nenhum prazer humano *parece* aproximar-se tanto do que é divino como a alegria relativa às honras"). Nem presta atenção às implicações do fato de que Simônides declara ser o desejo de honra a paixão dominante dos *andres* (a quem Kojève chama de Senhores) por distinção aos *anthropoi* (a quem chama Escravos). Pois, segundo Xenofonte, e, portanto, de acordo com o seu Simônides, o *anēr* não é de modo algum o tipo humano mais elevado. O tipo humano mais elevado é o sábio. Um hegeliano não terá qualquer dificuldade em admitir que, dado que o sábio é distinguido do Senhor, ele terá algo importante em comum com o Escravo. Esta era certamente a visão de Xenofonte. Na afirmação do princípio do Senhor, que ele confia a Simônides, o poeta não consegue evitar admitir implicitamente a unidade da espécie humana que a sua afirmação explícita nega. E pensa-se que a unidade da espécie humana é mais facilmente vista pelo Escravo do que pelo Senhor. Não se caracteriza Sócrates adequadamente ao chamá-lo de Senhor. Xenofonte contrasta-o com Iscômaco, que é o protótipo do *kalos te kagathos anēr*. Visto que o trabalho e o conhecimento melhor para o tipo humano representado por Iscômaco é a agricultura, e que Sócrates não era um agricultor, Sócrates não era um *kalos te kagathos anēr*. Como Lícon diz explicitamente, Sócrates era um *kalos te kagathos anthropos* (*Symposium* 9.1; *Oeconomicus* 6.8, 12). Nesse contexto, pode-se notar que, na passagem do *Hiero* que trata dos cavalheiros que vivem sob o governo de um tirano (10.3), Simônides omite de forma característica os *andres*: *kaloí te kagathoi andres* não poderiam viver de forma feliz sob o governo de um tirano, por melhor que ele fosse (compare-se *Hiero* 9.6 e 5.1-2). Xenofonte indica qual é a sua visão muito sucintamente ao não mencionar a virilidade nas suas duas listas das virtudes de Sócrates. Ele enxerga na atividade militar de Sócrates um sinal não da sua virilidade, mas da sua justiça (*Memorabilia* IV 4.1).

Posto que Xenofonte ou o seu Simônides não acreditavam que a honra é o bem mais elevado, ou posto que ambos não aceitavam a moralidade dos Senhores, não há nenhuma necessidade aparente de suplementar o seu ensinamento com um elemento retirado da moralidade dos Escravos ou Trabalhadores. Segundo os clássicos, o bem mais elevado é uma vida dedicada à sabedoria ou à virtude, sendo que a honra não é mais que uma recompensa muito aprazível, mas secundária e dispensável. Aquilo que Kojève chama de o prazer que é retirado de fazer bem nosso trabalho ou de realizar os nossos projetos ou ideais era chamado pelos clássicos de prazer que é retirado da atividade nobre ou que tem virtude. A interpretação clássica parece ser mais conforme aos fatos. Kojève refere-se ao prazer que uma criança solitária ou um pintor solitário pode extrair da boa execução dos seus projetos. Mas podemos facilmente imaginar um arrombador de cofres solitário a extrair prazer da boa execução do seu projeto e sem pensar em quaisquer das recompensas externas (riqueza ou a admiração da sua competência) que colhe. Há artistas em todas as esferas da vida. Com efeito, faz diferença saber que tipo de "trabalho" é fonte de prazer desinteressado: se ele é criminoso ou inocente, se é mera brincadeira ou a sério, e daí por diante. Ao pensar a fundo essa observação chegamos à visão de que o tipo mais elevado de trabalho, ou o único trabalho que é verdadeiramente humano, é a atividade nobre ou que tem virtude, ou o trabalho nobre ou que tem virtude. Se estivermos inclinados para essa maneira de ver as coisas, podemos dizer que o trabalho nobre é a síntese efetuada pelos clássicos entre a moralidade da nobreza ociosa e a moralidade do trabalho ignóbil (cf. Platão, *Mênon*, 81d3 ss.).

Simônides está, por isso, justificado em dizer que o desejo de honra é o motivo supremo dos homens que aspiram ao poder tirânico. Kojève parece pensar que um homem pode aspirar ao poder tirânico principalmente porque é atraído por tarefas "objetivas" da mais alta ordem, por tarefas cuja realização requer poder tirânico, e que esse motivo transformará radicalmente o seu desejo de honra e de reconhecimento. Os clássicos negaram que isso fosse possível. Impressionava-lhes a semelhança entre o tirano de Kojève e o homem que se sente mais atraído para a arte de arrombar cofres pelos seus excitantes problemas do que pelas recompensas que ela proporciona. Não se pode se tornar um tirano e permanecer um tirano sem fazer coisas vis; consequentemente, um homem que tenha respeito próprio não aspirará ao poder tirânico. Mas, Kojève poderá objetar, isso ainda não prova que o tirano é principal ou exclusivamente motivado por um desejo de honra ou prestígio. Ele pode ser motivado, por exemplo, por um desejo equivocado de beneficiar os seus companheiros. Essa defesa seria válida se um erro em tais matérias fosse difícil de evitar. Mas é fácil saber que a tirania é vil; todos nós aprendemos quando crianças que não podemos dar maus exemplos aos outros e que não devemos fazer coisas vis por causa do bem que daí possa advir. O tirano potencial ou atual não sabe aquilo que qualquer criança razoavelmente bem educada sabe, porque ele está cegado pela paixão. Por qual paixão? A resposta mais bondosa é a de que ele está cegado pelo desejo de honra ou prestígio.

As sínteses operam milagres. A síntese de Kojève ou de Hegel das moralidades clássica e bíblica opera o milagre de produzir uma moral tremendamente frouxa a partir de duas moralidades que fazem exigências muito severas de autodomínio. Nem a moralidade bíblica nem a clássica nos encorajam a tentar, somente por causa da nossa preferência ou glória, excluir de suas posições homens que fazem o trabalho necessário tão bem quanto nós. (Considere-se Aristóteles, *Política*, 1271a10-19.) Nem a moralidade bíblica nem a clássica encorajam todos os políticos a tentar estender a sua autoridade sobre todos os homens para alcançar reconhecimento universal. Não parece sensato que Kojève encoraje outros, com o seu discurso, a um curso de ação no qual ele próprio jamais se lançaria. Se ele não suprimir o seu melhor juízo, lhe será dado ver que não há necessidade de recorrer a um milagre para compreender o ensinamento político e moral de Hegel. Hegel continuou, e em certos aspectos radicalizou, a tradição moderna que emancipou as paixões e consequentemente a "competição". Essa tradição foi originada por Maquiavel e aperfeiçoada por homens como Hobbes e Adam Smith. Originou-se por meio de uma ruptura consciente com as rigorosas exigências morais feitas tanto pela Bíblia como pela filosofia clássica; essas exigências foram explicitamente rejeitadas por serem demasiado severas. O ensinamento moral ou político de Hegel é de fato uma síntese: uma síntese entre a política socrática e a maquiavélica ou hobbesiana. Kojève sabe tão bem quanto qualquer pessoa viva que o ensinamento fundamental de Hegel sobre o senhor e escravo se baseia na doutrina do estado de natureza de Hobbes. Se a doutrina do estado de natureza de Hobbes for abandonada *en pleine connaissance de cause* (como, aliás, deve ser abandonada), o ensinamento fundamental de Hegel perderá a evidência que aparentemente ainda guarda para Kojève. O ensinamento de Hegel é muito mais sofisticado que o de Hobbes, mas é uma construção tanto quanto o último. Ambas as doutrinas constroem a sociedade humana com base na falsa suposição de que o homem enquanto homem é pensável como um ser desprovido da consciência de que existem limites sagrados ou como um ser que não é guiado por nada a não ser o desejo de reconhecimento.

Mas é provável que Kojève fique algo impaciente com aquilo que, bem receio, possa vir a chamar de as nossas *niaiseries* vitorianas ou pre-vitorianas. Ele provavelmente manterá que toda a discussão prévia é irrelevante porque se baseia numa suposição dogmática. Supomos, com efeito, que a concepção clássica de tirania deriva de uma análise adequada dos fenômenos sociais fundamentais. Os clássicos entendiam a tirania como o oposto do melhor regime, e mantinham que o melhor regime é o governo dos melhores ou a aristocracia. Mas, argumenta Kojève, a aristocracia é o governo de uma minoria sobre a maioria dos cidadãos ou dos adultos que residem num dado território, um governo que assenta, em última análise, na força ou no terror. Não seria mais apropriado admitir que a aristocracia é uma forma de tirania? Entretanto, Kojève pensa aparentemente que a força ou o terror são indispensáveis em todo regime, ao passo que não pensa que nem todos os regimes são igualmente bons ou maus e, por conseguinte, igualmente tirânicos. Se o entendi corretamente, ele fica satisfeito com que "o Estado universal e homogêneo" seja simplesmente a melhor ordem social. A menos que fiquemos emaranhados numa dificuldade meramente verbal, enunciarei a sua visão da seguinte forma: o Estado universal e homogêneo é o único essencialmente justo; a aristocracia dos clássicos, em particular, é essencialmente injusta.

Para ver a visão clássica sob a luz adequada, façamos a suposição de que o sábio não deseja governar. É muito improvável que os não sábios forcem o sábio a governá-los. Pois os sábios não conseguem governar como sábios se não tiverem poder absoluto ou se de algum modo tiverem de responder aos não sábios. Nenhuma turbulência em que os não sábios poderiam se encontrar poderia ser suficientemente grande para induzi-los a confiar o controle absoluto aos sábios, cuja primeira medida provavelmente seria expulsar da cidade todos aqueles que têm mais de dez anos de idade (Platão, *República* 540d-541a). Por conseguinte, aquilo que se pretendia que fosse o governo absoluto dos sábios será na verdade o governo absoluto dos não sábios. Mas, se esse é o caso, o Estado universal parece ser impossível. Pois o Estado universal requer um consenso universal no que diz respeito àquilo que é fundamental, e tal consenso é possível apenas com base num conhecimento genuíno ou na sabedoria. A concórdia baseada na opinião nunca pode se tornar um consenso universal. Toda a fé que reivindica universalidade, i.e., ser universalmente aceita, por necessidade provoca uma contrafé que faz a mesma reivindicação. A difusão entre os não sábios do conhecimento genuíno que foi adquirido pelos sábios não ajuda, pois através da sua difusão ou diluição o conhecimento transforma-se inevitavelmente em opinião, preconceito ou mera crença. O máximo que podemos esperar na direção da universalidade é, então, um governo absoluto dos homens não sábios que controlam cerca de metade do globo, sendo que a outra metade é governada por outros homens não sábios. Não é óbvio que a extinção de todos os Estados independentes à exceção de dois seja uma benção. Mas é óbvio que o governo absoluto dos não sábios é menos desejável do que o seu governo limitado: os não sábios devem governar sob a lei. Adicionalmente, é mais provável que numa situação favorável a uma mudança radical o corpo de cidadãos siga pelo menos uma vez o conselho do sábio ou de um patrono fundador ao adotar um código de leis por ele elaborado do que alguma vez se submetam ao governo absoluto e perpétuo de uma sucessão de sábios. Porém as leis devem ser aplicadas ou precisam de interpretação. A plena autoridade da lei deve, por isso, ser dada a homens que, graças à boa educação, são capazes de "completar" as leis (*Memorabilia* IV 6.12) ou de interpretá-las de forma equitativa. A autoridade "constitucional" deve ser dada a homens equitativos (*epieikeis*), i.e., a cavalheiros – de preferência patrícios urbanos que derivam o seu rendimento do cultivo de propriedades rurais. É verdade que é pelo menos parcialmente uma questão acidental – de nascimento – um dado indivíduo pertencer ou não à classe dos cavalheiros e com isso ter oportunidade de ser educado da forma apropriada. Mas na ausência do governo absoluto dos sábios, por um lado, e, por outro, de um grau de abundância que é possível apenas na base do progresso tecnológico ilimitado, com todos os seus riscos, a alternativa aparentemente justa à aristocracia aberta ou disfarçada será uma permanente revolução, i.e., um caos permanente no qual a vida será não só pobre e curta, mas também embrutecida.[1] Não será difícil mostrar que o argumento clássico não pode ser facilmente descartado, ao contrário do que agora geralmente se pensa, e que a democracia liberal ou constitucional se aproxima mais daquilo que os clássicos exigiam do que qualquer alternativa que seja hoje viável. Em última análise, no entanto, o argumento clássico deriva a sua força da suposição de que os sábios não desejam governar.

    Ao discutir a questão fundamental no que concerne à relação da sabedoria com o governo ou a tirania, Kojève parte da observação de que pelo menos até agora não houve sábios mas no melhor dos casos homens que se esforçaram por alcançar a sabedoria, i.e., filósofos. Visto que o filósofo é o homem que dedica a sua vida à busca da sabedoria, ele não tem tempo para qualquer tipo de atividade política: não é possível que o filósofo deseje governar. A sua única exigência aos homens políticos é a de que o deixem em paz. Ele justifica a sua exigência ao declarar honestamente que a sua atividade é puramente teórica e não interfere de modo algum com os negócios dos homens políticos. Esta simples solução apresenta-se à primeira vista como a estrita consequência da definição de filósofo. Contudo, uma breve reflexão mostra desde logo que ela padece de uma fraqueza fatal. O filósofo não pode levar uma vida absolutamente solitária porque a "certeza subjetiva" legítima e a "certeza subjetiva" do lunático não são distinguíveis entre si. A certeza genuína deve ser "intersubjetiva". Os clássicos estavam perfeitamente cientes da fraqueza essencial da mente do indivíduo. Por conseguinte, o seu ensinamento sobre a vida filosófica é um ensinamento acerca da amizade: o filósofo enquanto filósofo precisa de amigos. Para ajudar o filósofo no seu ato de filosofar, os amigos devem ser homens competentes: eles próprios devem ser filósofos atuais ou potenciais, i.e., membros da "elite" natural. A amizade pressupõe uma dose consciente de consenso. As coisas em função das quais os amigos filosóficos concordam devem então ser opiniões ou preconceitos. Mas há necessariamente uma variedade de opiniões ou preconceitos. Por conseguinte, haverá uma variedade de grupos de amigos filosóficos: a filosofia, à diferença da sabedoria, aparece necessariamente sob a forma de escolas filosóficas ou de seitas. A amizade, na forma que os clássicos a entenderam, não oferece então nenhuma solução para o problema da "certeza subjetiva". A amizade é um laço que leva ao, ou consiste no, cultivo e

---

[1] Referência à descrição hobbesiana da vida dos homens no estado de natureza.

perpetuação de preconceitos comuns através de um pequeno grupo unido de espíritos com uma natureza semelhante. Ela é, portanto, incompatível com a ideia de filosofia. O filósofo deve deixar o fechado e encantador círculo dos "iniciados" se pretende continuar a ser um filósofo. Ele deve ir ao mercado; o conflito com os homens políticos não pode ser evitado. E esse conflito por si mesmo, para não dizer nada da sua causa ou efeitos, é uma ação política.

Toda a história da filosofia testemunha que o perigo eloquentemente descrito por Kojève é inevitável. Ele está igualmente certo em dizer que esse perigo não pode ser evitado abandonando-se a seita em favor daquilo que ele considera ser o seu substituto moderno, a República das Letras. De fato, a República das Letras não tem a estreiteza da seita: ela abarca homens de todas as persuasões filosóficas. Mas, precisamente por essa razão, o primeiro artigo da constituição da República das Letras estipula que nenhuma persuasão filosófica de ser levada demasiado a sério ou que todas as persuasões filosóficas devem ser tratadas com tanto respeito como as demais. A República das Letras é relativista. Ou, se tentar evitar essa armadilha, ela se tornará eclética. Uma vaga linha intermédia, que quiçá mal é tolerável para os mais tranquilos membros das diferentes persuasões no seu estado mais sonolento, é estabelecida como A Verdade ou como O Senso Comum; os conflitos substanciais e irrepreensíveis são descartados como algo meramente "semântico". Ao passo que a seita é estreita porque está apaixonadamente preocupada com as verdadeiras questões, a República das Letras é abrangente porque é indiferente face às verdadeiras questões: prefere o consenso à verdade ou à busca da verdade. Se tivermos de escolher entre a seita e a República das Letras, teremos de escolher a seita. Também não dará abandonar a seita em favor do partido ou, mais precisamente – dado que o partido que não é um partido de massas é ainda algo como a seita –, do partido de massas. Pois o partido de massas não é mais que uma seita de cauda desproporcionalmente longa. A "certeza subjetiva" dos membros da seita e, especialmente, dos irmãos mais fracos, pode ser aumentada se os princípios da seita forem repetidos por milhões de papagaios ao invés de umas poucas dúzias de seres humanos, mas isso não tem obviamente nenhum efeito na reivindicação de "verdade objetiva" para os princípios em questão. Por muito que menosprezemos o silêncio ou o murmurar esnobe da seita, menosprezamos ainda mais o barulho selvagem dos alto-falantes do partido de massas. O problema enunciado por Kojève não é então resolvido pelo abandono da distinção entre os que são capazes e têm vontade de pensar e aqueles que não são. Se tivermos de escolher entre a seita e o partido, temos de escolher a seita.

Mas temos de escolher a seita? A premissa decisiva do argumento de Kojève é a de que a filosofia "implica necessariamente 'certezas subjetivas' que não são 'verdades objetivas' ou, em outras palavras, que são preconceitos". Mas a filosofia no sentido original do termo não é nada senão o conhecimento da própria ignorância. A "certeza subjetiva" que não se conhece coincide com a "verdade objetiva" dessa certeza. Mas não se pode saber que não se sabe sem saber o que não se sabe. O que Pascal disse com intenção antifilosófica acerca da impotência tanto do dogmatismo como do ceticismo é a única justificação possível da filosofia que, enquanto tal, não é nem dogmática nem cética, e ainda menos "decisionista", mas zetética (ou cética no sentido original do termo). Enquanto tal, a filosofia nada mais é que a consciência genuína dos problemas, i.e., dos problemas fundamentais e abrangentes. É impossível pensar acerca desses problemas sem se inclinar para uma solução, para uma ou para outra das mui escassas soluções típicas. Porém, enquanto não houver sabedoria, mas apenas a busca da sabedoria, a evidência de todas as soluções é necessariamente menor do que a evidência dos problemas. Por conseguinte, o filósofo deixa de ser um filósofo no momento em que a "certeza subjetiva" de uma solução se tornar mais forte do que a sua consciência do caráter problemático da solução. Nesse momento é que nasce o sectário. O perigo de sucumbir à atração das soluções é essencial à filosofia que, sem incorrer nesse perigo, iria degenerar numa mera brincadeira com os problemas. Mas o filósofo não sucumbe necessariamente a esse perigo, como mostra-o Sócrates, que nunca pertenceu a uma seita nem nunca fundou uma. E mesmo que os amigos filosóficos sejam compelidos a ser membros de uma seita ou a fundar uma, eles não são necessariamente membros de uma e mesma seita: *Amicus Plato*.

Nesse ponto, parece que nos envolvemos numa autocontradição, pois se Sócrates é o representante *par excellence* da vida filosófica, o filósofo não pode de modo algum ficar satisfeito com um grupo de amigos filosóficos, mas tem de ir para o mercado, onde, como todos sabem, Sócrates gastava muito ou a maior parte do seu tempo. No entanto, o mesmo Sócrates sugere que não há uma diferença essencial entre a cidade e a família, e a tese de Friedrich Mentz, *Socrates nec officiosus maritus nec laudandus paterfamilias* (Leipzig, 1716), é defensável: Xenofonte chega ao ponto de não contar o marido de Xantipa no número dos homens casados (*Symposium, in fine*).

A dificuldade não pode ser discutida aqui a não ser dentro do contexto de um problema exegético limitado. Xenofonte indica, no *Hiero*, que a motivação da vida filosófica é o desejo de ser honrado ou admirado por uma pequena minoria e, em última instância, o desejo de "autoadmiração", ao passo que a motivação para a vida política é o desejo de amor, i.e., de ser amado pelos seres humanos a despeito das suas qualidades. Kojève rejeita totalmente essa visão. Ele é da opinião de que o filósofo e o governante ou tirano estão igualmente motivados pelo desejo de satisfação, i.e., de reconhecimento (honra) e em última instância de reconhecimento universal, e que nenhum dos dois é motivado por um desejo de amor. Um ser humano é amado por causa daquilo que é e não daquilo que faz. Consequentemente, o lugar do amor é dentro da família, e não nas esferas públicas da política e da filosofia. Kojève considera particularmente lamentável que Xenofonte tente estabelecer uma ligação entre o desejo "tirânico" e o desejo sexual. Opõe-se igualmente à sugestão de que, ao passo que o tirano é guiado por um desejo de reconhecimento dos outros, o filósofo estaria exclusivamente preocupado com a "autoadmiração"; o filósofo autossatisfeito não é enquanto tal distinguível do lunático autossatisfeito. O filósofo está, então, necessariamente preocupado com a aprovação ou admiração dos outros e não consegue evitar ficar agradado quando a obtém. É praticamente impossível dizer se o motivo primário do filósofo é o desejo de admiração ou o desejo dos prazeres que decorrem da compreensão. A própria distinção não tem nenhum significado prático a não ser que assumamos gratuitamente que há um Deus onisciente que exige dos homens um coração puro.

Aquilo que Xenofonte indica no *Hiero* acerca das motivações dos dois modos de vida é admitidamente incompleto. Como pode algum homem na plena posse dos seus sentidos alguma vez negligenciar o papel representado pela ambição na vida política? Como um amigo de Sócrates poderá alguma vez negligenciar o papel representado pelo amor na vida filosófica? Só o discurso de Simônides sobre a honra, para não dizer nada acerca dos outros escritos de Xenofonte, já prova de forma abundante que aquilo que Xenofonte indica no *Hiero* em relação às motivações dos dois modos de vida é deliberadamente incompleto, pois procede de uma desconsideração completa de tudo exceto daquilo a que poderemos chamar de a diferença mais fundamental entre o filósofo e o governante. Para compreender essa diferença, temos de partir do desejo que o filósofo e o governante têm em comum e com todos os outros homens. Todos os homens desejam "satisfação". Mas a satisfação não pode ser identificada com o reconhecimento e até com o reconhecimento universal. Os clássicos identificavam a satisfação com a felicidade. A diferença entre o filósofo e o homem político será então uma diferença no que diz respeito à felicidade. A paixão dominante do filósofo é o desejo de verdade, i.e., de conhecimento da ordem eterna, ou da causa eterna ou das causas do todo. À medida que procura pela ordem eterna, todas as coisas humanas e todas as preocupações humanas se lhe revelam em toda a sua claridade como insignificantes e efêmeras, e ninguém consegue encontrar uma felicidade sólida naquilo que sabe ser insignificante e efêmero. Ele tem então a mesma experiência no que diz respeito a todas as coisas humanas, ou melhor, no que diz respeito ao próprio homem, que o homem da ambição mais elevada tem no que diz respeito aos objetivos rasteiros e estreitos, ou à felicidade barata, ou da maioria dos homens. O filósofo, sendo o homem das visões mais latas, é o único que pode ser propriamente descrito como alguém que possui *megaloprepreia* (comumente traduzida por "magnificência") (Platão, *República* 486a). Ou, como Xenofonte indica, o filósofo é o único homem que é verdadeiramente ambicioso. Principalmente preocupado com os seres eternos ou com as "ideias", e, por conseguinte, também com a "ideia" de homem, ele está tão despreocupado quanto possível com seres humanos individuais e perecíveis e, consequentemente, também com a sua própria "individualidade" ou corpo, quanto com a soma total de todos os seres humanos individuais na sua procissão "histórica". Ele sabe o menos possível acerca do caminho para o mercado, para não dizer nada do próprio mercado, e quase não sabe se o seu próprio vizinho é um ser humano ou algum outro animal (Platão, *Teeteto* 173c8-d1, 174b1-6). O homem político tem de rejeitar totalmente esse modo de vida. Ele não pode tolerar essa depreciação radical do homem e de todas as coisas humanas (Platão, *Leis* 804b5-c1). E não conseguiria dedicar-se ao seu trabalho com todo o seu coração ou sem reservas se não atribuísse uma importância absoluta ao homem e às coisas humanas. Ele tem de "cuidar" dos seres humanos enquanto tais. Ele está essencialmente ligado aos seres humanos. Essa ligação está no fundo do seu desejo de governar os seres humanos, ou da sua ambição. Mas governar os seres humanos significa servi-los. Certamente uma ligação com os seres que conduza a servi-los pode muito bem ser apelidada de amor por eles. A ligação aos seres humanos não é peculiar ao governante; é própria de todos os homens enquanto homens. A diferença entre o homem político e o homem privado é que, no caso do primeiro, a ligação enerva todas as preocupações privadas; o homem político é consumido pelo desejo erótico, não por este ou por aquele ser humano, ou por uns poucos, mas por uma larga multidão, pelo *demos* (Platão, *Górgias* 481d1-5, 513d7-8; *República* 573e6-7, 574e2, 575a1-2), e, em princípio, por todos os seres humanos. Mas o desejo erótico almeja por reciprocidade: o homem político deseja ser amado por todos os seus súditos. O homem político é caracterizado pela preocupação de ser amado por todos os seres humanos independentemente das suas qualidades.

Kojève não terá dificuldade em admitir que o homem de família pode ser caracterizado pelo "amor" e o governante pela "honra". Mas se, como já vimos, o filósofo está para o governante de forma comparável a que o governante está para o homem de família, não pode haver nenhuma dificuldade em caracterizar o governante, por contraposição ao filósofo, pelo "amor", e o filósofo pela "honra". Além do mais, antes do aparecimento do Estado universal, o governante está preocupado com seus próprios súditos e cuida deles por distinção aos súditos de outros governantes, tal como a mãe está preocupada com, e cuida dos, seus próprios filhos por distinção às crianças das outras mães; e a preocupação com, e cuidar de, aquilo que é seu é aquilo que frequentemente se considera o "amor". O filósofo, por outro lado, está preocupado com aquilo que nunca se pode tornar privado ou uma propriedade exclusiva. Não podemos então aceitar a doutrina de Kojève no que diz respeito ao amor. Segundo ele, amamos alguém "por aquilo que ele é e independentemente daquilo que ele faz". Ele refere-se à mãe que ama o seu filho apesar de todas as suas falhas. Mas, para repetir, a mãe ama o filho, não porque ele é, mas porque ele é dela, ou porque ele tem a qualidade de ser dela (compare-se Platão, *República* 330c3-6).

Mas se o filósofo está radicalmente desapegado dos seres humanos enquanto seres humanos, por que ele comunica o seu conhecimento, ou as suas questões, aos outros? Por que o mesmo Sócrates, que disse que o filósofo não sabe sequer o caminho para o mercado, está quase constantemente no mercado? Por que o mesmo Sócrates, que disse que o filósofo mal sabe se o seu vizinho é um ser humano, está tão bem informado acerca de tantos detalhes triviais no que concerne aos seus vizinhos? O desapego radical do filósofo aos seres humanos tem então de ser compatível com uma ligação com os seres humanos. Embora tente transcender a humanidade (pois a sabedoria é divina), ou embora tente fazer da sua única tarefa morrer e tornar-se morto para todas as coisas humanas, o filósofo não consegue evitar viver como um ser humano que enquanto tal não pode morrer face a todas as preocupações humanas, embora a sua alma não esteja nessas preocupações. O filósofo não pode dedicar a sua vida ao seu próprio trabalho se as outras pessoas não tomarem conta das necessidades do seu corpo. A filosofia é possível apenas numa sociedade em que há "divisão do trabalho". O filósofo precisa dos serviços de outros seres humanos e tem de pagá-los com os seus próprios serviços se não quiser ser reprovado como um ladrão ou uma fraude. Mas a necessidade que o homem tem dos serviços dos outros homens funda-se no fato de que o homem é por natureza um animal social ou de que o indivíduo humano não é autossuficiente. Há por isso uma ligação natural do homem com o homem que é anterior a qualquer cálculo de benefício mútuo. Essa ligação natural entre os seres humanos é enfraquecida no caso do filósofo pela sua ligação com os seres eternos. Por outro lado, o filósofo é imune ao dissolvente mais comum e mais poderoso da ligação natural do homem pelo homem: o desejo de ter mais do que aquilo que já temos e, em particular, de ter mais do que os outros têm; pois ele tem a maior autossuficiência que é humanamente possível. Consequentemente, o filósofo não prejudicará ninguém. Embora não possa evitar estar mais apegado à sua família e à sua cidade do que a estrangeiros, ele está livre das ilusões cultivadas pelo egoísmo coletivo; a sua benevolência ou humanidade estendem-se a todos os seres humanos com quem trava contato (*Memorabilia* I 2.60-61; 6.10; IV 8.11). Dado que se apercebe plenamente dos limites estabelecidos a toda ação humana e a todo planejamento humano (pois aquilo que nasceu deve perecer novamente), ele não espera salvação ou satisfação da realização da ordem social que é simplesmente melhor. Ele não ingressará por isso na atividade revolucionária ou subversiva. Mas tentará ajudar os seus companheiros a mitigar, tanto quanto lhe for possível, os males que são inseparáveis da condição humana (Platão, *Teeteto* 176a5-b1; *Carta VII* 331c7-d5; Aristóteles, *Política* 1301a39-b2). Em particular, ele dará conselhos à sua cidade ou a outros governantes. Dado que todos os conselhos desse tipo pressupõem uma reflexão abrangente que, enquanto tal, é a tarefa do filósofo, primeiro ele tem de se tornar um filósofo político. Depois dessa preparação, ele agirá como Simônides quando falou com Hiero, ou como Sócrates quando falou com Alcibíades, Crítias, Cármides, Critóbulo, o jovem Péricles e outros.

A ligação com os seres humanos enquanto seres humanos não é peculiar ao filósofo. Enquanto filósofo, ele está ligado a um tipo particular de seres humanos, nomeadamente a filósofos atuais ou potenciais ou aos seus amigos. A sua ligação com os seus amigos é mais profunda do que a sua ligação com os outros seres humanos, até com os mais próximos e mais queridos, como mostra Platão com uma clareza quase chocante no *Fédon*. A ligação dos filósofos com os seus amigos baseia-se, em primeiro lugar, na necessidade que emerge da deficiência da "certeza subjetiva". Porém, vemos Sócrates frequentemente em conversas em que ele não pode ser beneficiado de modo algum. Tentaremos explicar o que isso significa de uma maneira popular e, por conseguinte, heterodoxa. A tentativa do filósofo de intuir a ordem eterna é necessariamente uma ascensão a partir das coisas perecíveis que, enquanto tais, refletem a ordem eterna. De todas as coisas perecíveis conhecidas, aquelas que mais refletem essa ordem, ou que se assemelham mais a essa ordem, são as almas dos homens. Mas as almas dos homens refletem a ordem eterna em diferentes graus. A alma que é ordenada ou saudável reflete-a num grau maior do que a alma que é caótica ou doente. O filósofo que enquanto tal teve um vislumbre da ordem eterna é, por isso, particularmente sensível à diferença entre as almas humanas. Em primeiro lugar, apenas ele sabe o que é uma alma saudável ou ordenada. E, em segundo lugar, precisamente porque teve um vislumbre da ordem eterna, ele não consegue evitar ficar intensamente desagradado com o aspecto de uma alma doente ou caótica, desconsiderando as suas necessidades ou benefícios. Consequentemente, ele não consegue evitar apegar-se a homens de almas ordenadas: deseja "estar junto" de tais homens todo o tempo. Ele admira esses homens não por causa de quaisquer serviços que eles possam lhe prestar, mas simplesmente porque eles são quem são. Por outro lado, não consegue evitar repelir almas desordenadas. Evita homens de almas desordenadas tanto quanto consegue, tentando, é claro, não ofendê-los. Por último, ele é muito sensível à promessa de uma ordem doente ou sã, de felicidade e de miséria, presente nas almas dos jovens. Consequentemente, não consegue evitar desejar, sem qualquer consideração pelas suas necessidades ou seus benefícios, que aqueles jovens cujas almas estão por natureza aptas para isso ordenem as suas almas. Mas a ordem da alma é o ato de filosofar. Por conseguinte, o filósofo tem a urgência de educar filósofos potenciais simplesmente porque não consegue evitar amar almas bem-ordenadas.

Mas não substituímos sub-repticiamente o sábio pelo filósofo? Será que o filósofo de quem falamos não possui o conhecimento de muitas das coisas mais importantes? A filosofia, sendo o conhecimento da nossa ignorância no que diz respeito às coisas mais importantes, é impossível sem algum conhecimento acerca das coisas mais importantes. Ao nos apercebermos de que somos ignorantes no que diz respeito às coisas mais importantes, nos damos conta de que as coisas mais importantes para nós, ou aquilo que é mais do que necessário, é a busca de conhecimento das coisas mais importantes, ou a filosofia. Em outras palavras, apercebemo-nos de que apenas ao filosofar é que a alma do homem se torna ordenada. Sabemos quão feia ou deformada é a alma de um fanfarrão; mas todos os que pensam que sabem, embora na verdade não saibam, são fanfarrões. Ainda assim, observações desse tipo não provam a suposição, por exemplo, de que a alma ordenada assemelha-se mais à ordem eterna, ou à causa eterna ou às causas do todo, do que a alma caótica. E não temos de fazer essa suposição para ser um filósofo, como é ilustrado por Demócrito e outros pré-socráticos, para nada dizer dos modernos. Se não fizermos a suposição mencionada, seremos forçados, ao que parece, a explicar o desejo do filósofo de comunicar os seus pensamentos pela sua necessidade de remediar as deficiências da "certeza subjetiva" ou pelo seu desejo de reconhecimento ou pela sua bondade humana. Devemos deixar em aberto a questão de saber se conseguiremos assim explicar, sem sermos forçados a usar uma hipótese *ad hoc*, o prazer imediato que o filósofo tem quando vê uma alma ordenada ou o prazer imediato que experimentamos quando observamos sinais de nobreza humana.

Podemos ter explicado por que o filósofo é impelido, não apesar, mas por causa do seu desapego radical aos seres humanos enquanto tais para educar os seres humanos de certo tipo. Mas exatamente o mesmo não pode ser dito do tirano ou do governante? Será que um governante não pode também ser penetrado pelo sentido de futilidade última de todas as causas humanas? É inegável que o desapego aos seres humanos, ou aquilo que é popularmente conhecido como a atitude filosófica perante todas as coisas que estão expostas aos poderes do acaso, não é exclusivo aos filósofos. Mas um desapego das preocupações humanas que não seja constantemente nutrido por um apego genuíno às coisas eternas, i.e., pelo ato de filosofar, está destinado a murchar ou degenerar numa estreiteza sem vida. O governante também tenta educar os seres humanos e também é animado por algum tipo de amor. Xenofonte indica essa visão do amor do governante na *Educação de Ciro*, que é, pelo menos à primeira vista, a sua descrição do maior dos governantes. O Ciro de Xenofonte é uma natureza fria ou aerótica. Quer dizer, o governante não é motivado pelo *eros* socrático ou verdadeiro porque não sabe o que é uma alma ordenada. Um governante conhece a virtude política, e nada o impede de ser atraído por ela; mas a virtude política, a virtude do não filósofo, é uma coisa mutilada; portanto, não consegue extrair dela mais que uma sombra ou imitação do verdadeiro amor. O governante é de fato dominado por um amor baseado na necessidade, no significado comum de necessidade, ou por um amor mercenário; pois "todos os homens acreditam por natureza que amam aquelas coisas pelas quais acreditam ser beneficiados" (*Oeconomicus* 20.29). Na linguagem de Kojève, o governante está preocupado com os seres humanos porque está preocupado em ser reconhecido por eles. Isso explica incidentalmente a razão de as indicações do *Hiero* acerca do amor serem tão notavelmente incompletas; o propósito da obra exigiu a desconsideração do amor não mercenário assim como exigiu que a sabedoria fosse mantida na sua ambiguidade ordinária.

Assim, não podemos concordar com a afirmação de Kojève de que a tendência educativa do governante tem o mesmo caráter ou escopo que a do filósofo. O governante é essencialmente o governante de todos os seus súditos; o seu esforço educativo deve por isso ser dirigido a todos os seus súditos. Se todo o esforço educativo for um tipo de conversa, o governante será forçado pela sua posição a conversar com cada súdito. Sócrates, porém, não é compelido a conversar com ninguém exceto com aqueles com quem gosta de conversar. Se o governante estiver preocupado com o reconhecimento universal, ele deve estar preocupado em alargar universalmente a classe daqueles que podem ajuizar de forma competente os seus méritos. Mas Kojève parece não acreditar que todos os homens sejam capazes de se tornar juízes competentes nas matérias políticas. Ele limita-se a defender a tese de que o número de homens de competência filosófica não é menor que o número de homens de competência política. Porém, ao contrário do que parece dizer no texto do seu ensaio por distinção à sua nota número cinco, muito mais homens são capazes de julgar de forma competente a grandeza de um governante do que a grandeza de um filósofo. Esse é o caso não apenas por ser necessário um esforço intelectual muito maior para julgar de forma competente uma proeza filosófica do que para julgar de forma competente uma proeza política. Ao contrário, é verdade porque a filosofia requer a libertação dos sortilégios naturais mais potentes cujo poder não diminuído não impede de modo algum o sortilégio que consiste no apego sem adjetivação aos seres humanos enquanto tais. Se o filósofo se dirigir, portanto, a uma pequena minoria, ele não está agindo em função de um juízo prévio. Ele está seguindo a experiência constante de todos os tempos e países e, sem dúvida, a própria experiência de Kojève. Pois tente-se quanto se quiser expulsar a natureza pela porta; ela sempre voltará pela janela. Certamente que o filósofo não será compelido, seja pela necessidade de remediar a deficiência da "certeza subjetiva" seja pela ambição, a lutar pelo reconhecimento universal. Os seus amigos bastam para remediar essa deficiência, e nenhuma limitação dos seus amigos pode ser remediada pelo recurso a pessoas extremamente incompetentes. E quanto à ambição, enquanto filósofo ele está livre dela.

Segundo Kojève, faz-se uma suposição gratuita quando se diz que o filósofo enquanto tal está livre de ambição ou de desejo de reconhecimento. O filósofo, porém, não está preocupado com mais nada a não ser a busca de sabedoria e com a ignição ou o cultivo do amor pela sabedoria naqueles que por natureza são capazes dele. Não temos de vigiar o coração de ninguém para saber que, na medida em que o filósofo, em razão da fraqueza da carne, se preocupa em ser reconhecido pelos outros, ele deixa de ser um filósofo. De acordo com a visão estrita dos clássicos, ele transforma-se num sofista. A preocupação em ser reconhecido pelos outros é perfeitamente compatível com – e de fato requerida pela – a preocupação essencial do governante que governa sobre outros. Mas a preocupação em ser reconhecido pelos outros não tem nenhuma ligação necessária com a busca da ordem eterna. Por conseguinte, a preocupação com o reconhecimento se afasta necessariamente da singularidade de propósito que é característica do filósofo. Ela embaça a sua visão. Esse fato não está em desacordo com o outro fato de que a grande ambição é frequentemente um sinal através do qual se pode reconhecer o filósofo potencial. Mas, na medida em que a grande ambição não for transformada numa plena dedicação à busca de sabedoria, e aos prazeres que acompanham essa busca, ele não se transformará realmente num filósofo. Um dos prazeres que acompanha a busca da verdade advém da percepção do progresso nessa busca. Xenofonte chega ao ponto de falar da autoadmiração do filósofo. Essa autoadmiração ou autossatisfação não tem de ser confirmada pela admiração dos outros para ser razoável. Se o filósofo, tentando remediar a deficiência da "certeza subjetiva", entra numa conversa com outros e observa vez após vez que os seus interlocutores, como eles mesmos são forçados a admitir, envolvem-se em contradições ou são incapazes de dar qualquer explicação para as suas questionáveis contendas, ele estará razoavelmente confirmado na sua autoestima sem encontrar necessariamente uma única alma que o admire (considere-se Platão, *Apologia de Sócrates,* 21d1-3). A autoadmiração do filósofo é, nesse aspecto, semelhante à "boa consciência" que, enquanto tal, não requer a confirmação dos outros.

A busca da sabedoria é inseparável de prazeres específicos assim como a busca desses prazeres é inseparável da busca da sabedoria. Desse modo, parece possível compreender a busca da sabedoria em termos de uma busca de prazer. Que isso é de fato possível é afirmado por todos os hedonistas. No *Hiero*, Xenofonte (ou o seu Simônides) é forçado a argumentar com base na tese hedonista. Por conseguinte, o argumento do *Hiero* implica a questão de saber se a vida filosófica pode ser entendida em termos hedonistas. Implica a resposta de que ela não pode ser assim entendida porque a categoria dos vários tipos de prazeres depende, em ultima instância, da categoria das atividades com que os prazeres se relacionam. Nem a quantidade nem a pureza dos prazeres determinam, em último recurso, a categoria das atividades humanas. A questão de saber se as atividades ou o prazer são primários não tem nada a ver com a questão de saber se alguém que se dedica a uma atividade é levado a fazê-lo primariamente pelo valor intrínseco da atividade ou pelo prazer que espera obter como consequência da atividade. Kojève pode estar perfeitamente certo ao dizer que a última questão não permite uma resposta responsável e que ela não é importante do ponto de vista da filosofia. Mas a consideração é irrelevante para o argumento de Xenofonte, que está exclusivamente preocupado com a primeira questão.

Embora tenha de discordar com uma parte considerável do raciocínio de Kojève, concordo com a sua conclusão de que o filósofo tem de ir ao mercado ou, em outras palavras, que o conflito entre o filósofo e a cidade é inevitável. O filósofo tem de ir ao mercado para recrutar filósofos potenciais. A sua tentativa de converter homens jovens à vida filosófica será necessariamente considerada pela cidade como uma tentativa de corromper a juventude. O filósofo é por isso forçado a defender a causa da filosofia. Ele tem de agir sobre a cidade ou sobre o governante. Até esse ponto Kojève está perfeitamente de acordo com os clássicos. Mas será que a consequência final significa – como ele sustenta – que o filósofo tem de desejar determinar ou codeterminar a política da cidade e dos governantes? Terá o filósofo de desejar "participar, de uma forma ou de outra, na direção total dos assuntos públicos, de forma que o Estado seja organizado e governado para que a pedagogia filosófica do filósofo seja possível e eficiente?". Ou temos de conceber a política filosófica, i.e., a ação do filósofo em nome da filosofia, em termos inteiramente diferentes?

Ao contrário do que Kojève aparentemente insinua, parece-nos que não há uma ligação necessária entre a política filosófica indispensável do filósofo e os esforços que ele pode ou não fazer para contribuir para a realização do melhor regime. Pois a filosofia e a educação filosófica são possíveis em todos os tipos de regimes mais ou menos imperfeitos. Podemos ilustrar isso por meio de um exemplo retirado do livro VIII da *República* de Platão. Platão defende aí que o regime espartano é superior ao ateniense, embora saiba que o ateniense é mais favorável que o espartano à possibilidade e sobrevivência da educação filosófica (considere-se 557c6 e d4). É verdade que foi em Atenas que Sócrates foi compelido a beber a cicuta. Mas foi-lhe permitido viver e dedicar-se à educação filosófica até os seus setenta anos de idade: em Esparta ele teria sido exposto quando criança. Platão não poderia ter-se decidido a favor, ainda que provisoriamente, do regime espartano, se a preocupação do filósofo com uma ordem política boa fosse absolutamente inseparável da preocupação que guia a sua política filosófica. Em que consiste então a sua política filosófica? Em assegurar à cidade que os filósofos não são ateus, que eles não profanam tudo o que é sagrado para a cidade, que eles têm reverência por aquilo que a cidade reverencia, que não são subversivos, em suma, que não são aventureiros irresponsáveis, mas cidadãos bons e até os melhores cidadãos. Essa é a defesa da filosofia exigida sempre e em toda parte, seja em que regime for. Pois, como disse o filósofo Montesquieu, "*dans tous les pays du monde, on veut de la morale*" e "*les hommes, fripons en détail, sont en gros de très honnêtes gens; ils aiment la morale*". Essa defesa da filosofia perante o tribunal da cidade foi alcançada por Platão com um sucesso retumbante (Plutarco, *Nícias*, capítulo 23). Os seus efeitos duraram até o presente ao longo de todas as idades, exceto as mais obscuras. O que Platão fez na cidade grega e por ela foi feito em Roma e por Roma por Cícero, cuja ação política em favor da filosofia não tem nada em comum com a sua ação contra Catilina e a favor de Pompeu, por exemplo. Foi feito no e pelo mundo islâmico por Farabi e no e pelo judaísmo por Maimônides. Ao contrário do que Kojève parece sugerir, a ação política dos filósofos em nome da filosofia alcançou pleno sucesso. Às vezes se chega a pensar se não foi até bem sucedida demais.

Kojève, como disse, não distingue entre a política filosófica e aquela ação política que os filósofos podem empreender em vista de realizar o melhor regime ou de aperfeiçoar a ordem atual. Ele chega, assim, à conclusão de que, por um lado, o filósofo não deseja governar e, por outro, que ele deve desejar governar e que essa contradição envolve um conflito trágico. Os clássicos não consideravam o conflito entre o filósofo e a cidade como trágico. Em todo caso, Xenofonte parece ter visto esse conflito à luz da relação de Sócrates com Xantipa. Ao menos nesse ponto parece haver algo como uma sintonia entre Xenofonte e Pascal. Para os clássicos, o conflito entre a filosofia e a cidade é tão pouco trágico quanto a morte de Sócrates. O argumento de Kojève continua da seguinte forma: dado que o filósofo não deseja governar porque não tem tempo para governar, mas, por outro lado, é forçado a governar, ele tem de ficar satisfeito com uma solução de compromisso; em dedicar um pouco de tempo a dar conselhos aos tiranos ou governantes. Ao ler as crônicas, temos a impressão de que essa ação dos filósofos foi totalmente ineficaz – tão ineficaz quanto a ação de Simônides que consistiu na sua conversa com Hiero. Essa conclusão não nos permite, porém, inferir que o filósofo deve abster-se de se meter em política, pois as razões fortes para que se meta nela retêm toda a sua força. O problema do que o filósofo deve fazer no que concerne à cidade permanece, portanto, uma questão em aberto, tema de uma discussão infindável. Mas o problema que não pode ser resolvido pela dialética da discussão pode muito bem ser resolvido pela dialética mais alta da História. O estudo filosófico do nosso passado mostra que a filosofia, longe de ser politicamente ineficaz, revolucionou radicalmente o caráter da vida política. Estamos até habilitados a dizer que somente as ideias filosóficas tiveram um efeito político significativo. Pois o que mais é toda a história política do mundo se não um movimento no sentido do Estado universal e homogêneo? As etapas decisivas no movimento foram as ações dos tiranos ou governantes (Alexandre, o Grande, e Napoleão, por exemplo). Mas esses tiranos ou governantes foram e são pupilos de filósofos. A filosofia clássica criou a ideia do Estado universal. A filosofia moderna, que é a forma secularizada do cristianismo, criou a ideia do Estado universal e homogêneo. Por outro lado, o progresso da filosofia e a sua eventual transformação em sabedoria requer a "negação ativa" dos estados políticos prévios, i.e., requer a ação do tirano: apenas quando "todas as negações ativas [políticas] possíveis" tiverem sido realizadas e, desse modo, a etapa final do desenvolvimento político tiver sido alcançada, a busca pela sabedoria pode e dará lugar à sabedoria.

Não preciso examinar o esboço que Kojève faz da história do mundo Ocidental. Esse esboço parece pressupor a verdade da tese que ele pretende provar. Seguramente, o valor da conclusão que retira do seu esboço depende inteiramente da verdade da suposição de que o Estado universal e homogêneo é simplesmente a melhor ordem social. A ordem social simplesmente melhor, concebida por ele, é o Estado no qual cada ser humano encontra a sua plena satisfação. Um ser humano encontra a sua plena satisfação se a sua dignidade humana for universalmente reconhecida e se gozar da "igualdade de oportunidades", i.e., da oportunidade, correspondente às suas capacidades, de merecer o bem do Estado ou do todo. Ora, se for verdade que no Estado universal e homogêneo ninguém tem uma boa razão para estar insatisfeito com esse Estado, ou para negá-lo, ainda assim não se segue que todos estariam de fato satisfeitos com ele e nunca pensariam em negá-lo ativamente, pois os homens nem sempre agem de forma razoável. Será que Kojève não está subestimando o poder das paixões? Será que ele não tem uma crença infundada no efeito ao fim e ao cabo racional dos movimentos provocados pelas paixões? Adicionalmente, os homens terão razões muito boas para estarem insatisfeitos com o Estado universal e homogêneo. Para mostrar esse ponto, tenho de recorrer à exposição mais extensa de Kojève na sua *Introduction à la lecture de Hegel*. Há graus de satisfação. A satisfação dos humildes cidadãos, cuja dignidade humana é universalmente reconhecida e que gozam de todas as oportunidades que correspondem às suas humildes capacidades e feitos, não é comparável à satisfação do chefe de Estado. Somente o chefe de Estado está "*realmente* satisfeito". Somente ele é "verdadeiramente livre" (p. 146). Não foi Hegel quem disse alguma coisa a respeito do fato de o Estado no qual apenas um homem é livre ser o Estado despótico oriental? Não será o Estado universal e homogêneo, então, meramente um despotismo oriental planetário? Seja como for, não há garantias de que o chefe de Estado atual seja mais merecedor da sua posição do que outros. Esses outros têm, portanto, uma razão muito boa para estarem insatisfeitos: um Estado que trata homens iguais de forma desigual não é justo. Uma mudança da monarquia universal e homogênea para a aristocracia universal e homogênea parece razoável. Mas não podemos parar por aqui. O Estado universal e homogêneo, sendo a síntese dos Senhores e dos Escravos, é o Estado do guerreiro trabalhador ou do trabalhador que trava guerras. De fato, todos os seus membros são guerreiros trabalhadores (p. 114, 146). Mas, se o Estado for universal e homogêneo, as "guerras e as revoluções são doravante impossíveis" (p. 145, 561). Além disso, o trabalho, no sentido estrito, nomeadamente o ato de conquistar ou domesticar a natureza, é completado, pois, caso contrário, o Estado universal e homogêneo não poderia ser a base da sabedoria (p. 301). Como é claro, perduraria certo tipo de trabalho, mas os cidadãos do Estado final trabalhariam o menos possível, como observa Kojève numa referência explícita a Marx (p. 435). Para tomar de empréstimo uma expressão que alguém usou recentemente na Câmara dos Lordes numa ocasião similar, os cidadãos do Estado final têm apenas o nome de trabalhadores, eles são trabalhadores por cortesia. "Já não há mais luta ou trabalho. A História chegou ao seu fim. Não há mais nada para *fazer*" (p. 385, 114). Esse fim da História seria deveras excitante não fosse o fato de que, segundo Kojève, é a participação em lutas políticas sangrentas, assim como o verdadeiro trabalho ou, dito de forma geral, a ação que nega, que eleva o homem acima dos animais (p. 490-92, 560, 378n). O Estado através do qual se diz que o homem está razoavelmente satisfeito é, então, o Estado no qual a base da humanidade do homem definha, ou no qual o homem perde a sua humanidade. É o Estado do "último homem" de Nietzsche. Kojève de fato confirma a visão clássica de que o progresso tecnológico ilimitado e os seus acompanhamentos, que são as condições indispensáveis do Estado universal e homogêneo, são destrutivos da humanidade. É porventura possível dizer que o Estado universal e homogêneo está destinado a chegar. Mas é certamente impossível que o homem possa razoavelmente ficar satisfeito com ele. Se o Estado universal e homogêneo for o objetivo da História, a História será absolutamente "trágica". A sua complementação revelará que os problemas humanos e, por conseguinte e em particular, o problema da relação da filosofia com a política, são insolúveis. Durante séculos e séculos inconscientemente os homens não fizeram nada senão trabalhar através de infinitos labores, lutas e agonias, sempre com novas esperanças, rumo ao Estado universal e homogêneo, e assim que chegam ao final da sua viagem apercebem-se que, ao ter chegado ali, destruíram a sua humanidade e dessa forma voltaram, como num ciclo, ao começo pré-humano da História. *Vanitas vanitatum. Recognitio recognitionum.* Porém não há razão para desesperar enquanto a natureza humana não tiver sido completamente conquistada, i.e., enquanto o sol e o homem ainda gerarem o homem. Existirão sempre homens (*andres*) que se revoltarão contra o Estado que é destrutivo da humanidade ou no qual já não há possibilidade de ação nobre e de grandes feitos. Eles podem ser meramente forçados a negar o Estado universal e homogêneo, por meio de uma negação que não é iluminada por nenhum objetivo positivo, uma negação niilista. Embora destinada a fracassar, essa revolução niilista poderá ser a única ação em nome da humanidade do homem, a única ação nobre e grandiosa que é possível assim que o Estado universal e homogêneo se tornou inevitável. Mas ninguém saberá se ela será bem sucedida ou fracassará. Ainda sabemos demasiado pouco acerca da engenharia do Estado universal e homogêneo para dizer alguma coisa sobre onde e quando é que começará a sua corrupção. O que sabemos é apenas que perecerá mais cedo ou mais tarde (ver F. Engels, *Ludwig Feuerbach*, ed. Hans Hajek, p. 6). Alguém poderia objetar que a revolta bem sucedida contra o Estado universal e homogêneo não poderia ter outro efeito senão o de que o processo histórico idêntico que levou da horda primitiva para o Estado final será repetido. Mas será que tal repetição do processo – um novo tempo de vida para a humanidade do homem – não seria preferível à continuação indefinida do fim desumano? Não apreciamos todas as primaveras embora conheçamos os ciclos das estações, embora saibamos que o inverno voltará novamente? Kojève parece não deixar uma saída para a ação no Estado universal e homogêneo. Nesse Estado, o risco de morte violenta ainda está envolvido na luta pela liderança política (p. 146). Mas essa oportunidade para a ação pode apenas existir para uma pequena minoria. E, além disso, não será esta uma perspectiva hedionda: um Estado no qual o último refúgio da humanidade do homem é o assassínio político sob a forma particularmente sórdida da revolta palaciana? Guerreiros e trabalhadores de todos os países, uni-vos enquanto ainda há tempo para impedir a vinda do "reino da liberdade". Defendei com todas as forças, se precisar ser defendido, o "reino da necessidade".

Mas talvez não seja a guerra ou o trabalho, mas o pensamento o que constitui a humanidade do homem. Talvez não seja o reconhecimento (que para muitos homens poderá perder no seu poder de satisfazer aquilo que ganha em universalidade), mas a sabedoria que é o fim do homem. O Estado universal e homogêneo talvez seja legítimo pelo fato de a sua vinda ser condição necessária e suficiente para a vinda da sabedoria: no Estado final todos os seres humanos estão razoavelmente satisfeitos, eles serão verdadeiramente felizes porque todos terão adquirido sabedoria ou estarão prestes a adquiri-la. "Já não há luta ou trabalho; a História está completa; não há mais nada para *fazer*": o homem está finalmente livre de todo o trabalho pesado pela atividade mais elevada e mais divina, pela contemplação da verdade imutável (Kojève, *op. cit.*, p. 385).

Mas, se o Estado final tiver de satisfazer o anseio mais profundo da alma humana, todo ser humano tem de ser capaz de se tornar sábio. A diferença mais relevante entre os seres humanos deve haver praticamente desaparecido. Compreendemos agora por que Kojève está tão ansioso para refutar a visão clássica de acordo com a qual apenas uma minoria de homens é capaz de se dedicar à busca da sabedoria. Se os clássicos estiverem certos, apenas uns poucos homens serão verdadeiramente felizes no Estado universal e homogêneo e, por conseguinte, apenas alguns homens encontrarão a sua satisfação nele. O próprio Kojève observa que os cidadãos ordinários do Estado final estão apenas "potencialmente satisfeitos" (p. 146). A satisfação atual de todos os seres humanos, que alegadamente é o objetivo da história, é impossível. É por essa razão que, suponho, a ordem social final, como Kojève a concebe, é um Estado, e não uma sociedade sem Estado: o Estado, o governo coercitivo, não pode definhar porque é impossível que todos os seres humanos alguma vez se tornem plenamente satisfeitos.

Os clássicos pensaram que, devido à fraqueza ou dependência da natureza humana, a felicidade universal é impossível e, por isso, eles sequer sonharam com a satisfação da História e, consequentemente, com o significado da História. Eles vislumbraram com o olho da mente uma sociedade dentro da qual essa felicidade de que a natureza humana é capaz seria possível no grau mais elevado: essa sociedade é o melhor regime. Mas porque perceberam o quão limitado é o poder humano, eles sustentaram que a atualização do melhor regime depende do acaso. O homem moderno, insatisfeito com as utopias e desprezando-as, tentou encontrar uma garantia para a atualização da melhor ordem social. Para ter êxito, teve de rebaixar o objetivo do homem. Uma das formas por meio das quais isso foi feito consistiu em substituir a virtude moral pelo reconhecimento universal, ou substituir a felicidade pela satisfação que é retirada do reconhecimento universal. A solução clássica é utópica no sentido de que sua atualização é improvável. A solução moderna é utópica no sentido de que sua atualização é impossível. A solução clássica fornece um padrão estável pelo qual se pode julgar qualquer ordem existente. A solução moderna destrói eventualmente a própria ideia de um padrão que é independente de situações atuais.

Parece razoável supor que apenas uns poucos cidadãos – se tanto – do Estado universal e homogêneo serão sábios. Mas nem os sábios nem os filósofos desejarão governar. Só por essa razão, para não dizer nada de outras, o chefe do Estado universal e homogêneo, ou o Tirano Universal e Final, será um homem não sábio, como Kojève parece ter dado por garantido. Para reter o seu poder, ele será forçado a suprimir toda a atividade que poderá levar as pessoas a ter dúvidas acerca da sensatez essencial do Estado universal e homogêneo: ele deve suprimir a filosofia enquanto uma tentativa de corromper a juventude. Em particular, no interesse da homogeneidade do seu Estado universal, ele tem de proibir todo ensinamento, toda sugestão, de que existem diferenças naturais politicamente relevantes entre os homens que não podem ser abolidas ou neutralizadas pelo progresso da tecnologia científica. Ele deve ordenar os seus biólogos a provar que todo ser humano tem, ou pode adquirir, a capacidade de ser um filósofo ou um tirano. Os filósofos, por seu turno, serão forçados a defenderem a si mesmos ou a causa da filosofia. Serão obrigados, por conseguinte, a tentar agir sobre o Tirano. Tudo parece ser uma reencenação de um drama antigo. Mas dessa vez a causa da filosofia está perdida desde o início. Pois o Tirano Final apresenta-se a si mesmo como um filósofo, como a autoridade filosófica mais elevada, como o exegeta supremo da única filosofia verdadeira, como o executor e carrasco autorizado pela única filosofia verdadeira. Ao fazer isso ele alega que persegue não a filosofia, mas as filosofias falsas. A experiência não é totalmente nova para os filósofos. No caso de os filósofos terem-se confrontado com situações desse tipo em outras épocas, a filosofia fugiu para o subterrâneo. Acomodavam-se em seu ensinamento explícito ou exotérico às ordens infundadas dos governantes que acreditam saber coisas que não sabiam. Porém o seu próprio ensinamento exotérico comprometeu as ordens ou os dogmas dos governantes de forma a guiar os filósofos potenciais para os problemas eternos e insolúveis. E dado que não existia um Estado universal, os filósofos podiam escapar para outros países se a vida se tornasse insuportável nos domínios do tirano. Do Tirano Universal, todavia, não há como escapar. Graças à conquista da natureza e à substituição completamente descarada da lei pela suspeita e pelo terror, o Tirano Universal e Final tem à sua disposição meios praticamente ilimitados para detectar, e extinguir, os esforços mais modestos na direção do pensamento. Kojève parece estar certo, embora pela razão errada: a chegada do Estado universal e homogêneo será o fim da filosofia na terra.

O máximo que posso esperar ter demonstrado ao contestar a tese de Kojève sobre a relação entre a tirania e a sabedoria é que a tese de Xenofonte a respeito desse gravíssimo tema não somente é compatível com a ideia de filosofia, mas é inclusive por ela requerida. É muito pouco. Pois surge imediatamente a questão de saber se a ideia da filosofia não precisa ela mesma de legitimação. A filosofia no sentido estrito e clássico é a busca da ordem eterna ou da causa eterna ou das causas de todas as coisas. Pressupõe, assim, que existe uma ordem eterna e imutável dentro da qual a História tem o seu lugar e que não é de modo algum afetada pela História. Pressupõe, em outras palavras, que nenhum "domínio da liberdade" é mais do que uma província dependente no interior do "domínio da necessidade". Pressupõe, nas palavras de Kojève, que o "Ser é essencialmente imutável em si mesmo e eternamente idêntico a si mesmo". Esse pressuposto não é autoevidente. Kojève rejeita-o em favor da visão de que o "Ser cria-se a si mesmo no curso da História", ou que o ser mais elevado é a sociedade e a História, ou que a eternidade não é mais do que a totalidade do tempo histórico, i.e., finito. Com base nos pressupostos clássicos, deve ser feita uma distinção radical entre as condições da compreensão e as fontes da compreensão, entre as condições de existência e perpetuação da filosofia (sociedades de certo tipo, e por aí em diante) e as fontes de compreensão filosófica. Com base nos pressupostos de Kojève, essa distinção perde o seu significado crucial: a mudança social ou o destino afetam o ser, se não forem idênticas ao Ser e, por conseguinte, afetam a verdade. Com base nos pressupostos de Kojève, um apego sem adjetivação às preocupações humanas torna-se a fonte da compreensão filosófica: o homem deve estar perfeitamente em casa na terra, tem absolutamente de ser um cidadão da terra, se não um cidadão da parte habitável dela. Com base nos pressupostos clássicos, a filosofia requer um desapego radical das preocupações humanas: o homem não tem de estar absolutamente em casa na terra, tem de ser um cidadão do todo. Em nossa discussão, o conflito entre os dois pressupostos básicos e opostos mal foi mencionado. Mas estivemos sempre cientes dele. Pois aparentemente afastamo-nos do Ser e aproximamo-nos da Tirania porque vimos que aqueles que não têm coragem para enfrentar a questão da Tirania, e que portanto *et humiliter serviebant et superbe dominabanturi*,[2] também foram forçados a se desviar da questão do ser, precisamente porque nada mais fizeram que falar do Ser.

---

[2] "Eles próprios servindo obsequiosamente enquanto dominam arrogantemente sobre os outros". Tito Lívio XXIV.25.viii.

A CORRESPONDÊNCIA STRAUSS-KOJÈVE

3

Strauss para Kojève (4 de setembro de 1949)
Fotografia: James Dee

Kojève para Strauss (1º de julho de 1957)
Fotografia: The University of Chicago Library

Cartas

Nota preambular

Incluímos nesta edição todas as cartas trocadas entre Strauss e Kojève que conseguimos encontrar. Infelizmente, algumas cartas extraviaram-se e pelo menos uma carta importante foi preservada apenas em parte. Corrigimos ocasionalmente alguns erros ortográficos menores de nomes próprios: e.g. Quesneau por Queneau, e óbvios deslizes da caneta: e.g. *Sofista* 361 ao lado de uma passagem do *Sofista* 261, sem chamarmos atenção para essas correções. Nos últimos anos, Strauss por vezes ditava as suas cartas e nem sempre identificava erros menores cometidos por secretários que não estavam familiarizados com os conceitos, textos, ou nomes que ele mencionava. Corrigimos silenciosamente esses poucos erros ortográficos. Mas jamais alteramos as referências que pareceram duvidosas sem indicar a mudança. Tanto Strauss como Kojève abreviam muitas vezes os títulos e os nomes. Soletramo-los de forma consistente. Mas mantivemos as grafias idiossincráticas de títulos ou de nomes, e.g. *Faidros*, *Failebo*...; e não vimos razão para colocar em itálico títulos de forma mais consistente do que os escritores o haviam feito nas suas cartas.

A caligrafia de Strauss é notoriamente difícil de decifrar. Seus correspondentes tinham de reconstruir as suas cartas como um quebra-cabeça: copiando aquilo que conseguiam decifrar, e deixando os espaços em branco para ser preenchidos em tentativas subsequentes. Foi assim que procedemos com a maioria das cartas aqui incluídas. Desejamos sublinhar a nossa gratidão muito especial ao falecido professor P. H. v. Blanckenhagen, por nos ter ajudado com algumas passagens particularmente difíceis num momento em que a saúde já estava em falta.

As lacunas devidas a uma ou várias palavras que permaneceram ilegíveis até depois de repetidas tentativas de vários leitores competentes ou pelo fato de o original ou cópia a partir da qual baseamos o nosso trabalho ser defeituosa são indicadas através de <...> para cada palavra em falta ou para porções de uma palavra.

As frequentes e fluidas mudanças de línguas entre os dois escritores confere a essa troca de cartas uma vivacidade adicional, que, infelizmente, mas inevitavelmente, se perdeu com a tradução.

A inclusão neste volume da correspondência entre Strauss e Kojève demanda algumas pequenas observações sobre eles.

Eles foram contemporâneos muito próximos. Strauss nasceu em 1899, em Kirchhain, uma pequena cidade na Alemanha ocidental; Kojève, em 1902, em Moscou. Conheceram-se em Berlim por volta de 1920. Na altura, ambos desenvolviam estudos sobre o pensamento religioso. O primeiro livro de Strauss é dedicado à *Crítica da Religião de Espinosa* (1930); o segundo, *A Filosofia e a Lei* (1935), reúne os seus primeiros estudos sobre os pensadores medievais judaicos e islâmicos. Kojève, por seu turno, escreveu a sua dissertação de doutoramento sob a orientação de Karl Jaspers, em Heidelberg, sobre a filosofia da religião de Vladimir Soloviëv.

Em 1929, Kojève mudou-se para Paris. Strauss foi para Paris com uma bolsa da fundação Rockefeller em 1932. Nesse tempo eles obviamente se encontraram muitas vezes. As suas primeiras cartas transmitem alguma coisa das dificuldades e incertezas que enfrentaram nesses anos conturbados, e a correspondência entre ambos traça incidentalmente as principais etapas das suas subsequentes carreiras: Strauss muda-se para a Inglaterra em 1934, e em 1938 obtém finalmente o título de professor, o seu primeiro, na *New School for Social Research* em Nova York. Continuou a lecionar na Universidade de Chicago de 1949 a 1968. No momento da sua morte, em 1973, era titular da cadeira Scott Buchanan no College de St. John, em Annapolis.

Em 1933, Kojève assumiu o seminário sobre a "Filosofia da Religião de Hegel", que Alexandre Koyré havia ministrado na École *Pratique des Hautes Études* no ano acadêmico precedente. Koyré concentrara-se nas obras iniciais de Hegel, os chamados manuscritos de Jena, que só recentemente foram descobertos e publicados. Kojève concentrou-se na *Fenomenologia do Espírito*. Ele continuou a ensinar o seminário de Hegel todos os anos até 1939, quando a Segunda Grande Guerra rebentou. No decorrer das suas séries de seminários ele analisou e interpretou minuciosamente a *Fenomenologia*, continuando a discutir um grande número de questões cruciais no ensinamento de Hegel. O material desses seminários foi publicado em 1947 sob o modesto título de *Introduction à la lecture de Hegel*. Como o próprio Kojève observa na carta em que anuncia a publicação da *Introduction*, não se trata exatamente de um livro no sentido usual do termo. Ele combina rascunhos, notas, comentários exaustivos e transcrições de várias séries de palestras formais. Mas essa variedade e o fato de as seções nas quais quase se consegue ouvir o ritmo da fala alternarem-se com seções que estão *escritas* de forma tão clara que têm de ser *vistas* para serem compreendidas apenas aumentam o seu impacto. A obra foi imediatamente reconhecida como uma obra de brilho e profundidade incomuns. A sua influência penetrante e duradoura no pensamento filosófico da França, do resto da Europa e da América não pode ser exagerada.

Kojève não voltou à vida acadêmica depois da Guerra. Ele entrou no Ministério francês dos Assuntos Econômicos como assistente de Robert Marjolin, que foi um participante no seminário de Hegel. Rapidamente ele ascendeu a uma posição eminente no Ministério e continuou a desempenhar um papel influente na política econômica internacional francesa até a sua morte em 1968. Kojève foi o principal arquiteto francês do AGTC, participou ativamente na fundação da Comunidade Econômica Europeia e foi amplamente reconhecido pelo interesse especial que tinha por aquilo que acabou sendo conhecido como o diálogo Norte-Sul.

A correspondência entre os dois homens apenas confirma aquilo que é perfeitamente evidente na sua discussão pública sobre a tirania – que, a despeito de todas as profundas diferenças políticas e filosóficas que os separava, eles tinham a mais elevada consideração um pelo outro. Valorizavam mutuamente a sua seriedade e apreciavam mutuamente seu poder intelectual. Um considerava a posição do outro como a única alternativa filosófica à sua, um considerava o outro o porta-voz mais intransigente dessa alternativa. Em termos superficiais, eles não podiam ter sido mais diferentes. Strauss era a própria personificação do acadêmico e pensador, embora certamente não fosse tão monástico quanto por vezes gostava de parecer. Ele era extremamente direto e modesto nas suas maneiras e atitudes. A sua expressão era aberta, intensamente em alerta, muitas vezes acompanhada por um brilho ligeiramente excêntrico e divertido. Quando falava, especialmente em ocasiões formais, tinha uma presença marcante. Strauss tinha uma capacidade invulgar de se relacionar com os outros nos termos e nível próprios a eles. Os jovens que afluíam aos seus cursos eram pelo menos tão atraídos pela sua habilidade de ouvir ou de falar diretamente das suas preocupações mais profundas, com bom senso e sobriedade, como pela sua erudição. Contudo, creio que mesmo os que o conheciam bem, mesmo os que se tornaram seus discípulos mais dedicados, reconheceram apenas gradualmente o pleno alcance, a penetração e o poder do seu pensamento. Kojève, em contraste, era mundano e imediatamente fascinante nos muitos sentidos do termo. Também era extremamente direto. Era um homem de ampla erudição, e só a sua *Introduction* é uma grande prova da sua capacidade para combinar um escrupuloso sentido acadêmico ao pensamento ousado. Mas não era de forma alguma um acadêmico. Strauss podia estar certo em contestar a sua observação de que o conflito entre ser um homem de ação e um filósofo é um conflito trágico. Ainda assim, não é um conflito do qual Strauss parece ter tido uma experiência direta, ao passo que Kojève vivia-o plenamente. Ele alude a essa experiência em várias das suas cartas, e vez ou outra fala dela diretamente, embora o faça sempre com ironia e desapego. Em sua maior parte, o seu modo de conversar irradiava inteligência com uma pitada de bom humor. Kojève podia ser muito desconcertante e, como admite na sua última carta, ele ocasionalmente apreciava causar escândalo. Por vezes, experimentei na sua presença um poder intelectual e uma concentração que só viria a experimentar na presença das grandes obras da mente.

23 Rue Racine
para
Mr. Kochevnikoff
15 bd. du Lycée
Vanves

6 de dezembro de 1932.[1]

Caro Sr. Kochevnikoff,

No caso de esta carta chegar até você a tempo, gostaria de aparecer na nossa casa hoje (quinta-feira), para tratar do nosso negócio principal, mas também e sobretudo "para o geral"? E, no caso de esta carta chegar demasiado tarde, então na quarta-feira à noite. Estaremos à sua espera na quinta-feira ou na quarta-feira entre as 8 e as 9 horas. Adeus,

Com os melhores cumprimentos,
Leo Strauss

. . . .

Para
Sr. Alexandre Kochevnikoff
15 Bd. du Lycée
Vanves

13 de dezembro de 1932.[2]

Caro amigo,

Como estamos no processo de mudança, escrevo apenas estas poucas linhas para lhe comunicar a nossa nova morada.

A Rue de la Glacière fica entre o Boulevard Port-Royal e o Boulervard Arago. Há uma estação de metrô "Glacière".

Estamos ansiosos por vê-lo na quinta-feira à noite.

Por favor aceite, Monsieur, a expressão dos meus sentimentos mais cordiais.

Leo Strauss

. . . .

---

[1] Cartão-postal escrito em alemão; duas perfurações numa aresta, para apensar o postal numa pasta. [Doravante, todas as notas são dos editores da edição americana.]
[2] Postal escrito em francês; duas perfurações.

17 de dezembro de 1932.[3]

Caro Sr. Kochevnikoff,

Primeiro, os negócios: inclusa vai a segunda seção do meu artigo; por favor perdoe as manchas no papel e no envelope. Não tinha mais nada às mãos, e queria deixar isso pronto para você o mais cedo possível.

Então, os assuntos pessoais: estamos muito ansiosos para receber o senhor e a Sra. Basjo em nossa casa na quarta-feira à noite. Se nem você nem os discos se importarem, poderia trazer consigo alguns discos na quarta-feira? Como pode imaginar, esse pedido provém mais da minha mulher do que de mim. Contudo, a minha oposição à música recebeu o seu primeiro choque ontem à noite. Talvez possamos falar disso algum dia.

Até quarta-feira à noite.

Adeus.

Com os melhores cumprimentos, também da minha mulher, para a Sra. Basjo e para você.

Como sempre, seu,

Leo Strauss

. . . .

<sem data>

Endereço: 47 Montague Street, Russell Square, London,[4]

Caro Amigo – tenho muita sede neste momento e não tenho o bom e barato vinho francês à minha disposição. Mas, no lugar dele, temos o maravilhoso café da manhã inglês – o presunto é saboroso demais para consistir de porco e, por isso, é permitido pela Lei M<osaica> segundo a interpretação ateia, os maravilhosos pudins e doces I<ngleses>; e, além disso, o povo inglês é <muito> mais bem educado que os franceses. Não consigo imaginar uma diferença maior do que aquela entre a Préfecture de Police e o Gabinete do Registro de Estrangeiros. Sentimo-nos muito melhor aqui do que em Paris – à exceção de que, aqui, não te<mos> amigos: apenas conhecemos o Senhor <Hoganer> com o seu vermelho <... >; porém não o vemos com regularidade.

---

[3] Escrita em alemão. O original foi perdido. A transcrição baseia-se numa fotocópia.
[4] Postal escrito em inglês, provavelmente no início de 1933. O original foi perdido. A transcrição baseia-se numa fotocópia de má qualidade que raspou algumas letras na margem direita de várias linhas do texto. Um pouco mais de texto foi perdido por causa das perfurações.

Como está? Como está a Sra. Basjo? A sua barba cresceu e ficou m<ais>ais cerrada? Não se esqueça de nos enviar sempre que for possível fotografias mostrando os progressos que fez a es<te> respeito.

A casa de hóspedes em que estamos dá de frente para o British Museum. Espero ob<ter> o cartão no início da próxima semana para que possa começar <a usá-lo>. Até agora ouvi apenas duas lições de fonética inglesa dadas por duas senhoras de óculos que cantaram as pal<avras> inglesas de forma muito cômica.

Ficaria muito feliz se me pudesse escrever sobre o que lhe tem acontecido desde que nos deixamos de ver.

Muito atenciosamente,

Leo Strauss

· · · · · · · · · · · · · · · · · ·

Londres, 16 de janeiro de 1934.[5]

Caro amigo,

Já me aclimatei aqui. Vou todos os dias ao British Museum (meio minuto de distância) para estudar a literatura inglesa sobre Hobbes e os manuscritos de Hobbes. A cozinha inglesa é muito mais do meu agrado que a francesa. O fato mais importante: vi a Downing Street, a sede do maior poder do mundo – muito, muito menor do que o Wilhelmstrasse. Causou-me uma fortíssima impressão.

O endereço que pediu é: Dr. Kl.[6] c.o. Dr. Gadamer,[7] [pseudônimo Moldauer], Marburg an d. Lahn, Ockershäuser Allee 39, Alemanha. A citação que quer é: Heidegger, *Die Selbstbehauptung der deutschen Universität*, Breslau 1933, p. 12.[8]

---

[5] Escrita em inglês. Perdeu-se o original. A transcrição baseia-se numa fotocópia de má qualidade.

[6] Jacob Klein (1899-1978), amigo de longa data de Strauss e de Kojève. Fez o seu doutoramento em Marburg sob a orientação de Nicolai Hartmann.

[7] Hans-George Gadamer (1900-), professor de filosofia de longa data na Universidade de Heidelberg, conhecido pelo seu *Wahrheit und Methode* (1960; tr. *Verdade e Método*, 1975). A "correspondência sobre *Wahheit und Methode*" entre Strauss e Gadamer foi publicada em *The Independent Journal of Philosophy* (1978), 2:5 – 12. Ver também: "Memórias de Leo Strauss: uma entrevista com Hans-Georg Gadamer", *The Newsletter*, Departamento de Política, Universidade de Dallas, Primavera 1978, 2: 4-7; e Ernest L. Fortin, "Gadamer sobre Strauss: uma entrevista", *Interpretation* (1984), 12: 1-14.
Gadamer, Strauss e Kojève se conheceram em Paris na primavera de 1933. O *pseudônimo* de Gadamer, "Moldaeur", parece ter sido uma piada privada entre Strauss e Kojève.

[8] Fala de Heidegger em maio de 1933 ao assumir a reitoria da Universidade de Freiburg poucos meses depois da tomada do poder pelos nacional-socialistas. Foi traduzida e anotada por K. Harries sob o

Peço desculpa – não tenho tempo para escrever uma verdadeira carta. Mas é que você queria o endereço e a citação imediatamente.

Espero que me escreva o mais cedo possível e, porventura, com um pouco mais de "detalhes" sobre esta discussão memorável.

Qual foi a impressão que teve do Sr. Landsberg?[9]

Atenciosamente,

L. Strauss

Soube alguma coisa do Sr. Koyrè?[10]

P.S. Não é necessário ser ou tornar-se aristotélico ou <...> é suficiente tornar-se platônico.

. . . .

<sem data>[11]

Caro Sr. Kochevnikoff,

Estou mergulhado no trabalho e em preocupações – em outras palavras, numa situação similar à sua. Nada virá da Palestina: Guttman[12] vai para lá. Até agora, as perspectivas são as mesmas que na França. Mas não se pode perder a coragem.

---

título "The Self-Assertion of the German University", na *Review of Methaphysics*, (1985), 38: 470-480; a página 474 da tradução corresponde à página da publicação original a que Strauss se refere.

[9] Paul Ludwig Landsberg (1901-1944) estudou com Husserl e Scheler, foi demitido da sua posição de professor da Universidade de Bonn em 1933; até então já tinha publicado *Pascals Berufung*. Bonn, 1929; *Die Welt des Mittelalters und wir*. Bonn, 1922; e *Wesen und Bedeutung der platonischen Akademie*. Bonn, 1933; no momento em que a sua *Einführung in die philosophische Anthropologie* foi publicada (Frankfurt a/M, 1934), tinha-se mudado para a França, onde publicou na revista *Esprit*, e onde foi politicamente ativo. Em 1943 foi preso pela Gestapo em Pau. Morreu um ano mais tarde no campo de concentração de Oranienburg.

[10] Alexandre Koyré (Rostov-on-Don 1892-Paris 1964), renomado historiador da filosofia e da ciência, foi estudar com Husserl e Hilbert na Alemanha por volta de 1910; combateu no exército francês na Primeira Grande Guerra e permaneceu na França, onde ensinou na École Pratique des Hautes Études.

[11] Escrita em alemão, provavelmente em fevereiro ou março de 1934. Perdeu-se o original. O texto impresso baseia-se numa transcrição.

[12] Julius Guttman (1880-1950), conhecido pela sua *Die Philosophie des Judentums*. Munique, 1933 (trad. Inglesa 1964); entre 1922 e 1934 foi o diretor da Akademie für die Wissenschaft des Judentums, em Berlim. Strauss esteve associado a esse instituto de 1925 a 1932. A sua "Querela dos Antigos com os Modernos na Filosofia do Judaísmo", com o subtítulo "Observações sobre a *Filosofia do Judaísmo* de Julius Guttmann", aparece como o ensaio inaugural do seu primeiro volume de ensaios compilados, *Philosophie und Gesetz*. Guttman tornou-se professor de Filosofia Judaica na Universidade Hebraica de Jerusalém em 1934.

Que seja. Poderia, por favor, enviar-me o endereço do Koyré o quanto antes? Gostaria de escrever para ele muito em breve.

Sábado vou a Oxford.

Fique bem!

Com os melhores cumprimentos para você e para a Sra. Basjo,

Atenciosamente

Strauss

A minha mulher envia-lhe os melhores cumprimentos
    Novo endereço:
2 Elsworthy Road
St. John's Wood. London

. . . .

2 Elsworthy Road, London, Nw3

Londres, 9 de abril de 1934.[13]

Caro Sr. Kochevnikoff,

Por que nunca sei nada de você? Não tenho a menor ideia de como está, o que aconteceu ao seu trabalho, as suas esperanças e preocupações. Escreva-me algum dia, mesmo que só um cartão.

Quanto a mim, posso dizer somente que estou bastante bem. Gosto deste país, acerca do qual se pode dizer aquilo que Diderot disse de Hobbes: seco (aqui os *pubs* fecham pontualmente às dez da noite e a bebida é cara!), austero e forte, muito mais do que a França. E, ao contrário da Bibliothèque Nationale, o British Museum é um lugar a que a gente gosta de ir.

Tornei-me um verdadeiro filólogo de Hobbes: manuscritos, etc. O projeto da edição de Hobbes (tente, por favor, ser discreto) não é sem esperança – o Master de uma faculdade de Oxford está preparado a patrociná-lo – e, por conseguinte, eu também. No mais recente livro sobre Hobbes, de John Laird, prof<essor> em Aberdeen, para o qual Gibson me chamou à atenção – o livro é melhor do que o de Lubienski,[14] mas

---

[13] Escrita em alemão. O texto impresso baseia-se numa fotocópia de má qualidade e numa transcrição do original perdido cheio de perfurações.

[14] Dr. Zbigniew Lubienski, *Die Grundlagen des ethisch-politischen Systems von Hobbes*. Munique, Ernst Reinhardt, 1932.

não é bom, não é tão bom como o de Tönnies[15] – sou descrito, a respeito do nosso artigo conjunto no Recherches, como um "escritor muito competente",[16] que fez um mau uso da introdução de Gibson. Mais importante: posso porventura (!) ter encontrado o até agora inteiramente desconhecido primeiro escrito de Hobbes – uma coleção de dez ensaios, os primeiros cinco tratando da vaidade e fenômenos relacionados. No pior dos casos, o manuscrito foi escrito sob a influência de Hobbes por um dos seus discípulos. A decisão será tomada daqui a cerca uma semana.

Conhecemos algumas pessoas por aqui – mas ninguém com quem gostemos tanto de passar o nosso tempo com você.

Escreva-nos outra vez, para que não percamos o rastro um do outro.

A minha mulher e o Thomas[17] enviam ao "Tio" Basjo calorosas saudações, e eu saúdo-o não menos calorosamente.

Atenciosamente,
Leo Strauss[18]

. . . .

---

[15] Ferdinand Tönnies, *Thomas Hobbes Leben und Lehre*. Fromann, Stutgard, 1886; 3ª edição ampliada, 1925.

[16] "Um escritor muito competente (L. Strauss em *Recherches philosophiques*, II, 610) disse recentemente que Hobbes foi o verdadeiro fundador do liberalismo (no sentido continental), que o seu absolutismo tem uma gênese liberal, e que tanto os críticos como os opositores de qualquer liberalismo autêntico devem regressar a Hobbes." John Laird, *Hobbes*. London, Benn, 1934, p. 312, n. 1. A referência de Laird visa às "Quelques Remarques sur la Science Politique de Hobbes: à Propos du Livre Rècent de M. Lubienski". *Recherches Philosophiques*, 1933, 2: 609-22.

[17] Afilhado de Strauss.

[18] Strauss destinou esta carta ao Mousieur Alexandre [sic] 15 db. du Lycée, Vanves (Seine). Foi devolvida – Retour à l'envoyeur – a 2 Elsworthy Rd., Londres N.W. 3 com uma nota escrita à mão de que o destinatário é "inconnu au 15. du Lycée". Em consequência, Strauss escreveu, em inglês, no verso do envelope: "Lamento muito – mas por que o correio não o encontrou? Para falar como um inglês (os ingleses, você se lembra, gostam de fazer piada com a morte, pois são pessoas deveras originais) – você está morto ou enterrado? A Faculdade de Arms decidiu a questão dos ensaios-Ms favoravelmente: i.e., os Ensaios devem ser os primeiros escritos de Hobbes". Strauss reenviou a carta num envelope corretamente endereçado. Os ensaios de que fala Strauss foram publicados recentemente como Thomas Hobbes, *Three Discourses*. Editado por N. Reynolds e A. Saxonhouse. Chicago, University of Chicago Press, 1997.

1º de maio de 1934.[19]

Caro Sr. Strauss,

Muito obrigado pela sua carta.

Por favor, perdoe-me por não ter escrito esse tempo todo. Mas não escrevi a ninguém à exceção da minha mulher e da Sra. Basjo – nem sequer a Koyré.

Isso tem uma razão romântica. Desta vez o meu humor de julho-agosto surgiu em abril. Para variar, uma garota "ariana".

Durante o feriado de páscoa não fiz absolutamente nada. Cancelei a primeira palestra. A segunda – ministrada inteiramente sem preparação (não foi de modo algum a pior). Agora a minha vida está ficando mais normal, pelo menos preparo as minhas palestras, e hoje lhe escrevo e ao Koyré.

Estou muito satisfeito que esteja bem, e que tenha tomado a sua decisão. Nunca tive qualquer dúvida acerca das perspectivas mais favoráveis para o seu futuro.

Dar-me-ia um grande prazer ter detalhes mais precisos (a discrição está assegurada: afinal de contas – como ser humano – tenho a minha natureza eterna!).

Quanto a mim, nada de novo, nada de bom.

A École ainda não pagou nada, e tornei-me muito cético em relação a isso.

O meu pedido (a equivalência de uma *licença* além do doutoramento, com base no meu Ph.D alemão) foi rejeitado. Hitler é responsável (doze pedidos rejeitados!). Não posso, assim, anunciar os meus cursos nem, por conseguinte, pedir uma bolsa de pesquisa.

A naturalização tornou-se agora (Stavisky[20]) muito difícil. As cartas de recomendação são agora estritamente proibidas. Um antigo devedor pagou-me 3 mil francos (essas coisas acontecem!). É com isso que tenho vivido, mas também cedo se acaba.

De modo que me encontro num humor bastante sombrio.

Ainda trabalho muito pouco. Quase exclusivamente nas minhas palestras.

---

[19] Escrita em alemão.

[20] Serge Stavisky começou como um pequeno criminoso, mas rapidamente executou uma série de fraudes financeiras tendo como cúmplices os mais altos escalões das finanças, da política e da polícia da França. Quando tudo deu errado, a polícia encontrou-o morto em circunstâncias suspeitas e antes que ele pudesse denunciar alguém. Ainda assim, o escândalo subsequente derrubou um governo, causou motins em Paris, em janeiro de 1934, e desencadeou uma intensa onda de xenofobia.

As palestras de Gordin sobre a filosofia medieval na École rabbinique.[21] Nunca tinha ouvido nada assim! Heinemann dá palestras na Sorbonne a Rey,[22] gratuitamente. Também de babar.

"Meu" Gurevitsch tornou-se um professor em Bordeaux.[23] Não sei nada de interessante de Koyré.

Por favor, escreva-me novamente em breve.

Com os melhores cumprimentos para você e para a sua mulher,

Atenciosamente,

AK

P.S. Em anexo vai uma fotografia de Hitler que – na minha opinião – explica muito: o homem é realmente muito agradável e "acolhedor".

A sua mulher recebeu a carta da Sra. Basjo?

. . . .

Londres, 3 de junho de 1934.[24]

Caro Sr. Kochevnikoff,

Muito obrigado pela sua carta. Por favor, perdoe-me por não lhe ter respondido, e tenha a gentileza de considerar este escrito como uma carta.

Escrevo-lhe com um humor semelhante ao seu – nomeadamente sombrio. Alguns professores ingleses influentes interessam-se, assim o acredito, por mim – mas se e

---

[21] Jacob Gordin (S. Petersburgo ca. 1896-Paris 1947) esteve depois associado ao Institut des Langues Orientales. Chegou a ser visto como uma das figuras mais influentes na renovação do pós-guerra dos estudos judaicos no mundo francófono.

[22] Fritz Heinemann (1889-1970), estudante de Hermann Cohen, professor da Universidade de Frankfurt a/M até ser forçado a abandoná-la em 1933; depois ensinou em Oxford. A sua *Die Philosophie im XX. Jahrhundert* (Stuttgart, 1959) contém breves alusões a Kojève e Strauss.
Abel Rey (1873-1940), historiador e filósofo da ciência. Em 1932, Kojève submeteu-lhe uma tese sobre "L'idée du Déterminisme dans la Physique Classique et dans la Physique Moderne", tendo em vista obter um doctorat ès lettres. A tese foi editada por Dominique Auffret e publicada por Le Livre de poche, Paris, 1990.

[23] Georges Gurvitch (S. Petersburgo 1894-Paris 1966) emigrou para França depois de completar os seus estudos na Alemanha. A sua *Les Tendances Atuelles de la Philosophie Allemande: E. Husserl, M. Scheler, E. Lask, M. Heidegger* (Vrin, 1930) baseou-se num ciclo de palestras ministrado na Sorbonne no ano precedente. Durante a Segunda Grande Guerra ensinou na New School for Social Research em Nova York. De 1948 até a morte ensinou na Sorbonne. No momento desta carta de Kojève, o fenomenólogo Aron Gurwitsch (Vilna, 1901-Nova York, 1973) também vivia em Paris.

[24] Escrita em alemão. Perdeu-se o original. A transcrição baseia-se numa fotocópia defeituosa.

como esse interesse se manifestará em termos de pão, cigarros e afins é uma questão inteiramente diferente. E em breve será verão, quer dizer, uma altura em que é impossível fazer-se alguma coisa. Não lhe quero dar mais detalhes sobre isso – afinal de contas, tem conhecimento disso pela sua própria experiência.

Se tivesse um rendimento modesto, seria o homem mais feliz no mundo. Já lhe escrevi sobre a minha descoberta em Hobbes. Entretanto, copiei o manuscrito, li-o e estudei-o, e é agora absolutamente seguro que se trata do primeiro escrito de H<obbes>. Isso é bastante bom por todo o tipo de razões incidentais – mas para mim significa mais do que isso: nomeadamente a refutação da sua objeção e do Koyré, de que a minha interpretação de Hobbes é uma construção premeditada. Não, agora consigo provar que não a construí. Naturalmente que a realidade parece sempre ser algo diferente da reconstrução mais consciente e completa, de texto-na-mão. Isso é óbvio. Mas ajuda-me a tornar a minha interpretação de H<obbes> concreta de uma forma que nunca imaginei ser possível. Gostaria de lhe apresentar sucintamente isso:

Na sua "juventude", i.e., até ter 41, quer dizer, antes de se familiarizar com Euclides e, por conseguinte, com Galileu, etc., H<obbes> foi influenciado por quatro forças: escolástica, puritanismo, humanismo e pela atmosfera aristocrática em que vivia. Relativamente cedo – digamos com 22 anos de idade – ele rompe com a escolástica. Mas a ruptura com a escolástica não significa que ele rompeu com Aristóteles. Aristóteles, se bem que não o Aristóteles da escolástica, era ainda um filósofo para ele. Mas o centro de gravidade já havia mudado: da física e da metafísica para a ética e a retórica (o ensinamento sobre as paixões). O lugar da teoria é ocupado pela "virtude heroica" (magnanimidade aristotélica modificada), quer dizer, virtude (beleza, força, coragem, abertura do ser, aspirar a grandes feitos, modo de vida grandioso). Esse é o primeiro ponto. O segundo é o de que, (sob a influência de Bacon), embora por princípio tenha reconhecido as antigas ética aristotélica e a investigação da virtude, <o seu foco mudou para> a função da virtude e para a investigação dos usos e da vida com os outros[25] em <...> virtude <...>. Por conseguinte a história, que exibe exemplos da vida moral, assume uma maior importância do que doutrina filosófica com os seus preceitos exclusivamente morais. Isso fornece uma explicação radical para os estudos <históricos> de H<bbes> na sua "juventude".

<...> dessa forma a posterior ruptura de H<obbes> com Aristóteles <torna-se radicalmente> inteligível. Pois o seu ensinamento posterior não é nada mais do

---

[25] *Mitleben*.

que a tentativa de compreender <...> à luz da vida que é vivida com os outros], quer dizer, à luz da "natureza" humana presente, ou seja, do ser humano vulgar, "medíocre" <... ... ...>

A forma concreta por meio da qual ele fez isso, a paixão pela qual ele fez <... ... ...> dessa crítica concreta dessa ética aristotélica modificada e distorcida, ou seja, da virtude aristotélica. <...> uma crítica que já era observável nos *Ensaios*. O princípio aristocrático da honra, fama, orgulho. Essa crítica, cujo princípio é de origem puritana, segundo a qual a honra, a fama e a vaidade são identificadas e desvalorizadas, requer uma revolução dos conceitos morais básicos que resulta na antítese vaidade-medo.

A tarefa adicional, mais importante e mais difícil, é então mostrar como é que o projeto de uma explicação mecânica-determinista da natureza surge desse novo princípio moral. Aqui o termo médio essencial é o significado atribuído *a priori* ao sentido do tato, que agora se torna o sentido mais importante. Esse é simplesmente a expressão, digamos, "epistemológica" do <fato> de que o medo da morte (violenta) se torna no princípio moral. (Essa é a minha descoberta londrina.)

Por favor, perdoe este enorme contrassenso, que pretende compensá-lo pelo caráter sombrio do início desta carta: se antes chorou, agora poderá rir-se.

A minha mulher recebeu a carta da Sra. Basjo, e escreveu-lhe.

O Thomas cresce e prospera, desenvolve-se moralmente sob a minha modesta influência moral – recorda-se muitas vezes conosco das maneiras à mesa do "Tio Basjo".

É uma pena que nunca nos encontramos. Talvez seja possível fazê-lo no outono. Daqui a uma quinzena a minha irmã chega do Egito para nos visitar. O meu pai gostaria de se encontrar com as suas crianças fora da Alemanha – talvez em Paris.

Para você, as novidades mais sensacionais serão as de que Klein (talvez!) se juntará a nós. Ele também está "determinado" a deixar a Alemanha.

Tudo de bom – delicie-se com os vinhos de França que nos fazem cada vez mais falta – e os melhores cumprimentos também em nome da minha mulher.

Atenciosamente
Leo Strauss

. . . .

9 de maio de 1935.²⁶

Caro Sr. Kochevnikoff,

Fiquei encantado com a sua carta – em primeiro lugar simplesmente porque mais uma vez tive notícias suas e, em segundo lugar, precisamente porque essa carta trouxe-me muita satisfação. De uma forma mais imediata isso acontece por causa dos *philosophes* parisienses que agora – finalmente! – julga tal como eu os tenho julgado desde sempre. Conheço apenas <u>um</u> homem verdadeiramente inteligente em Paris, e ele é o... Kochevnikoff. Não nego que existam "dialéticos" mais astutos que você em Paris – mas desde quando a "verve" estéril (que, sob uma mais cuidadosa inspeção, prova invariável e incidentalmente ser um extremo entorpecimento) tem alguma coisa a ver com a compreensão, com o *insight*? Compreensão é virtude (virtude = conhecimento); quem quer que tenha *insight* sobre o que importa, que lide com as questões, que está "apaixonadamente" interessado nas questões e não no negócio – e você é a única pessoa que conheço em Paris que tem um interesse nas questões e, <u>por conseguinte</u>, é o mais inteligente de todos. (Mas se disser isso aos outros, envio a sua carta com as suas críticas para Paris!) É claro que alguns são mais trabalhadores do que você – por exemplo, Klein, que publicou uma análise absolutamente de primeira da filosofia da matemática de Platão e Aristóteles²⁷ – de fato – que você naturalmente terá de ler – por causa das suas aventuras eróticas – aventuras que são, é claro, mais confortáveis que os riscos intelectuais, a mudança experimental da perspectiva que um dia você também terá de resolver se não quiser afundar-se no conforto da vida parisiense. Isso leva-me ao segundo ponto, a respeito do qual a sua carta me trouxe satisfação a mim e, devo acrescentar, à minha mulher: refiro-me à sua observação sobre a Sra. Basjo, de que a sua relação com ela não está "resolvida", em outras palavras, não foi rompida da forma que nos foi dito ter sido por algumas pessoas que não favorecem a Sra. Basjo. Não necessito dizer nada acerca desse ponto, dado que sabe a minha opinião com muita precisão. Se a minha mulher não tivesse tanto trabalho, há muito que teria escrito à Sra. Basjo para convidá-la a nos visitar. Quando lhe escrever, por favor, diga-lhe que daria um grande prazer à minha mulher ter notícias dela e até um prazer maior se ela nos viesse visitar.

---

²⁶ Escrita em alemão.
²⁷ Jacob Klein, "Die griechische logistik und die Entstehung der Algebra". Quellen und Studien zur Geschichte der Mathematik, Astronomie und Physik, Abteilung B: *Studien*, vol. 3, fasc. 1, Berlim, 1934, p. 18-105 (Parte I); Fasc. 2 (1936), p. 122-235 (parte II); traduzido por Eva Brann com o título *Greek Mathematical Thought and the Origin of Algebra*. The M.I.T. Press, 1968.

É claro que temos de nos falar. Mas, dado que já não sou um bolsista da fundação Rockefeller, há apenas uma forma pela qual isso será possível: que você venha para cá. Temos uma pequena casa toda para nós e, portanto, suficiente espaço até para um tão distinto convidado como você. Por isso venha a Whitsun, por exemplo. A viagem não pode estar fora do seu alcance.

Estou verdadeiramente zangado com você por emprestar o meu livro[28] a esse idiota do Gordin que não é <u>capaz</u> de compreender uma única linha, ao invés de lê-lo você mesmo. Leia apenas a introdução e o primeiro ensaio. A introdução é muito ousada e vai lhe interessar apenas por causa disso. E depois me escreva sobre a sua reação. A meu ver é a melhor coisa que já escrevi.

Nesse ínterim o meu estudo sobre a "Ciência Política de Hobbes na sua Gênese" terminou. Acredito que isso seja bom. Fora o estudo do Klein, que já mencionei, é a primeira tentativa de uma libertação radical do preconceito moderno. Em várias ocasiões refiro-me a Hegel, e não me esqueço do mencionar o seu nome. O estudo aparecerá no primeiro volume das minhas obras póstumas, dado que não consigo encontrar nenhuma editora alemã ou um tradutor inglês.*

*Esta manhã recebi a rejeição definitiva do inglês!

A situação econômica é séria. Tenho uma bolsa até dia 1º de outubro, que não excede o mínimo para uma existência sem luxos. Permanece uma questão em aberto saber se será renovada por mais um ano. Depois disso certamente que se acaba. Para onde então nos iremos virar, só os deuses sabem. Não tenho sorte, caro Sr. Kochevnikoff.

Portanto: escreva de imediato e venha em breve.

Com os melhores cumprimentos, também em nome da minha mulher

Atenciosamente

Leo Strauss

. . . .

---

[28] *Philosophie ung Gesetz. Beiträge zum Verständnis Maimunis und seiner Vorläufer.* Berlim, Schocken, 1935; traduzido por Fred Baumann como *Philosophy and Law: Essays Toward the Understanding of Maimonides and His Predecessors.* Philadelphia, The Jewish Publication Society of America, 1987; e por Eve Adler como *Philosophy and Law: Contributions to the understanding of Maimonides and His Predecessors.* SUNY, 1995.

Vanves, 2 de novembro de 1936.[29]

Caro Sr. Strauss,

Muitíssimo obrigado pelo seu livro sobre Hobbes,[30] que já li. Sem rodeios: é um dos melhores livros de história da filosofia que já li, e é no todo um livro muito bom. Aprendi muito com ele. De fato, não conheço Hobbes. Mas a sua interpretação é convincente: não poderia ser de outro modo, e ninguém tem o desejo de contestá-la.

Não escrevi de imediato porque pretendia escrever-lhe uma carta muito longa, tanto sobre o problema de Hobbes-Hegel, como acerca do progresso das minhas próprias reflexões. Sinto falta das nossas conversas mais do que nunca. Bem – a intenção permaneceu e permanece por realizar: não tenho verdadeiramente tempo para isso. Ademais, o meu braço me perturba. Escrevi demais e agora tenho bursite. Em princípio devia ter duas semanas de descanso. Mas é impossível. Tenho por isso pelo menos de deixar de lado toda a escrita que não seja absolutamente necessária. Daí esta carta curta e inadequada –

Hegel-Hobbes:

Tudo o que escreve está correto. Indubitavelmente Hegel considera Hobbes o seu ponto de partida. Uma comparação seguramente vale a pena e gostaria de fazê-la – junto contigo.

Grande diferença: Hegel quer conscientemente "regressar" aos antigos ("por meio da dialética", quer dizer, por meio de "Hobbes"). Há um *summum bonum*, nomeadamente a plena autocompreensão por meio da filosofia. Mas podemos nos compreender (e assim "nos satisfazer") plenamente apenas num estado ideal (tal como em Platão). Esse estado pode ser atualizado apenas por meio da história e no fim da história. Pois é a "realidade do reino dos céus". Isso significa que é intramundano, tal com o Estado dos antigos; mas neste-mundo, o outro-mundo (cristão) é atualizado. É por isso que o Estado pressupõe não só "conhecimento", mas também "ação" ("*volonté*"). Apesar de a sua causa final também ser um conhecimento filosófico, esse conhecimento é um conhecimento da ação; através da ação (a atividade "negativa", ou seja, criativa, e não meramente de descoberta <ou reveladora>, do homem). A luta – a dialética do senhor e do escravo na história – síntese dos dois (senhor e escravo) no cidadão do Estado ideal.

---

[29] Escrita em alemão.
[30] *The Political Philosophy of Hobbes: Its Basis and Its Genesis*. Trad. Elsa M. Sinclair. Prefácio Ernest Barker. Oxford, Claredon Press, 1936.

Uma diferença concreta: Hobbes não vê o valor do trabalho. O medo da morte não é suficiente para levar o homem "à razão". O escravo que teme obtém conhecimento (e a ideia de liberdade – estoicismo – ceticismo – cristianismo) apenas se também trabalhar (no e com medo), e trabalhar para o senhor, quer dizer, apenas se ele prestar serviços. Isso explica a história como uma "luta de classes", ou seja, como uma dialética senhor-escravo com uma síntese final.

A ciência natural (Galileu-Newton e também Hobbes) é uma pseudociência do escravo trabalhador. O ex-escravo libertado pela revolução (1789) abdica dela; a sua ciência torna-se na filosofia (a de Hegel) a partir da qual o homem pode se compreender a si mesmo enquanto homem (mas para esse fim é necessária a transição através das etapas do trabalho do escravo e da sua ideologia!). A ciência do escravo leva 1) ao transcendentalismo; 2) ao idealismo subjetivo; 3) à "frenologia". Quer dizer, à antropologia materialista (portanto, também, a Hobbes). Por quê? Porque o escravo que não quer lutar (o burguês de Hobbes) foge necessariamente para o além ("crença") e procura aí a sua satisfação (sem nunca encontrá-la). O cancelamento puramente teórico do além produz o idealismo subjetivo (dito de forma mais geral: a ideologia dos intelectuais da "coisa em si", da pura ciência, etc., ou seja, o voo para os valores "absolutos" ["a pura intelecção", isto é, o racionalismo do século XVII]). Mas, na verdade, esses valores puramente intuídos são meramente certos dados,[31] isto é, natureza. Todo o processo termina por isso no materialismo. A saída: reconhecer os valores-como-deveres.[32] Inicialmente isso leva à "utopia" ("insanidade"). Mas se o homem estiver pronto para lutar por eles, leva à revolução. Essa é a síntese final (do senhor e do escravo): a luta do trabalhador leva ao trabalho do lutador (serviço militar universal como a principal consequência da revolução francesa, segundo Hegel!). Essa é a "ação de cada um e de todos" = estado ideal, no qual cada um é um cidadão, quer dizer $\begin{cases} \text{um soldado—} \\ \text{um civil—} \end{cases}$, um servo civil, e, desse modo, cria e preserva o estado pela sua própria ação.

Em suma:

Hobbes não aprecia o valor do trabalho e por isso subestima o valor da luta ("vaidade"). Segundo Hegel, o escravo trabalhador apercebe-se 1) da ideia de liberdade; 2) da atualização dessa ideia através da luta. Assim: inicialmente o "homem" é sempre um senhor ou escravo; o "ser humano completo" – no "fim" da história – é um senhor e um escravo (quer dizer, ambos e nenhum deles). Apenas isso pode satisfazer a sua

---

[31] *vor*gegebene *Gegebenheiten*.
[32] *auf*gegebene Werte.

"vaidade" de ser reconhecido por aqueles que reconhece, e autocompreender-se como tal (na filosofia de Hegel). Nada menos do que essa compreensão da satisfação constitui o *summum bonum*. Mas podemos compreender apenas a satisfação; e a satisfação pressupõe trabalho e luta. [Só o medo da morte pode levar à religião (= infelicidade)]. O senhor não mata o escravo apenas para que este possa trabalhar para si! O senhor genuíno nunca tem medo.

Nesse meio-tempo, reli Platão. Continuo a acreditar que você subestima o *Timeu*.
1. Primeiro Platão quer ensinar geometria a Dion (e não a própria virtude).
2. Parece-me que posteriormente Platão entendeu que a "dialética" era inadequada e foi até o "método da divisão"; esse método implicava a primazia da física (física matemática).
3. O "Político" pressupõe o "Timeu".

Assim: a "ideia" = "ideal" do homem não pode ser vista no próprio homem. Tem de ser apreendida como "um lugar no cosmos". Esse lugar é o seu "ideal". A organização do Estado pressupõe o (ou algum) conhecimento da organização do cosmos.

O que pensa disso?

Ora, quanto a assuntos pessoais.

Prometeram-me que obteria a cidadania francesa em breve. Depois talvez venha a receber uma bolsa. Até lá, muito trabalho insignificante para ganhar dinheiro. Biblioteca (5 horas) + o francês louco (escrevendo) (2 horas) + 2 cursos. Um sobre Hegel (Capítulo VI, B e C); e um segundo sobre Bayle. (Substituo Koyré, que está no Egito.) Escolhi Bayle porque estou interessado no problema da intolerância. Aquilo que para ela era prot<estantismo>-catol<icismo>, é hoje fasc<ismo>-com<unismo>. Acredito que em Bayle os motivos e o significado da posição intermédia são mais claros do que nos "democratas" modernos.

Lamento que nos correspondamos um com o outro tão raramente. É sem dúvida por causa do meu desmazelo. Mas acredite que não tem nada a ver com "razões intrínsecas". "Humana" e "filosoficamente" continuo a valorizá-lo e estimá-lo muito.

Escreva-me em breve, e com os melhores cumprimentos também para a sua mulher,

Atenciosamente,
AK

. . . .

Paris, 22 de junho de 1946.[33]

Caro Sr. Strauss

Muito obrigado pelo seu ensaio sobre Farabi.[34] Não sou de modo algum um especialista na área. Não posso por isso fazer uma avaliação especializada da sua interpretação. Mas para um leigo parece muito plausível. Em qualquer dos casos, o ensaio é muito divertido.

Mas o problema interessa-me muito mais do que as questões históricas.

Eu mesmo pensei muito acerca da sabedoria no decorrer dos últimos anos. O meu último curso foi dedicado a esse problema. Estou agora lançando um livro. Um compêndio dos meus cursos sobre Hegel feito por quem os assistiu (Queneau),[35] e transcrições de algumas palestras. Entre outras coisas, o último texto do último curso sobre a sabedoria. O livro é muito ruim. Não tive tempo de trabalhá-lo. Mas contém algumas coisas interessantes. Acima de tudo, acerca da sabedoria, realização e felicidade (sigo Hegel ao dizer: satisfação). Gostaria de saber o que pensa sobre ele. Vou enviar-lhe uma cópia assim que for publicado.

Gostaria de ter discussões contigo. Assim como com Klein. Aqui quase que não tenho ninguém. Weil[36] é muito inteligente, mas falta-lhe qualquer coisa, não sei bem o quê. Koyré é completamente tonto. No último ano Klein escreveu-me acerca da possibilidade de ser convidado para o St. John's College.[37] Na época não podia. Agora iria de boa vontade. Mas Klein já não me escreve nada sobre isso.

Não quero perguntar a ele diretamente. Talvez ele não queira apresentar o meu nome uma segunda vez. Mas ficaria grato se você tocasse com ele nessa questão.

Com os melhores cumprimentos, para você e para a sua mulher.

Atenciosamente,

Kojève

· · · · · · · · · · · · · · · · ·

---

[33] Escrita em alemão.
[34] "Farabi's *Plato*", Louis Ginzberg Jubilee Volume. New York: Academy for Jewish Research, 1945, p. 357-93; reimpresso em forma abreviada e modificada como a "Introdução" de *Persecution and the Art of Writing*. The Free Press of Glencoe, 1952. [Em edição brasileira: *Perseguição e a Arte de Escrever*. Trad. Hugo Langone. São Paulo, É Realizações, 2015, p. 17-30.]
[35] Raymond Queneau (1903-1976), o espirituoso, inventivo e prolífico escritor e editor da Gallimard.
[36] Eric Weil (1904-1977) escreveu a sua dissertação sob a orientação de Ernst Cassirer, tal como Strauss. Em 1933, residiu em Paris, onde assistiu aos seminários de Kojève. Depois da Guerra ensinou na École Pratique des Hautes Études e, subsequentemente, nas Universidades de Lile e de Nice.
[37] Klein foi para a América em 1938 e, logo após a sua chegada, começou a lecionar na St. John's College em Anápolis. Serviu como reitor da faculdade de 1949 a 1958.

MINISTÈRE
DE
L'ECONOMIE NATIONALE

8 de abril de 1947.[38]

Caro Strauss,

Recebi os seus ensaios de 1943 e 1945[39] quase ao mesmo tempo. O ensaio sobre a filosofia política antiga interessa-me intensamente. Em todo caso – muito obrigado.

Tenho a impressão de que, basicamente, não pensamos de forma tão diferente quanto parece. É uma pena que já não tenhamos a oportunidade de <u>conversar</u> longamente um com o outro. Porque não é realmente possível através de cartas. E ainda menos através de ensaios e de livros.

A propósito – o meu livro ainda não foi lançado. Vou enviá-lo para você assim que isso acontecer.

Koyré foi muito afetado pela sua atitude crítica para com o livro dele sobre Platão.[40] Eu mencionei apenas críticas puramente "materiais". Mas ele tem evidentemente uma "má consciência"...

Seguramente você conseguirá organizar uma "viagem de pesquisa" à Europa: Afinal, há muito dinheiro para esse tipo de coisas nos Estados Unidos! Pois para mim dificilmente será possível ir à América para uma simples viagem.

Ainda não escrevi a resenha de Löwith. Nem tenho nenhum desejo particular de fazê-lo. No dia 1º de maio provavelmente irei a Genebra (Conferência), onde poderei ficar entre quatro e seis semanas.

O que ouviu do Klein? Ele virá à Europa? Seria agradável se vocês dois viessem juntos.

Weil terminou o seu grande livro.[41] Muito impressionante. Também muito "hegeliano-marxista", e certamente influenciado pelo meu curso. Mas termina à la

---

[38] Escrita em alemão.

[39] Muito provavelmente "The Law of Reason in the Kurazi", *Proceedings of the American Academy for Jewish Research,* 1943, 13, p. 47-96; reimpresso em *Persecution and the Art of Writing.* The Free Press, 1952, p. 95-141 [Em edição brasileira: "A Lei da Razão no *Cuzari*". In: *Perseguição e a Arte de Escrever.* Trad. Hugo Langone. São Paulo, É Realizações, 2015, p. 103-45]; e "On Classical Political Philosophy", *Social Research* (1945), 12, p. 98-117; reimpresso em *What is Political Philosophy?* The Free Press, 1959, p. 78-94.

[40] Alexandre Koyré, *Discovering Plato.* Columbia University Press, 1945.

[41] *Logique de la Philosophie.* Paris, 1950l que foi a *thèse principale* de Weil. A sua *thèse complémentaire* foi um pequeno, porém útil, volume sobre *Hégel et l'état*. Embora essas obras tenham sido fortemente influenciadas pelo hegelianismo de Kojève, as obras posteriores de Weil tornaram-se gradualmente mais neokantianas. [Em edição brasileira: Eric Weil, *Lógica da Filosofia.* Trad. Lara

Schelling: Poesia ‑ filosofia, e sabedoria como silêncio. Alguma hora você terá de lê-lo. E lamento que eu mesmo não tenha escrito o livro.

Talvez venha a fazê-lo se abandonar a administração... e tiver um pouco de dinheiro para "nada fazer"!

Com os melhores cumprimentos para você e para os seus,

Atenciosamente,

A. Kojève

· · · · · · · · · · · · · · · · ·

3202 Oxford Ave., Nova York 63, N.Y. 22.08.48.[42]

Caro Sr. Kojève:

Escrevo-lhe finalmente. Antes de me debruçar sobre o objeto primário desta carta, gostaria de lhe agradecer por ter-me obtido o Malebranche (quanto lhe devo?), e para lhe perguntar se estará preparado para resenhar o meu próximo livrinho *Sobre a Tirania: Uma interpretação do Hiero de Xenofonte*,[43] na França. Sei que ninguém mais além de você e de Klein compreenderá o que estou buscando (eu sou dos que se recusa a entrar por portas abertas quando é possível entrar igualmente bem por fechaduras), e Klein é interminavelmente preguiçoso. Em qualquer dos casos, vou enviar-lhe o meu *opusculum*. Agora, vamos à questão.

Apenas agora, durante as férias, encontrei tempo para trabalhar na sua *Introduction*.[44] É um livro extraordinário, com o que também quero dizer que é um livro invulgarmente bom e interessante. À exceção de Heidegger, não há provavelmente sequer um dos nossos contemporâneos que tenha escrito um livro tão abrangente e ao mesmo tempo tão inteligente. Em outras palavras, ninguém defendeu o pensamento moderno, no nosso tempo, de forma tão brilhante quanto você. Muito além desse mérito geral, o seu livro tem o verdadeiro mérito, que não pode ser negligenciado, de ter tornado a *Fenomenologia do Espírito* acessível, não só para mim, estou certo.

Como um todo, a explicação deixa a impressão de que você considera a filosofia de Hegel o conhecimento absoluto, e rejeita a filosofia da natureza conjuntamente

---

Christina de Malimpensa. São Paulo, É Realizações, 2012; e *Hegel e o Estado*. Trad. Carlos Nougué. São Paulo, É Realizações, 2011.]

[42] Datilografada em alemão.

[43] Prefácio de Alvin Johnson; Political Science Classics, New york, 1948.

[44] *Introduction à la Lecture de Hegel*. Paris, Gallimard, 1947.

com as suas implicações, como algo dogmático e como um resíduo dispensável. Fica-se ainda mais surpreso em descobrir que você admite que o poder demonstrativo do argumento hegeliano (a circularidade do sistema) é absolutamente dependente da filosofia da natureza (291 no fundo; 400, 3º parágrafo; 64). De fato, é evidente que a filosofia da natureza é indispensável. Caso contrário, como explicar a singularidade do processo histórico (349, n. 2; 391)? Ele só pode ser único se puder haver apenas uma "terra" de duração finita no tempo infinito. (A propósito, há algumas afirmações explícitas de Hegel acerca do início e fim da Terra? Na edição de Lasson da *Encyclopedia* não encontrei nada além disso para além da rejeição das teorias da evolução. Como isso pode ser reconciliado com a finitude temporal da terra?) Além disso, por que uma terra, temporal e finita, não pode estar sujeita a cataclismos (todos os 100 milhões de anos), com repetições totais e parciais do processo histórico? Só uma concepção teleológica da natureza poderia ajudar aqui. Se a natureza não for estruturada ou ordenada em função da história, é-se levado a uma contingência ainda mais radical do que a contingência transcendental de Kant (que Hegel rejeita). (cp. 397 final – 398 topo, assim como 301, 2º parágrafo, e 434 meio, com 404 nº 1 e 432 2º parágrafo.). Mas se a filosofia da natureza é necessária, segue-se que o ateísmo tem de ser rejeitado (378).

A dedução do desejo de reconhecimento é convincente se se pressupor que toda a filosofia consiste em apreender o espírito do tempo no pensamento, quer dizer, se se pressupor que tudo está em questão. Caso contrário essa dedução é arbitrária. Por que a autoconsciência e a busca de reconhecimento não devem ser compreendidas como derivados do *zoon logon echon*?[45] A autoconsciência pressupõe desejo? Mas não será o esforço contemplativo um desejo? Todo desejo se dirige àquilo-que-não-é, mas apenas o desejo de desejo está dirigido ao não-ser enquanto tal – mas não será o reconhecimento (por exemplo, dos pais pelos seus filhos, dos mais fortes pelos mais fracos) sempre um dado?

O que faz dos seres humanos seres humanos é a luta pelo reconhecimento. Por conseguinte, os seres humanos são plenamente satisfeitos quando e apenas quando são universalmente reconhecidos. Eu vejo uma ambiguidade aqui: a) eles devem estar satisfeitos, a insatisfação com o reconhecimento universal é irracional; b) eles estão satisfeitos. Quanto a "a)" os seres humanos que são irracionais; eles conseguem destruir a vida em comunidade simplesmente racional (coisa que está implícita na p. 400, 2º parágrafo). Quanto a b) seres humanos que não estão

---

[45] "O animal racional".

satisfeitos; eles querem ser <u>felizes</u>; a sua felicidade <u>não</u> é idêntica ao fato de serem reconhecidos (cp. 334 com 435n).

O reconhecimento que os grandes homens buscam é a admiração. <u>Esse</u> reconhecimento não é necessariamente satisfeito pelo Estado-Final. O fato de os grandes feitos serem impossíveis no Estado-Final pode levar precisamente os melhores a uma negação niilista do Estado-Final. Há apenas uma forma de evitar essa consequência, a saber, a suposição platônica-hegeliana de que "os melhores" são de algum modo <u>governados</u> pelos puramente racionais, os filósofos. Dito de outra forma, apenas se a busca de reconhecimento for uma forma disfarçada da busca da plena autoconsciência ou da plena racionalidade, em outras palavras, apenas se um ser humano, na medida em que não é um filósofo, não for verdadeiramente um ser humano, apenas se alguém que levar uma vida de ação estiver essencialmente subordinado ao filósofo – quer dizer, se seguirmos Hegel mesmo onde (na minha opinião pelas razões erradas) você diverge dele: cp. 398, 1º parágrafo, com 398-400 275-279, 286-291. (Quanto a essas passagens e quanto a 293, gostaria de observar – e isso é apenas outra forma de dizer aquilo que acabei de dizer – que você parece subestimar o fato de que, na opinião de Hegel, o iluminismo refutou enquanto tal o dogma cristão. Hegel rejeitaria corretamente aquilo a que você chama de misticismo como um não conceito não aplicável à religião bíblica.) Por conseguinte, não é o reconhecimento, mas apenas a sabedoria que pode satisfazer verdadeiramente um ser humano (coisa que você naturalmente <u>também</u> diz). Consequentemente, o Estado final deve os seus privilégios à sabedoria, ao governo da sabedoria, à popularização da sabedoria (414a., 385, 387), e não à sua universalidade e homogeneidade enquanto tais. Mas se a sabedoria não se tornar uma propriedade comum as massas continuarão a ser escravas da religião, ou seja, de um poder essencialmente particular e que particulariza (cristianismo, islamismo, judaísmo...) o que significa que o declínio e queda do Estado universal e homogêneo é inevitável.

Em todo caso, se nem todos os seres humanos se tornarem sábios, segue-se então que para quase todos os seres humanos o Estado final é idêntico à perda da sua humanidade (490, 491 e 492), e eles não podem por isso estar racionalmente satisfeitos com ele. A dificuldade básica também é visível no seguinte: por um lado, é dito que nesse estágio não há mais guerras e o menor trabalho possível (de fato, no sentido estrito do termo, não há praticamente mais trabalho (145, 385, 435 n, 560), dado que a natureza foi definitivamente conquistada (301, 3º parágrafo, <u>et passim</u>). Além disso: as massas estão apenas potencialmente satisfeitas (145 ss.).

Se tivesse mais tempo do que tenho poderia enunciar de maneira mais completa, e, presumivelmente, mais clara, porque não estou convencido de que o Estado final, tal como você o descreve, possa ser a satisfação racional ou meramente factual dos seres humanos. Em nome da simplicidade hoje falo apenas do "último homem"[46] de Nietzsche.

Quando as suas viagens o trarão novamente a esta direção? Em todo caso, gostaria de ter notícias suas em breve. Com os melhores cumprimentos.

Atenciosamente,
Leo Strauss

Reli as suas últimas duas cartas – contêm, entre outras coisas, o seu juízo sobre Weil. Posso apenas repetir: raramente vi um ser humano tão vazio. Você diz que: falta-lhe qualquer coisa – eu digo: falta-lhe substância, não é mais que um tagarela ocioso.

· · · · · · · · · · · · · · · · · ·

THE GRADUATE FACULTY OF POLITICAL AND SOCIAL SCIENCE
Organizada sob a New School for Social Research
66 West 12th Street New York 11, Grammercy 7-8464

6 de dezembro de 1948.[47]

Sr. Alexandre Kojève
15 Boulevard Stalingrad
Vanves (Seine)
França

Caro Kojève:

Envio-lhe numa outra carta o meu estudo de Xenofonte. Seria possível para você resenhá-lo na *Critique* ou em qualquer outro periódico francês? Estou muito ansioso pela sua resenha porque você é um das três pessoas que terão plena compreensão de aonde estou querendo chegar.

Atenciosamente,
Leo Strauss

· · · · · · · · · · · · · · · · · ·

---

[46] Nietzsche, *Assim falou Zaratustra*, Prólogo, seção 5.
[47] Escrita em inglês.

THE UNIVERSITY OF CHICAGO
Chicago 37, Illinois
Department of Political Science

13 de maio de 1949.[48]

Caro Sr. Kojevnikoff:

Fiquei muito satisfeito em ver numa edição anterior da *Critique* que você planeja resenhar o meu *Xenofonte*. Agora vejo na contracapa da edição de abril que o seu nome desapareceu, e que, ao invés, o Sr. Weil anuncia um artigo sobre Maquiavel. Abandonou o seu plano? Muito lamentaria – entre outras coisas também porque gostaria de aproveitar a sua resenha como ocasião para um ensaio ao qual pretendi dedicar o mês de julho, e no qual iria discutir as nossas diferenças. Por favor, diga-me como estão as coisas.

Um pedido adicional: poderia dizer aos seus amigos na *Critique* para que doravante me enviem a revista para o endereço que se encontra acima. Provavelmente você sabe que no final de janeiro fui designado na Universidade de Chicago como "Professor de Filosofia Política".

Quando virá para estas bandas novamente? E como está, você e a sua Filosofia do Direito?[49]

Com os melhores cumprimentos,
Atenciosamente,
Leo Strauss

. . . .

Vanves, 26 de maio de 1949.[50]

Caro Sr. Strauss,

Muito obrigado pela sua carta do dia 13. Peço muitas desculpas por ainda não ter respondido à sua primeira carta, já bastante antiga.

Na verdade, porque ela levanta demasiadas questões importantes que não podem ser tratadas da maneira devida com uma resposta breve. Pensei sobre as questões que você levanta e tenho muito a dizer em resposta, mas nunca encontro tempo para pôr tudo por escrito.

---

[48] Escrita em alemão.
[49] A *Esquisse d'une Phénoménologie du Droit* de Kojève foi inicialmente escrita durante a guerra, em 1943, e publicada postumamente pela Gallimard, em 1982.
[50] Escrita em alemão.

Seja como for – mil agradecimentos por esse realmente mui amigável juízo sobre um livro que, quanto à sua forma, está aquém de toda crítica.

Li o seu *Xenofonte* muito atentamente e aprendi muito com ele.

Não abandonei a ideia de fazer uma resenha do livro (mas a capa da *Critique* menciona itens vindouros apenas uma vez). Até escrevi 22 (!) páginas sobre ele. Mas isso é apenas cerca de 2/3. Ora, em primeiro lugar, não sei quando escreverei as dez ou quinze páginas remanescentes; em segundo lugar, o artigo parece-me demasiado longo para a *Critique* (embora Bataille esteja pronto a imprimir qualquer coisa que eu escreva).

Em qualquer dos casos, devo enviar-lhe uma cópia datilografada assim que tiver uma. Tenho outra ideia. Poderia ser lançado um volume (possivelmente pela NRF) que combinaria a tradução francesa do diálogo, uma tradução do seu livro (sem as notas, ou, antes, sem as notas "técnicas"), e o meu artigo (que lida com o seu livro). O que pensa da ideia?

Naturalmente você tem de ver o meu artigo para poder decidir. Mas o que pensa "em princípio"? Acredito que em todo caso seria melhor lançar a tradução do seu livro conjuntamente com o texto francês do diálogo.

Por outro lado, não estou especialmente bem: cansado, rins, coração.

Muito trabalho, muito sucesso pessoal, mas realmente muito poucos resultados.

Passei um mês no Egito: muito impressionante.

Estou muito satisfeito que a questão material esteja finalmente resolvida para você. E como são os estudantes?

Com os melhores cumprimentos para você e para os seus,

Kojève

P.S. Falarei com Weil acerca da sua *Critique*.

· · · · · · · · · · · · · · · · ·

THE UNIVERSITY OF CHICAGO
Chicago 37, Illinois
Department of Political Science

27 de junho de 1949.[51]

Caro Sr. Kojevnikoff,

Muito obrigado pela sua carta. Estava muito ocupado, não conseguia responder. Hoje, logo após o começo do semestre de verão, com terrível calor e umidade, tenho um momento livre.

---

[51] Escrita em alemão.

Restrinjo-me ao problema prático. O que mais me importa é ver a sua crítica em qualquer forma legível. Espero que nesse ínterim já tenha escrito o último terço – o resto das suas 22 páginas.

Quanto à publicação, pergunto-me se os dois não serão possíveis: a) a sua revisão na *Critique*, e b) o livro que sugeriu (tradução do *Hiero*, a minha interpretação, e a sua crítica). Concordo plenamente com a ideia de um livro, mesmo antes de ter lido a sua crítica. Ficar-lhe-ia muito grato por um relatório inicial sobre como estão as coisas.

Lamento muito saber que não está fisicamente bem. Esse σωμα σημα[52] torna-se mais e mais penoso cada ano que passa – para mim também. O que é obviamente deprimente é o fato de que quanto mais envelhecemos mais claramente vemos quão pouco é que compreendemos: a escuridão vai-se adensando. É talvez uma compensação questionável que se veja mais facilmente e mais rapidamente através da falta de claridade das ideias dos tagarelas e fraudes do que nos anos passados. A εὐδαιμονία da θεωρεὶν apenas está verdadeiramente disponível ποτε, ut philosophus dixit.[53]

Quando volta a estas bandas?

Com os melhores cumprimentos, também em nome da minha mulher,

Atenciosamente,

Leo Strauss

· · · · · · · · · · · · · · · · ·

Vanves, 15 de agosto de 1949.[54]

Caro Sr. Strauss,

Por favor, perdoe-me por só responder hoje à sua carta de 27 de junho. Mas primeiro queria atender o seu pedido e dar ao manuscrito uma forma legível.

Isso só foi feito ontem: corrigi uma cópia datilografada e enviei-a para você (c/o a Universidade, com o pedido para remeter). Espero que não seja demasiado tarde, uma vez que você a queria no início de agosto.

A *Critique* quebrou: a edição de setembro é a última.

Talvez venha a publicar a minha recensão nos *Temps Modernes de Sartre*, apesar de não me apetecer fazê-lo.

---

[52] Soma sēma; Boutade grega: "o corpo é um túmulo"; ver Platão, *Górgias*, 493a 3, *Crátilo* 400c.
[53] "A felicidade da contemplação só está realmente disponível de tempo em tempo, assim diz o filósofo". Referência a Aristóteles, *Metafísica*, XII, 7, 1072b 25.
[54] Escrita em alemão.

Quanto ao artigo, estou algo insatisfeito com ele. Tive de escrevê-lo em partes e bocados, e a estrutura é por isso muito defeituosa. Quanto ao livro (Xenofonte – Strauss – Kojève), teremos de esperar até o final das férias. Assim você me informará se a ideia é atraente.

Com os melhores cumprimentos para você e para a sua mulher,

Atenciosamente,
Kojève

. . . .

THE UNIVERSITY OF CHICAGO
Chicago 37, Illinois
Department of Political Science
4 de setembro de 1949.[55]

Caro Sr. Kojevnikoff,

Os meus mais calorosos agradecimentos pelo seu ensaio, que, como pode imaginar, li imediatamente com o mais intenso dos interesses. O mero fato de <u>você</u> ter investido tanto trabalho quanto o que realmente investiu é a maior das honras que jamais me concedeu. Não posso falar da crítica substantiva de forma apressada: pretendo discutir firmemente a sua posição com a mais extrema minúcia e determinação numa ocasião pública assim que o seu artigo surja. Fico satisfeito por ver, mais uma vez, que concordamos quanto àquilo que são os problemas genuínos, problemas esses que hoje em dia são negados ou tornados triviais por todos os ângulos.

↓   ↓
existencialismo   marxismo   e   tomismo

Além disso, estou satisfeito que alguém finalmente represente a posição <u>moderna</u> de forma inteligente e com pleno conhecimento – e sem ser covardemente vago como Heidegger.

Por isso, anseio pelo momento em que será possível "juntar-me à batalha".[56] Nas semanas vindouras estou totalmente absorvido com a preparação de uma série de palestras públicas sobre o Direito Natural e História – o Sr. Maritain ministrou uma série de palestras sob os mesmos auspícios! – que devem ser publicadas no próximo ano.

---

[55] Escrita em alemão.
[56] O trecho entre aspas estava em inglês no texto.

Agora quanto à questão da publicação. Por uma série de razões, eu acolheria a ideia se o livro Xenofonte-Strauss-Kojève surgisse. Se tiver assegurado uma editora, diga-me, de modo que o lado do negócio (uma formalidade) – os direitos de autor – possa ser desde logo obtido. Quanto à tradução do *Hiero*, gostaria de assegurar que as passagens cruciais sejam traduzidas literalmente, e se necessário que a tradução possa ser alterada (suponho que queira proceder por meio de uma edição francesa já publicada – por conseguinte, também aqui o problema dos direitos de autor tem de ser resolvido). Quanto à minha contribuição, algumas notas são realmente essenciais. Se quiser, posso pô-las numa lista. Mas tudo isso requererá uma extensão de tempo. Consequentemente, pergunto-me se não será prático adiantar-se e publicar já a sua parte nos *Temps Modernes*. Eu preferiria isso. Imediatamente depois da sua publicação trabalharia na minha resposta (incluindo a propósito uma série de outras adições ao *Da Tirania*), e a publicaria. Caberá a você decidir se deseja adicionar uma resposta e possivelmente uma "palavra final" à edição francesa.

Em todo caso, diga-me em breve quais os seus planos e intenções.

Por acaso deparei-me com a *History* do Jaspers (1949):[57] um pastor protestante da Alemanha do Norte bem-intencionado, cheio de fervor e seriedade até nas relações sexuais, e que por essa mesma razão nunca alcança clareza ou firmeza.

Dê-me notícias suas em breve.

Calorosas saudações, minhas e da minha mulher,

Atenciosamente,

Leo Strauss

· · · · · · · · · · · · · · · · ·

Vanves, 10 de outubro de 1949.[58]

Caro Sr. Strauss,

Por favor, desculpe-me por apenas ter respondido às suas duas cartas hoje. Estive de férias na Espanha e regressei apenas anteontem.

À questão:

Ainda não fiz nada acerca do meu artigo. Mas tentarei publicá-lo o mais cedo possível em algum jornal. (A *Critique* está definitivamente morta.)

Ao mesmo tempo falarei com a Gallimard acerca do livro "X-St-K". Pensei em usar algumas traduções antigas, para não ter de pagar por direitos de autor. É claro

---

[57] Karl Jaspers, *Von Ursprung und Ziel der Geschichte*. Zurique, Artemis-Verlag, 1949.
[58] Escrita em alemão.

que algumas das notas também terão de ser traduzidas. Pensava realmente que apenas as notas estritamente técnicas, referências, etc., deveriam ser omitidas. Pessoalmente, gostaria muito que a sua resposta à minha crítica também pudesse ser reimpressa. Mas isso depende da editora (número de páginas, etc.)

A sua sugestão de Chicago interessa-me muito. Acredito que um contato regular com você será, não só extremamente agradável, bem como, no que me diz respeito, extremamente estimulante em termos filosóficos.

(Por favor perdoe a primeira folha manchada – não tinha notado.) Trabalharei no meu *curriculum*, vou discuti-lo com Koyré e enviá-lo para você. Não conheço nenhum "figurão". Mas consigo ser recomendado pelo:

1. Professor Wilcox (Economia), presidente da delegação americana em Londres, Nova York, Genebra, Havana, etc.

2. Pessoas locais da ECA ("Plano Marshall").

Koyré diz que não quer intervir sozinho. Mas se alguém da Universidade de Chicago lhe perguntar sobre mim, escreverá de forma favorável.

O Quai d'Orsay está muito interessado. Mas Koyré me diz que qualquer intervenção francesa oficial só prejudicaria as minhas perspectivas. É verdade?

Uma posição de professor visitante no verão dura cerca de dez semanas? Qual seria a remuneração para algo assim? Não é tanto uma questão de dinheiro quanto de prestígio.

De qualquer modo – muito obrigado pela sugestão, e por tudo o que possa empreender em meu favor.

Quanto ao artigo e ao livro, mantenho-lhe informado.

Com os melhores cumprimentos para você e para a sua mulher,

Kojève

· · · · · · · · · · · · · · · · ·

THE UNIVERSITY OF CHICAGO
Chicago 37, Illinois
Department of Political Science

14 de outubro de 1949.[59]

Caro Sr. Kojevnikoff,

Com a maior das pressas:

---

[59] Escrita em alemão.

Quanto ao seu artigo e "X-St-K", bem vejo que a inclusão da minha resposta vai aumentar o custo e atrasar muito por causa da minha terrível morosidade. Por isso: "siga em frente".[60]

Quanto ao seu vita, etc. – sinta-se à vontade para mencionar Wilcox e as pessoas da ECA de Paris. Desde que não sejam comunistas de reputação – qualquer outra idiotice é perdoável. – K<oyré> está perfeitamente certo de que uma iniciativa não solicitada da parte do Quai d'Orsay apenas pode prejudicar. Mas uma comunicação sobre você endereçada A Quem Possa Interessar (ou, preferivelmente, o equivalente francês), escrita em francês por um dos figurões nos "Affaires Étrangères", seria certamente útil: porque mostraria que não é totalmente inexperiente do ponto de vista político.

Curso de verão: isso não deveria ser uma questão de prestígio. Todos, inclusive as *prima donnas*, prostituem-se dessa forma. Acredito que terá o mesmo que Koyré teve. (Quanto eu não sei.) Não posso fazer mais nada enquanto não tiver o seu *vita*.

Com os melhores cumprimentos de nós dois,

       Atenciosamente,
       Strauss

. . . .

          Vanves, 26 de dezembro de 1949.[61]

Feliz Natal, caro Sr. Strauss,

Depois de muita reflexão (que seria muito tedioso reproduzir) decidi abandonar o projeto de Chicago. Entre outras razões, porque é um "assunto delicado". Espero que não fique contra mim. Seja como for, muito obrigado pela sugestão.

A única coisa de que realmente me arrependo é a de que não há perspectiva de uma discussão cara a cara com você sobre as questões que nos interessam num futuro próximo. Não tenho aqui, para todas as intenções e propósitos, nenhuma ocasião para discussões filosóficas.

Quanto ao nosso livro:

Queneau leu o seu livro (+ Xenofonte) e está entusiasmado. Ele também acha que o meu artigo é interessante e adequado para ser publicado. Quer absolutamente publicar o livro, e espera que seja um grande sucesso.

---

[60] Em inglês no texto.
[61] Escrita em alemão.

Porém falou com tanto entusiasmo do livro que o próprio Gallimard o quer ler conjuntamente com o meu artigo. Mas o artigo tem de ser corrigido, porque a única cópia corrigida está com Merleau-Ponty (para os *Temps Modernes*). Passará por isso algum tempo até que o contrato oficial nos seja feito.

Queneau está pronto também a publicar as notas, caso insista. No entanto, aumentaria consideravelmente o custo (por causa do grego). E receia que as notas afugentem alguns leitores e, assim, a circulação do livro.

Por outro lado, ele (e eu) agradeceríamos muito um "posfácio".

Ainda tem de ser encontrado um tradutor para o *Hiero*, assim como para o seu livro. O honorário do tradutor provavelmente sairá do seu honorário. Quanto a nós dois, dividiremos o honorário na proporção do número de páginas. Tem alguma objeção contra essa sugestão?

Gostaria de saber o que pensa do meu ensaio. Eu próprio estou algo insatisfeito. Escrevi-o sob difíceis circunstâncias, com grandes interrupções: como resultado, é amplo e, ao mesmo tempo, impreciso. Mas não tenho nem o tempo nem a inclinação para nele trabalhar mais. Ou acredita ser realmente <u>necessário</u> fazê-lo?

Com os melhores cumprimentos para você e para os seus.

Kojève

· · · · · · · · · · · · · · · · · ·

THE UNIVERSITY OF CHICAGO
Chicago 37, Illinois
Department of Political Science

18 de janeiro de 1950.[62]

Caro Sr. Kojevnikoff,

Acabei de receber a sua carta de 26 de dezembro.

Lamento <u>muito</u> que não nos encontremos por enquanto. Eu também nunca tenho oportunidades para discussões περί τῶν μεγίστων τε καί καλλίστων.[63]

Fiquei muito contente com as notícias sobre o livro. Para começar com as questões de trabalho: a minha editora possui os direitos, eu não. A situação é diferente no que toca ao Posfácio, visto que o estou escrevendo sozinho. Por razões que são demasiado

---

[62] Escrita em alemão.
[63] Peri tōn megistōn te kai kallistōn; "acerca das coisas maiores e mais belas coisas".

enfadonhas, proponho que fique com o honorário do Posfácio em seu nome, e depois de subtrair as taxas e por aí afora que o transfira para os meus familiares em Paris.

Acho que a sua crítica é clara e que tem muito significado; revisões do estilo da escrita podem ser desejáveis, mas isso é algo acerca do qual não tenho opinião, porque não sei francês suficientemente bem.

As notas podem ser, na maioria dos casos, omitidas, <u>exceto</u> algumas que são interessantes.

Assim que a questão for resolvida e tiver algum ócio escreverei o Posfácio em <u>inglês</u>. Suponho que a editora não terá nenhuma objeção se eu publicar o Posfácio numa revista americana: afinal, também será um pouco de publicidade para o livro.

Entretanto, comecei a preparar seis palestras sobre o Direito Natural e História: o progresso é extremamente lento. Estou trabalhando na primeira palestra, uma crítica sumária do historicismo (= existencialismo).

Você já leu a *Conquest of Mexico* e a *Conquest of Peru* de Prescott? Uma história mais fabulosa do que qualquer conto de fadas.

Com os melhores cumprimentos da minha mulher e meus,

Atenciosamente,

Strauss

. . . .

THE UNIVERSITY OF CHICAGO
Chicago 37, Illinois
Department of Political Science

24 de março de 1950.[64]

Caro Sr. Kojevnikoff,

A minha editora enviou-me a carta que a Gallimard (Mascole) escreveu. Demorará um pouco até que as formalidades sejam resolvidas (outra editora está em vias de se apoderar da publicação do meu livro). Mas essa formalidade não deverá atrasar o procedimento substantivo. Pessoalmente atribuo importância a apenas duas coisas: (a) gostaria de ver a tradução da minha parte antes de ser datilografada; (b) os direitos de tradução estão limitados à tradução para francês. (Quer dizer, nenhuma tradução do francês para qualquer outra língua é permitida.) Seria desejável não atrasar o lançamento da tradução. O aspecto financeiro desse trabalho (uma remuneração fixa de $ 150.00) está ok.

---

[64] Escrita em alemão.

Já viu o *Holzwege* de Heidegger? Deveras interessante, muita coisa extraordinária, e no todo mau: o mais extremo historicismo.

Como está? Escreva em breve.

Atenciosamente,
Leo Strauss

· · · · · · · · · · · · · · · · ·

République Française

Ministère des Finances
Et Des
Affaires Économiques
Secrétariat d'État
Aux Finances
(Affaires Économiques)
41 Quai Branly, Paris VIIè

Paris, 9 de abril de 1950.[65]

Caro Sr. Strauss,

Por favor, perdoe-me por responder apenas agora à sua carta de 24 de março. Estive com Queneau. Diz que nem é preciso falar das suas duas condições. Koyré tem um tradutor em vista. Espero que o trabalho comece em breve. Poderá indicar as notas que devem ser traduzidas e impressas?

Por outro lado, Merleau-Ponty não quer publicar o meu artigo nos *Temps Modernes*. O pretexto é o de que os *T\<emps\> M\<odernes\>* não publica resenhas. De fato, ele recusa-se a publicar por razões substantivas, como se fica evidente na sua carta a Weil.

Consigo compreendê-lo. Com efeito, digo no artigo que aquilo que Merleau-Ponty, entre outros, faz está política e filosoficamente desprovido de sentido.

Ainda não li o *Holzwege*. Mas vou fazê-lo.

Suponho que a questão legal entre a sua editora e Gallimard esteja resolvida, e que não preciso me preocupar com ela.

Com os melhores cumprimentos,

Kojève

· · · · · · · · · · · · · · · · ·

---

[65] Escrita em alemão.

THE UNIVERSITY OF CHICAGO
Chicago 37, Illinois
Department of Political Science

26 de junho de 1950.[66]

Caro Sr. Kojevnikoff,

Por favor, desculpe o meu longo silêncio – mas todo o inferno andava à solta. Entretanto, assinei o contrato com a Gallimard. Trago-lhe agora a sugestão de um tradutor. Victor Gourévitch, um dos meus estudantes, que frequentará neste outono a Sorbonne com uma bolsa da University of Chicago e, aparentemente, sabe francês muito bem, ofereceu-se para fazer a tradução – independentemente de quanto vier a receber da editora. Considero absolutamente adequado que ele receba a compensação usual da editora, e ficaria muito grato se conseguisse tratar disso – no caso de ainda não ter sido encontrado nenhum tradutor que tenha começado a trabalhar. Gourévitch teria a seguinte grande vantagem: estará em Chicago por mais algumas poucas semanas, e poderia discutir os problemas da tradução em detalhe com ele. Em todo caso, peço-lhe <u>seriamente</u> que diga o <u>quanto antes</u> se essa combinação é aceitável. Também pelas seguintes razões: no caso de a tradução ser terminada em <u>breve</u>, teria de começar a trabalhar na minha crítica da sua crítica o quanto antes. Tenho três de quatro compromissos urgentes neste verão e, por isso, teria de planejar.

Como gostaria de falar com você περὶ ἀρχῶν (assim como περὶ ἀρχὴν).[67] Estive mais uma vez lidando com o Historicismo, quer dizer, com Heidegger, o único historicista <u>radical</u>, e acredito ver alguma luz. Por outro <...>, isto é, num plano em última análise desinteressante, a posição de Heidegger é o último refúgio do nacionalismo: o Estado, até a "cultura", é eliminado – tudo o que permanece é a língua – com, é claro, as modificações que se tornaram necessárias como consequência de 1933-1945.

Já viu *The Young Hegel* de Lukácz? Stalinismo ortodoxo em pensamento e escrita, mas útil enquanto corretivo para os estudos wilhelmianos de Hegel. Dei uma olhada em Lênin e Engels – intragável e cômico.

Com os melhores cumprimentos,

Atenciosamente,
Leo Strauss

. . . .

---

[66] Escrita em alemão.
[67] "Sobre os princípios (ou sobre o início)"; em letras gregas no texto.

THE UNIVERSITY OF CHICAGO
Chicago 37, Illinois
Department of Political Science

28 de julho de 1950.[68]

Caro Sr. Kojevnikoff:

Muito obrigado pela informação acerca do Stephano.

Quanto à minha Conclusão e ao Posfácio, pretendo escrevê-los em agosto, porque durante o ano acadêmico é muito difícil concentrar-me num assunto. Porém, visto que também tenho de frequentar um número de outras coisas, gostaria de me debruçar sobre o Posfácio apenas quando for razoavelmente certo que tudo será completado e lançado no ano acadêmico de 1950-1951. Caso contrário, adiaria a escrita do Posfácio para o verão seguinte (1951). Em que ponto da situação estamos (a) no que diz respeito à tradução do *Hiero* de Xenofonte? Não há uma na *Collection Budé*, por exemplo? (b) Quando Stephano pensa terminar? (c) É a versão da sua crítica que me enviou a versão definitiva? Se não for, teria de esperar até ter a versão definitiva. Em qualquer dos casos, peço-lhe muito que responda a essas três questões <u>por correio aéreo</u> – por minha conta, de modo que eu saiba como planejar o meu tempo em agosto.

Poderá interessar-lhe saber que Klein se casou com a nora de Husserl.

Espero que esteja bem.

Os melhores cumprimentos como sempre,

Atenciosamente,
Leo Strauss

• • • • • • • • • • • • • • • • •

THE UNIVERSITY OF CHICAGO
Chicago 37, Illinois
Department of Political Science

5 de agosto de 1950.[69]

Caro Sr. Kojevnikoff,

No reverso desta folha encontrará a lista das notas que gostaria de incluir na tradução. Apreciaria muito que o tradutor pudesse indicar no seu Posfácio ou noutro lugar que o original inglês contém muitas outras notas que são omitidas na tradução francesa.

---

[68] Escrita em alemão.
[69] Escrita em alemão.

Faço planos de começar a trabalhar no Posfácio amanhã.
Com os melhores cumprimentos,

       Atenciosamente,
       Leo Strauss

Introdução	nota 5
III O cenário	
A. <u>Os personagens e as suas identidades</u>	notas 14, 31, 32, 44, 46
B. <u>A ação</u>	notas 51, 61, 65
C. <u>O uso de termos característicos</u>	nota 6, <u>omitir a última frase</u>.
IV O Ensinamento da Tirania	notas 25, 34, 46; 57; 50 <u>mudar a referência,</u> "cf. IIIA, nota 44 acima", e <u>omitir</u> a referência no <u>final</u> da nota.
V Os dois Modos de Vida	nota 47 <u>omitir</u> "(veja-se IIIB, nota 12 acima)"; 59; 70 <u>omitir</u> "e as passagens indicadas em IV, nota 45 acima")
VI Prazer e Virtude	nota 49
VII Piedade e Lei	nota 10

. . . .

THE UNIVERSITY OF CHICAGO
Chicago 37, Illinois
Department of Political Science

14 de setembro de 1950.[70]

Caro Sr. Kojevnikoff,

No envelope, o Posfácio. Chamei-o de Reafirmação, porque considero que o problema está inteiramente em aberto – "Posfácio" criaria a impressão de um fim – e, <u>acima de tudo</u>, porque gostaria <u>muito</u> de <u>responder</u>. Ele deve esclarecer as dificuldades nas quais o leitor da sua *Introduction* se emaranha. Se o meu ataque tiver êxito em fazê-lo esclarecer o que está pouco claro, ficarei muito satisfeito.

---

[70] Escrita em alemão.

Infelizmente, tenho novamente de fazer alguns pedidos. Em primeiro lugar, gostaria de ter a garantia da Gallimard de que retenho os direitos de autor do original inglês da *Reafirmação* ou, mais precisamente, que venha apenas a requerer os direitos da tradução francesa. Em segundo lugar, por várias razões é necessário que a dedicatória e a epígrafe (de Macaulay) sejam retidas na edição francesa.

Suponho que Stephanopoulos também me deixe ver a tradução da *Reafirmação*.

Ficaria muito agradecido por uma resposta em breve.

Como está?

Com os melhores cumprimentos,

Atenciosamente,
Leo Strauss

. . . .

Vanves, 19 de setembro de 1950.[71]

SECRÉTARIAT D'ÉTAT AUX AFFAIRES ÉCONOMIQUES

Caro Sr. Strauss,

Muito obrigado pela sua carta e pela *Reafirmação*. (Aprecio muito o título; só não sei traduzi-lo para o francês!)

Estive três semanas na Espanha e recebi a sua carta no dia em que regressei a Paris.

Li imediatamente sua resposta, e com grande interesse. Naturalmente, teria muito a dizer, mas também temos de deixar alguma coisa para o leitor: ele deve continuar a pensar por si.

Concordo plenamente com a conclusão. Poderia ainda ser mais claro dizer que a diferença fundamental quanto à questão do ser pertence não só à questão do critério da verdade, mas também à do bem e mal. Apela à consciência moral para refutar ao meu argumento-critério. Mas um é tão problemático quanto o outro. Será que Torquemada ou Dzerzhinski tinham "más consciências"?![72] O Estado universal e homogêneo é "bom" apenas porque é o <u>último</u> (porque nem a guerra nem a revolução podem ser concebidas dentro dele: – mera "insatisfação" não é suficiente, também é preciso armas!).

---

[71] Escrita em alemão.
[72] Torquemada (1420-1498), chefe da Inquisição espanhola; F. E. Dzerzhonski (1877-1926) organizou a Política Secreta Soviética (Cheka, posteriormente OGPU, depois NKVD e em seguida KGB) com a instrução de Lênin. Tanto Torquemada como Dzerzhinski se tornaram conhecidos pela sua crueldade desumana.

Além disso, "não humano" pode querer dizer "animal" (ou, melhor – autômato) assim como "Deus". No estado final não há naturalmente mais "seres humanos" no nosso sentido de um ser humano histórico. Os autômatos "saudáveis" estão "satisfeitos" (desporto, arte, erotismo, etc.) e os "doentes" são trancados. Os que não estão satisfeitos com as suas "atividades sem propósito" (arte, etc.) são os filósofos (que podem obter a sabedoria se "contemplarem" o suficiente). Ao fazê-lo tornam-se "deuses". O tirano torna-se um administrador, um dente de engrenagem na "máquina" formada pelos autômatos para os autômatos.

Tudo isso me parece algo "clássico". Com a diferença de que, segundo Hegel, nada disso está certo desde o início, mas só se torna certo no final.

Ora, nesse ínterim passei a compreender algo de novo melhor que antes.

Os seres humanos agem apenas para poder falar sobre isso (ou para ouvir falar disso) [inversamente: só podemos falar de ação; sobre a natureza podemos apenas permanecer [matematicamente, esteticamente, etc.] em silêncio. A ação histórica leva necessariamente a um resultado específico (por conseguinte: dedução), mas as formas que levam a esse resultado são variadas (todos os caminhos levam a Roma!). A escolha entre essas formas é livre, e essa escolha determina o conteúdo dos discursos acerca da ação e do significado do resultado. Em outras palavras, em termos materiais <i.e., factuais> a história é única, a história contada <i.e., narrada> pode ser extremamente variada, dependendo da livre escolha de como agir. Por exemplo: se os ocidentais permanecerem capitalistas (quer dizer, também nacionalistas), eles serão derrotados pela Rússia, e é assim que se realizará o Estado-Final. Se, porém, "integrarem" as suas economias e políticas (estão em vias de fazê-lo), podem derrotar a Rússia. E é assim que o Estado-Final será atingido (o mesmo Estado universal e homogêneo). Mas no primeiro caso será falado em "russo" (com Lysenko, etc.) e no segundo caso – em "europeu".

Quanto a mim, cheguei a Hegel via a questão do critério. Vejo apenas três possibilidades:

(a) "A intuição das essências" de Platão-Husserl (na qual não acredito [pois é preciso acreditar nela]); (b) relativismo (no qual não podemos viver); (c) Hegel e a "circularidade". Se, no entanto, assumirmos a circularidade como o único critério de verdade (incluindo da moral), então todo o resto se segue automaticamente.

Por um momento acreditei numa quarta possibilidade: a natureza é "idêntica", por conseguinte, o critério clássico pode ser retido para a natureza. Mas agora acredito que podemos apenas permanecer em silêncio sobre a natureza (matemática). Portanto: ou se fica "classicamente" em silêncio (cp. *Parmênides* e

Carta VII, de Platão) ou se fala da "maneira moderna" (Pierre Bayle), ou, ainda, somos hegelianos.

Mas – como disse – tudo isso pode ser deixado para o leitor. Em si mesma, a *Reafirmação* parece-me muito sensata e útil. Há apenas uma passagem no seu texto que lhe pediria para alterar ou riscar.

Refiro-me à p. 13: "Kojève nega... (*Hiero* II. 11 e II.14)".[73]

A passagem pressupõe um mal-entendido, e estou perfeitamente pronto para melhorar o meu texto a fim de[74]

. . . .

THE UNIVERSITY OF CHICAGO
Chicago 37, Illinois
Department of Political Science

28 de setembro de 1950.[75]

Caro Sr. Kojevnikoff,

Muito obrigado pela sua carta. "Reafirmação" poderá ser traduzida por algo como "reformulação"? Ou com uma expressão composta como "Uma Segunda Enunciação"? Se <u>não</u> houver alternativa, aceitaria "Réplique" ou alguma coisa assim.

Estava ciente de que alguns dos seus argumentos são algo exotéricos, e respondi-lhes de forma exotérica. Muito além disso, permanece a questão de saber se o entendi ou você a mim em todos os pontos. Assim, por exemplo, não acredito que as considerações que aduz na sua carta sejam suficientes para mim. Mas isso nos levaria muito longe (começo do ano acadêmico).

Quanto à p. 13 da Reafirmação (Hitler), estou perfeitamente pronto para riscar as três frases no meio do parágrafo: "Como é mostrado pela sua referência... sob o seu governo". Mas <u>não posso</u> aceitar a sua sugestão de substituir "boa tirania" por alguma outra expressão. Naturalmente eu sabia que Stálin foi um <u>camarada</u>: veja quão moderno Xenofonte é até nisso.

Por favor, não se esqueça de lembrar Queneau sobre os direitos de autor da *Reafirmação*.

---

[73] Parece ser uma referência ao parágrafo na p. 188 ss. Acima.
[74] A carta termina neste ponto; ao menos uma folha está faltando.
[75] Escrita em alemão.

Um dos meus estudantes – Gourévitch – tentará se comunicar com você. Está muito impressionado com a sua *Introduction*.

Viu as coisas de Lukácz?

Com os melhores cumprimentos,

Atenciosamente,
Leo Strauss

• • • • • • • • • • • • • • • •

THE UNIVERSITY OF CHICAGO
Chicago 37, Illinois
Department of Political Science

19 de janeiro de 1951.[76]

Caro Sr. Kojevnikoff,

Com toda a pressa – o que aconteceu com a tradução? E: e como estão as coisas em relação ao meu direito de publicar agora o inglês original da Reafirmação? Não duvido de que tenha esse direito, mas gostaria de tê-lo confirmado pela editora.

Como estão as coisas com você? Ouvi falar sobre você e sobre a sua perspectiva política a partir do Bertrand de Jouvenel,[77] que está aqui agora, estima-o muito, e também estima muito o seu livro, mas não sabia que você, o executivo, são um e o mesmo que você, o autor do livro.

Posso pedir-lhe por uma resposta expedita?

Com os melhores cumprimentos,

Atenciosamente,
Leo Strauss

• • • • • • • • • • • • • • • •

---

[76] Escrita em alemão.
[77] Bertrand de Jouvenel (1903-1987), jornalista político e autor de obras de teoria política; sobre a sua carreira, Ver Zeev Sternhell, *Neither Right nor Left*. University of California Press, 1986, passim.

THE UNIVERSITY OF CHICAGO
Chicago 37, Illinois
Department of Political Science

22 de fevereiro de 1951.[78]

M. Alexandre Kojève,
15 bd. Stalingrad
Vanves (Seine), França

Caro M. Kojève:

Muito obrigado pela sua carta de 5 de fevereiro. É impossível reabrir através de cartas a longa controvérsia entre nós. Temos novamente de tentar em versão impressa.

Estou escrevendo-lhe hoje a propósito da nossa publicação. A NRF confirmou aquilo que você escreveu na sua carta. Muito obrigado por isso. Mas agora surgiu outro problema. Estou muito pressionado pelo meu tempo, e penso se deveria delegar a correção da tradução ao Victor Gourévitch. Tenho plena confiança no seu domínio da língua bem como na sua diligência. Esse procedimento teria o valor adicional de que, no caso dos erros óbvios cometidos pelo tradutor, a coisa seria imediatamente resolvida num café, e não se teria de mover instalações transatlânticas para resolver esse problema. Gourévitch poderia me escrever nos poucos casos em que ele mesmo não se sentir bastante seguro sobre a tradução adequada. (O endereço dele é American Wing, Cité Universitaire, University of Paris, Paris, France.) Se isso pudesse ser tratado, seria tirado um grande peso de cima do meu peito. Nenhum problema de natureza financeira nos incomodaria no que diz respeito a essa solução. Gourévitch me disse que gostaria de fazer esse trabalho. Ficaria muito agradecido se me dissesse o que pensa da minha ideia.

Muito atenciosamente,

Leo Strauss

LS/mkm

. . . .

---

[78] Datilografada em inglês.

THE UNIVERSITY OF CHICAGO
Chicago 37, Illinois
Department of Political Science

17 de julho de 1952.[79]

Caro Sr. Kojevnikoff:

Ontem lhe enviei um ensaio e o meu pequeno livro *Perseguição e a Arte de Escrever*. Você está familiarizado com alguns dos conteúdos. Você me faria o favor de chamar a atenção da *Critique* ou de alguma outra para ele?[80]

Como está *La tyrannie et la sagesse*?

Diverti-me muito com a sua resenha de Queneau.[81] Gostei particularmente do seu sensato comentário acerca das mulheres velhas ou dos adolescentes que se autoapelidam de filósofos e saboreiam a sua condição "trágica" ao invés de se esforçarem como pessoas sensatas.

Com os melhores cumprimentos,

Atenciosamente
Leo Strauss

. . . .

RÉPUBLIQUE FRANÇAISE

SECRÉTARIAT D'ÉTAT
AUX FINANCES
ET AUX
AFFAIRES ÉCONOMIQUES

Paris, 11 de agosto de 1952.[82]

Caro Sr. Strauss,

---

[79] Escrita em alemão.

[80] *Persecution and the Art of Writing* (The Free Press, 1952) foi resenhado por Yvon Belaval no texto entitulado "Pour une sociologie de la philosophie", em *Critique*, outubro 1953, *68/69*: 853-866; Strauss comenta a resenha de Belaval assim como a de George H. Sabine em "On a Fogotten Kind of Writing", *Chicago Review*, 1954, 8: 64-75, reimpresso em *Independent Journal of Philosophy*, 1978, 2: 27-31.

[81] A. Kojève, "Les Romans de la Sagesse". *Critique*, maio 1952, 8: 387-397.

[82] Escrita em alemão.

Muito obrigado pela sua carta e livro que chegaram anteontem. Li a resenha;[83] o homem não parece ter sido um grande filósofo; com o que você diz, estou de pleno acordo. Quanto à *Tirania*, não sei de nada. Um dos seus plenipotenciários deveria lidar com isso. O livro será seguramente publicado mais cedo ou mais tarde. E onde as "questões eternas" estão envolvidas a pressa excessiva está fora do lugar!

Estou no processo de transformar a minha palestra "O Conceito e Tempo" em livro. Já escrevi cerca de 150 páginas, mas isso mal chega à metade. Até agora correu mais ou menos bem, porque estava lidando com "grandes desconhecidos": Parmênides, Platão, Aristóteles, Hegel. Mas agora é a vez do Sr. Kojève, e este é um assunto mais delicado.

Pelo menos tenho três semanas de sossego. No resto do tempo posso trabalhar (escrever) apenas aos domingos, e fazer progressos ao redigir somente doze a quinze páginas todos os domingos. Será um livro ilegível. Se apenas houvesse alguma coisa nele!

Com os melhores cumprimentos,

Atenciosamente
Kojève

• • • • • • • • • • • • • • • • •

SECRÉTARIAT D'ÉTAT
AUX
AFFAIRES ÉCONOMIQUES

RÉPUBLIQUE FRANÇAISE

Paris, 29 de outubro de 1953.[84]

Caro Sr. Strauss,

Muito obrigado pela sua *Lei Natural*.[85] (Confiei a questão da *Critique* ao Sr. Weil.) Obtive o livro há alguns dias, e ainda não o li por inteiro. Mas já vi que é excelente. Vemos claramente o que está em jogo. Gostaria de resenhá-lo na *Critique*. Mas estou escrevendo um livro, e só tenho os fins de semana à minha disposição. Por isso...

Quanto à questão, apenas posso continuar a repetir a mesma coisa. Se existir alguma coisa como uma "natureza humana", então você está seguramente certo em tudo. Mas deduzir a partir de premissas não é a mesma coisa que provar essas premissas. E inferir premissas a partir de consequências (em qualquer caso questionáveis) é sempre perigoso.

---

[83] Provavelmente ("On Collingwood's Philosophy of History". *The Review of Methaphysics*, 1952, 5: 559-86.
[84] Escrita em alemão.
[85] Presumivelmente *Natural Right and History*. University of Chicago Press, 1953. [Edição brasileira: *Direito Natural e História*. São Paulo, WMF Martins Fontes, 2014.]

A sua citação da Bíblia acerca da terra dos pais[86] já é muito problemática. A partir dela podemos, é claro, deduzir uma condenação da coletivização na URSS e noutros lugares. Mas com ela também se justifica a preservação permanente da existência esfomeada animalesca de um camponês chinês (antes de Mao Tse-Tung). Etc., etc.

Mas tudo isso dificilmente é filosofia. A tarefa da filosofia é resolver a questão <u>fundamental</u> no que diz respeito à "<u>natureza</u> humana". E, a esse respeito, surge a questão de saber se não há uma <u>contradição</u> entre falar de "éticas" e "dever-ser", por um lado, e de nos conformarmos a uma natureza <u>humana</u> "dada" ou "inata", por outro. Pois os animais, que têm inquestionavelmente essa <u>natureza</u>, não são moralmente "bons" ou "maus", mas no máximo <u>saudáveis</u> ou <u>doentes</u>, e <u>selvagens</u> ou <u>treinados</u>. Podemos por isso concluir que é precisamente a antropologia antiga que levaria ao <u>treino</u> em massa e à <u>eugenia</u>.[87]

A antropologia "moderna" leva à anarquia moral e a um "existencialismo" insípido apenas se supormos, Deus sabe por quê, que o homem pode estabelecer valores humanos. Mas se, com Hegel, supormos que em algum momento ele <u>regressa</u> ao seu início (ao deduzir aquilo que <u>diz</u> do mero fato de <u>que</u> <u>fala</u>), então de fato há uma "ética" que prescreve que se faça tudo o que leve a <u>esse</u> fim (= sabedoria), e que condene tudo o que o impede – também no domínio político do progresso para o "Estado universal e homogêneo".

Com os melhores cumprimentos,

                        Atenciosamente,

                        Kojève

. . . .

---

[86] O rei Ahabe cobiça a vinha do seu vizinho Nabote, que se recusa a dá-la ao rei porque "O Senhor proibiu-me de te dar a herança dos meus pais". *1 Reis* 21,1-3, citado na epígrafe de *Natural Right and History*. A sequência da história de Ahabe e Nabote lida diretamente com o ponto em questão entre Strauss e Kojève.

[87] Massen*dressur* und Volks*hygiene*.

THE UNIVERSITY OF CHICAGO
Chicago 37, Illinois
Department of Political Science
28 de abril de 1954.[88]

M. Alexandre Kojève
15 Blvd. Stalingrad
Vanves (Seine)
France

Caro Kojève:

Recebi nosso livro.[89] Dei uma olhada na tradução das minhas seções e ela às vezes é muito satisfatória e outras menos. De todo modo quem é Hélène, e o que aconteceu a Stephano? Sugiro que peça a Queneau que envie uma cópia revisada ao professor Karl Loewith, Philosophisches Seminar, Heidelberg University. Loewith terá alguma compreensão da questão controversa entre mim e você.[90]

Planejo estar em Paris durante a segunda metade de junho. Estou ansioso por vê-lo. Espero que esteja por aí.

Cordialmente,
Leo Strauss

. . . .

[88] Escrita em inglês.
[89] *De la Tyrannie, par Leo Strauss; traduit de l'anglais para Hélène Kern, Précédé de Hiéron, de Xénophon, et suivi de Tyrannie et Sagesse par Alexandre Kojève.* Les Essays LXIX. Paris, Gallimard, 1954.
[90] Karl Löwith (1897-1973), pupilo de Husserl e Heidegger, ensinou em Marburg até 1934, quando foi forçado a deixar a Universidade. Viveu dois anos em Roma com uma bolsa da fundação Rockefeller, passou a ensinar na Universidade de Sendai no Japão, no Hardfort (CT) Seminary da New School for Social Research, e em 1952 aceitou a cátedra de professor na Universidade de Heidelberg. Os seus extensos escritos, primariamente sobre Hegel, Nietzsche e Heidegger, foram compilados em nove volumes *Sämmtliche Schrifen* (J. B. Metzler, Stuttgard, 1981-1988). A sua correspondência com Strauss aparece em *The Independent Journal of Philosophy*, 1983, 4: 107-08; 1988, 5/6: 177-91. O admirável livro de memórias que escreveu em 1940, *Mein Leben in Deutschland vor und nach 1933. Ein Bericht*, foi descoberto e publicado postumamente (Metzler, 1986).

THE UNIVERSITY OF CHICAGO
Chicago 37, Illinois
Department of Political Science

4 de junho de 1956.

Caro M. Kojève,

Soube pelo Tommy que você também não está bem. Eu próprio estou me recuperando lentamente da trombose coronária, então o nosso estado é similar e por isso suponho que muitos pensamentos similares estejam atravessando o nosso pensamento. É uma pena que tenhamos perdido o contato quase completamente. A única ligação no momento é Allan Bloom,[91] que em algumas ocasiões me lembra as nossas consideráveis discordâncias bem como a nossa concordância mais fundamental. Deploro que não tenha conseguido falar contigo em junho de 1954, quando estive em Paris. Mas, à parte o fato de que tivemos de correr para a Suíça, fiquei algo desagradado com a companhia com que me encontrei ao encontrar contigo, um indivíduo que é realmente uma das pessoas mais desagradáveis com as quais cruzei. Falo, é claro, de Weil e não de Koyré. Por sugestão de Pines[92] li o livro dele que reafirma de forma um pouco mais ordenada a sua tese, mas com uma completa ausência de honestidade intelectual: a diferença entre Hegel e o seu neo-hegelianismo não é mencionada em parte alguma. Eu chamaria o livro: *Prolegomena zu einer jeden künftigen Chuzpa die als absolutes Wissen wird auftreten können*.[93] Veja que, embora esteja possivelmente prestes a morrer, ainda tento manter a bandeira erguida. Desejo-lhe uma recuperação rápida e completa e desejo que nos possamos ver sozinhos ou em boa companhia. Os possíveis locais do nosso encontro, se é que podem ser alguns, estão na sua opinião, se não

---

[91] Allan Bloom (1930-1992), professor falecido e participante do Commitee on Social Thought, da Univesidade de Chicago; autor de *The Closing of the American Mind*. Simon and Schuter, 1987 [Em edição brasileira: Allan Bloom, *O Declínio da Civilização Ocidental*. Rio de Janeiro, Best Seller, 1989]; e de *Love and Friendship*. Simon & Schuster, 1993.
[92] Schlomo Pines (Paris 1908-1989), historiador da filosofia e da ciência. Professor da Universidade Hebraica de Jerusalém; (*Collected Works*, 2 vols. Jerusalém, The Magnes Press, 1979). Pines e Strauss colaboraram numa edição do *Guia dos Perplexos* de Maimônides (Ver a carta de 25 de janeiro). Ver também Schlomo Pines, *The Independent Journal of Philosophy*, 1988, 5/6, 169-71. Ver ainda Shlomo Pines, "On Strauss", (traduzido do hebraico por A. L. Motzkin), *The Independent Journal of Philosophy* (1988), 5/6; 169-171.
[93] Prolegômenos para qualquer futuro chutzpah que possa apresentar-se como um conhecimento absoluto.

tiverem mudado, restritos a certa parte da superfície da terra. Tenho a mente mais aberta a esse respeito. Se vir Koyré, por favor, passe-lhe os meus cumprimentos.

Cordialmente,
Leo Strauss

. . . .

Vanves, 8 de junho de 1956.[94]

Caro Sr. Strauss,

A sua carta trouxe uma desagradável surpresa: não sabia que estava – ou ainda está – doente. Embora tenha visto Gildin[95] muitas vezes (ministrei-lhe várias palestras alongadas), ele não me disse nada acerca disso. Nem Koyré, que pode não ter conhecimento de nada.

Seja como for, estou muito satisfeito que o perigo tenha ficado para trás.

Sim, está certo, pensamos seguramente sobre as mesmas coisas. E estou certo de que estamos plenamente de acordo em que, nessa situação, a filosofia – se não for um "consolo" – é não obstante tão fiável e agradável como sempre. Em todo caso, não desejo dar palestras em línguas mortas, com ou sem acompanhamento musical.

Incidentalmente, o meu médico parece ter abandonado a hipótese de ser câncer em favor (?!) de uma tuberculose.

Seja como for, nunca mais poderei ir ao Ministério (senão apenas pela recusa do médico oficial em me deixar trabalhar lá). Limito-me por isso a conversas por telefone e a algumas visitas oficiais. Dessa forma tenho mais ócio e – em conformidade com o modelo antigo – dedico-o à filosofia (que de qualquer forma nunca abandonei completamente). Trabalho novamente de quatro a cinco horas por dia no meu livro ou, antes, na sua introdução, ou, ainda mais precisamente, na sua Terceira Introdução, que pretende ser uma forma geral de história da filosofia.

<u>Falei</u> de filosofia apenas com os seus dois pupilos americanos (?). Devo dizer que, no que diz respeito ao "eros" filosófico e à "decência" humana, os dois jovens estão OK. Devem dever isso a você.

---

[94] Escrita em alemão.

[95] Hilail Gildin (1929-), professor de Filosofia da Queens College; editor e fundador de *Interpretation*; editou, com uma Introdução, *An Introduction to Political Philosophy: Ten Essays by Leo Strauss*. Wayne State University Press, 1989 [Em edição brasileira: Leo Strauss, *Uma Introdução à Filosofia Política*. Trad. Élcio Verçosa Filho. São Paulo, É Realizações, 2016]; autor de *Rousseau's Social Contract, The Design of the Argument*. The University of Chicago Press, 1983.

Quanto a Weil, você está certo. Durante algum tempo tenho sido incapaz de "discutir" com ele; e também não tenho interesse em fazê-lo.

Também lamento muito que não tenhamos falado um com o outro. A atmosfera era de fato muito desagradável, e eu também...

No que diz respeito a onde e quando, neste momento é impossível dizer alguma coisa: estou confinado ao meu quarto por cinco a seis meses (se tudo correr "bem".) Se pensa em vir a Paris, seria naturalmente muito fácil encontrarmo-nos.

Bloom poderá ter-lhe falado acerca da Terceira Parte do meu livro ("Lógica", ou como quer que possa ser chamada). Nesse ínterim, fiz algum progeso. Seja como for, do meu lado há material para "discussão"...

Com os melhores cumprimentos

                        Atenciosamente,
                        Kojève

. . . .

Paris, 11 de abril de 1957.[96]

Caro Sr. Strauss,

Há alguns dias li uma transcrição da sua palestra St. John sobre o *Eutífron*,[97] que o Sr. Hazo me emprestou. Embora já faça algum tempo que não releio o *Eutífron*, lembro-me do texto bastante bem. Tenho a impressão de que a sua interpretação está inteiramente correta. Mas num ponto da sua palestra reparei numa possível diferença de opiniões entre nós. Especificamente, no ponto em que menciona o famoso retrato do filósofo no *Teeteto*. De fato você diz, em relação a ele, que o texto não é totalmente unívoco. Mas parece-me que não compartilha a minha "interpretação" irônica da passagem inteira.

Como já lhe havia escrito [a propósito: chegou a receber a minha longa carta sobre Platão? Enviei-a registrada por correio terrestre, provavelmente no início do ano ou no final de 1956?], parece-me que Platão alinha-se completamente com a "Criada Trácia" (que, a propósito, é uma moça bonita e ri de forma muito bela) [a observação irônica acerca de "olhar para cima" também pode ser encontrada, deixando de lado a *República*, no Alcibíades I]. E a interpretação parece-me que assenta muito bem na

---

[96] Escrita em alemão; as citações de Salústio estão em francês.
[97] "On the *Euthyphron*", publicado em Leo Strauss, *The Rebirth of Classical Political Racionalism*. Editado por Thomas Pangle. The University of Chicago Press, 1989, p. 187-206.

sua interpretação do *Eutífron*. Nomeadamente, desta forma: "a justiça sem conhecimento" (à maneira de Eutífron) é tão questionável ou não filosófica como "o conhecimento sem justiça" (à maneira de "Tales", quer dizer dos "eruditos" ou os "teóricos" no geral, pessoas como Teeteto ou Eudoxo, e até Aristóteles; pessoas que não sabem quem é o seu vizinho e como é que ele vive não podem naturalmente praticar a justiça; mas, no final da passagem de Tales, Sócrates diz que tudo depende da justiça); pois a filosofia é "conhecer a justiça" ou "conhecer de forma justa". [Ou seja: só a filosofia, que explica a distinção "evidente" e "imediata" entre o correto e o incorreto, pode ser verdadeira; ora, nem os Sofistas (~ Heráclito) nem Aristóteles o fazem por causa dos termos médios nas suas *diairesis*,[98] às quais a *diaresis* de Platão opõe A com um firme não A e assim exclui o assim-como ou o nem-nem a-moral.]

Entrementes reli o Alcibíades I (de fato!) O diálogo parece-me não só autêntico, mas também muito bem sucedido em termos literários. Entendo o conteúdo da seguinte forma [incidentalmente, contém uma passagem irônica deliciosa acerca de Esparta e da Pérsia, completamente ao estilo da *República da Lacedemônia*[99] que você tão bem interpretou. Em Esparta são necessários dois Éforos para prevenir o adultério da rainha, e a rainha persa é fiel apenas por causa do medo dos outros; etc.]: todo ser humano (incluindo Alcibíades) tem (até quando criança) uma "intuição" do certo e do errado, que não é nem aprendida nem ensinada; é "natural" para os seres humanos fazer o que é correto e evitar o que é incorreto (de forma passiva assim como ativa); enquanto não se fala é-se um ser humano "naturalmente" decente (como por exemplo Crito ou, talvez, também Céfalo, na *República*); mas quando se fala ou se ouve os outros falar pode-se não ouvir "a voz da consciência": esse é o perigo de sofistas e retóricos, e também da "teologia"; de fato é como se (cp. *República*, onde não é o pai Céfalo, mas o seu filho "sofisticado" que dá ímpeto à conversa acerca da justiça que o pai evita) a filosofia fosse necessária apenas enquanto uma resposta (pedagógica) à "sofística": é uma defesa dialética da justiça "natural" contra os ataques sofísticos que lhe são feitos. No entanto, Platão não o quer evidentemente dizer dessa forma. Pois no *Fédon* é dito (de forma evidentemente séria) que a misologia é a pior coisa. Isso significaria que se deve falar acerca da justiça apesar dos perigos dos erros sofísticos. Quanto a Alcibíades, a responsabilidade tem de ser entendida da seguinte forma: (Heráclito--->) Sofistas---> Retóricos---> Políticos---> População corrompida pelos Políticos---> Alcibíades corrompido pelo

---

[98] Divisão.
[99] Por Xenofonte; ver Strauss "The Spirit of Sparta or the Taste of Xenophon". *Social Research*, 1939, 6: 502-36.

povo. Se tive passado tempo suficiente a falar com Sócrates, ele teria sido curado. Mas a conversa em *Alcibíades I* foi insuficiente porque Alcibíades não compreendeu nada: pois ele acredita que não sabe o que é correto e incorreto e é isso que Sócrates tem de ensinar primeiro a ele, em vez de tentar (com a ajuda de Sócrates) tornar-se discursivamente consciente quanto àquilo que ele já sabe "intuitivamente", e retirar conclusões importantes (lógicas) daí. Se ele tivesse compreendido isso, não teria tido "inveja" de Sócrates (como diz no final do diálogo). Quanto ao resto, Sócrates argumenta *ad hominem*, da perspectiva da "moralidade-senhor" de Alcibíades, ao apresentar a justiça e a temperança como coragem, e a "sensualidade" como uma covardia servil. Platão pode desejar sugerir com isso que é muito perigoso apresentar a coragem ("aristocrática") como a principal virtude; que a virtude principal é, antes, a justiça ("democrática"). [A "anamnesis", que é implícita no *Alcibíades I*, é uma interpretação "mítica" do fato psicológico da "consciência", quer dizer, do conhecimento "imediato", "inato", do bem e do mal.]

Também reli o *Fedro*, mais ainda não o *Symposium*. Qual é, na sua opinião, a sequência? *Sym<posium>*---> *F<edro>*---> *Fédon* ou *Fedro*---> *S<ymposium>*---> *F<édon>*? Usualmente é dito: no final do *Symposium* o caráter trágico-cômico da filosofia é indicado, e então a comédia filosófica (*Fedro*) e a tragédia (*Fédon*) são apresentadas. Mas talvez também se possa dizer: o *Fedro* já diz que a fi<losofia> = com<édia> + trag<édia>; o primeiro discurso de Sócrates foi uma tragédia cômica, o seu segundo discurso uma comédia trágica (onde a interpretação dos dois discursos <no final do diálogo> seria filosófica). O *Symp<osium>* seria então uma comédia filosófica na qual Sócrates está 100% vivo (no final todos menos Sócrates estão dormindo [= estão mortos]; no *F<édon>* todos estão "vivos" exceto Sócrates), ao passo que só ele está morrendo no *F<édon>*.[100] E o que é "melhor": viver solitário entre "bêbados" (= mortos) ou morrer (brincando!) na companhia de tais "bestialmente-sérios" pseudofilósofos como Símias-Cebes? O *F<édon>* termina com o galo para Esculápio! Porém Aristófanes adormece antes de Ágaton; será que isso significa que a piada desaparece "no final"??

Alguns pontos em "confirmação (?)" da minha carta anterior:

1. Parmênides

Na sua biografia de Platão, Diógenes Laércio menciona os dois irmãos de Platão, mas parece não saber nada sobre seu presumível "meio-irmão". (Antífono [Antífono era um Sofista, um inimigo de Sócrates, cujos discípulos queria atrair para si.] = Euclides---> Teo<doro>/Eu<clides>---> Arist<óteles>.)

---

[100] A passagem entre parênteses é uma adição posterior.

Segundo a tradição, o diálogo tem o subtítulo: P<armênides> *ou Das Ideias*. É duvidoso que tenha sido dado esse subtítulo ao diálogo se realmente contivesse as passagens puramente negativas-críticas contra a teoria das ideias, e não também a sua "refutação".

Em *Alcibíades I*, "Pitodoro" é mencionado: "ironicamente"; em todo caso não como um filósofo genuíno! Mesmo que tenha sido uma pessoa histórica, nada impede que se use o seu nome "sinteticamente" (por Teo-doro).

2. Timeu

Em Diógenes Laércio o capítulo sobre Endoxo vem no final do livro sobre os pitagóricos! Ora, Platão também apresenta "Timeu" com um arqui-"pitagórico".

3. Diairesis [Divisão] ---> Números ordinais

Num fragmento neopitagórico é dito: "ele [Pitágoras] não disse que tudo surgia dos números, mas que tudo é organizado em função dos números, visto que uma ordem essencial reside nos números, e é apenas ao participar dessa ordem que as próprias coisas que podem ser numeradas são colocadas em primeiro, segundo, e por aí em diante. "Teano" no Est<ubeu> Ecl. pol. I, 10, 13.

Em Fílon (por exemplo, *De origine mundi* (ed. Cohen) 91-102), os números ideais também são interpretados como números ordinais. Ele acrescenta (em conformidade com a tradição) que tem de ser feita uma distinção entre os números (ideais) do mesmo tipo dentro e fora da década; por exemplo, há "infinitamente" muitos números do tipo 7 (= sétimo) que têm o mesmo caráter "qualitativo" ("lei de formação"), mas são quantitativamente diferenciados uns dos outros. Podemos porventura dizer que os primeiros dez números ideais (os únicos que, segundo Aristóteles, Platão "deduziu") são "categorias" no sentido moderno, ao passo que os "tipos" (aos quais, segundo Aristóteles, os números também correspondem, mas que seguramente numeram mais do que 10) correspondem aos números ideais > 10, e são distribuídos entre 10 "categorias". Mas tudo isso é, como disse, muito problemático.

Enquanto procurava nos neoplatônicos (traduzidos) por indicações acerca da teoria dos números de Platão, fiz uma descoberta que irá diverti-lo caso ainda não conheça os textos relevantes. De fato, descobri, logo um a seguir ao outro, três filósofos autênticos e inteiramente desconhecidos, nomeadamente o imperador Juliano (Discursos), "Salústio" (*Sobre os Deuses e o Mundo*), e – por último[101] – Damásio (*A vida de Isidoro*). Estes três "entusiastas místicos" revelaram ser Voltaires de primeira. (Recordo-me vagamente de que Burkhardt (Constantino, o Grande) disse que

---

[101] Em inglês no texto.

Juliano não acreditava numa única palavra do que dizia ao "povo".) Antes de ler esses três, tinha <u>preconceitos</u>, e esperava ler textos "místicos". E depois de algumas páginas fiquei agradavelmente surpreendido. Então, até o século VI havia homens que preservavam a tradição filosófica em toda a sua pureza, e que desprezavam o contrassenso neoplatônico bem como a "teologia" cristã. Nisso eles estavam imitando <u>completamente</u> <u>conscientes</u> a "ironia" socrática de Platão. É um bom exemplo da "arte de escrever" que você descobriu! E nisso um "elevadamente colocado" (Juliano) e outro literariamente de primeira (Juliano e Damásio).

<u>Juliano</u> era, na ética, um Cínico estoicizante. Na filosofia teórica, provavelmente um "democriteano". Em todo caso, um ateu. Segue Aristóteles na sua crítica da teoria das ideias de Platão; mas também segue Xenarco na sua crítica da teleologia aristotélica e da teologia (contra o "éter" e qualquer diferença entre os "céus" e o mundo "sublunar") (cp. *Hino à Mãe dos Deuses* 162a-165b). Além disso, ele troça particularmente de Jâmblico. E dos "intelectuais" no geral (muito especialmente na *Epístola a Temístio*).

"<u>Salústio</u>" sobre o mesmo: "materialismo" ateu e paródia do neoplatonismo. O pequeno livro (*Sobre os Deuses e o Mundo*) é usualmente atribuído ao amigo de Juliano, Salústio, a quem Juliano dedica a *Mãe dos Deuses*. Ele era certamente um "comparsa no pensamento" de Juliano. Porém, não acredito que esse homem de Estado extremamente ocupado o tenha escrito. Salústio é por isso provavelmente aquele mencionado na *Vida de Isidoro* de Damásio, especificamente como um dos (poucos) filósofos "genuínos". Ora, supeito que esse "Salústio" não é mais do que um pseudônimo do próprio Damásio, que provavelmente é o autor da paródia *Sobre os Deuses e o Mundo*.

<u>Damásio</u>: a sua *Vida* foi certamente escrita (especialmente contra Proclo) de forma a fazer Voltaire parecer, por comparação, um mera criancinha de peito! Noutros aspectos, Damásio parece ter sido um aristotélico, mas ao modo de Teofasto (que cita de modo a louvar como Ascl<epíades> [onde este "Asclepíades" também pode ser um pseudônimo para Dam<ásio>].

No caso de ainda não o ter feito, exorto-lhe a ler os três autores (*A Epístola a Temístio*, os dois Discursos *Contra os Cínicos*, *O Hino a Hélio* e [acima de tudo!] o *Hino à Mãe dos Deuses*. Em primeiro lugar porque é um grande prazer intelectual. Em segundo lugar, porque gostaria de ter a sua opinião sobre eles. Porque, se você concordar, eu escreveria um ensaio sobre Juliano (ou Damásio?) para o "Strauss Festschrift"; visto que me pediram recentemente para contribuir com alguma coisa, o que naturalmente farei com prazer.

Em conclusão, gostaria de lhe dar algumas amostras da "arte de escrever" dos meus autores.

Sal<ústio>, depois de ter sumarizado um neoplatonismo (incidentalmente "temperado") nos primeiros doze capítulos, começa o capítulo XIII com as seguintes palavras: "Quanto aos deuses, o universo e as coisas humanas, o que dissemos basta para aqueles que são incapazes de investigar mais profundamente o estudo da filosofia, e cujas almas não são incuráveis. [Portanto, também em Juliano e Damásio: os "mitos" neoplatônicos valem a pena na medida em que desafiam as pessoas razoáveis a pensar neles e a opor algo razoável a esse contrassenso.] Resta explicar como todas as coisas nunca tiveram um começo... Isso é feito no capítulo XVII. Entre eles há quatro capítulos (XIII-XVI) nos quais Salústio faz troça com os sacrifícios, etc. O capítulo XVII começa da seguinte forma: "Dissemos que os deuses não destroem o universo; resta mostrar que por ele natureza também é incorruptível". Aí seguem-se quatro páginas de teoria "democritiana" [onde, entre outras coisas, se lê: "se aquilo que é desaparece no que não é, o que impede que isso aconteça até mesmo para Deus?"]. E na conclusão do capítulo lê-se: "Tendo falado assim para aqueles que requerem provas mais sólidas, rezamos ao próprio mundo (sic!) que nos seja propício". O capítulo conclusivo (XXI)-(XVIII-XX: ética) – reza o seguinte: "Quanto às almas que viveram de acordo com a virtude, elas são em todos os aspectos felizes, e serão-no especialmente quando, separadas dos seus princípios irracionais e purificadas de todos os componentes corporais, juntar-se-ão aos deuses e compartilharão com eles o governo do universo inteiro. Mesmo que nada disso lhes aconteça, a própria virtude e a honra e felicidade que dela decorrem, a vida livre de sofrimentos e de toda a servidão, bastarão para tornar feliz a vida daqueles que escolheram viver de acordo com a virtude e provaram ser capazes de viver em conformidade com ela". – Ponto final – E temos a impressão de ouvir Sócrates ressurrecto a contar mais uma vez a "Cebeses" o seu mito de Fédon, enquanto ele próprio, como um filósofo, pensa na morte.

Dam<ásio> O livro inteiro é tão maravilhoso, sou incapaz de escolher uma das passagens irônicas. Cito por isso algumas (poucas!) passagens "sérias" [Das Leben des Philosophen Isodorus, wiederhergestellt von Asmus, Leipzig, Meiner, 1911].[102]

79, 30 "... não é mais adequado a um filósofo declarar a adivinhação como a sua profissão ou prática do que aos outros ramos das ciências hieráticas. Pois as fronteiras entre os domínios do filósofo e do padre são tão específicas quanto as fronteiras proverbiais entre os frigianos e os magerianos". [Estrabão cita esse provérbio para enfatizar a dificuldade (!!) de determinar fronteiras!]

---

[102] *The Life of the Philosopher Isodorus*. Restaurado, traduzido e elucidado por Asmus. Leipzig, Meiner, 1911.

129, 9 "E [porém] ele [um "Diómedes" desconhecido que foi corrompido pelo neoplatônico] era um homem apto para a filosofia; para um tipo de filosofia que não pode ser lesado ou corrompido por um mal estrangeiro, mas apenas, como diz Sócrates, por si mesmo. É precisamente por isso que a filosofia também é lesada pela sua ofensa [nomeadamente o neoplatonismo] que surge a partir do seu próprio meio.

130, 21 "Porém se, como tu [Hegesias] manténs, a atividade do clero... é mais divina, então eu também mantenho que é, mas primeiro que tudo aqueles que se hão de tornar deuses têm de se tornar seres humanos. É também por isso que Platão disse que não pode ser dada maior [sic!] felicidade aos homens do que a filosofia. Mas agora a filosofia está na ponta da navalha; ela atingiu verdadeiramente a idade mais avançada: ela chegou até aqui... Mas... quanto a mim, eu sou da opinião de que aqueles que querem ser homens e que não querem arfar como animais [sic!] depois de pastagens sem limite [nomeadamente depois do clero] apenas precisam desta 'adivinhação' [nomeadamente a filosofia genuína]...".

Dificilmente será possível se expressar mais clara e incisivamente. E porém... todos desde Zeller, etc., até o erudito tradutor (Asmus), veem Damásio como um "entusiasta místico" que se abandona às "superstições mais extravagantes"!!! Porém Damásio diz muito explicitamente no final da *Vida* como é que esse "entusiasmo místico" deve ser entendido. De fato ele diz:

137, 27 "Mas o que até soa contraditório é que, para toda a sua nobre e sólida dignidade, ele [o ideal <"Dia...">, um símbolo de Platão, que nunca existiu] tenha causado uma agradável impressão em todos os que o rodeavam, porque embora geralmente falasse seriamente para os melhores dos seus interlocutores, às vezes também substituía a seriedade pela inteligência, e com uma perícia inata fazia troça daqueles que não estavam lá, de modo que dava às suas repreensões um molde jocoso".

Juliano. Exorto-lhe a ler: *A Epístola a Temístio*, os dois *Discursos Contra os "Cínicos"* (= cristãos), *O Hino a Hélio*, *O Hino à Mãe dos Deuses*. É tudo um "Voltaire" de primeira, e ao mesmo tempo genuinamente filosófico.

É interessante que nessas obras Juliano exponha literalmente a sua teoria acerca da "arte de escrever":

Heraclito Cínico: 207 a/b "Ora, se um orador [como o próprio Juliano], temendo o ódio da sua audiência, hesitar em falar abertamente, deve esconder as suas exortações e doutrinas sob algum disfarce. É isso que Hesíodo manifestamente também faz. Depois dele, Arquíloco não por poucas vezes usou mitos para, digamos assim, adocicar os seus poemas...".

Ib.; 224a: "Além disso, qual é o valor das tuas [presumivelmente os cínicos; de fato, é claro, os monges cristãos] viagens por toda a parte, molestando mulas e também [?!], assim o ouvi, tropeiros, que têm mais medo de ti do que de soldados? Pois ouvi que dás às suas varas [presumivelmente: as varas dos cínicos, mas de fato os vigaristas dos bispos] um uso mais cruel do que eles às suas espadas. Não é de admirar, então, que os amedronte mais".

Ib.; 239b: "Pois não se deve dizer tudo, e até, do que deve ser dito, algumas coisas têm, em minha opinião, de ser mantidas longe dos muitos".

Em outras palavras: todos os "mitos" servem para camuflar ou "adocicar", incluindo os mitos platônicos. Ora: o que são os "mitos"?

Ib; 205, c "... histórias falsas numa forma crível". Em outras palavras, num contraste deliberado com o estoicismo: "... histórias verdadeiras numa forma incrível". Para Juliano os mitos cristãos assim como os pagãos (incluindo os neoplatônicos) são simplesmente um contrassenso. Mas o conteúdo dos "mitos" platônicos também é falso. [A forma poderá ser "crível precisamente porque eles são de fato acreditados]: em todo caso, a "alma" não é imortal [segundo Platão, no entender de Ju<liano>]:

Ib.; 223, a "Contudo, alguém que componha as suas histórias com o propósito de aperfeiçoar a moral, e no processo de invocar os mitos, deve destiná-los, não aos homens, mas àqueles que ainda são crianças na idade [?!] ou em entendimento, e ainda precisam de tais histórias".

É importante que na sua forma "irônica" de escrever, Juliano (assim como Damásio) imita conscientemente o Sócrates platônico. (De forma a que a boa tradição se manteve até o século VI!) A seguinte passagem é por isso particularmente importante para mim (para a minha interpretação do *Timeu*):

Ib.; 237a-c "... Eu dir-lhe-ia então [presumivelmente: o "cínico Heráclito", de fato um bispo (anterior: Héracles = Cristo] coisas a esse respeito [acerca de Pitágoras, Platão e Aristóteles], que lhe podem ser desconhecidas, mas que na sua maioria são bem conhecidas e claras para os outros. Mas agora ouça apenas aquilo que Platão escreve [ironicamente]: "Os meus medos dos deuses, caro Protarco, já não são humanos [?!], mas excedem toda a medida [?!]. E embora conheça Afrodite como ela gosta de ser conhecida, quanto ao prazer, sei que tem muitas formas". Essa passagem surge no *Filebo* [12, c] e outra do mesmo tipo [!] no Tim<eu> [40, d]. O que ele exige é que se deve simplesmente dar crédito a tudo [?!] a que os poetas [?!] dizem acerca dos deuses sem requerer quaisquer provas [?!] para isso. "Mas referi-me a esta passagem aqui apenas para que [?!] não invoque a ironia de Sócrates como muitos platônicos fazem para refutar a opinião de Platão [dupla ironia!]. Pois, afinal de contas, essas palavras são proferidas não por Sócrates mas por Timeu, que não é dado minimamente à ironia [!!!] Também não é inteiramente razoável que, ao invés de testar o que foi dito, perguntemos quem o disse, e a quem é que são destinadas as suas palavras?!" Sem comentários!¹⁰³

Juliano: Discursos contra os "cínicos não educados" (= cristãos) 186,c

<"> ...também não seria tão visível se o sábio [aqui: Diógenes] deles troçasse [nomeadamente das suas supostas tragédias (que, segundo Juliano, nunca escreveu)], visto que muitos filósofos também são conhecidos por se terem dedicado a eles. Diz-se que Demócrito [!], costumava rir das maneiras solenes dos seus companheiros. Por isso não queremos nos debruçar sobre os produtos da musa galhofeira deles...

"... Por conseguinte, para evitar que a mesma coisa nos aconteça [nomeadamente: como a uma pessoa que, aproximando-se de uma cidade sagrada, avista bordéis nos seus arredores, e acredita que aquilo é um lugar sagrado!] levando a sério tudo o que ele [Platão] escreveu apenas por brincadeira – e que também contém algum trigo que não é totalmente desprovido de valor... por isso nos baseamos no que se segue nos seus [i.e. Diógenes *qua* sábio] atos, assim como os cães que caçam animais selvagens começam farejando o rastro".

E este não é de longe o único lugar!

K

. . . .

THE UNIVERSITY OF CHICAGO
Chicago 37, Illinois
Department of Political Science

22 de abril de 1957.¹⁰⁴

M. Alexandre Kojève,
15 bd. Stalingrad
Vanves (Seine),
França

Caro M. Kojève:

Muito obrigado pela sua segunda longa carta. Recebi a sua primeira longa carta, mas, como estava ocupado demais para estudá-la no momento em que a recebi,

---

[103] A última das folhas de tamanho normal, na qual esta longa carta está escrita, termina aqui. Pode ter acontecido de o resto da carta ter-se perdido. Porém uma meia folha solta e não idententificada que está na pasta que contém essa correspondência parece ter lugar aqui e, por conseguinte, é impressa como a conclusão da presente carta.

[104] Datilografada em inglês.

enviei-a ao Klein, que prometeu lê-la de imediato e dar-lhe a conhecer a sua opinião. Nem preciso dizer que, desde então, não ouvi dizer nada dele.

A minha escrita tornou-se tão ilegível que tenho de ditar as minhas próprias cartas, e isso significa que tenho de lhe escrever em inglês. Agora ao assunto.

Quanto aos excursos do *Teeteto*, o caráter irônico da descrição do filósofo é óbvio; contradiz de forma flagrante a própria familiaridade de Sócrates com a fofoca ateniense; o filósofo combina a compreensão do puro teórico ("sofista") com a do político. Concordo: a filosofia é justa, mas hesito com base no seu Platão a identificar o "justo" com o "moral". Quanto à sua observação sobre Alcibíades I (é claro que é genuíno: tudo o que chegou até nós como genuíno é genuíno), de que "se não se falar, é-se naturalmente um homem decente – por exemplo, Críto", não concordo com ela; não há "consciência" em Platão; a anamnesis não é consciência (veja-se *Direito Natural e História*, p. 150n. re Polemarco). De fato, a misologia é o pior, como diz; por conseguinte, em última análise não há uma superioridade do homem meramente honrado face ao sofista (ao contrário do que pensa Kant) ou, aliás, face a Alcibíades (cf. D. N. & H, p. 151). Não acredito na possibilidade de uma conversa de Sócrates com o povo (não é claro para mim o que pensa disso); a relação do filósofo com o povo é mediada por certo tipo de retóricos que suscitam o medo da punição após a morte; o filósofo pode guiar esses retóricos, mas não pode fazer o trabalho deles (este é o significado do Górgias). Quanto à relação entre a virilidade e a justiça (que refere a respeito do Alcibíades I), acredito que você subestima o lado positivo da virilidade; na *República* todos são justos e moderados, mas apenas a elite é viril (e sábia); a virilidade e a sabedoria caminham juntas, pois a filosofia não pretende ser edificante como diz o seu herói [i.e. Hegel].

Não estou ciente de uma "sequência do *Symposium-Fédon-Fedro*"; tendo em consideração a baixa posição de Fedro em comparação com os outros personagens do *Symp\<osium\>*, podemos dizer que o *Symp\<osium\>* é "superior" ao Fedro. A sua sugestão de que no final do *Symp\<osium\>* todos estão mortos à exceção de Sócrates, e no final do *Fédon* todos estão vivos exceto Sócrates, é muito atraente. Mas isso ainda não justifica a sua afirmação de que o *Symp\<osium\>* é uma comédia e o *Fédon* uma tragédia. Todos os Diálogos são tragicomédias. (O poeta trágico está acordado ao passo que o poeta cômico está dormindo no final do *Symp\<osium\>*.) A hipótese dramática do *Symposium* é a de que Platão revela o que aconteceu antes da expedição à Sicília: não é Alc\<ibíades\>, mas Sócrates, quem divulga o mistério. Também me sinto atraído pela alternativa a respeito do *Symp\<osium\>-Fédon* tal como você a enuncia: se é melhor viver entre os mortos do que morrer na sociedade dos broncos.

Quanto aos "números ideais", confio que terá lido a análise detalhada de Klein no seu livro sobre a Lógica e Álgebra. Fiquei extremamente interessado e gratificado, ainda que não inteiramente surpreso, em ver as suas descobertas acerca de Juliano &c. O misticismo é uma forma sob a qual a filosofia pode aparecer (cf. início do *Sofista*). A sua descoberta torna a possibilidade de Farabi mais inteligível. Quanto a Salústio, se a divisão em capítulos for autêntica, dezessete é obviamente o lugar correto: dezessete é o número que designa φύσις.[105]

O que diz sobre o volume a ser escrito em minha homenagem foi uma novidade para mim. Desnecessário dizer que ficarei muito honrado com qualquer coisa que você pudesse escrever.

Espero enviar-lhe nos próximos dias uma cópia de um ensaio meu sobre *O Príncipe*, de Maquiavel. Espero finalizar o meu livro sobre Maquiavel no final deste ano. Por isso tenho de me concentrar absolutamente nesse trabalho e não posso sequer dar uma olhada nos neoplatônicos que você me fez achar tão interessantes. O Bloom irá fazê-lo por mim.

Você está bem?

Como sempre, seu,
Leo Strauss

LS: mfg

. . . .

28 de maio de 1957.[106]

M. Alexandre Kojève,
15 bd. Stalingrad
Vanves (Seine),
França

Caro Sr. Kojève:

Finalmente encontrei tempo para ler a sua longa carta sobre Platão. Fui incapaz de ler os textos. Tentei simplesmente seguir o seu argumento e ver se concorda com aquilo que acredito ter sido a compreensão de Platão. Envio hoje a sua carta a

---

[105] Physis, "natureza".
[106] Escrita em inglês. Transcrito de um texto datilografado no Arquivo de Strauss em Chicago.

Klein, que prometeu lê-la no final do semestre, i.e., depois de 15 de junho. Não é impossível que venha então a saber dele.

A combinação "*Parmênides... Filebo*" faz sentido. Mas também o faz outras combinações, i.e., a combinação é arbitrária. Não é possíve separar, como você fez, o *Timeu-Crítias* da *República*, por exemplo; só a presença de Céfalo no *Parmênides* já é suficiente para estabelecer a ligação com a *República*, que também começa com Céfalo.

Discordo do seu procedimento. A interpretação de Platão decorre sempre da completa interpretação de cada Diálogo individual, com o mínimo de dependência possível de informações externas (inclusive, para começar, das que são fornecidas pelos outros diálogos platônicos). Certamente que não se pode tratar a informação fornecida por Diógenes de Laércio, &c no mesmo nível que o que emerge dos próprios diálogos. Isso também se aplica, especialmente, ao *Protrepticus* – um escrito exotérico do qual se conservaram apenas fragmentos –; eu tremeria ao basear qualquer inferência neles.

O que diz acerca da presumível reação de Platão aos peripatéticos no *Parmênides* equivale ao seguinte: Platão trata de forma maliciosa a crítica de Aristóteles às ideias como se fosse um chapéu velho com o qual Sócrates já estava completamente familiarizado na sua mais tenra idade. Embora isso me atraia tanto quanto qualquer outra malícia, considero perfeitamente possível que essas críticas das ideias fossem platônicas e talvez até lugares-comuns socráticos, anteriores ao nascimento de Aristóteles. Não se pode ler a *República* sem tornar-se consciente da crítica da ideia do bem que é enunciada no livro I da *Ética a Nicômaco*; dado o caráter paradoxal da doutrina das ideias a sua crítica está implícita na própria doxa[107] (por isso não há necessidade do gênio de Aristóteles).

Para compreender a crítica de Aristóteles a Platão, a crítica que, na sua opinião, é o fio da sua heptologia, eu próprio começaria daquela parte da crítica de Aristóteles a Platão com que estou mais familiarizado, a crítica da *República* em *Política* II. A crítica de Aristóteles é absolutamente razoável, ele compreende perfeitamente o que Platão está fazendo, mas recusa-se a tratar de forma irônica aquilo que pretende ser irônico, porque acredita que é possível e necessário escrever tratados e não meramente Diálogos; por isso, considera a tese do diálogo da *República* uma tese-tratado; indiscutivelmente porque acredita que a sabedoria, e não meramente a filosofia, está disponível. Esta me parece ser a diferença entre Platão e Aristóteles, uma diferença que pressupõe a aceitação de ambos da doutrina das ideias, i.e., da doutrina de que o todo não é caracterizado nem pela homogeneidade noética (o Parmênides exotérico e

---

[107] Opinião.

toda a filosofia "matemática") nem pela heterogeneidade do sensível (quatro elementos, etc.), mas pela heterogeneidade noética.

Antes de me debruçar sobre esse ponto principal, alguns detalhes. Ao contrário daquilo que diz, penso que Teeteto é superior a Teodoro. Teodoro é um típico matemático: agradável, irrefletido, sem discernimento, sem instinto, e por isso é vítima de um filósofo (Protágoras) que nega a verdade da própria matemática. (Consequentemente o seu pupilo, Teeteto, não pensa sequer na matemática quando tenta responder à questão sobre o que é o conhecimento ou a ciência.) Teeteto é superior: ele pode conversar com Sócr<ate>s, não é "estúpido e vão", não é de fato um filósofo; mas se o "moderado" Teeteto (ele aceita que Deus tenha criado o todo em defesa do Estrangeiro eleata) e o "ousado" jovem Sóc<rates> pudessem ser combinados, fariam um filósofo. (A relação do Teeteto e do jovem Sócrates é a mesma que a de Adimanto e Glauco na *República*.) A ousadia do jovem Sócrates: ele é o destinatário do mito do *Político*, cujo significado mais saliente é a negação da Providência – é o mito feio. (No geral, o *Político* é feio.) A insatisfação constante, sempre que alguma coisa é começada e depois abandonada e inacabada, a imitação da vida humana sisifeana, a vida até do filósofo, como ela seria sem Eros; o Estrangeiro eleata aconselha Sócrates a cometer suicídio, i.e., a não resistir à condenação; o Estrangeiro eleata capturou o Sofista (Sócrates) e poderia tê-lo entregue ao rei, no *Sofista*, mas no *Político* ele captura o rei, de forma a que o sofista possa ser libertado (mas na tua idade não vale a pena, Sócrates). Numa palavra, o Estrangeiro eleata está longe de ser um "papagaio". – Quanto à depreciação da Astronomia na *República* VII, ela deve ser entendida na linha da hipótese base da *República* (depreciação não razoável do "corpo"); o estatuto do corpo visível é restaurado no final da *República* IX. – O "meio" aristotélico não é "relativista". A noção de Platão do Metrion, Prepon e Hikanon[108] é fundamentalmente a mesma. – Quanto à irrelevância e estupidez de Antístenes, concordo inteiramente (com base no *Symposium* de Xenofonte).

O Céfalo no início do *Parm<ênides>* lembra o Céfalo do início da *República*. O último sacrifica aos deuses ao invés de filosofar. Presumo que esta seja a verdade do Céfalo de Clazômenas – de certa forma. Claz<ômenas> lembra o *Nous* de Anaxágoras: Anax<ágoras>, entendido de forma inteligente levaria à teoteleologia, i.e., a uma explicação perfeitamente racional de tudo,[109] incluindo aquilo que é[110] irracional ou sem sentido ou acidental. Mas isso não é filosofia, mas antes piedade ou sacrifícios feitos aos deuses. A filosofia consiste na fuga para os *Logoi*, para as ideias. No *Parm<ênides>*, as

---

[108] Moderado, adequado, próprio.
[109] Riscado; a substituição a lápis é ilegível.
[110] Riscado; a substituição a lápis é ilegível.

ideias são representadas como algo separado do sensível; essa tese não apresenta qualquer dificuldade para Sócrates. Tanto quanto os opostos estão em causa e especialmente os opostos morais: os últimos, enquanto fins "ideais", transcendem necessariamente aquilo que os homens alcançam. Ele está em dúvida no que diz respeito à ideia do "homem" (cf. o dedo, na *Repúbl<ica>*) e especialmente das coisas baixas (digamos, os vermes). Mas como Parm<ênides> o avisa, isso acontece por causa do juvenil desdém de Sócr<ate>s por aquilo que é baixo e humilde, e esse desdém significa permanecer sob o feitiço do preconceito popular. A correção primária, por isso, é esta: se a busca da filosofia é pelo conhecimento do todo, e se o todo tiver de ser compreendido à luz das ideias, tem de haver ideias de "tudo". Temos por isso de nos debruçar sobre o significado primário da Ideia, ou Eidos, enquanto classe, enquanto todo, que é um todo por virtude de um caráter específico, e esse caráter é no caso dos seres vivos ao mesmo tempo o fim do indivíduo que pertence à classe e, nesse sentido, transcende os indivíduos (o desejo dominante dos animais de procriar ou perpetuar a espécie). No caso do homem, o fim é complexo porque o homem é simplesmente uma parte do todo (como o leão ou verme) e aquela parte única do todo que está aberta para o todo. (Só as almas dos homens viram as ideias antes do seu nascimento.) Por isso, a forma e o fim do homem estão articulados de tal modo que a justiça pode tornar-se provisoriamente visível como algo simplesmente transcendente e, de modo algum, a "perfeição do <u>homem</u>".

Existe um reino das ideias; por isso tem de haver uma hierarquia, um princípio organizador: a ideia do bem. Mas enquanto princípio mais elevado, ela deve ser a base não só das ideias, mas também do sensível. Por conseguinte, a ideia do bem é "o Bem". O problema da diairesis é o problema da organização do reino das ideias e, em particular, o problema da inteligibilidade dessa organização. <u>Se a sabedoria não estiver disponível, mas apenas a filosofia, a diairesis enquanto uma descida do Uno para todas as ideias não está disponível</u>. Pensamos e vivemos no derivado e ascendemos em alguma medida, mas não à origem das coisas. A diairesis atual reflete isso na arbitrariedade do seu início. (As divisões do *Sofista* e do *Político* são caricaturas; o princípio da caricatura é a simplificação matemática, como a divisão dos números pares por dois.) A divisão adequada pressuporia que se pudesse deduzir todas as ideias, especialmente também as ideias dos vivos; pressuporia uma "biologia racional": isto é impossível (veja-se o *Timeu*); consequentemente o que está disponível é um dualismo entre uma física matemática hipotética e uma compreensão não hipotética da alma humana. A diferença entre Platão e Aristóteles é a de que Aristóteles acredita que a biologia, enquanto mediação entre o conhecimento do inanimado e o conhecimento do homem, está disponível, ou que Aristóteles acredita na disponibilidade da teleologia universal, ainda que não do tipo simplista que é esboçado no *Fédon* 96.

O ponto principal: você não usou a sua suposição ou admissão de que, segundo Platão, a sabedoria não está disponível. Se considerarmos isso tão seriamente quanto conseguirmos, a visão do Uno-Bom que é mediada pela divisão e, por isso, a própria divisão, não está disponível. Quanto à escolha entre Platão e Hegel, concordo com você que Suez e a Hungria são mais interessantes e mais reais do que a Sorbonne; mas o que é que a Sorbonne tem a ver com a Filosofia? A analogia correta com a Sorbonne não é Suez e a Hungria, mas o tipo mais inepto dos encarregados e *sous-préfets*.

Em conclusão, estou seguro de que a comunidade de ideias é absolutamente essencial, mas de momento simplesmente não tenho tempo para desenvolver isso.

Espero ter notícias suas em breve,

Como sempre, seu,

Leo Strauss

LS: mfg

· · · · · · · · · · · · · · · · ·

Paris, 1º de julho de 1957.[111]

Caro Sr. Strauss,

Muito obrigado pela sua carta de 28 de maio de 1957. É claro que é difícil discutir as nossas teses por escrito. Mas não tenho ninguém por perto com quem discutir tenha sentido [quanto a Weil, tenho, tardiamente, de admitir que você estava inteiramente certo: ele <u>não</u> é um "filósofo"; e Koyré é um pequeno "tonto": e, além disso, demasiado "cético"; qualquer outra coisa simplesmente nem merece ser considerada!]

Para antecipar: a sua carta... confirmou-me na minha convicção (que naturalmente é inteiramente "natural"). Digo a mim mesmo: se um dos dois [maiores] especialistas em Platão não tiver objeções mais relevantes do que estas, então a minha interpretação é certamente <u>possível</u> e porventura até <u>correta</u>.

A sua carta desiludiu-me muito apenas <u>num</u> aspecto, supostamente decisivo. Refiro-me à koinonia ton genon.[112] Pois com respeito a ela, o estado de coisas "sistemático" é absolutamente inequívoco (embora só saiba disso há cerca de um ano).

Se o conceito (e, por conseguinte, o conhecimento) tiver de ser <u>eterno</u>, quer dizer, "espacial" e não "temporal", então a koinonia[113] é um puro absurdo (seja como uma mera

---

[111] Escrita em alemão.
[112] Comunidade dos tipos, gêneros ou espécies.
[113] Comunidade.

consequência do empirismo, ou como uma reivindicação de Eudoxo; que é provável, à luz da famosa passagem da *Metaf<ísica>*. Se a koinonia [comunidade] for levada a sério, segue-se que o conceito não é eterno. Somos, então, confrontados com a escolha entre o "relativismo" heracliteano (= historicismo ao modo de Max Weber) segundo o qual: conceito = temporal; e o "absolutismo" hegeliano, segundo o qual: conceito = tempo ("tempo" = história completada; conhecimento = história [completada] relembrada).[114]

Ora, fazer de Platão um hegeliano (e muito menos um heracliteano) é simplesmente impossível. Seja como for: se a koinonia [comunidade] for verdadeira, então a sua interpretação de Platão é falsa; quer dizer, Platão não é então um "Antigo". Contudo, acredito que a sua interpretação dos Antigos esteja inteiramente correta, e é por isso que a koinonia não pode ser seriamente mantida por um filósofo antigo. (Eudoxo era, afinal, apenas um filósofo no sentido em que, digamos, Einstein é um!)

Klein também o admite – implicitamente – no seu Ensaio de Álgebra (que de qualquer modo é de primeira!).

Pois ele diz que o logos (ele refere-se obviamente ao antigo, quer dizer, ao Logos eterno) é transcendido pela koinonia. Certamente! Mas, se para Platão fosse uma questão de manter o silêncio, então o *theos-agathon*[115] seria inteiramente suficiente (cp. A "primeira hip<ótese>" do *Parm<ênides>*). Afinal de contas, toda a doutrina das ideias foi inventada para tornar possível o conhecimento discursivo. Por conseguinte, se a doutrina das ideias é reduzida ao silêncio pela koinonia, então ela é uma *reductio as absurdum* da koinonia, pelo menos no entender de Platão. [Os Antigos procedem na base de dois axiomas:

1. Conhecimento = eterno, quer dizer, um discurso infinitamente repetível que não muda de significado com o passar do tempo; (esse axioma é "evidente" e é naturalmente retido por Hegel);
2. Conhecimento = um sentido (discursivo)[116] que "corresponde" a uma "essência" que subsiste no exterior do discurso e do seu sentido; [este é naturalmente "sem sentido"; leva necessariamente ao ceticismo; não é reconhecido por Hegel; segundo Hegel, o "eterno" no discurso é garantido pela sua plenitude (a sua circularidade mostra ou "prova" a plenitude): quem já tiver dito tudo pode apenas se repetir, e ninguém pode contradizê-lo].
3. A partir dos axiomas dos Antigos segue-se que: só pode haver conhecimento dos seres eternos; sobre o temporal (sempre entendido como in-completo) só pode haver opinião, que pode, porém, estar certa se concordar com o seu objeto;

---

[114] Zeit = Voll-*endete* Geschichte; Wissen = er-innerte [vollendete] Geschichte.
[115] Deus-bem.
[116] Sinn.

mas dado que esse objeto é <u>temporal</u>, o seu "correto" conhecimento também é temporal, e isso não é precisamente conhecimento genuíno mas uma opinião (<u>mutável</u> por definição).

4. O <u>eterno</u>, por outro lado, é i-mutável e, por conseguinte, a koinonia é impossível ou uma mera mistura: a noite do absoluto, na qual todas as vacas são pretas.]

Além disso, o próprio Platão diz isso no *Sofista* (embora "ironicamente"). O Estrangeiro diz que tudo pode ser misturado exceto o movimento e o repouso. Ora, todos sabem que existem diferentes velocidades e que misturar o movimento e o repouso é uma coisa perfeitamente óbvia de se fazer! Muito mais do que, por exemplo, misturar o ser e o não ser. O fato de que o Estrangeiro considera "autoevidente" que a mistura de movimento e repouso tenha de ser rejeitada – impressiona-nos como algo cômico. Seja como for: repouso = ideia, movimento = fenômeno, <u>estes</u> dois <u>não</u> devem, então, ser misturados. De modo a que o objetivo seja apenas estabelecer o chorismos[117] das ideias (em nome de Eudoxo, que na verdade <u>nega</u> a separação das ideias!). A koinonia, por outro lado, é um <u>movimento</u>. Por conseguinte, não há nenhuma koinonia <u>ton genon</u>[118] [ou seja, nenhuma koinonia <u>ton ideon</u>;[119] <u>pois</u> o <u>genos</u>[120] é aristotélico-eudoxiano, e entre outras coisas ou espécies há de fato koinonia; razão pela qual não pode haver <u>conhecimento</u> desses *gene*, quer dizer, de tipos ou espécies de <u>sensíveis</u>.]

Há também um argumento ad hominem no *Sof<ista>*.

O Estrangeiro diz duas ou três vezes que, sem koinonia, é impossível compreender a "essência" do Sofista. Então o mundo das ideias tem de ser posto em movimento para compreender o Sofista?! Essa é uma atitude tipicamente homérica-heracliteana – "protagoreana": uma deusa deve falar da raiva do homem! De fato, simplesmente não há <u>conhecimento</u> do Sofista porque ele não tem nenhuma <u>essência</u> [eterna] (ele não é, afinal, senão um Proteu!): apenas se pode ter uma opinião (certa ou errada) acerca do Sofista. Isso é indicado pelo seguinte, entre outras coisas: (no final do *Político*) Sócrates agradece ao Estrangeiro <u>não</u> pela "descoberta pioneira" da koinonia, mas apenas pelos bons (correto = que se assemelham aos) <u>retratos</u> (= imagens) do Sofista e do Político (que são apenas "imagens").

Que um semi-hegeliano involuntário como N. Hartman fique entusiasmado com a koinonia (*a Logik des Seins* de Platão)[121] – é apenas "natural". Mas como <u>você</u> pode

---

[117] Qualidade do que é separável.
[118] Comunidade dos tipos, gêneros ou espécies.
[119] Comunidade das ideias.
[120] Tipos ou espécies.
[121] Giessen, 1909.

ao mesmo tempo opor-se a Hegel e considerar como verdadeira a koinonia – isso realmente eu não compreendo.

Mas acredito que uma releitura do *Sofista/Político* iria persuadi-lo. Ainda que apenas pelo modo com que o Estrangeiro é introduzido por Platão.

1. O Estrangeiro, como "Pitodoro", é um discípulo de Parmênides e de Zenão ("Zenão" = traidor = Sof<ista)> (216a).

2. Ele é introduzido como um "filósofo". Mas... por Teodoro. Ora, no *Teeteto* Teodoro não compreendeu a ironia, e aceitou em seu valor nominal a caricatura que Sócrates fez (em ligação com "Tales"); para mais, ele reconhece-se nesse "retrato"! Mas de fato era um retrato de um <"erudito" ou> "acadêmico" = um Sofista. Assim, se para Teo<doro> o Estrangeiro é um "filósofo", então para nós (e para "ele próprio") ele é um Sofista. Mais precisamente: "um homem de erudição filosófica". (na verdade: Eudoxo.)

3. A reação de Sócrates à introdução de Teodoro pelo Estrangeiro é tipicamente irônica (216a/b), e reproduz o exagero irônico usual de Sócrates quando ele lida com os famosos Sofistas. Para mais, Sócrates define o Estrangeiro como um "adversário": "vigiar e refutar, ele, o divino refutador, os fracos pensadores que somos" (216, b). A ironia aqui é manifesta. Quando o Estrangeiro é introduzido (por Teodoro) como um tipo de papagaio: "ele admite ter ouvido tantas lições quanto pôde, e não as ter esquecido" (217b, in fine). De fato isso significa: Eudoxo não inventou nada de novo; apenas repete as doutrinas básicas de "Zenão" = "heracliteanismo" = Megáricos; porém ele é tão não filosófico que chega a levar essa doutrina *ad absurdum*, sem sequer notar que o faz; No Sofista, Platão não faz mais nada senão eliminar essas absurdas consequências implícitas à teoria de Eudóxo: nomeadamente, a doutrina da koinonia.

Finalmente, o comportamento[122] do Estrangeiro (= método) é apresentado como algo tipicamente sofístico: "com um companheiro dócil e obsequioso (tal como, por exemplo, Teeteto, e as pessoas "eruditas" no geral), a forma mais fácil [!] é com um interlocutor. Na falta deste, é melhor argumentar só por si só". (217c/d)

Mas, como disse, o problema da koinonia é demasiado fundamental para admitir que seja resolvido por correspondência.

Em bom rigor, o problema da diairesis é tão fundamental (e corresponde ao primeiro), mas aqui a sua resposta parece-me assentar num mal-entendido. Expressei-me mal. Reconhecidamente, Platão nega a possibilidade de sabedoria = conhecimento absoluto [discursivo], ao passo que Aristóteles admite essa possibilidade. Mas a questão que tinha em mente é outra. Desde Kant sabemos que as "categorias" (= divisão dos

---

[122] Em inglês no texto.

seres) podem ser válidas para as "coisas-em-si" (= ideias, na terminologia platônica), mas não podem ser aplicadas às coisas-em-si (pelos homens). Em outras palavras, o que está em causa é a estrutura ontológica enquanto tal. É sobre isso que Platão e Aristóteles discutiam (i.e. no *Sofista-Político*). Em termos lógicos formais, a querela pode ser definida da seguinte forma: Aristóteles fala em contrários (com mesotes[123]), ao passo que Platão tem em vista contradições (sem mesotes) (cp. Especialmente 257 *in fine*). A teoria aristotélica (contrários + mesotes) nega efetivamente a diferença radical entre bem e mal (= não bom) (cp. 258a: "por conseguinte, o não justo também deve ser colocado no mesmo nível do justo"). Essa é a verdadeira razão para rejeitar esse método de divisão "aristotélico" (que é ilustrado ironicamente por meio de exemplos concretos no *Sofista-Político* para mostrar que conduz a uma mistura de tipos, nomeadamente não dos tipos ou gêneros próximos [os únicos dos quais Aristóteles fala, de forma muito sensata], mas dos tipos "mais elevados", no que diz respeito ao bem-mal).

Assim: há duas diferenças entre Platão e Aristóteles. Nomeadamente:

1. Ambos concordam ao dizer que para nós (*pros hemos*) tudo o que é possível (ou pelo menos possível de forma discursiva) é uma "indução" (de "baixo" para "cima"), ao passo que "em si mesma" (*physei*)[124] a ordem é "dedutiva" (de "cima" para "baixo"). Mas segundo Platão há uma ruptura na indução *pros hemos*[125] (por causa da *aoristos dyas*):[126] o Uno (= *agathon*)[127] revela-se a si mesmo (se é que o faz), não no logos[128] (de forma discursiva), mas em êxtase (silenciosamente); mas, a partir do silêncio, qualquer coisa, o que vale dizer nada, pode ser "deduzida". Para Aristóteles (que substitui a díade pelo éter, ou seja, que interpreta o *kosmos noetos*[129] como Urano), não há ruptura, e é possível para nós regressar à multiplicidade "sensorial" "de forma dedutiva" depois de termos ascendido indutivamente ao Uno (= *Nous*).[130] Donde: a sabedoria discursiva ou o sistema como conhecimento absoluto (para falar com Hegel.) [Apenas com essa diferença, a de que a "realidade"[131] não é, como acontece em Hegel, a história (humana) completada,[132]

---

[123] O meio, ou: o intermédio (meio-termo).
[124] Por natureza.
[125] Para nós.
[126] Díade indefinida.
[127] Bem.
[128] Discurso; razão.
[129] Mundo inteligível.
[130] Mente-intelecto.
[131] Ou: atualidade; Wirklichkeit.
[132] Ou: realizado; voll-endet.

mas a revolução eterna dos corpos celestes ("o logos torna-se carne" = esfera planetária e <u>não</u> um "fenômeno mundano", por exemplo, o homem)].

2. Independentemente do conhecimento para nós, há uma diferença na sua concepção do <u>em-si-mesmo</u> (e na minha carta falei exclusivamente <u>dessa</u> diferença. Segundo Platão há

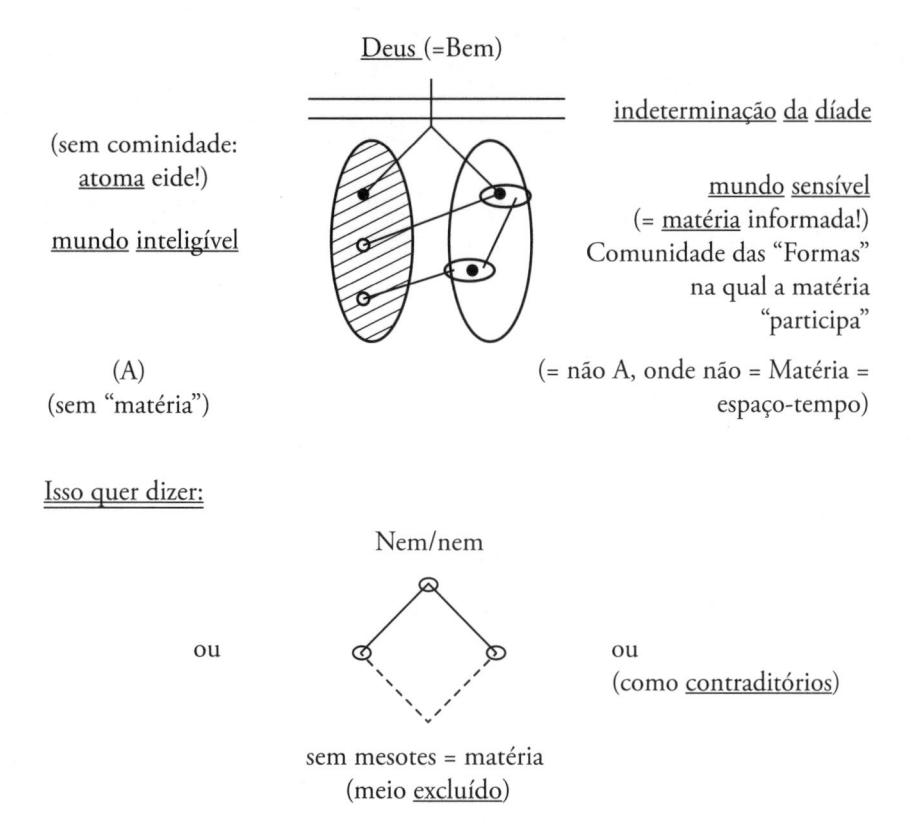

<u>Deus</u> (=Bem)

<u>indeterminação da díade</u>

(sem cominidade:
<u>atoma</u> eide!)

<u>mundo</u> <u>inteligível</u>

<u>mundo sensível</u>
(= <u>matéria</u> informada!)
Comunidade das "Formas"
na qual a matéria
"participa"

(A)
(sem "matéria")

(= não A, onde não = Matéria =
espaço-tempo)

<u>Isso quer dizer:</u>

Nem/nem

ou

ou
(como <u>contraditórios</u>)

sem mesotes = matéria
(meio <u>excluído</u>)

Ao passo que segundo Aristóteles

<u>Deus</u> (=Mente)

<u>Urano</u>

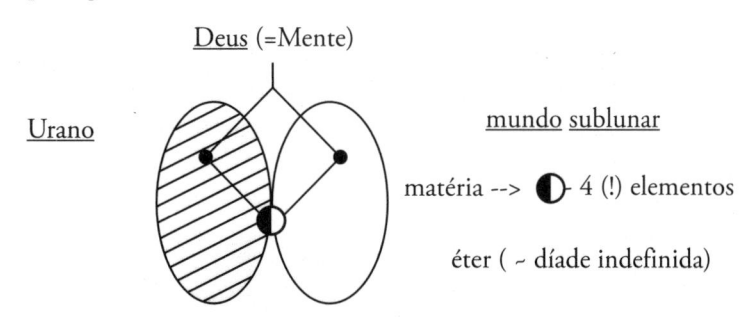

<u>mundo sublunar</u>

matéria --> ◐ 4 (!) elementos

éter (~ díade indefinida)

Mas isso quer dizer:

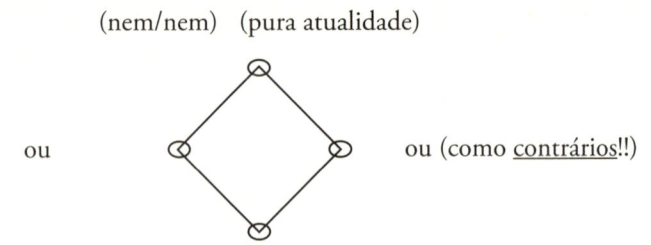

(nem/nem)   (pura atualidade)

ou   ou (como <u>contrários</u>!!)

assim como = mesotes = potencialidade = matéria

Em termos de método, isso significa que, segundo Platão: o positivo (= *atomos eidos*)[133] fica cada vez mais circunscrito por sucessivas <u>contradições</u>, sem que nunca se alcance uma "definição"; <u>segundo Aristóteles</u>: olha-se para o <u>contrário</u>, no processo encontra--se 2 + 1, o terceiro como mesotes, e por esse método todos os três são <u>definidos</u>. De forma que, segundo Aristóteles, se tem

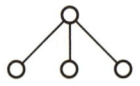

quer dizer, não 2, mas (pelo menos) 3. Mas o mesotes é "múltiplo". De forma a que realmente se tenha

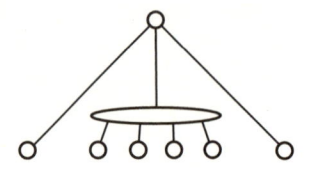

O número desses "intermédios" é determinado de forma <u>puramente</u> empírica dado que são tipos naturais (cp. *Partes dos Animais* I – a polêmica contra a diairesis plat<ônica>).[134]

[Acredito que *Ética a Nicômaco* 1094b 25; 1095a 32; 1098a 27 não é dirigida contra Platão <u>no geral</u>, mas especificamente contra a sua diairesis, que reconhecidamente distingue com muita precisão entre A e não A, mas deixa a classificação do mesotes[135] mais ou menos "indefinida".]

---

[133] Ideia indivisível.
[134] Divisão.
[135] Meio.

Também não coloquei muita ênfase na tradição histórica. Ainda assim, parece-me incrível que, conforme a sua suposição, Platão <u>não</u> devesse ter levado a sério a diairesis, mas devesse ter levado a sério a koinonia,[136] ao passo que[137] Aristóteles nem sequer <u>jamais</u> menciona a koinonia, mas fala frequentemente acerca da diairesis plat<ônica> e critica-a, e, quando o faz, tem manifestamente o <u>meu</u> esquema em vista.

. . . .

Presumo que isso seja deveras essencial. Porém quero falar com brevidade dos outros pontos da sua carta.

1. Reprova-me por separar o *Tim<eu>-Crít<ias>* da *Rep<ública>* e, a esse respeito, diz que Céfalo representa uma mistura entre a *Rep<ública>* e o *Parm<ênides>*. Não compreendo o que quer dizer com isso.

Para mim, a *Rep<ública>* ~ *Summa Teológica* e o *Parmênides* ---> *Filebo* ~ *S<umma> contra Gentiles* (em 7 livros). Em boa verdade, "Céfalo" é a ligação entre os dois: na *República*, Céfalo = cabeça de uma família "Civil" (não <u>filosófica</u>); no *Parmênides* Céfalo (=Platão) = cabeça de uma "família" filosófica (= Academia). Em <u>ambos</u> os casos, os "filhos" (no *Parmênides*: Aristóteles) são "corrompidos" pelos Sofistas. O *Tim<eu>-Crít<ias>* não está diretamente relacionado com a *Rep<ública>*, mas indiretamente, por meio do *Parm<ênides>* + *Te<eteto>* ---> *Sof<ista>* ---> *Pol<ítico>*. De fato, o sumário no início do *Tim<eu>* é um sumário do *Pol<ítico>* e não da *Rep<ública>*. (Este último ponto há muito é conhecido, e levou à hipótese absurda de uma proto-*República*, como se o diálogo platônico pudesse ser montado a partir de peças desiguais!)

2. A minha interpretação procedeu dentro <u>do seu próprio</u> método; estava à procura de uma forma de distinguir o positivo do negativo (mal = não bem, ou bem = não mal) e reli o *Sofista*; onde me dei conta do caráter irônico das divisões; isso me levou ao *Pol<ítico>*; e depois de volta ao *Te<eteto>*; depois para o *Parm<ênides>*; e só então ao *Tim<eu>-Crít<ias>* por causa do sumário no início. Depois o *Filebo* provou ser a "coroa": beatitude como nem-nem, e a "mistura" (= assim como = koinonia) como "sofística".

Os peripatéticos, Diógenes Laércio, etc., vieram muito mais tarde (quando leio o *Aristóteles* de Jaeger não os considero sequer como confirmações. Ora, não quero estar na posição de dizer: "Arist<óteles> não compreendeu Platão!". [Apesar de ele conscientemente falsificá-lo, mas sempre de tal forma que a letra do texto aristot<élico> está

---

[136] Comunidade.
[137] Lê-se: woge<ge>n.

correta: "No Tim<eu>, Platão", também pode querer dizer: "Timeu" Platão inventou (por propósitos polêmicos); mas um leitor também pode tomá-lo no seu valor nominal.

3. Nunca disse que Aristóteles inventou a crítica da teoria das ideias. Mas a presença de Arist<óteles> mostra que ele fez dessa crítica a sua própria crítica (e é certo que o fez, dado que aparece na *Met<afísica>*.) Ora, Pla<tão> poderia ignorar a crítica megárica da teoria das ideias; mas ele tinha de responder ao fato de ela ter sido adotada pelos seus discípulos, por Aristóteles, entre outros (os "gentiles" não são "pagãos" mas "heréticos"!); e também à presumível correção da teoria das ideias por Eudoxo (que é um absurdo filosófico: ideias sem chorismos[138] simplesmente não são ideias no sentido plat<ônico>).

4. Concordo com a sua interpretação da diferença básica entre Plat<ão> e Arist<óteles> (no sentido do que disse acima sobre esse assunto). Certamente, ambos assumiam a heterogeneidade noética. Mas eles concebiam a estrutura dessa "multiplicidade" de uma forma inteiramente diferente (diaresis ≠ definição por gênero próximo).

Para Platão a base da multiplicidade das ideias não é espacial, mas a díade enquanto tal; por conseguinte as ideias são imóveis (para Platão: movimento = não descanso, i.e., descanso = positivo, mov<imento> = privação. Em Arist<óteles> essa base é o éter, daí o espaço-tempo, razão pela qual as ideias = planetas se movimentam (embora num círculo). Aristóteles não é, assim, filosoficamente um teórico absurdo do eudoxismo (pois no céu não há koinonia dos planetas; os planetas são "atômicos", como as ideias; formam uma "hierarquia", como uma série de números ordinais, nomeadamente os "comprimentos" dos raios; e, no entanto... os planetas movem-se e são as causas do mundo sublunar, que é exatamente aquilo que as ideias imóveis não são).

5. Nunca neguei que Te<eteto> seja intelectualmente "superior" a Teodoro. E o Estrangeiro = Eudoxo é ainda mais "superior" (intelectualmente). Mas nenhum deles é um filósofo, e a "teoria das ideias" eudoxiana não é uma teoria filosófica. Mas moralmente a ordem é invertida: Teo<doro> é bastante "decente"; Te<eteto> – mais--ou-menos; o "segundo Sócr<ates>" (=Arist<óteles>) – um "tirano"; e o Estrangeiro (= Eudoxo) um assassino!

"Não vale a pena na tua idade, Sócrates" etc. significa: Eudoxo pode "salvar" o platonismo ao alinhar a doutrina das ideias "aos resultados da ciência moderna". Mas Platão está demasiado velho para compreendê-lo (para além de ser demasiado religioso-poético). Esse tema da idade (= anacronismo) recorre tempo após tempo.

[Seja como for, Teeteto é em todo caso retratado como alguém filosoficamente "estúpido" e um "tagarela" (um "filósofo-amador" à maneira de Einstein).

---

[138] Separação.

Por exemplo: <*Sofista*> 262a in fine: "O Estr<angeiro>: logo apenas nomes, ditos um após outro, não fazem mais um discurso do que verbos não acompanhados por nomes. Teeteto: não sabia isso".[139] [!!!] <[>Em outras palavras: ele é incapaz de distinguir entre o discurso (filos<ófico>) sensível e a tagarelice pseudocientífica ao modo de Eudoxo.]

Se o mesotos[140] aristotélico não for uma forma de relativismo moral, então não sei o que significa a palavra (relativismo). Afinal, ele nada mais é que o optimum biológico. Reconhecidamente, só há dois contrários; porém, o ponto é o de que ambos são "maus" (≠ *optimum* e, ao invés, excesso ou defeito); mas o "bom" mesotos é um "muitos indeterminados", dependendo do... modo de vida:

Uma função da idade, gênero, raça, – até – da constituição política!

6. Eu também acredito que Clazomenas pretende chamar a atenção para Anaxágoras. Mas aproximadamente da seguinte forma: Aristóteles (na *Met<afísica>*) critica Anax<ágoras> por não ter feito uso do Nous[141] enquanto a causa (final); dirige a mesma crítica a Platão (as ideias não são causas); no *Fédon* Platão diz a mesma coisa, embora de forma claramente irônica (ao troçar da teologia [digamos, de Diógenes de Ap<olônia>]: "a terra é o centro do cosmos apenas porque é melhor para ela estar aí!" etc.); "o nosso Clazom<enas>" no Parm<ênides> significaria então: "nós" (= Acad<emia>) não queremos de modo algum diminuir as ideias para o nível das causas (eficientes) dos fenômenos, como o fazem aqueles (por exemplo Eudoxo) que colocam as ideias nas coisas; por conseguinte Xenofonte ---> Parmênides ---> Anaxágoras ---> Sócrates ---> Platão, e não (Homero --->) Heraclito ---> Diógenes ---> Eudóxo ---> Aristóteles.

O "aviso" de Parm<ênides< para que Sócrates não desdenhe dos vermes e da poeira é, na minha opinião, irônico: esta é a crítica dirigida a Platão pelos "eruditos" (além disso, Sócrates não é de modo algum "persuadido" pela observação de Parmênides). Parece-me totalmente impossível supor ideias (platônicas) de vermes e poeira: não há ideias do que é negativo (a ideia é A, e não A não é uma ideia; mais precisamente: enquanto não A "participa" na ideia de A, mas enquanto não A é apenas uma função da *aoristos dyas*;[142] os vermes e a poeira são "privações" do animal "completo" e do mineral "completo". Esse parece-me ser o princípio base do platonismo, por contraste com o aristotelianismo, para o qual os vermes e a poeira estão "entre" A e não A (mesotes!).

---

[139] Kojève cita a tradução francesa de Auguste Diès em Platon, *Oeuvres Complètes*. Paris, Société d'édition "Les Belles Lettres", 1925.
[140] Meio.
[141] Mente-Intelecto.
[142] Díade indefinida.

Quanto à alma, entendo-a aproximadamente da seguinte forma: alma = A (ideia); corpo = não A (matéria <--- díade); não (não A) = A [somente à luz da diaresis, sem koinonia!], ou seja: apenas quando o corpo é "negado" é que a alma se torna uma ideia "pura", e só o homem pode "negar" o seu corpo (à luz da diaresis sem koinonia, que permite precisamente compreender o corpo como não A, onde o Não, que surge como espaço-tempo, é derivado da díade não existente.) Em termos práticos isso significa: deve-se abandonar a pólis, praticar a dialética na Academia, viver dessa forma, e ainda poder-se-á porventura, enquanto (por um instante) uma "pura ideia", coincidir (por um instante) com o Uno-Bem.

Em suma, Plotino é um platônico genuíno e a "astrolatria" do *Tim<eu>*, *Leis* X, *Epinomis* é puramente irônica ou forjada (pelo Espeusipo eudoxiano) ou... pregado ao "povo" por razões de estado.

7. Sim: a diairesis pretende mostrar a hierarquia das ideias que, na medida em que formam um hierarquia, podem ser representadas pelos números (ordinais). Mas é muito difícil fazê-lo, ou de fato é impossível fazê-lo (enquanto se permanecer no Não) Contudo, as divisões do *Sof<ista>-Pol<ítico>* são aristotélicas, e não têm nada em comum com a diairesis platônica, precisamente porque não levam a uma hierarquia, mas assumem uma justaposição das espécies <ou tipos>.

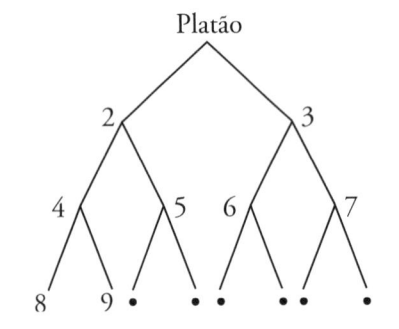

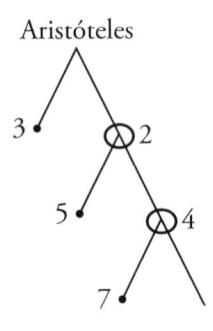

(também não há diferença entre esquerda/direita, direito/torto, ou ideias/mundo).

8. Toda a diferença entre Platão e Aristóteles assenta na descoberta de ciclos biológicos factuais (▼): (o homem gera o homem [e não cães]). O ciclo das espécies biológicas é eterno; portanto, é inteligível; portanto, não há necessidade de ideias para basear o conhecimento (muito claro na Metafísica ∧, 3 (*in fine*)). Ao invés das ideias, há "formas" dos ciclos biológicos; essa "forma" é a causa (entelequia) do processo biológico (cíclico); por conseguinte existem no tempo e no espaço, embora sejam eternas (e são eternas por causa da própria eternidade, quer dizer, Nous-Theos[143] enquanto

---

[143] Mente-Deus.

primeiro motor (imóvel) torna o próprio tempo cíclico (cp. Física VIII), razão pela qual os processos espaço-temporais também são cíclicos. Assim: a ideo-logia platônica torna-se etio-logia aristotélica = bio-logia = astro-logia (pois a "lei" cíclica biológica é obje-tivamente atual[144] como as esferas celestes [des-ordem = eclíptica inclinada]): há uma ciência dos fenômenos, mas é puramente "astrológica" [esse é o resultado do chamado "bom senso" e "realismo" aristotélicos, em contraste com o "poeta" e "místico" Platão!]

Receio que esta carta não esclareça a questão, mas que a confunda ainda mais. Seria naturalmente muito melhor ser capaz de falar sobre tudo isso. Mas quando? E onde?

Incidentalmente, li a sua palestra de Jerusalém.[145] Seguramente a melhor coisa sua que li: extremamente clara, densa e brilhante. Mas... falar "dos Modernos" sem mencionar Hegel e Marx...?! Até Rousseau corre tudo muito bem, mas aí há um buraco, e chegamos a... Max Weber e Oppenheimer! Ou seja à interminável, quer dizer à chamada despropositada "história" (sem "Napoleão"). Não é naturalmente difícil mostrar o absurdo dessa "filosofia". Mas então, e sobre certo Hegel, que falou do estado-fim e do conhecimento absoluto, e de certo sujeito chamado Marx, etc., que o atualizou? O silêncio sobre essas pessoas pretende ser "pedagógico" (ou dema-gógico? Dado que se dirige a uma audiência de adultos)? Ou é a terra sagrada responsável por isso?

Em todo caso, estou muito melhor, e contente de saber que você também está melhor.

Bem – espero que ainda possamos nos ver e conversar um com o outro.

Com as mais calorosas saudações

seu,

Kojève

P.S. Segue inclusa uma cópia de uma Nota para o meu "livro" que não será publicado![146]

• • • • • • • • • • • • • • • • •

---

[144] Wirklich.

[145] "What is Political Philosophy?", ministrado em 1954 e 1955 no ciclo Judah L. Magnes na Universidade Hebraica; a versão revisada das palestras foi publicada como um ensaio intitulado *What is Political Philosophy? and Other Studies*. The Free Press of Glencoe, 1959.

[146] A "Nota" é uma fotocópia de um texto francês datilografado de vinte páginas com correções a caneta intitulado: "*Platon* – Critique dAristote", e inscrito:
Amicus Plato...
Kojève
10/VII 57.
Não incluímos a referida Nota nesta tradução porque Kojève resumiu os seus conteúdos de modo bastante completo na interpretação de Platão constante da sua carta de 11 de abril de 1957, assim como na presente carta. Uma versão bastante revisada e expandida desta Nota veio finalmente a lume na publicação póstuma de Kojève *Essai d"une Histoire Raisonnée de la Philosophie Païenne*, volume II: *Platon- Aristote*. Paris, 1972, p. 364-78.

THE UNIVERSITY OF CHICAGO
Chicago 37, Illinois
Department of Political Science
11 de setembro de 1957.[147]

M. Alexandre Kojève,
15 bd. Stalingrad
Vanves (Seine),
França

Caro Sr. Kojève:

Foi apenas na última semana que pude ler o seu texto datilografado e a sua carta. Sofri de uma doença sem gravidade, não tive férias verdadeiras e tenho me sentido muito cansado. A minha reação geral aos seus enunciados foi a de que estamos em polos opostos. A raiz da questão é, suponho, a mesma de sempre, a de que você está convencido da verdade de Hegel (Marx) e eu não estou. Você nunca respondeu às minhas perguntas: a) Nietzsche não estava certo em descrever o fim hegeliano-marxista como o do "último homem"? E b) o que você colocaria no lugar da filosofia da natureza de Hegel? Tenho a impressão de que você lê Platão do seu ponto de vista hegeliano sem esperar suficientemente por aquilo que se revelaria por si mesmo como a perspectiva de Platão simplesmente ao escutá-lo e aderir estritamente às suas sugestões. Você considera óbvio que as "ideias" são "conceitos" e que Platão está exclusivamente preocupado com as "ideias" e não com a "alma". Nesse sentido, você está seguro de que não pode haver ideias das "espécies sensíveis". Sem uma solução prévia para a questão de saber "de que coisas é que há ideias e de que coisas é que não há ideias" não pode haver uma discussão frutífera sobre a comunidade de ideias. Toda a sua interpretação parece-me esquemática e arbitrária. Além dos diálogos, você usa os relatos de Aristóteles. Os relatos de Aristóteles são, é claro, muito competentes, mas não respondem à questão de saber quão definitivamente ou quão seriamente Platão afirmou as coisas que Aristóteles diz que ele afirmou. (Incidentalmente, são precisamente os relatos de Aristóteles que devem nos induzir a atribuir a Platão a afirmação de que há "ideias das espécies sensíveis".) Não estou satisfeito com o fato de existirem diálogos platônicos dedicados à crítica de Aristóteles e que os diálogos dedicados à crítica de Aristóteles sejam os sete que você mencionou. Em particular, considero impossível divorciar o *Timeu* e o *Crítias* da *República* como você faz.

---

[147] Datilografada em inglês.

Vejo apenas dois pontos na sua exposição em relação aos quais podemos pelo menos começar uma conversa. Os dois pontos são o Estrangeiro de Eleia e o *Crítias*.

Estou absolutamente certo de que o Estrangeiro não é um papagaio e que você interpretou de forma completamente equivocada a apresentação dele por Teodoro e pelo discurso de boas-vindas de Sócrates. Por outro lado, acredito que você está certo em dizer que há alguma coisa errada com a asserção [do Estrangeiro] a respeito da comunidade de repouso (ideias) e movimento (não ideias). Isso não prova, no entanto, que falta a ele compreensão, pois todo diálogo platônico se baseia na desconsideração deliberada de alguma coisa crucialmente importante, e o que é correto para o Sócrates platônico também é correto para o Estrangeiro de Eleia platônico. Resumindo, a separação das ideias torna impossível a compreensão do todo que consiste em onta e gignomena;[148] torna impossível compreender a alma (e, portanto, do filósofo, que só pode ser entendido em contraposição ao não filósofo). Para superar a separação o Estrangeiro assimila onta e gignomena (movimento e repouso) e exprime esse pensamento muito radicalmente ao definir o ser como agir e sofrer, o que (agir e sofrer), tanto quanto compreendo Platão, não pode ser dito das ideias; incorretamente, porém não de forma ignorante, o Estrangeiro faz abstração da diferença radical entre onta e gignomena. Em vez de assimilar onta e gignomena, é preciso procurar o elo entre eles; mas a tese do Estrangeiro é superior à mera tese-chorismos <tese-separação> porque se baseia numa percepção da inadequação fundamental da tese da separação em si mesma. Suspeito que o *Timeu* na sua doutrina da alma traz à tona a solução da "ligação" para o problema – ao preço de fazer abstração de outra coisa da mais extrema importância. (O que é essa outra coisa ainda não sei.) O mero fato de o Estrangeiro ser o assassino de Parmênides mostra que ele não é um papagaio. Cf. também o Belo da tese não corrigida do eleata: "só há o Uno" e o filósofo-sofista-político são três, ao passo que acredito que a tese eleática corrigida pelo Estrangeiro é a de que "o uno consiste em muitos" e o "filósofo-sofista-político" é Uno.

Quanto ao *Crítias* faço a seguinte sugestão: *A República* lida com a "cidade em discurso", o *Timeu* com o "Cosmos em atos" e o *Crítias* com a "cidade em atos": falta o cosmos em discurso ("o quarto está em falta"): a promessa do discurso de Hermócrates esconde o não prometido, porém requirido discurso do próprio Platão. A cidade em atos é necessariamente inferior à cidade em discurso – ela está necessariamente "diluída", o bom sendo identificado com o ancestral (por isso a

---

[148] Ser e vir-a-ser.

melhor cidade em discurso é necessariamente ateniense; o *Crítias* mostra que a melhor cidade abunda não só em virtude como também em ouro). A cidade em atos deve ser a cidade em movimento e o movimento implica a guerra. A maior guerra da Atenas histórica foi a expedição siciliana e esta foi uma guerra injusta e terminou com uma derrota. A guerra ideal da "velha Atenas" tem por isso de ser uma guerra justa (uma guerra de defesa) com uma super-Sicília (a maior ilha do Ocidente distante) terminando com uma vitória ateniense. A descrição do mais glorioso feito ateniense não pode ser feita por um ateniense por razões de polidez (veja-se o elogio muito mais limitado de Atenas feito pela Aspásia do *Menexeno*). Ora, a vitória de Atenas sobre a "Sicília" tem também, é claro, um significado transpolítico como você será o primeiro a admitir (Hemócrates foi o principal responsável pela derrota de Atenas na expedição siciliana; Timeu vem do sul da Itália; e por último o Céfalo da *República* e a sua família provêm da mesma região). Também não podemos nos esquecer da invasão de Atenas por Parmênides no *Parmênides*. Em suma, a Sicília, "o Ocidente", tenta conquistar Atenas, mas é derrotada por Atenas. Isso, se é que o entendo corretamente, é exatamente o que você diz, mas essa vitória de Atenas sobre a Sicília é referida por Crítias, uma figura algo dúbia, e Platão impede-o de contar a sua história. Parece-me que o caráter incompleto do Crítias significa exatamente isto: a vitória de Atenas sobre a Sicília é uma semivitória e por isso também uma semiderrota. Você vai discordar da minha conclusão, mas é óbvio que pode muito bem usar todas as minhas outras afirmações relativamente ao *Crítias* para os seus propósitos. Porém, este enunciado não poderia ser alcançado senão ao aderir à inequívoca sugestão platônica de que o *Timeu* e o *Crítias* compõem um conjunto com a *República* e isso prova que é preciso aderir muito mais do que você faz aos óbvios *donnés platoniques*. (Crítias é um competidor de Alcibíades e Alcibíades é quem instiga a expedição siciliana.)

Espero que continue em boa forma. Espero terminar o meu estudo sobre Maquiavel perto do final deste ano.

Seu
LS

. . . .

Genebra, 24 de outubro de 1957.[149]

Meus caros amigos,

Verdade seja dita, não tenho absolutamente nada para dizer-lhes. O que vale por dizer que no que diz respeito a A [...] e a mim próprio está tudo bem. Estou em Genebra, onde espero ficar de cinco a seis semanas: encontros do Mercado Comum.

À margem da "grande política",[150] dei a mim mesmo uma mui repousante *working party*,[151] que me permite ler e escrever enquanto as reuniões acontecem: especialmente esta carta.

Em anexo segue um recibo com três livros. Ficaria muito grato se mos pudessem enviar (para Vanves). Li o livro de Rosán recomendado por Hering acerca de Proclo. Não é muito "profundo", mas muito claro e aparentemente preciso. Um livro útil.

Mas o livro contém também a "biografia" do Pr<oclo> por "Marino"! Sem comentários e levado 100% a sério. Ora, de fato, e como presumi depois de ler a *vita Isidori*, este "Marino" não é senão um pseudônimo do meu amigo Damásio, e a dita "biografia" não é nada senão escárnio sem vergonha do seu herói. É escrito ao estilo da *vita*.

Se quiserem se divertir, recomendo-vos vivamente que leiam este "Marino" de Rosán, *Proclo* (N.Y. 49). Tem apenas 22 páginas. Mas, como suspeito que não o escolherão ler, copiarei algumas passagens especialmente saborosas.

III... Cada uma dessas [virtudes físicas] estava naturalmente presente no nosso abençoado filósofo desde o nascimento, e os seus traços podiam ser vistos claramente até naquela aparência de ostra dele... era tão belo que, embora todos os seus retratos sejam excelentes, nenhum dos pintores foi completamente capaz de captar a sua aparência, tudo ficou muito aquém da imitação da sua verdadeira forma... [a esse respeito Rosán assinala numa nota: Um busto foi encontrado... está um terço partido e tem um nariz peculiarmente saliente"]

IV... é impressionante como aquelas qualidades básicas da alma, que ele tem espontaneamente e de forma inata, eram as mesmas partes da virtude que Platão considerava serem os elementos do caráter filosófico...

IX. Ele aprendeu filosofia Aristotélica com Olimpodoro... Olimpodoro era conhecido como um excelente orador, mas devido a facilidade e rapidez com que falava, apenas alguns de seus ouvintes conseguiam acompanhá-lo.

---

[149] Esta carta, dirigida ao Sr. e à Sra. Koyré, termina com o pedido de Kojève para que a enviem a Strauss. Está escrita em francês, mas as extensas citações estão em inglês.
[150] Nietzsche, *Para Além do Bem e do Mal*, 208, 241, 254; *Genealogia da Moral*, I.8; *Ecce Homo*, "Por que sou um Destino", sec. 1; *Crepúsculo dos Ídolos*, Moralidade como Antinatureza, 3.
[151] Em inglês no texto.

... Os escritos lógicos de Aristóteles, que são difíceis de compreender para aqueles que os leem, ele [Proclo] os decorava, e numa só leitura...

XIII. Em menos de dois anos, Siriano [um dos [...] *da vita Isodori*] leu com ele todos os escritos de Arist<óteles> sobre a lógica, ética, política, física e até teologia. E depois de passar suficientemente por todos estes como se fossem rituais preparatórios ou mistérios menores, ele conduziu-o, sistematicamente ou não, como diz o oráculo [caldeu], "através de passos enormes", até os grandes mistérios de Platão, e revelou as suas visões verdadeiramente divinas para os olhos não maculados da sua alma e para o puro olhar da sua mente. E Proclo, por seu lado, por meio de uma constante prática e atenção, de dia e de noite, e ao escrever tudo o que foi dito sob a forma de um sumário com as suas próprias opiniões, produziu tanto num tão curto período que aos 28 anos de idade escreveu os seus *Come<ntários> sobre o Timeu* assim como muitos outros comentários, todos eles criados finamente e cheios de erudição. Tal ocupação aperfeiçoou ainda mais o seu caráter, porque adicionou conhecimento às suas virtudes morais.

XIV. Também adquiriu as virtudes políticas a partir da *Políti<ica>* de Arist<óteles> e das *Leis* e da *República* de Platão. De forma que nisso ninguém pode dizer que estava apenas preocupado com palavras e não atos; dado que a sua preocupação com as coisas mais elevadas impedia-o de participar dos assuntos políticos, ele persuadiu o piedoso Arquíadas a fazê-lo, ensinando-lhe as virtudes políticas...

XV... Proclo mostrou que possuía uma coragem hercúlea até na política... E quando os seus inimigos, como uma legião de abutres gigantes, tentaram levá-lo no tribunal [ou talvez: irritaram-no excessivamente], ele deixou Atenas em obediência à Revolução do Todo,[152] e viajou até à Ásia. Na verdade, tudo isso foi para o melhor, pois o seu Espírito guardião deu-lhe realmente esse pretexto para a viagem de forma que ele pudesse ser iniciado nos ritos antigos que ainda eram lá preservados... Agindo e vivendo dessa forma, passou ainda mais despercebido que os pitagóricos [epicuristas?], que obedeciam firmemente a essa ordem do seu senhor para "viver de forma despercebida" [*lathé biosas*]. Mas ele passou apenas um[153] ano na Lídia e regressou a Atenas pela Providência da deusa da filosofia. Essa foi a forma por meio da qual Proclo obteve gradualmente a sua coragem...

XVI... Ele era um excelente juiz em todos os campos. E onde quer que encontrasse alguém que não levasse a sério o próprio trabalho, censurava-o severamente. Foi isso que o fez parecer muito irritadiço e bastante competitivo [cf. IV...: ele parece-nos ser por natureza modesto...], porque queria e era capaz de julgar tudo de forma correta. Ele era de fato dado à competitividade, mas apenas no que diz respeito à virtude

---

[152] Em Rosán: "... para o Todo-Poderoso (lit.: a revolução do todo)".
[153] Rosán: a

e à bondade; talvez nada de grande pudesse ser feito entre os seres humanos sem esse tipo de motivação. Também admito que era irritadiço. Em todo caso,[154] ao mesmo tempo também era brando, pois acalmava-se fácil e rapidamente, tornando-se tão suave quanto a cera num instante; num minuto estava repreendendo alguém e, no minuto seguinte, por causa da sua natureza compassiva, já estava ajudando-o...

XVII. Fico contente que me tenha ocorrido essa sua natureza compassiva, pois acredito que não se pode dizer que nenhuma outra pessoa foi tão compassiva como ele. Como nunca desejou ter mulher ou filhos, embora tenha recebido muitas ofertas de casamento de famílias nobres e ricas, ele estava livre da experiência de ter a sua própria família...

XVIII... Chegamos agora a essas virtudes purificadoras que são bastante diferentes das virtudes sociais... Mas as virtudes purificadoras são superiores a elas... O filósofo Proclo praticou essas virtudes purificadoras no decorrer da sua carreira filosófica,... ele sempre fazia o que favorecia à separação da alma e, quer fosse de noite ou de dia, rezava contra os maus demônios, banhava-se a si próprio e usava outros métodos de purificação, tanto órficos como caldeus, tais como submergir de forma resoluta no mar todos os meses, ou até duas ou três vezes por mês. E fazia tudo isso não só no auge da vida, mas até nos seus últimos anos realizou essas ações habituais.

XX... Ele era dessa forma indiferente não só à dor física, mas ainda mais aos males externos, fossem ordinários ou extraordinários. Sempre que estes ocorriam ele dizia: "é assim[155] que as coisas são; é assim que elas geralmente são". O que me pareceu ser uma máxima que merecia ser memorizada e que provava suficientemente a grandeza da alma do filósofo. Quanto à raiva, tentava reprimi-la tanto quanto conseguia... [cf. acima XVI, *in fine*].

XXII... Ele alcançava as virtudes mais elevadas[156]... que já não podiam ser chamadas *phronesis* no sentido humano, mas antes sophia ou até algum nome mais reverente. Embora fosse absorvido por isso, Proclo aprendeu com facilidade toda a teologia grega e não grega e também aquela verdade que[157] foi escondida na forma de mitos; ele explicou tudo isso de uma forma muito entusiasmada... Passou por todos os escritos de autores precedentes e aquilo que era frutífero de tudo o que encontrou foi selecionado e combinado... Nas suas lições foi capaz de discutir cada uma das doutrinas de forma sensata e mencionou-as a todas nos seus escritos. Tinha um amor pelo trabalho sem limites: por vezes dava cinco ou mais aulas por dia, escrevia em média

---

[154] Rosán: irritadiço; entretanto.
[155] Rosán: diz "é assim".
[156] Rosán: nas mais elevadas.
[157] Rosán: a qual.

700 linhas de prosa [diz-se que Crisipo, que era notoriamente prolífico, escrevia cerca de 300], visitava outros filósofos e às vezes, à noite, dava lições que não se baseavam em nenhum texto; adicionalmente, idolatrava sem reversas os deuses todas as noites e ajoelhava-se a rezar para o sol quando ele nascia, ao meio-dia e quando se punha.

XXIII. O próprio Proclo foi o originador de muitas doutrinas previamente desconhecidas nos assuntos naturais, intelectuais e até nos mais divinos. Foi o primeiro a afirmar que havia um gênero de almas que eram capazes de perceber muitas ideias de uma só vez e que ocupavam uma posição média entre o <u>Nous</u> que conhece tudo duma só vez... e aquelas almas que só conseguem concentrar-se numa Ideia de cada vez. Quem quer que o deseje pode aprender essas e muitas outras inovações ao passar pelas suas obras, o que não posso fazer agora, dado que prolongaria em demasia esta biografia ao mencioná-las a todas. Mas quem quer que leia as suas obras concordará que aquilo que acabei de dizer é verdade...

XXVI..... Foi por meio desses oráculos divinos que Proclo alcançou aquelas virtudes mais elevadas da alma humana que o inspirado Jâmblico chamou de forma excelente de "teúrgicas". Depois de reunir as interpretações dos filósofos anteriores com o juízo apropriado através de uma grande dose de labor durante cinco anos inteiros [contra: "menos de dois anos" para "todos os escritos de Arist<óteles>". (cp. XIII acima)], ele ainda compilou a literatura caldaica restante e os comentários mais importantes sobre esses oráculos divinamente-dados. A esse respeito, ele teve o seguinte sonho maravilhoso: o grande Plutarco [professor de Siriano] apareceu e disse-lhe que ele viveria por tantos anos quanto houvesse folhas de quatro páginas nas suas obras sobre os oráculos; depois disso contou-as e descobriu que havia setenta. Que o sonho foi divino provou-o o fim da sua vida. Pois,[158] embora tenha realmente vivido, como foi dito antes, 75 anos, durante os últimos cinco anos já não era forte... Na verdade, ainda rezava, até na sua condição compunha hinos... mas fez tudo de acordo com a sua condição fragilizada de forma a que se maravilhava sempre que pensava no sonho e <u>dizia constantemente:</u> "<u>Vivi realmente apenas setenta anos</u> [?!]".[159]

[compare-se com III: ... Em quarto lugar teve saúde... e foi dotado tão plenamente dessa virtude desde a infância que foi capaz de dizer que o seu corpo só esteve doente duas ou três vezes numa longa vida de 75 (*sic*!) anos. A prova final disso, a qual posso testemunhar, é a de que ele sequer reconheceu na sua última doença o tipo de sofrimento que lhe sobreveio, tão raramente experimentou a dor. Compare-se XXXII:[160]

---

[158] Rosán: vida, para.
[159] Rosán: sublinhado por Kojéve.
[160] Leia-se: XXXI.

... teve medo quando estava no auge da sua vida de que as artrites do seu pai também pudessem atacá-lo... e não foi sem razão que temeu, porque, como devo ter dito antes, ele estava de fato sofrendo com esse tipo de dor.]

XXVIII... Proclo procedeu passo a passo; primeiro foi limpo pela purificação caldaica, então conversou, como ele próprio menciona numa das suas obras, com as aparições luminosas [!] da Hécate que ele próprio conjurou; depois causou precipitações de chuva ao movimentar corretamente a roda do pica-pau torcicolo,[161] salvando, com isso, Atenas de uma seca. Propôs meios para prevenir terremotos; testou o poder de adivinhação do tripé; e até escreveu versos acerca do seu próprio destino...

XXXIII. Mas se quisesse dizer tudo sobre ele, tal como a sua amizade com Pã, o filho de Hermes, e a grande simpatia e auxílio que recebeu desse deus em Atenas, ou se relatasse a boa fortuna que obteve da Mãe dos Deuses a quem sempre rezou e com quem sempre se regozijou, pareceria a alguns leitores estar simplesmente tagarelando e a outros dizendo coisas incríveis. Pois as muitas coisas grandiosas que essa deusa lhe fez e disse quase diariamente foram tão numerosas e tão pouco usuais que já não me lembro delas com muita clareza. Mas se alguém desejar saber mais acerca da sua afinidade com a deusa, que leia o seu livro sobre a Mãe dos Deuses [de outro modo desconhecido!], pois verá como, ali, ele revela toda a teologia da sua deusa[162] com inspiração divina e explica filosoficamente o que é simbolicamente feito ou miticamente dito acerca dela e Átis, <u>para que ninguém precise mais ser perturbado ao ouvir os lamentos aparentemente absurdos</u>[163] e outras coisas que são secretamente ditas nas suas cerimônias. [Compare-se com o discurso igualmente irônico de Juliano sobre a Mãe dos Deuses.]

[Essas citações devem bastar para elucidar o significado algo enigmático da seguinte passagem do Prefácio da "Biografia":]

I... Tinha medo de que, nas palavras de Íbico, pudesse ganhar a estima dos homens ao pecar, não contra os deuses, como ele disse, mas contra um homem sábio [sc. Proclo], especialmente dado que não seria correto que só eu, de todos os seus amigos, me mantivesse em silêncio e não fizesse, pelo contrário, todos os esforços para dizer a verdade sobre ele, apesar do fato de que, de todos os homens, eu mais que ninguém estava sob grande obrigação de falar abertamente. De fato, talvez eu não tivesse sequer conquistado a estima dos homens, uma vez que eles não teriam atribuído à modéstia a minha recusa em empreender essa tarefa, mas antes à preguiça mental ou até a um defeito de alma ainda maior. Por todas essas razões, senti-me compelido a apresentar

---

[161] Ver Rosán nota 19, página 29.
[162] Rosán: deusa.
[163] Sublinhado por Kojève.

pelo menos algumas das inúmeras proezas superiores do filósofo Proclo e algumas coisas que verdadeiramente foram relatadas sobre ele.

[Em resumo: amicus Plato...]

A ironia não é inequívoca?

Depois de ler esta carta, poderia enviá-la a Strauss em meu nome? Já falei a ele sobre Juliano, Damásio e "Salústio". Este "Mário" completará o quadro!

Como sempre, seu,
K.

. . . .

Genebra, 5 de novembro de 1957.[164]

Caro Sr. Strauss,

Por favor, perdoe-me por só agora responder à sua carta de 9.11. Mas várias coisas interferiram. Estou aqui em Genebra (encontro da AGTC) e provavelmente ficarei até o final do mês.

À questão:

Concordo plenamente com você que uma discussão "geral" de Platão não faz muito sentido. A única coisa realmente sensata a fazer será ler os sete diálogos em conjunto.

Mas, da minha parte, a coisa toda não surgiu de modo algum de visões "gerais" preconcebidas. Pelo contrário, foi por acidente que me deparei com algumas passagens do *Sofista* que me pareceram "despropositadas" ou soaram "irônicas". Em consequência, reli os outros seis diálogos, nos quais encontrei muitas passagens semelhantes. Tudo isso me levou, então, a uma interpretação abrangente que em si mesma faz sentido e que, na minha opinião, também é historicamente possível (mas que muito me surpreendeu!). Na minha primeira (longa) carta a esse respeito, citei muitas dessas passagens (sem copiá-las), e interpretei com brevidade o todo da coisa. O que realmente esperava de você era que tomasse posição em relação a cada uma das passagens em questão. Bem, o tempo não lhe permitiu (como você próprio me disse) consultar pessoalmente as próprias passagens. Com isso, você me responde apenas com considerações "gerais" sobre Platão e toda a discussão é desviada.

Posso esperar somente que, quando terminar o seu Maquiavel, tenha tempo e inclinação para responder à minha primeira carta de forma concreta (supondo que Klein não a tenha perdido nesse ínterim [o que seria uma grande pena, dado que é

---

[164] Escrita em alemão.

o meu único escrito que lida com o assunto]). Atribuo uma importância particular à primeira parte do Parmênides (até a chamada "dialética").

Até agora só estou familiarizado com uma posição concreta sua: em relação ao Estrangeiro de Eleia.

Ora, nesse ponto não consigo compreender por que se recusa a ver o elemento irônico no retrato do Estrangeiro. A reação de Sócrates é, afinal, <u>exatamente</u> a mesma reação que ele demonstra em relação a Protágoras, Eutidemo, etc.: admiração ironicamente exagerada da "sabedoria divina" de um sofista. Por fim e em conclusão, o seguinte não pode certamente ser ignorado:

1º O retrato do "filósofo" no *Te<eteto>* é manifestamente irônico;

2º Teodoro não percebe a ironia, leva o retrato a sério e <u>reconhece-se a si mesmo</u> nele [no qual está outra vez certo];

3º O Estrangeiro é introduzido [no *Sof<ista>*] <u>por este Teodoro</u> como um <u>filósofo</u>.

4º <u>Quer dizer</u>: aos olhos de Teodoro, o Estrangeiro corresponde ao retrato do "filósofo" no Teeteto; por conseguinte, aos olhos de Platão, o Estrangeiro é um "sofista"; mais precisamente, um sofista "moderno" [= pós-socrático], ou seja, um <u>acadêmico</u> [cientista-<u>natural</u> com pretensões "filosóficas"; eu digo que Platão tem em mente "Pit<ódoro>" = Teodor<o> + Teeteto + Eudóxo; isto é, no Sofista: Estrangeiro = Eudoxo].

Eis, então, uma diferença <u>concreta</u> na nossa interpretação de Platão. Mas também aqui a questão pode provavelmente ser resolvida apenas por uma interpretação abrangente de todas as passagens relevantes nos [sete] diálogos.

No meio-tempo, li [Apud Rosán, Próclo, N.Y.] a suposta "biografia" de Proclo feita pelo dito "Mariano". Quando li a *vita Isidori* suspeitei de que esse "Mariano" não era senão um pseudônimo de Damásio e que a "biografia" podia de fato ser uma paródia "irônica". Ler essa "biografia" confirmou-o plenamente [<u>aqui</u>, de <u>fato</u>, tive uma opinião <u>pré-concebida</u>!] A "biografia" é uma duplicata da *vita Isidori*.

Copiei algumas passagens e enviei-as para Koyré com o pedido de que a passasse para você.

Tudo isso é interessante, porque Damásio emigrou para a Pérsia e pôde ter começado ali uma tradição oral que se estendeu até Farabi.

Tentei em vão que Bloom lê-se a *vita Isidori* (<u>Isi</u>-doro ou <u>Pitó</u>-doro). Mas ele está ocupado com uma interpretação de Otelo onde este aparece como Yahwe [Javé] e Iago como Cristo...[165]

---

[165] "Cosmopolitan Man and the Political Community: *Othello*". *The American Political Science Review*, 1960, 54, 129-157; reimpresso em Allan Bloom e Harry V. Jaffa, *Shakespeare's Politics*. Basic Books, 1964, p. 35-74.

Ainda não comecei o meu ensaio-Juliano (para o seu Festschrift), mas espero ser capaz de escrevê-lo em Genebra. Talvez com uma pequena nota de rodapé acerca de "Salústio" Damásio "Marino". Mas primeiro gostaria de saber o que pensa sobre esses textos. Mas isso dificilmente será possível.

As mais calorosas saudações.

Kojève

· · · · · · · · · · · · · · · · ·

Paris, 15 de maio de 1958.[166]

Caro Sr. Strauss,

Muito obrigado por me enviar o seu *Farabi*. Acabei de lê-lo. É "de primeira".[167]

Como sabe, tenho agora mais ou menos a mesma opinião de Farabi. Só que, para mim, o "Sócrates" de Farabi é o próprio Platão histórico. Platão entendeu as *Leis* como Farabi as entenderia, ou o diálogo é uma falsificação (de Filipe de Opunte e Espeusipo) (ou: Livros I-IX [em particular IX] falsificados, e X-XII re-escritos). A verdadeira opinião de Platão pode ser encontrada na *Rep<ública>* + *Político* + (*Tim<eu>* + *Crítias*) + *Filebo*. Esses diálogos lidam exclusivamente com a "Academia", ou seja, com a vida voltada para a sabedoria,[168] ou com o filo-sofar. Esta "Academia" deveria ser um "mosteiro", quer dizer, "separada" (chorismo) do "mundo". O "legislador" é Céfalo, o chefe da Academia:[169] ele deve ser o "único governante" e não estar submetido a nenhuma "lei" (= preconceitos). Etc. Porém: o leitor "comum" não sabe nada da Academia e pensa exclusivamente na pólis. Lidos dessa forma, a *República* e o *Político* são deliberadamente "absurdos": na *República* o comunismo "cínico-sofístico" (incluindo a ridícula "comunidade das mulheres"), e no *Político* a "tirania" sofística. Toda a polêmica séria (contra Euclides – Eudoxo – Aristóteles) gira em torno da "politeia" dentro da Academia; quer dizer: 1) a dialética (= diairesis genuína sem "koinonia" [atomos eidos], ou "lógica" + "ciência"; 2) "vida boa" por meio do modelo vivo (paradigma) do "líder", ou – "estudo".

Essa concepção genuinamente platônica foi testada ("monges") por milhares de anos (tanto pelos cristãos como pelos muçulmanos), e degenerou na República de

---

[166] Escrita em alemão.
[167] Provavelmente "How Farabi read Plato's *Laws*". *Mélanges Louis Massignon*, vol. III. Damascus, 1957; reimpresso em *What is Political Philosophy and Other studies*. The Free Press, 1959, p. 134-54.
[168] Em inglês no texto.
[169] Em inglês no texto.

Letras de Bayle que ainda permanece "viva" até hoje (A traição dos Intelectuais).[170] Os políticos genuínos (estadistas) sempre se opuseram a ela (como já era o caso de Juliano): nomeadamente, aquilo que Platão realmente queria dizer não os preocupava, e aquilo que eles entenderam(-mal) de Platão era naturalmente "utópico" (porque só podia ser realizado por uma tirania "sobre-humana"). Foi assim que a coisa ficou até Hegel-Marx: pois eles não queriam destruir a Academia (= "mosteiros") ou torná-las inativas e ineficazes, mas queriam, pelo contrário, transformá-las numa "polis". Para Hegel/Marx (mas de modo algum para Platão), os filósofos devem de fato (e por isso podem) tornar-se "Reis" (Napoleão – meu) [naturalmente não o inverso, o que seria "utópico"; ao passo que o filósofo tornar-se um rei não é de modo algum utópico – na medida em que este "tornar-se" é uma revolução]. [Talvez fosse alguma coisa desse gênero que Maquiavel tinha em vista.]

Quanto à "arte de escrever", é possível que Farabi remonte a uma tradição (oral?), nomeadamente ao ensinamento de Damásio na Pérsia. Ele ficou por lá apenas dois anos, mas isso pode ter sido suficiente. O próprio Damásio remonta a Juliano. [Na *Vita Procli*, "Mariano" cita quase literalmente os Discursos de Juliano, e na *vita Isidori* também podem ser encontrados ecos de Juliano.] E Juliano não estava sozinho (mesmo desconsiderando o seu amigo Salústio). Toda a assim chamada "escola-vespasiana" achou que ele estivesse. Não é uma "escola", e certamente não algo "místico" ou "neoplatônico", mas antes "epicurista" ou democriteano. Portanto, enquanto Imperador ou "servidor público", Juliano se opunha deliberadamente ao "epicurismo" ("jardins") desses "intelectuais" (cp. o seu discurso para [= contra] Temístio). Isso é perfeitamente evidente na *Vita soph* de Eunapio.[171] (Embora o próprio Eunápio não o compreendesse): especialmente de forma clara em relação à saudação de Juliano a Máximo (um "aventureiro" típico). Se tiver tempo, você tem de ler Eunápio.

Com os melhores cumprimentos

Kojève

P.S. A propósito, Juliano tinha a opinião (assim como Damásio e Farabi) de que Platão pensava exatamente como eles; só nunca o disse abertamente.

. . . .

---

[170] Julien Benda, *La Trahison des Clercs*. Paris, Grasset, 1927; traduzido para o inglês por R. Aldington como *Betrayal of the Intellectuals*. NY, Wm. Murrow, 1928. [Em edição brasileira: *A Traição dos Intelectuais*. Trad. Paulo Neves. São Paulo, Peixoto Neto, 2007.]

[171] *Lives of the Philosophers and of the Sophists*.

Paris, 17 de fevereiro de 1959.[172]

Caro Sr. Strauss,

Muito obrigado pelo seu novo livro.[173] Embora conheça as palestras, o livro parece-me ter resultado em algo muito diferente. Certamente irei lê-lo.

Por favor, perdoe-me por lhe agradecer somente agora. Mas estive viajando: Índia, Sião e depois Genebra. Como servidor público, naturalmente.

Gostaria de saber o que pensa do meu Juliano,[174] no qual apareço publicamente como um fiel discípulo de Strauss.

Se agora tiver mais tempo podemos, talvez, retomar o nosso diálogo sobre Platão. Naturalmente Klein não deu nenhuma resposta. E você não teve tempo de verificar as passagens que citei.

Seja como for, gostaria de ter de volta a minha primeira (longa) carta de Platão. Nesse momento, deve estar com Klein. É a única coisa que escrevi sobre o tema.

Continuo com esperança de poder ir aos Estados Unidos. Mas agora sou tão "europeu" que não é totalmente fácil.

Parece que a Gallimard (NFR) pretende mandar datilografar as minhas obras póstumas: em troca de ter o direito de publicar algumas partes *post mortem*. Este é um assunto que me é indiferente. Mas assim que tiver um texto datilografado, envio-o para a sua avaliação. Além disso, Bloom provavelmente deve ter-lhe falado sobre isso. Com os melhores cumprimentos,

Kojève

. . . .

Paris, 6 de abril de 1961.[175]

Caro Sr. Strauss,

Não nos correspondemos há uma eternidade. Já nem sei quem foi o primeiro a não responder.

---

[172] Escrita em alemão.
[173] Provavelmente *What is Political Philosophy? And Other Studies*. Glencoe, The Free Press, 1959.
[174] "The Emperor Julian and His Art of Writing" (traduzido por James H. Nichols, Jr.) em J. Cropsey (ed.), *Ancients and Moderns: Essays in the Tradition of Political Philosophy in Honor of Leo Strauss*. New York, Basic Books, 1964, p. 95-113.
[175] Escrita em alemão.

A última coisa sua que recebi foi o seu Maquiavel.[176] Não estou certo de ter-lhe escrito a propósito dele. Parece-me que sim.

De qualquer forma, o livro é de primeira. Naturalmente, não estou de acordo com a conclusão sugerida no final. Mas isso não é importante.

Segundo Hegel (*Fenomenologia do Espírito*), a propaganda no sentido moderno não foi descoberta até o iluminismo. Para você, ela foi descoberta por Maquiavel. Parece-me que você está certo. Mas Hegel também está certo: no que diz respeito à propaganda em massa no sentido moderno ela foi desenvolvida apenas no séc. XVIII. Contudo, Maquiavel também está certo (pelo menos segundo a sua interpretação), quando diz que o sistema de propaganda "moderno" é especificamente cristão...

Entrementes, finalizei a minha *Filosofia Antiga*. Mais de mil páginas. Taubes[177] fotocopiou-as. A meu ver não está de modo algum "pronto para publicar". Mas se Queneau insistir, não recusarei. (Recusar também seria, neste caso, equivalente a levar-me a sério!)

Bloom está trabalhando arduamente numa tradução[178] e pouco o vejo. Por outro lado, falo frequentemente com Rosen,[179] de quem gosto bastante. Parece-me mais sério do que Bloom.

Em termos de saúde, estou bastante bem. O meu trabalho oficial é muito interessante e produtivo.

Gostaria de ter notícias suas.

Com as saudações mais cordiais,

Kojève

· · · · · · · · · · · · · · · · · ·

---

[176] *Thoughts on Machiavelli*. The Free Press of Glencoe, 1958. [Edição brasileira: *Reflexões sobre Maquiavel*. Trad. Élcio Verçosa Filho. São Paulo, É Realizações, 2015.]

[177] Jacob Taubes (Viena 1923-Berlim 1987), autor de *Abendländische Eschatologie* (1946), deu alguns cursos como professor visitante nas universidades de Harvard e Columbia; em 1961 tornou-se professor visitante e em 1965 professor de Estudos Judaicos e Hermenêutica na Free University of Berlin. Taubes conta a história de um encontro em Berlim, em 1967, entre Kojève e os líderes da rebelião estudantil, no qual Kojève disse a "Dutschke & Co." "que a coisa mais importante que podiam e deviam fazer era... estudar grego". Não era o que esperavam ouvir, nem o que fizeram. *Ad Carl Schmitt, Gegenstrebige Fügung*. Berlim, Merve Verlag, 1987, p. 24 (estou em dívida com o professor Lutz Nicthammer por esta referência; ver também a sua *Posthistoire: Ist die Geschichte zu Ende?*, n. 21. Hamburgo, Rowohlt, 1989, p. 81).

[178] Da *República* de Platão, publicada por Basic Books em New York em 1968.

[179] Stanley Rosen (1929-), professor de Filosofia da Borden Parker Bownem Universidade de Boston; autor de importantes obras sobre Platão, Hegel e filosofia contemporânea; discute o debate entre Strauss e Kojève em *Hermeneutics as Politics*. Oxford University Press, 1987, capítulo 3.

THE UNIVERSITY OF CHICAGO
Chicago 37, Illinois
Department of Political Science

30 de janeiro de 1962.[180]

M. Alexandre Kojève,
15 bd. Stalingrad
Vanves (Seine), França

Caro M. Kojève:

Escreve-lho hoje a pedido de Gadamer. Ele está muito ansioso para que venha ao encontro de abertura da Associação Internacional de Hegel, que ocorrerá no final de julho em Heidelberg, e para que venha dar uma palestra. Suponho que ele queira que apresente a sua interpretação geral de Hegel. Estou certo de que será para o bem comum se você ministrar essa palestra. Tenha a bondade de me dizer o mais cedo que lhe for conveniente o que planeja fazer, para que possa informar Gadamer. A única razão para que ele não lhe tenha escrito diretamente foi a de ter pensado que uma carta minha pudesse ser mais eficiente.

Quão adiantado está o seu trabalho? Estou preparando um pequeno livro que será chamado *A Cidade e o Homem*, três palestras, uma sobre a *Política*, outra sobre a *República* e outra sobre Tucídides. O meu livro alemão sobre Espinosa está em vias de ser traduzido para o inglês; planejo escrever um prefácio bastante longo para ele que contenha a minha autobiografia.

Espero ter notícias suas em breve.

Como sempre, seu,
Leo Strauss

LS:ef
anexo

• • • • • • • • • • • • • • • •

---

[180] Datilografada em inglês.

THE UNIVERSITY OF CHICAGO
Chicago 37, Illinois
Department of Political Science

27 de março de 1962.[181]

M. Alexandre Kojève,
15 bd. Stalingrad
Vanves (Seine), França

Caro M. Kojève:

Em 30 de janeiro lhe escrevi o seguinte:
"Escreve-lhe hoje a pedido de Gadamer. Ele está muito ansioso para que venha ao encontro de abertura da Associação Internacional de Hegel, que ocorrerá no final de julho em Heidelberg, e para que venha dar uma palestra. Suponho que ele queira que apresente a sua interpretação geral de Hegel. Estou certo de que será para o bem comum se você ministrar essa palestra. Tenha a bondade de me dizer o mais cedo que lhe for conveniente o que planeja fazer, para que possa informar Gadamer. A única razão para que ele não lhe tenha escrito diretamente foi a de ter pensado que uma carta minha pudesse ser mais eficiente.

Quão adiantado está o seu trabalho? Estou preparando um pequeno livro que será chamado *A Cidade e o Homem*, três palestras, uma sobre a *Política*, outra sobre a *República* e outra sobre Tucídides. O meu livro alemão sobre Espinosa está em vias de ser traduzido para o inglês; planejo escrever um prefácio bastante longo para ele que contenha a minha autobiografia.

Espero ter notícias suas em breve".

Uma vez que até agora não recebi uma resposta, você pode fazer o favor de dar atenção ao assunto o mais cedo possível?

Como sempre, seu,
Leo Strauss

LS:ef

. . . .

---

[181] Datilografada em inglês.

29 de março de 1962.[182]

Caro Sr. Strauss,

Por favor, perdoe-me por ainda não ter respondido à sua primeira carta. Curiosamente, planejava fazê-lo hoje, antes de receber a segunda.

Bem, a razão é a de que não conseguia me decidir a dizer não, embora não tenha vontade de aceitar o convite.

Quanto mais velho fico, menos interessado estou nas ditas discussões filosóficas. Exceto com você e com Klein, ainda não encontrei ninguém de quem possa aprender alguma coisa. Se você ou Klein ou ambos fossem a Heidelberg, eu naturalmente iria também. Caso contrário...

Para mim é realmente indiferente o que os cavalheiros filosóficos pensam ou dizem de Hegel.

Há poucos dias dei uma palestra sobre a dialética no Collège Philosophique de Jean Wahl[183] depois de mais de cinco anos de pedidos insistentes. Foi terrível. Mais de trezentos jovenzinhos apareceram, tiveram de mudar a sala e, no entanto, as pessoas sentaram-se no chão. Quando a gente pensa que isso acontece somente nas palestras de Sartre! E que na primeira vez que falei na Ecole mal havia uma dúzia de pessoas na audiência! Mas o pior foi que esses jovens escreviam tudo o que eu dizia. Tentei ser o mais paradoxal e chocante possível. Mas ninguém se indignou, ninguém pensou em protestar. Escreviam tudo tranquilamente. Tenho a impressão de ter me tornado um tipo de Heirinch Rickert.[184] Em outras palavras, um "velho cavalheiro". O público, por outro lado, era tipicamente Saint Germain e Café Flore (a fala se deu a uma curta distância dele – no máximo 100 metros). De modo que, por vezes, senti-me como um professor de *twist*.

Tudo isso para lhe dizer que estou ficando cada vez mais um "platônico". Devemos dirigir-nos a poucos, não a muitos. Devemos falar e escrever o mínimo possível. Infelizmente o meu *Essay at a Reasoned History of Pagan Philosophy* está para ser publicado, e compreende mais de mil (sic!) páginas!

---

[182] Escrita em alemão.

[183] Jean Wahl (1888-1974), professor de Filosofia na Sorbonne, foi dos primeiros a introduzir o pensamento "existencialista" na França com obras como *Le Malheur de la Conscience dans la Philosophie de Hegel* (1929), e Études Kirkegaardiennes (1938). O Collège Philosophique que ele organizou no final da década de 1940 serviu como um animado fórum público, exterior à Universidade, para palestras e discussões, convidando uma enorme e pouco usual variedade de renomados palestrantes franceses e estrangeiros.

[184] Heinrich Rickert (1863-1936), neokantiano da dita Escola de Baden, era a própria personificação da filosofia profissional. Ensinou em Heidelberg por muitos anos, onde Kojève estudou com ele.

Com os melhores cumprimentos,

                                        Seu

                                        Kojève

P.S. Por que você nunca vem à Europa?

• • • • • • • • • • • • • • • •

THE UNIVERSITY OF CHICAGO
Chicago 37, Illinois
Department of Political Science

29 de maio de 1962.[185]

M. Alexandre Kojève,
15 bd. Stalingrad
Vanves (Seine), França

Caro M. Kojève:

    Obrigado pela sua carta de 29 de março. Informei imediatamente Gadamer. Compreendo o seu juízo sobre esse tipo de encontro e tenho o hábito de agir com base no mesmo juízo. A sua experiência com o seminário filosófico de Wahl não me surpreende. Se se quer encontrar jovens que não estejam mentalmente nos seus setenta, é preciso vir a Chicago. Seria de algum modo possível para você passar algum tempo conosco, supondo que os recursos possam ser obtidos para isso?

    Estou ansioso, como o maior dos interesses, pela sua história da filosofia pagã. Fico feliz em ver que, como indica o adjetivo, você regressou à fé dos seus pais. Eu próprio escrevi um capítulo razoavelmente longo sobre Platão (mas apenas a sua filosofia política) para uma história da filosofia política que estou editando. A minha presente preocupação é com o meu antigo livro sobre Espinosa que foi traduzido para o inglês e para o qual estou escrevendo um novo prefácio[186] que pretende transpor o hiato entre a Alemanha de 1930 e os Estados Unidos de 1962. O texto aproxima-se o máximo possível de uma biografia dentro dos limites do que é apropriado. Além disso, preparo-me para publicar três palestras sobre a cidade e o homem tratando da

---

[185] Datilografada em inglês.
[186] "Preface to the English Translation" do *Espinoza's Critique of Religion*. Trad. E. M. Sinclair. New York, Schocken Books, 1965, p. 1-31; reimpresso como "Preface to Spinoza's Critique of Religion". In: *Liberalism Ancient and Modern*. New York, Basic Books, 1968, ch. 9, p. 224-59.

Política, da *República* e de Tucídides. Só depois de essas coisas terem sido terminadas é que começarei o meu verdadeiro trabalho, uma interpretação de Aristófanes.

Klein diz ter terminado o livro sobre o Mênon – apenas mais três meses para conferir as notas de rodapé –, mas visto que ele disse mais ou menos a mesma coisa há três anos, acredito que terei de esperar outro lustrum pelo seu lançamento.

Espero ter notícias suas em breve.

Como sempre, seu,
Leo Strauss

· · · · · · · · · · · · · · · · ·

THE UNIVERSITY OF CHICAGO
Chicago 37, Illinois
Department of Political Science

4 de outubro de 1962.[187]

M. Alexandre Kojève,
15 bd. Stalingrad
Vanves (Seine), França

Caro M. Kojève:

Lamento muito ter levado tanto tempo para responder à sua carta de 17 de julho. Fiquei muito contente em saber que você pode estar disposto a nos fazer uma visita aqui em Chicago. Não é impossível que possamos acertar as questões financeiras para 1963, talvez nos primeiros meses desse ano. Mas para convencer as autoridades, teria de saber por quanto tempo poderia ficar; uma semana, um mês, um "quarter" (i.e., dois meses) ou qualquer outro período. Preciso muito sabê-lo o quanto antes, um breve postal será suficiente.

Estou muito ansioso para ler a segunda edição do seu livro, especialmente o suplemento sobre o Japão.

Com os mais amáveis cumprimentos.

Como sempre, seu,
Leo Strauss

LS:ef

· · · · · · · · · · · · · · · · ·

---

[187] Datilografada em inglês.

THE UNIVERSITY OF CHICAGO
Chicago 37, Illinois
Department of Political Science
16 de novembro de 1962.[188]

M. Alexandre Kojève,
15 bd. Stalingrad
Vanves (Seine), França

Caro M. Kojève:

Acredito que uma estadia de um mês aqui seria perfeitamente aceitável para as autoridades locais. Infelizmente, os meses junho-setembro seriam os piores do nosso ponto de vista. Que tal abril ou, digamos, de 10 de abril a 10 de maio? Tenha a bondade de me informar o mais cedo possível.

O que diz sobre o prefácio do meu livro sobre Espinosa não é inteiramente novo para mim. Penso que levei em consideração as suas objeções, ao passo que você não considerou o meu argumento. Talvez possamos esclarecer essa dificuldade quando você vier.

Com as mais amáveis saudações.

Como sempre, seu,
Leo Strauss

· · · · · · · · · · · · · · · · ·

THE UNIVERSITY OF CHICAGO
Chicago 37, Illinois
Department of Political Science
25 de janeiro de 1963.[189]

M. Alexandre Kojève,
15 bd. Stalingrad
Vanves (Seine), França

Caro M. Kojève:

---

[188] Datilografada em inglês.
[189] Datilografada em inglês.

Lamento ter demorado tanto para responder à sua carta. Houve todo o tipo de dificuldades administrativas, já para não falar do meu próprio trabalho. Enfim consegui falar com a pessoa encarregada de palestras como as que espero que você dê. Vou ter uma reunião na próxima semana; por uma razão ou por outra ele insiste em corresponder-se diretamente com você. Portanto, presumo que terá notícias dele dentro das próximas duas semanas.

Estou agora escrevendo o terceiro e último capítulo de um pequeno livro que será intitulado *A Cidade e o Homem* (*Política* de Aristóteles; *República* de Platão; Tucídides). Às voltas com a nova tradução de Easter Pines do *Guia* de Maimônides, que tem uma introdução bastante longa feita por mim[190] assim como da *História da Filosofia Política*,[191] escrita pelos meus antigos alunos, e, por último, a versão inglesa da Gallimard do *Da Tirania*. Você deve ter conhecimento de que Bloom conseguiu tornar-se membro da profissão de ciência política.

Com os melhores cumprimentos.

Como sempre, seu
Leo Strauss

Ls:ef

· · · · · · · · · · · · · · · · ·

3 de junho de 1965.[192]

Caro Sr. Kojèvnikoff,

Muito obrigado pela sua carta. Disse a Cropsey que você não recebeu um exemplar do Festschrift. Ele está certo de que a editora lhe enviou um. Talvez possa confirmar mais uma vez em casa.

Lamento muito que você não possa fazer uma viagem paralela a Chicago. Quanto a mim, agora dificilmente viajo. Padeço de um extremo desconforto desde que a minha circulação deixou de funcionar devidamente. Em qualquer dos casos, Gildin, que evidentemente se sentou aos seus pés com os ouvidos abertos e boca aberta, fez um relatório detalhado das suas opiniões políticas. Fiquei feliz em saber que você é tão

---

[190] The University of Chicago Press, 1963.
[191] Coeditado por Joseph Cropsey. Chicago: Rand McNally & Co., 1963. [Em edição brasileira: Leo Strauss e Joseph Cropsey, *História da Filosofia Política*. São Paulo, Gen, 2013.]
[192] Escrita em alemão.

crítico dos liberais dos Estados Unidos quanto eu. Isso não me surpreendeu, porque sei que há razão, e que você é razoável.

Quase fui à Europa nesta primavera. Aceitei um convite de Hamburgo para o s<emestre> <de verão de> 1965, mas depois tive de cancelá-lo por razões de saúde. Gostaria de ter visto com os meus próprios olhos como é que as coisas estão progredindo na Alemanha. Do encontro com jovens alemães inteligentes fiquei com a impressão de que o estado de coisas exibe um certo paralelismo com 1830 e ss: um afastamento em relação à especulação alemã (no século XX, para longe de Heidegger) em direção ao positivismo (quer dizer, a ciência social americana).

Não recebi o seu ensaio de Koyré. Por favor, envie-mo. Ou você quis dizer a sua contribuição para as *Mélanges Koyré*.[193] Este de fato recebi; chegou conjuntamente com a sua carta.

Não consegui escrever à Sra. Koyré. Isso é muito ruim. Espero que ela me perdoe.

Quanto à sua contribuição para a minha Festschrift, há muito que estou familiarizado com ela, visto que me enviou o manuscrito. Fiquei muito gratificado, uma vez que mostra que a perseguição e a arte de escrever não são nenhuma fantasia. (Incidentalmente, um jovem americano – Hathaway – está no momento trabalhando no pseudo-Dionísio a partir do seu ponto de vista.[194] Referi-lhe as suas observações acerca dos neoplatônicos.)

Acabo de terminar de ditar um livro, *Sócrates e Aristófanes*.[195] Creio que lhe irá arrancar um sorriso ocasional, e não apenas por causa das graças de Aristófanes e das minhas frases vitorianas acerca delas. Se tudo correr bem, depois vou me debruçar sobre Lucrécio.

Recebeu o meu *A Cidade e o Homem*?[196] E o que diz do Mênon de Klein?[197]

Cordialmente como sempre,

Seu
Leo Strauss

. . . .

---

[193] "L'origine Chrétienne de la Science Moderne". *Mélanges Alexandre Koyré,* vol. II. Paris, 1964, p. 295-306.
[194] Ronald F. Hathaway, "Pseudo-Dyonisius and the Problem of the Sources in the *Periphyseon* of John Scotus Errigena". Brandeis University Dissertation.
[195] New York, Basic Books, 1966.
[196] Chicago, Rand McNally, 1964.
[197] *A Commentary on Plato's Meno.* The University of North Carolina Press, 1965.

Índice de nomes

A
Adimanto, 326
Agathon, 329, 332
Agesilau, 69, 73, 78, 90, 98, 122, 129, 132, 144, 146, 151, 153-54, 163, 166, 168-69, 174
Alexandre, o Grande, 214, 254
Anaxágoras, 326, 337
Antífono, 316
Antístenes, 143, 326
Aquino, Santo Tomás
    Summa Teológica, 335
Aristipo, 168-69
Aristófanes, 7, 72, 166, 316, 358, 361
Aristóteles, 11, 35, 61, 68, 70, 72, 75-76, 81, 86-87, 92, 95, 97, 99, 110, 113-14, 120, 122-26, 128-33, 136, 144, 149, 151, 154-55, 159, 164, 168, 174, 176, 214-15, 228, 238, 247, 277, 279, 292, 309, 315, 317-18, 321, 325, 327, 331-32, 334-38, 340, 344, 350, 360
    Ética a Eudemo, 228
    Ética a Nicômaco, 325, 334
    Física, 339
    Metafísica, 95, 292
    Política, 35, 68, 70, 76, 81, 87, 92, 97, 99, 110, 113-14, 120, 122-25, 130-33, 136, 144, 149, 151, 154-55, 159, 174, 238, 247, 271, 280, 290, 303, 313, 325, 354-55, 358, 360
    Protrepticus, 325
Arquíloco, 320
Asclepíades, 318
Asmus, 319, 320
Astíages, 88
Austen, Jane, 231

B
Bacon, Francis, 277
Basjo, [Miss], 270-71, 273-76, 278-79
Bataille, Georges, 291
Bayle, Pierre, 195, 283, 305, 351
Benardete, Seth, 17
Berns, Laurence, 18-19

Bloom, Allan, 312, 314, 324, 349, 352-53, 360
Brochard, Victor, 170
Burke, Edmund, 131, 167
Burkhardt, Jacob, 317
Burnet, John, 129

C

Cálicles, 7, 76, 115, 121, 150
Cáricles, 76, 79
Cármides, 72, 247
Castruccio, 230
Catão, 226
Catilina, 253
Cebes, 316
Céfalo, 315, 325-26, 335, 342, 350
César, 214, 225-26
Ceutes, 143
Cícero, 61, 64, 103, 175, 253
Ciro, 61-63, 73, 95, 127, 131-32, 143, 146, 153-54, 165-67, 174, 227-30, 249
Clazomenas, 337
Clínias, 113
Crítias, 72, 76, 79, 84, 129, 247, 325, 340-42, 350
Crito, 315, 323
Critóbulo, 71, 247
Cromwell, Oliver, 228
Cropsey, Joseph, 18, 352, 360

D

Daíloco, 73
Dakyns, H. G., 167
Damásio
    Vida de Isidoro, 230, 302, 317-18, 320
Descartes, René, 197
DeWitt, Benjamin, 208
Diderot, Denis, 273

Diodoro Sículo, 92
Diógenes de Apolônia, 337
Diógenes de Laércio, 325
Diómedes, 320
Dionísio, 169, 210, 361
Dostoiévski, Fiódor, 231
Dzerzhinski, Felix E., 303

E

Edelstein, Emma, 165
Edmonds, J. M., 159
Einstein, Albert, 329, 336
Empédocles, 164, 224
Engels, 257, 300
Epicarmo, 152
Escopas, 159
Espeusipo, 338, 350
Espinoza, Baruch, 357
Estrabão, 319
Estubeu, 317
Euclides, 277, 316, 350
Eudoxo, 315, 329-31, 336-37, 349-50
Êufron, 88
Eunápio, 351
Eurípides, 68
Eutidemo, 143, 349

F

Farabi, 253, 284, 324, 349-51
Filipe da Macedônia, 231
Filipe de Opunte, 350
Fílon
    De origine mundi, 317
Friedrich, 243

G

Gadamer, Hans-Georg, 271, 354-55, 357
Galileu, 277, 282

Gallimard, 23, 152, 284, 286, 290, 294, 297-300, 303, 311, 352, 360
George, Stefan, 19, 73, 232, 271, 308
Gildin, Hilail, 313, 360
Glauco, 326
Goethe, Johann W., 200
   Fausto, 211
Gordin, Jacob, 276, 280
Gourevitch, Victor, 17-19, 21
Grócio, Hugo, 174
Gronovius, 174
Grote, George, 73
Gurevitsch, Georges, 276
Guttman, Julius, 272

H
Hartmann, Nicolai, 271
Hathaway, Ronald, 361
Hegel, G. W. F., 13, 15, 18, 22-26, 28, 30, 32, 34, 152, 184, 186-87, 189, 199-200, 202, 211-13, 233, 238-39, 255, 266-67, 280-84, 286-88, 300, 304, 309-12, 323, 328-29, 331-32, 339-40, 351, 353-56
   Fenomenologia do Espírito, 186, 212, 267, 286, 353
Hegesias, 320
Heidegger, Martin, 26, 35-36, 271, 276, 286, 293, 299-300, 311, 361
   Die Selbstbehauptung der deutschen Universität, 271
   Holzwege, 299
Heinemann, Friedrich, 276
Héracles, 111, 144, 321
Heráclito, 315, 321
Hércules, 169, 185
Hering, 343
Hermócrates, 341

Hesíodo, 152, 320
Hiparco, 72
Hirzel, Rudolf, 95, 136
Hitler, Adolf, 232, 275-76, 305
Hobbes, Thomas, 61, 238-39, 271, 273-74, 277, 280-82
Hoganer, 270
Homero, 90, 337
   Ilíada, 90
Hume, David, 124
Husserl, Edmund, 197, 272, 276, 301, 304, 311

I
Iscômaco, 71, 83, 144, 147, 175-76, 236
Isócrates, 68, 70, 77, 93, 144, 146, 158-59, 166, 174
   Para Nícocles, 68, 77, 93, 146, 174
Ivanoff, Nina, 18

J
Jaeger, Werner, 335
Jâmblico, 318, 346
Jaspers, Karl, 266, 294
Joaquim de Fiore, 230
Jouvenel, Bertrand de, 306
Juliano, Imperador
   Discursos contra os "Cínicos", 318, 320
   Hino a Hélio, Hino à Mãe dos Deuses, Carta a Temístio, 318, 320

K
Kant, Immanuel, 167, 287, 323, 331
Klein, Jacob, 19, 271, 278-80, 284-86, 301, 323-25, 329, 348, 352, 356, 358, 361
Klein, Susanne, 19, 271, 278-80, 284, 285-86, 301, 323-25, 329, 348, 352, 356, 358, 361

Kojève, Alexandre, 12-15, 17-18, 21-36, 152, 179, 199, 224, 231-39, 241-44, 246, 250-63, 265-68, 271, 276, 284-86, 289-91, 293-95, 297, 299, 305, 307-12, 314, 322, 324, 337, 339-40, 343, 347, 350-60

Koyré, Alexandre, 266, 272-73, 275-77, 283-85, 295-96, 299, 312-13, 328, 343, 349, 361

L

Laird, John, 273-74
Landsberg, Paul Ludwig, 272
Lênin, Vladimir I., 300, 303
Lessing, Gotthold E., 72
Lícon, 236
Licurgo, 128
Lincke, K., 102, 115
Löwith, Karl, 285, 311
Lubienski, Zbieniew, 273-74
Lucrécio, 361
Lukcz, Georg
    The Young Hegel, 300

M

Macauley, Thomas B., 100
Maimônides, Moisés, 230, 253, 312, 360
Mann, Thomas, 232
Mao Tse-Tung, 34, 310
Maquiavel, Nicolau, 15, 60-62, 105, 116, 123-24, 174, 229-31, 238, 290, 324, 342, 348, 351, 353
    O Príncipe, 60-62, 105, 116, 124, 229, 231, 324
Marchant, E. C., 95, 100, 115
Mariano. *Ver* Mário
Marino. *Ver* Mário
Mário, 348

Vita Procli, 351
Maritain, Jacques, 293
Marx, Karl, 26, 28, 152, 256, 339-40, 351
Megáricos, 331
Meier, Heinrich, 19
Mentz, Firedrich, 243
Merleau-Ponty, Maurice, 297, 299
Moisés, 229-30
Montesquieu, 61, 122, 124, 127, 153, 176, 253

N

Napoleão, 27, 197, 214, 254, 339, 351
Newman, Cardinal, 151
Niebuhr, B. G., 166
Nietzsche, Friedrich, 33, 256, 289, 311, 340, 343

O

Odisseu, 90
Olimpodoro, 343
Oppenheimer, Robert, 339

P

Pascal, Blaise, 167, 214, 243, 254
Paulo, 7, 216-18, 284-86, 309, 313, 351, 353, 360
Pedro, 151
Péricles, 247
Píndaro, 78, 115
Pines, Schlomo, 312, 360
Pisístrato, 90
Pitágoras, 317, 321
Platão, 12, 22, 24, 60-61, 63-64, 68, 70-72, 74-76, 78-79, 81, 83-84, 86, 91, 94-95, 110, 113, 115, 121, 123, 125-27, 129, 132, 134-36, 144, 146-47,

149-55, 159-61, 163, 168, 170-71, 174-75, 180, 197, 208, 210, 214, 216, 224, 226-28, 237, 240, 245-48, 252-53, 279, 281, 283, 285, 292, 304-05, 309, 314-18, 320-32, 334-44, 348-53, 357, 360
Alcibíades, 72, 129, 209, 214, 247, 314-17, 323, 342
Epinomis, 338
Eutífron, 314-15
Fédon, 248, 315-16, 319, 323, 327, 337
Fedro, 123, 196, 316, 323
Filebo, 321, 325, 335, 350
Górgias, 32, 76, 78, 84, 115, 135-36, 146-47, 150-52, 166, 246, 292, 323
Leis, 113, 132, 134, 144, 150-51, 163, 175, 245, 338, 344, 350
Menexeno, 342
Parmênides, 304, 309, 316, 325, 331, 335, 337, 341-42, 349
Político, 227
República, 71, 74-75, 78, 81, 83-84, 86, 91, 94, 110, 115, 125-26, 129, 146-47, 150-52, 154-55, 160, 171, 174, 195-96, 198, 228, 240, 242, 245-46, 253, 314-15, 323, 325-26, 335, 341-42, 344, 350-51, 353-55, 358, 360
Sofista, 265, 316, 324, 326-27, 330-32, 335, 337, 348-49
Symposium, 70, 83-84, 90-91, 95, 116, 142-43, 145, 153, 158, 163, 168-69, 176, 236, 244, 316, 323, 326
Teeteto, 161, 224, 245, 247, 314-15, 323, 326, 331, 336-37, 349

Timeu, 95, 283, 317, 321-22, 325, 327, 336, 340-42, 344
Plotino, 338
Plutarco, 253, 346
Pompeu, 253
Prescott, William, 298
Proclo, Diádoco, 318, 343-49
Pródico, 152, 169
Protágoras, 79, 84, 86, 149, 153, 159-60, 168, 326, 349
Proteu, 330
Proxeno, 166

Q
Queneau, Raymond, 199, 265, 284, 296-97, 299, 305, 308, 311, 353

R
Richter, Ernst, 91
Rickert, Heinrich, 356
Rômulo, 229, 230
Rosán, Laurence, 343-47, 349
Rosen, Stanley, 353
Rousseau, Jean-Jacques, 122, 176, 313, 339

S
Salazar, Antônio, 183, 235
Salústio
    Sobre os Deuses e o Mundo, 317-18
Salutati, Coluccio, 225
Sartre, Jean-Paul, 292, 356
Savonarola, 230
Schelling, F. W. J., 286
Símias, 316
Siriano, 344, 346
Smith, Adam, 238

Sócrates, 7, 9, 32, 62, 65, 68-72, 76, 78-79, 82-85, 90-91, 95, 98, 111, 116, 120-22, 126, 128-34, 137, 141, 143-47, 149-50, 153, 155, 164-71, 173-76, 196, 199, 202-03, 205, 207, 214, 216, 228, 236-37, 243-44, 246-48, 250, 252-54, 315-16, 319-23, 325-27, 330-31, 336-37, 341, 349-50, 361
Stálin, Joseph, 34, 235, 305
Stavisky, Serge, 275
Stephanopoulos, 303
Strauss Clay, Jenny, 19
Strauss, Leo
    A Cidade e o Homem, 354-55, 360-61
    Natural Right and History, 18, 33, 309-10
    Persecution and the Art of Writing, 284-85, 308
    Sobre a Tirania: Uma interpretação do Hiero de Xenofonte, 286
    Sócrates e Aristófanes, 361

T
Tales, 315, 331
Taubes, Jacob, 353
Temístio. *Ver também* Juliano
Teodoro, 326, 331, 336, 341, 349
Teofasto, 318
Teseu, 229-30
Tibério, 201
Tigranes, 146
Tito Lívio, 60, 64, 260
Tönnies, Ferdinand, 274
Trasíbulo, 84
Trasímaco, 115, 121
Tucídides, 64, 90, 354-55, 358, 360
Tucker, George Elliot, 19

V
Voegelin, Eric, 17, 224-26, 229-30
Voltaire, 72, 318, 320

W
Wahl, Jean, 356-57
Weber, Max, 329, 339
Weil, Eric, 284-85, 289-91, 299, 309, 312, 314, 328

X
Xenofonte, 289-91
    A Educação de Ciro, 61-63, 131, 227
    Agesilau, 69
    Apologia de Sócrates, 252
    Cyri Expeditio, 69
    Oeconomicus, 69-73, 76, 78, 81, 83, 98-99, 105, 124-26, 129, 139, 141, 143-45, 147-48, 151, 153, 155, 163, 175, 236, 250
    República da Lacedemônia, 315

Z
Zenão de Eleia, 331

Índice de assuntos

A

Abdicação, *Veja também* Suicídio 114
Absolutismo, 274, 329
Admiração, 68, 81, 86-87, 94, 115, 127, 149-52, 171, 200, 202-06, 237, 244, 251, 288, 349
Afeição. *Veja* Amor
Ambição, 51, 86, 98, 146, 149, 152, 244-45, 251
Amizade, 46, 55, 89, 99, 101-02, 139, 153, 158, 162-66, 175, 241, 347
Amor, 12, 42-43, 51, 57, 68, 89, 94, 96, 99, 110-11, 115, 126, 137, 139, 148-53, 160, 169, 176, 184, 187-88, 200, 204-05, 231, 244-46, 249-51, 345
Anamnesis, 316, 323
Antropologia, 34, 282, 310
Aristocracia, 125-28, 239-40, 255
Arte, 11, 28, 32, 55, 64, 66, 71-72, 78, 85, 91, 98, 109, 115, 120-21, 126, 132, 142, 145, 147, 158-60, 170, 192, 230, 238, 284-85, 304, 308, 318, 320, 351, 361
Astronomia, 326
Atenas, 70, 72, 133, 165-66, 173, 253, 342, 344, 347
Atualizar (tornar real), 182-83, 216
Autoconsciência, 26-27, 184, 192, 287-88
Autômatos, 29, 304
Autoridade, 24, 76, 89-90, 122, 124, 132, 164, 187-91, 236, 238, 240, 259, 358-59
Autoritarismo, 60. *Veja também* Despotismo
Autossuficiência, 152, 155, 247

B

Bem, o, 7, 12, 14, 31, 56, 115, 144-45, 161, 171, 237, 255, 303, 316, 325, 327
Beneficência, 52, 58, 168
Bíblia, 220, 238, 310
Bondade, 19, 115, 143, 157, 160, 164, 249, 345, 354-55, 359
Burguesia, 185, 198

C

Catolicismo, 283
Cavalheiro, 69, 81, 83-84, 97, 105, 126-27, 157, 159-60, 176, 228, 236, 240, 356
Certeza subjetiva, 25, 31, 197, 206, 241-43, 248-49, 251 *Veja também* Reconhecimento, Verificação
Ceticismo, 30, 32-33, 243, 282, 329 *Veja também* Zetética
Chorismos, 330, 336, 341
Ciência, 12, 22-23, 59-62, 205, 216, 223-24, 232-33, 272, 276, 280, 282, 312, 319, 326, 336, 339, 350, 360-61 *Veja também* Ideologia, Modernidade, Tecnologia
Circularidade, 287, 304, 329
Clássico, 14, 17, 23, 34-35, 60-63, 65, 130, 213, 223-26, 229, 231-32, 237, 239, 241, 245, 251-52, 254, 258, 260, 304
Coletivização, 65, 310
Comédia, 7, 316, 323
Conhecimento, 26, 31, 35, 44, 73, 75, 77, 85, 95, 130, 136, 146, 149, 161, 174, 180, 183, 197, 203-06, 210, 213, 219, 224, 232, 236, 240, 243, 245-46, 248-49, 277, 279, 281-83, 286, 293, 312-13, 315-16, 326-33, 338-39, 344, 360
Constituição(ões), 242, 337 *Veja também* Lei
Conversação, 90, 170
Coragem, 82, 84, 109, 116, 126-27, 158, 226, 260, 272, 277, 316, 344
Coruja de Minerva, xvi, 29
Cosmos, 283, 337, 341
Cristianismo, 230, 254, 282, 288

D

Dedução, 32, 197, 287, 304
Democracia, 29, 34-35, 70, 83, 125, 133, 227, 235, 241
Demócrito, 249, 322
Despotismo, 127, 188, 228, 255
Determinista, 278
Deus(es), 7, 25, 46-47, 53, 100, 144, 148, 152, 159, 173-76, 197, 203-06, 213, 216-17, 244, 280, 304, 310, 317-21, 326, 329-30, 333, 338, 344, 346-47
Diairesis, 315, 317, 327, 331, 334-35, 338, 350
Dialética, 26, 81, 91, 152, 192-93, 207, 211-12, 254, 281-83, 315, 338, 349-50, 356
Diálogo, 10, 12, 22, 36, 59, 62, 64, 68, 71-73, 78, 86, 88, 91-92, 94-95, 100-02, 104, 107, 115-16, 119, 121, 130, 135-36, 139, 145-48, 152, 168, 175, 179-80, 182-84, 187, 207, 211-12, 214, 220, 267, 291, 315-17, 323, 325, 335, 340-41, 348-50, 352
Direito natural, 35, 293, 298, 309, 323,
Ditadura, 60, 223
Divindade, 148
Doxa, 25, 206, 325 *Veja também* Opinião

E

Elenchus socrático, 95
Emulação, 54-55, 86, 183, 185-87, 189, 235 *Veja também* Reconhecimento
Epicurismo, 351
Eros, 10, 155, 249, 313, 326
Escolástica, 277
Escravo, 8, 12, 26, 47-49, 56, 123-24, 127, 155, 164, 184, 186, 189-90,

215, 217, 235-37, 239, 255, 281-83 *Veja também* Senhor
Esparta, 227, 253, 315
Estadista, 351
Estado de massas, 60 *Veja também* Estado-Final
Estado-Final, 33, 288, 304 *Veja também* Estado, História, Verdadeiro homem
Estado, 25-26, 28-29, 123-24, 180-83, 185, 188-92, 195-96, 200, 206-10, 212, 214-18, 220, 239-40, 246, 252, 254-59, 281, 283, 286, 288, 300, 303-04, 310, 318 *Veja também* História
Estoicismo, 282, 321
Estrangeiro eleático, 341
Eugenia, 34, 310
Excelência, 13, 84, 141, 148, 151-52, 158, 165, 168 *Veja também* Cavalheiro, Verdadeiro homem, Virtude
Existencialismo, 293, 298, 310

F
Fama, 151, 278 *Veja também* Homem real
Fascismo, 283 *Veja também*, Hitler
Felicidade, 12, 14, 25, 44, 57, 68, 73, 77, 85, 126, 128, 140-44, 154, 158, 160, 165, 187, 228, 245, 248, 258, 284, 288, 292, 319-20
Filosofia, 7-8, 10-15, 21, 23-24, 26-27, 29-35, 62, 64-65, 128, 132, 180, 195-97, 199, 202, 208-11, 214-21, 223-25, 228, 231, 233, 238, 241-44, 247-50, 252-54, 256, 259-60, 266, 271-72, 276, 279, 281-83, 285-87, 290, 310, 312-13, 315-16, 318-20, 323-28, 339-40, 343-44, 353, 356-57, 360 *Veja também*, Clássico, História, Modernidade, Sabedoria
Força armada, 183

G
Governo, 53, 59, 68, 70-71, 78-79, 81-82, 85, 93, 96, 101-02, 109-10, 112-14, 116-17, 121-23, 124-32, 134-35, 146-47, 154, 159, 167, 174, 180, 182, 185, 192-95, 207-13, 215, 224-29, 232, 234-37, 239-41, 258, 275, 288, 305, 319
Guerra, 26-28, 44-46, 48, 50, 54, 89-90, 99, 102, 123, 125-26, 153-54, 183, 206, 230, 255, 257, 267, 272, 276, 284, 288, 290, 303, 342

H
Hebreus, 216 *Veja também* Judaísmo, "Judaico-cristão"
Heterogeneidade, 326, 336 *Veja também* Homogeneidade
História, 7, 14, 21, 25-30, 35, 62, 64-65, 73, 90, 195-96, 206, 212-14, 216, 218-19, 220-21, 228, 242, 254-58, 260, 277, 281-82, 287, 293, 298, 304, 309-10, 313, 323, 329, 332, 339, 257, 360
Historicismo, 62-63, 65, 225, 298-300, 329 *Veja também* Relativismo
Histórico, 27-28, 30, 62, 65, 160, 162, 169, 171, 182, 192, 199, 202, 201-13, 218-20, 227, 229, 257, 260, 277, 287, 304, 350 *Veja também* Historicismo, História
Homogeneidade, 25, 217-18, 259, 288, 325
Homogêneo, 25-26, 28-29, 33, 190-91, 212, 216-18, 220, 239, 254-59, 288, 303-04, 310
Homossexualidade, 94, 153 *Veja também* Amor, Honra, Sexo

Honra, 9, 46, 51-55, 89, 99, 102-05, 110-11, 113, 122-23, 125, 137-39, 145, 148-50, 152, 158-60, 162, 165, 168-71, 174, 184-87, 235-38, 244, 246, 278, 293, 319
Humanismo, 277

I
Idealismo, 64, 282
Ideia, 35, 63, 137, 142, 181-83, 187, 189, 191, 193, 196-98, 208-11, 214-21, 242, 245, 254, 258-60, 273, 282-83, 291-94, 307, 317-18, 325-30, 332, 334, 336-38, 340-41, 346
Ideologia, 23-24, 28, 60, 282
Império, 215-18
Injustiça, 40, 46, 52, 56, 91, 100, 104, 106-07, 120-21, 168 *Veja também* Direito, Justiça
Inveja, 40, 52, 86-87, 94, 97, 107, 140-44, 150, 160, 203-04, 316
Ironia, 27, 85, 142, 268, 318, 321-22, 331, 348, 349

J
"Judaico-cristão", 184-85
Judaísmo, 253, 272, 288
Juízo de valor, 60
Justiça, 82, 84-85, 100, 106-07, 116, 126-30, 143, 145, 152, 155, 158-60, 167-68, 175, 226, 237, 315-16, 323
Justo, o, 28, 48, 70, 81, 82-85, 105, 112-13, 117, 122, 126, 128-30, 132, 155, 157, 226, 229, 231, 239, 255, 323, 332

K
Koinonia (Comunidade), 328-31, 335-36, 338, 350

L
Lei, 46, 59, 116, 129
Liberal, *Veja também* Democracia
Liberdade, 8, 29, 33, 48, 116
Logos, 213, 216, 329, 333
Luta, 25, 97, 184, 186

M
Magnanimidade, 277
Materialismo, 282, 318,
Medo, 10, 33, 48, 74, 99, 163
Mercenários, 54, 56, 123, 234
Mesotos, 337
Metafísica, 277, 378,
Metrion, 326
Miséria, 77, 85, 93, 110-11, 116
Misologia, 315, 323
Misticismo, 288, 324
Moderação, 55, 81, 105, 116, 127, 158
Modernidade, 21, 61
Monarquia, 83, 225, 255
Moral, 278

N
Nacionalismo, 300. *Veja também Pátria, Patriota*
Natureza humana, 33-34, 62, 65, 161. *Veja também* Natureza
Natureza, 8, 14, 21, 32, 62, 93
Nazismo, 35. *Veja também* Fascismo, Hitler
Neoplatonismo, 318-20
Nobre, 28, 46, 54
Nous, 170, 326, 332, 346

O
Opinião, 25, 31, 44, 46, 75, 80-81, 86, 105, 153, 157, 179-80, 183-85, 194, 198, 203, 205-06, 209, 212, 214,

240, 244, 276, 279, 288, 298, 312, 316, 318, 320-21, 323, 325, 329-30, 337, 348-51. *Veja também Doxa*
Ordem, 256, 258, 260

P
Patologia, 119
Pátria, 12, 47, 99, 124
Patriota, 104, 163. *Veja também* Pátria
Phronesis, 345
Piedade, 158, 173-75, 231. *Veja também* Deus(es)
Poeta, 105, 108, 128, 235
Prazer, 204-05, 231
Prêmios, 55, 114, 126
Presentes, 53, 111, 150
Propaganda, 26-27, 353
Protestantismo,283, 294
Providência, 33, 174, 326
Prudência, 105, 113
Puritanismo, 277

R
Racional, 23, 217, 256
Realeza, 122-26
Reconhecimento, 14, 25-26, 28-29, 31, 33, 79-80, 152, 174, 186--91, 199-06, 236-39, 244-45, 249-51, 257-58, 287-88. *Veja também* Verificação
Relativismo, 30, 196, 304. *Veja também* História
Retórica, 65, 277
Revolução, 26, 193, 278
Rússia, 27, 304

S
Sabedoria, 288, 323, 349
Sábio, 236, 240, 322

Senhor, 270, 282, 310. *Veja também* Verdadeiro homem
Ser humano (*anthropos*), 255, 259, 288. *Veja também* Verdadeiro homem
Sexo, 96, 110, 153. *Veja também* Amor, Prazer
Silêncio, 109, 142, 144-45
Sociedade, 65, 196, 225
Sofista(s), 83, 146, 261. *Veja também* Sabedoria
Sophia, 345. *Veja também* Sabedoria
Stakhanovista, 183, 235. *Veja também* Mao Tse Tung
Suicídio, *Veja também* Abdicação 108, 326

T
Tecnologia, 23-24, 35, 60, 259
Teísta, 196-97, 216-17
Teleologia, 33, 318, 327
Temperança, 153, 316. *Veja também* Cavalheiro, Moderação
Teologia, 315, 318, 337. *Veja também* Cristianismo, Deus(es), Judaísmo, "Judaico-cristão", Piedade
Tiranicídio, 47
Todo, 344
Tomismo, 293
Totalitarismo, 60. *Veja também* Autoritarismo, Despotismo
Trabalho, 279, 283
Tragédia, 186, 208, 211, 306. *Veja também* Comédia
Transcendentalismo, 282

U
Universalidade, xiii. *Veja também* Homogeneidade
Utopia, 182, 191, 234

V

Vaidade, xviii, *Veja também* Reconhecimento

Verdadeiro homem (*anēr*), 51-53, 97, 110, 139. *Veja também* Ser humano

Verificação, 25, 31, 204, 206, 212 *Veja também* Reconhecimento

Vida privada, 137-39, 146, 159

Virtude, 158-60, 166-68

Z

Zetética, 24, 243. *Veja também* Ceticismo

Do mesmo autor, leia também:

Nesta análise clássica, Leo Strauss detalha o que é original e inovador na filosofia política de Thomas Hobbes. Ele argumenta que as ideias de Hobbes surgiram não da tradição ou da ciência, mas de seu próprio conhecimento profundo da natureza humana. Seguindo o desenvolvimento da doutrina moral de Hobbes desde seus primeiros escritos até sua maior obra, *Leviatã*, Strauss explica as contradiçõcs no conjunto da obra de Hobbes e descobre relações surpreendentes entre Hobbes e o pensamento de Platão, Tucídides, Aristóteles, Descartes, Spinoza e Hegel.

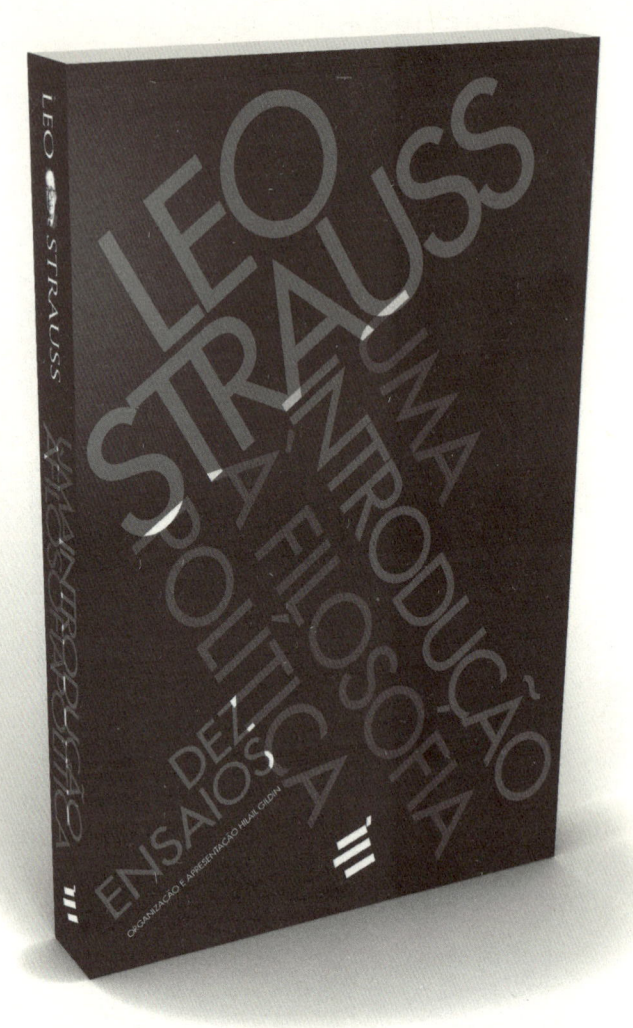

Uma introdução à visão de Leo Strauss no que diz respeito à natureza da filosofia política, seus principais antagonistas contemporâneos, suas formas clássicas e sua versão moderna. Nova edição que reúne, além dos seis textos originais da versão de 1975, outros quatro importantes ensaios. Os textos, em versão integral, oferecem uma sólida base para compreender o pensamento de Leo Strauss e apresentam ao leitor as ideias do autor sobre o que a filosofia política tem sido e deveria voltar a ser.

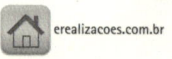

facebook.com/erealizacoeseditora
twitter.com/erealizacoes
instagram.com/erealizacoes
youtube.com/editorae
issuu.com/editora_e
erealizacoes.com.br
atendimento@erealizacoes.com.br